AF341493

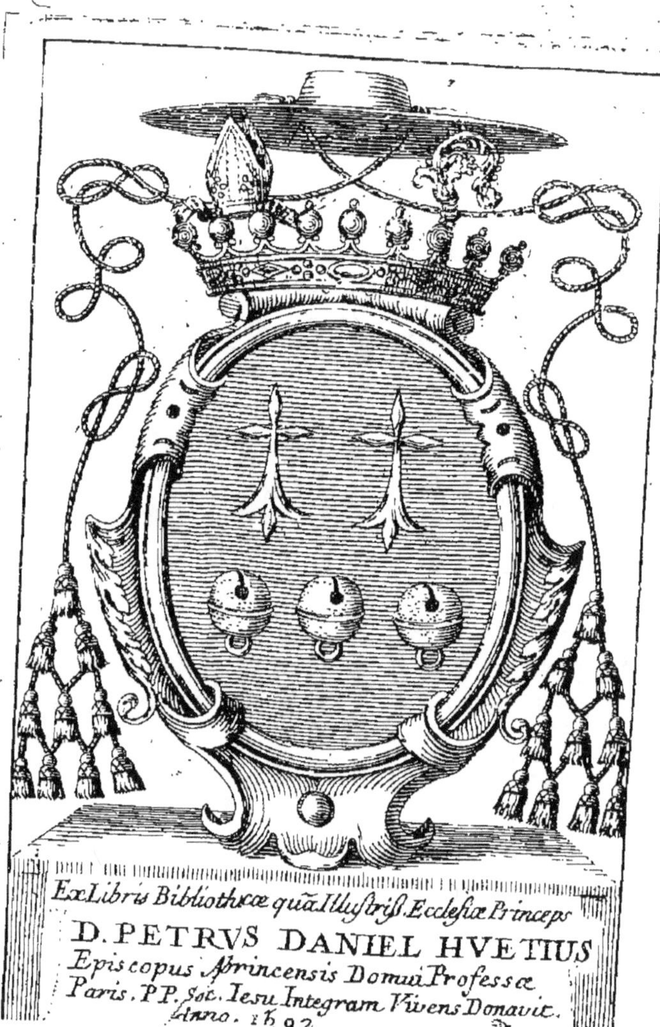

XLVI. A

LE SACRE' COLLEGE

domus profess. sanct. societatis

DE IESVS

DIVISE' EN CINQ

CLASSES, OV L'ON EN-
feigne en langue Armorique les
leçons Chreſtiennes auec les 3.
clefs pour y entrer, vn Dictió-
naire, vne Grammaire & Syntaxe en méme langue.

*Venite filij, audite me : timorem Domini
docebo vos.* pſ. 33.

Composé par le R. P. IVLIEN MAVNOIR de la
Compagnie de Jeſus. Par l'ordre de
Monſeigneur de Cornoüaille.

A QVIMPER-CORENTIN,

Chez IEAN HARDOVYN, Impri-
meur Ordinaire du Dioceſe.
M. DC. LIX.

Auec Priuilege, & Approbation.

Ne extra hanc Bibliothecam efferatur. Ex obedientiâ

AV GLORIEVX SAINT CORENTIN APOSTRE
Patron & premier Euesque de Cornoüaille.

GLORIEVX SAINT CORENTIN, L'esprit de la plus grande gloire de Dieu, qui vous portail y a treize cens ans a Prescher le premier en langage Armorique le Royaume de Dieu dans ces derniers cãtons d'Europe, m'oblige a me prosterner a vos pieds, & vous presenter ce petit ouurage, a ce qu'il vo⁹ plaise l'honorer & accompagner de vostre saincte benediction. Dieu ennoya dans ces limites de la Gaule Celtique sept brillantes lumieres, pour y dissiper les tenebres de l'Infidelité, S. Paul en Leon, S. Tugdual en Treguier, S. Brieu en S. Brieu, S. Malo en S. Malo, S. Samson en Dol, S. Paterne en Vennes, & vous en Cornoüaille. Vous auez esté entre ces beaux astres de l'Eglise ce qu'est le Soleil parmy les Planettes, vous estes le premier maistre des Roys de l'Armorique, & l'Eglise, le iour de vostre feste, vous donne cet eloge, vous appellant PATER ORPHANORVM, PATRONVS OPPRESSORVM, MAGISTER REGVM. Vous estes le premier, qui dans les commencemens du Royaume de la petite Bretagne auez ietté les premiers rayons de l'Euangile, portant le flambeau aux six Saincts Euesques vos Coadjuteurs. Vostre Eglise vous donne cette louange chãtant ces paroles l'Octaue de vostre feste

SEPTEM SANCTOS BRITANNIÆ

Veneremur, & in ipsis demiremur

Sept:formem gratiam.

His præfulsit CORENTINVS.

C'a esté a la faueur de la Langue Armorique, o grand Sainct

que vous auez planté la foy dans la Cornoüaille auec des benedictions du ciel tres speciales, & qui donnent vne veneration a l'idiome dont vous vo° estes seruy. Le soleil n'a tamais éclairé canton, ou ayt paru vné plus constante & inuariable fidelité dans la vraye foy, depuis que vous en auez banny l'Idolatrie. Dieu vous a mis comme vn Cherubim a la porte de ce Paradis terrestre pour empescher le retour du serpent infernal. Il y a treize siecles qu'aucune espece d'infidelité n'a souillé la langue, qui vous a seruy d'organe pour prescher IESVS-CHRIST, & il est a naistre qui ayt veu vn Breton Bretonnant prescher autre Religion que la Catholique. Les Eueschez qui ont tenu bon a l'idiome que vous auez honoré de vostre bouche sacrée, ont les mesmes auantages & faueurs, ausquelles aucune autre nation ne peut pretendre. Dans vostre Euesché, aprez qu'on franchi le raz du Cap sizun, se void vne Isle nommée l'Isle Sainct, ou ne se trouue aucune beste venimeuse, & ou aucun serpent ne peut subsister. C'est l'image de vostre terre saincte, arrousée de vos sueurs, terre qui depuis qu'elle a esté cultiuée de vos soins charitables n'a produit aucun venin contraire au sentiment de nostre Mere la Saincte Eglise. Considerant donc, Grand Apostre, que par vne prouidence speciale de Dieu ie me trouue dans vn lieu qui a tousiours tenu bon au langage que vous auez parlé, & a la foy que vous auez planté, ie me sens obligé de donner au public quelques instructions, pour conseruer l'vn & l'autre, & ce plus volontiers que par vostre assistance i'ay eu le bon-heur d'aprendre cet idiome si necessaire par my vos brebis, & que par vostre intercession i'ay esté deliuré de plusieurs dangers euidens de ma vie, que ie consacre à Dieu par vos mains, pour estre consumée dans l'employ de sa plus grande gloire, & du salut de vostre cher troupeau. Ie vous presente donc, Sainct Prelat, & mon tres cher liberateur, ce petit monument de ma reconnoissance, dont vous m'auez sainct le dessein, donnez luy vostre benediction au plus grand

bonneur de la Tres-Sainte Trinité, & pour cooperer auec vous
au salut de voſtre peuple. Eſtendez voſtre bras amoureux ſur
voſtre digne Succeſſeur RENE' DV LOVET. La
Cornoüaille luy a l'obligation de ſe voir renouuelée par ſes ſoins
aſſidus, & par les Miſſions qu'il a le premier de vos ſucceſſeurs
procuré dans tout voſtre Eueſché. Mettez ſous l'abri de voſtre
protection Monſeigneur ſon Coadjuteur heritier de voſtre zele
& du ſien & beniſſez ſes deſſeins qu'il a de la gloire de Dieu,
& du ſalut de vos oüailles, regardez d'vn œil fauorable le zele
de pluſieurs Prelats, Recteurs, Eccleſiaſt. ques tant reguliers
que ſeculiers qui veulent parler le langage que vous auez parlé pour maintenir la foy & les enſeignements que vous auez
laiſſé. Donnez voſtre benediction a ceux qui liront cet ouurage
& m'impetrez la grace d'imiter vos exemples, & de trauailler
iuſques a la mort dans l'heritage des ſept Saints de Bretagne à
la plus grande gloire du Souuerain Paſteur, & au ſalut des a-
mes racheptées de ſon Sang precieux. C'eſt le comble des deſſeins & des vœux de celuy qui deſire viure & mourir dans le
cœur de IESVS

Voſtre tres humble, obligé,
& obeiſſant ſeruiteur
IVLIEN MAVNOIR.

A MONSEIGNEVR L'ILLVSTRIS-
sime & Reuerendiß. RENE' DV LOVET,
Euesque & Comte de Cornoüaille.

MONSEIGNEVR,

Vrie voyant son Capitaine Ioab baigné de sueurs, & couuert de poussiere, creût, qu'il n'estoit seant a l'honneur, qu'il auoit d'estre de sa compagnie de prendre ses aises & de demeurer les bras croisez. Il y a plus de 55. ans, MONSEIGNEVR, que la Bretagne, voire toute la France vous void dans les plus Illustres & penibles Charges de l'Eglise Militante & a present elle vous admire dans l'aage d'octante ans alaigre & vigoureux dans les trauaux Apostoliques, offrant tous les iours à Dieu le S. Sacrifice de la Messe, ieusnât tous les iours de Caresme austerement & en mesme temps preschant plusieurs fois la Semaine à vostre peuple dans la Capitale de vostre Diocese, visitant vostre Euesché en propre personne, chatant la Messe aux Paroisses de la Campagne, & en mesme temps preschant & Catechisant le simple peuple, accordant les differens des Villageois, les consolant dans leurs afflictions, les visitant en leurs maladies, en vn mot vous voyant dans les sueurs & fatigues, qu'on admireroit dans vn Prelat a l'aage de trente ans. Et moy ayant l'honneur d'estre à vostre suite, il y a pres de 18. ans dans l'exercice de la Mission, ou vous m'auez supporté, vous voyant a la teste de la Milice Apostolique, dans des emplois & trauaux qui feroient pallir & trébler les plus courageux & feruens, seroit-il possible que ie demeurasse en repos à la veuë de vos veilles & fatigues ? froid

proche des flâmes de vostre zele diuin, & endormy estant tesmoin de vos exemples, & des peines que vous prenez comme
bon Pasteur cherchant les brebis égarées. Arca Dei & Israël,
& Iuda habitant in papilionibus, & Dominus meus Ioab,
& serui Domini mei super faciem terræ manent, & ego
ingrediar domum meam, vt dormiam. Pour n'encourir le
blasme d'vne telle laschete & mesconnoissance, ie me suis ef-
forcé de ramasser les Reliques de vos sainctes instructions, que
vous auez donné à vostre peuple, dont i'ay tasché de composer
vn ouurage, que i'ay nommé Le sacré College de Iesus,
puis que vos documens ne sont autres que ceux, que nous a
laissé le Souuerain Pasteur; & comme vous les auez énoncé
en mesme langage qu'ils furent prononcez par le Glorieux S.
Corentin, premier Euesque, & Apostre de Cornoüaille, dont
vous auez herité & la charge & le zele, i'ay iugé à propos de
les coucher en mesme idiome pour le bien du simple peuple
Armorique, & pour faciliter l'entrée de cette academie du
Verbe Incarné a plusieurs Recteurs Ecclesiastiques & personnes, qui desireroient y entrer, pour cooperer auec le Fils de
Dieu a l'instruction du simple peuple, i'ay fabriqué trois clefs
necessaires aux Proselytes de cet employ Apostolique, c'est a
sçauoir vn Dictionaire, & Grâmaire, & Syntaxe Armorique.
Ayant eu le bien de commencer cet ouurage & d'en ietter les
fondemens sous les auspices de vostre Grandeur, ie n'ay osé en
faire l'ouuerture ny en presenter les clefs a personne, qu'apres
auoir prié vostre bôté de l'honorer de vostre saincte benediction,
qui estant accompagnée de celle du glorieux S. Corentin, pro-
duira des fruicts, qui seront vn iour seruis a la table des bien-
heureux au sejour de la gloire. C'est le desir & l'esperance de
celuy qui vous est

MONSEIGNEVR,

Tres-humble, tres-obeissant, &
tres-obligé seruiteur Iulien Maunoir,

MANDEMENT DE MONSEIG-
neur l'Illustriß. & Reuerendißime Euesque
& Comte de Cornouaille.

RENE' DV LOVET, par la grace de Dieu & du S. Siege Apostolique Euesque & Comte de Cornouaille, permettons que le Catechisme de la Mißion, la Grāmaire & Dictionnaire en françois, & langage Armorique, soit Imprimé & distribué dans ce Diocese, recōmandōs aux Recteurs, Vicaires, Curez & autres Ecclesiastiques qui ne sçauent du tout ou en partie le langage Breton de se seruir de ces ouurages que nous procurons estre mis en public pour l'instruction de nostre peuple, en outre mandons aux Recteurs, Vicaires, & Curez de lire ou faire lire, ou enseigner par quelque Prestres chaque Dimanche & Festes aux Eglises Parochialles, & Treuialles vne leçon des instructions catechistiques du Catechisme de la Mißion. Donné en nostre Palais Episcopal le quatorziesme Auril, 1659.

RENE' DV LOVET, Eues. de Cornouaille.

APPROBATIO.

Vidi & percurri opusculum Catechisticum a R. P. *Iuliano Maunoir* e Societate Iesu conscriptum vernaculo idiomate Aremorico, inscriptúmque Quenteliou Christen, *in quo* nihil obseruaui fidei Catholicæ bonísve moribus aduersum, sed multa ijs maximè Aremoricis, qui linguas alias non calluerint, vtilia Christianæ pietatis documenta, eáque ad praxim faciliorem comparata. Ita sentiebam ego infra scriptus in Sacra Theologiæ facultate Parisiensi Doctor, & insignis Ecclesiæ Cathedralis Leonensis Canonicus Theologus die 19. Aprilis an. 1659.

CLAVDIVS DE PENCHOATDIC.

DE L'EXCELLENCE DE LA
Langue Armorique.

TOut ce qui est produit immediatement de Dieu sans le concours des Creatures a vn eclat, qui surpasse en dignité les effects, a la production desquels les causes secondes & instrumentalles sont admises : c'est pour cette raison que l'Ange est plus noble que l'homme, l'ame raisonnable que le corps, l'ordre de la grace que celuy de la nature, les habitudes infuses & surnaturelles, que les naturelles & acquises, & les langues primitiues que celles qui ont esté inuentées par l'industrie des hommes. Ce raisonnement me donne entrée dans l'excellence de la Langue Armorique, qui a ce passe droit aussi bien que la Grecque, & les autres primitiues de ne reconnoistre autre principe immediat que le Createur du Ciel & de la Terre. Sainct Augustin, Sainct Hierosme, & la plus commune opinion des Theologiens tiennent qu'a la confusion des langues, Dieu donna autant de langues qu'il y auoit de generations descenduës des enfans de Noë. Sem eut 31. generations qui peuplerent l'Asie, Cam 27. qui passerent en l'Affrique, & Iaphet 14. qui descendirent en Europe, & y apporterent 14. langues, du nombre desquelles est l'Armorique, ce que ie prouue d'vn argument demonstratif & philosophique. La Langue des anciens Celtes ou Gaulois estoit vne des primitiues, que les enfans de Iaphet apporterent en Europe ; La Langue des Bretons Armoriques est la mesme que celle des anciens Gaulois ; tirons la consequence infaillible, quelle est vne des 14. primitiues d'Europe. Dans ce raisonnement il y a deux propositions considerables : La premiere, que la langue ancienne des Gaules estoit vne des primitiues , qui furent apportées en Europe au temps de la confusion des langues: La seconde , que l'idiome Armorique est le mesme que l'ancié Gaulois. Ie prouue ma premiere proposition dãs la section suiuãte.

SECTION PREMIERE.

La Langue des anciens Gaulois appellez Celtes est vne des primitiues.

Cæsar remarque dans son Commentaire, qu'il a fait de la guerre des Gaules, que lors, qu'il y entra, l'estat des Gaules estoit diuisé en trois parties. Ceux qui habitoient les frõtieres de de l'Allemaigne s'appelloiét Belges ; ceux qui aprochoient des Pyrenées portoient le nom d'Aquitains, & ceux qui estoient au milieu s'appelloient Celtes, les Romains leur donnoient le nom de Gaulois. Cæsar rapporte que ceux qui habitoient ces trois cantons differoiét de langage lors qu'il entra dans les Gaules, les Aquitains prirent le langage d'Espagne a cause de leur voisinage, les Belges auoient quitté leur langage & pris celuy des peuples Germaniques , & y ont tenu bon iusques a present. Les Celtes, que les Romains appelloient Gaulois par excellence, tinrent bon a leur langue Celtique iusques a la venuë de Cæsar. Le Cosmographe *Merula* tient que ce langage est celuy qui fut apporté des Enfans de Iaphet lors que les 72. familles se diuiserent & disperserent en diuerses parties du Monde. Il y a deux sortes de langues, les vnes sont primitiues comme l'Hebreu, & les 72. desqu'elles nous auons parlé , les autres sont composées des primitiues Lors que Cæsar arriua dans les Gaules le langage des Gaules estoit vn langage particulier distinct de tous les autres, qui entouroient & qui pour lors estoient en vsage, & les dictions des Celtes n'estoient deriuées

d'aucune langue de celles desquelles on s'est serui iusques
a present en Europe. Les langues principalles, desquelles
on s'est serui en Europe, autant que nous pouuons raisonner apres la lecture des Anciens Cosmographes & Histo-
riens se reduisent a six, pour les 8. autres que les enfans de
Iaphet apporterent nous n'en auons aucune connoissance
chez les anciens Autheurs. Ces six langues primitiues
sont, la Grecque, la Latine, la Germanique, la Sclaoni-
que, la Celtique, & l'ancienne Espagnolle. des 4. pre-
mieres sont deriuées les langues qu'on parle a present en
Europe. l'Italien, le François, l'Espagnol d'apresent, le
Vallachien descendent en partie du Latin, en partie du
Grec, en partie de l'Alleman, en partie du Celtique : le
langage des grisons, Saxons, Hollandois, Flamans, Anglois est deriué du Germanique : celuy des Polonnois,
Moscouites, Bohemiens du Sclauon, l'ancien Espagnol
est tesserré dans le païs des Basques. L'ancien gaulois n'est
ny Grec, ny Latin. ny Alleman, ny Sclauon, ny Espagnol. ny composé de ces langues : il faut donc auoüer
que c'est vn langage particulier, & primitif, s'il y en a de
reste en Europe. Il y a plus de mille sept cent ans que Cæsar vint en France & en Bretagne, en ces cantons on ne
parloit ny Latin, ny Grec parmy le vulgaire, si ces deux
langues eussent esté en vogue Cæsar n'eust eu affaire de
prendre vn truchement pour traiter auec Diuitiac Gouuerneur d'Autun, car il sçauoit le Latin & le Grec, il
n'eust eu affaire d'escrire a Ciceron en Grec affin que le
secret ne fust découuert des Gaulois. On ne parloit la langue Germanique ou Allemande, par ce que Cæsar dit
qu'Ariouistus Alleman apprist la Langue Angloise pour
traicter auec les Gaulois, on n'y parloit Sclauon ; Les
mots de la langue Celtique dont les Autheurs anciens fõt
mention, n'ont aucun raport auec cet idiome, ce n'estoit

le langage d'Espagne veu que Strabon qui viuoit 50. ans
apres Cæsar dit que de son temps les Aquitains ne ressem-
bloient en langue, n'y en statute aux autres Gaulois leurs
compatriotes, mais aux Espagnols, dont ils estoient voi-
sins. Ce n'estoit la langue Françoise, de laquelle on se
sert maintenant, veu qu'elle a commencé longtemps apres
Cæsar estant composée de Latin corompu, d'Allemand,
est de vieu Gaulois, & de siecle en siecle iusques a present
a changé tellement de face, qu'il est presque impossible
d'entendre quelques liures escrits en françois depuis 800.
ans comme est l'Histoire de nostre Dame de Chartres, &
autres escrits, qui approchent plus de la terminaison Latine que de la françoise, dont on se sert a present. La langue des Celtes n'ayant aucune alliance auec les langues
qui estoient en vigueur du temps de Cæsar, reste a conclure que s'il est resté quelqu'vne des primitiues, qui furent infuses au temps de l'entreprise de la bastisse de la
tour de Babel, la Celtique, ou Gauloise est vne de celles
la, ayant d'aussi fortes raisons de son antiquité, que les
autres dont nous auons parlé, & par consequent que la
langue Armorique est vne des primitiues, autant qu'on
peut raisonner dans l'obscurité de l'antiquité, si on peut
prouuer, qu'elle est la mesme que l'ancien Gaulois.

§. 2.

Que la Langue Armorique est la mesme que celle des anciens Gaulois.

La verité des choses passées ne pouuant se connoistre que
par l'authorité des tesmoins fidelles, & en nombre competant, ie ne peux auoir recours qu'aux autheurs qui ont
escrit les Chroniques des siecles passés, dont les escrits no͞
sont autant de tesmoins, qui nous doiuent obliger a leur
donner creance, & qui estans en grand nombre donnent
vn grãd poids & authorité a leur témoignage. Pour prou-

uer cette verité, que la langue Armorique est la mesme que l'anciéne Celtique ou Gauloise, dont on se seruoit dans les Gaules soixante ans deuant la venuë de nostre Seigneur, i'ay deux sortes d'autheurs, dont les vns sont modernes, & les autres anciens. Nostre Sauueur veut qu'on s'arreste a la depositió de deux ou trois tesmoins, & que lors qu'ils conuiennent en leur tesmoignage il veut qu'on y defere. I'espere dans chacune de ces deux classes trouuer vn nombre competant, ausquels on ne peut refuser la creance sans vne espece d'opiniastreté. Entre les modernes le premier que ié produis c'est le Sieur Bertrand d'Argentré historiographe de Bretagne, il pouroit estre reculé de quelques vns, s'il n'estoit appuyé de Merula Cosmographe fort entendu dans la science des langues, & en ce qui touche l'antiquité. Le Pere Philippe Briet de la Compagnie de IESVS dans sa Geographie est de mesme sentiment, comme aussi Rhenanus, Conradus, Gesnerus, Hotomannus, Ramus, Pierre Daniel, & par dessus tous Cambdenus qui raporte plusieurs dictions de l'ancien Gaulois, qui sont les mesmes que nous vsurpons dans l'Armorique. Entre les anciens historiographes Strabon autheur Grec, qui viuoit du téps de nostre Seigneur dit que de son temps la lágue des Gaulois & des Anglois estoit la mesme. La langue dont se seruoient les Anglois en ce temps la, est demeurée dans vne partie de l'Angleterre, & les Bretons de la grande & petite Bretagne s'entendent fort bien & trafiquent ensemble sas truchemens, encore qu'ils soient de diuers Royaume. Ce qui monstre euidemmét que le reste de la langue Celtique est demeurée dans ces deux parties de ces deux Royaumes. Encore que les Saxons ayent tasché d'abolir la langue des Anglois qui estoit celle des Gaules, ils ne l'ont peu faire entierement, il en est demeuré quelques vestiges dans les noms propres. Il y a vne Isle dans l'Angleterre qui s'apel-

le iufques en ce temps, *Aualoria*, parce qu'elle eſt abon-
dante en pommes, *aualou* en langue Armorique ſignifie
pômes. Il y a vne terre & ſeigneurie qui s'apelle *penbroc'h*,
ce mot ſignifie teſte de reſſon en langue Bretonne. Cæſar
dans ſes commentaires fait mention d'vn mot Gaulois *ar-*
mor, ce meſme mot eſt en vſage dans la Corneüaille d'Angleterre & dans toute l'Armorique, & ſignifie la mer. Seruius rapporte des ephemerides de Cæſar, qu'vn iour Cæſar fut pris par vn ſoldat Gaulois, & mis ſur vn cheual
pour en faire vn priſonnier de guerre, ce que voyant vn
camarade de ce ſoldat s'ecria en langage Gaulois *ſco Cæ-*
ſar, qui ſignifie en noſtre langue, frappe Cæſar. Pauſanias
autheur Grec raporte que Brennus Capitaine Gaulois fiſt
vne expedition en Grece, & qu'il inſtitua vne ordre de ca-
ualerie apellé trimarchie, ou chaque maiſtre deuoit auoir
deux hommes montez a cheual auec luy, affin qu'eſtant
demonté il peuſt trouuer pres de luy vn cheual, pour re-
monter incontinent, cet autheur dit que *marc'h* en Gaulois ſignifie cheual, & *tri* trois, le meſme ſe dit en Breton.
Chez Cambdenus les Celtes apelloient l'auoine *querc'h*,
& nous diſons *querc'h*. Pomponius Mela fait foy, que les
anciens habitans des Gaules appelloient vne fille, qui ne
faiſoit eſtat de ſe marier *Lenés*, nous appellons vne Reli-
gieuſe *Leanés*. Encore que la pluſpart de la France ayt
quitté ſon vieil langage, les noms propres des lieux ſont
demeurez qui ſignifioient quelque choſe en langue Celtique. *Dourdonne* eſt vn mot de noſtre langue, & ſignifie
eau profonde. *Rhodanus* ſignifie viſte, qui vient du verbe
Armorique *redec* qui ſignifie courir. *Araris*, autrement la
Saone vient du mot Gaulois & Armorique *Arar*, qui ſignifie charruë, peut eſtre parce que le cours de cette riuiere
reſſemble au train d'vne charruë. *Landiuy* Ville du Maine
ſignifie l'Egliſe de S. Yuy en ces cantons. *Brenaſche* eſt vn

Ar-mor. ſont
deux mots. Ad
mare.

Seruius in Æn.
v. 743. ſed aliſlez
gunt Cæcos Cæſar.
Seruius exponit,
Bliphille Cæſarem

Apud Pomp. Melæ
libr. 3. cap. 6. Vul-
go legitur. Sonnes.

Camden. ab Ara
lentus.

oyſeau qui naiſt des bois pourris d'vn nauire, *pren* ſignifie
bois , *naſche* vient du mot latin *naſcor* c'eſt a dire, oyſeau
qui naiſt du bois. Vn tribar qu'on met a la teſte des cochós
depeur qu'ils n'entrent facilement dans les champs, eſt vn
mot Breton qui eſt demeuré dans la France , & eſt vn mot
compoſé de deux dictions , *tri & baz* , *tri* ſignifie trois &
baz baſton. Concluons enfin & apres vne ſi grande multitude de teſmoins anciens & modernes, concluons que la
langue Armorique a ce paſſedroit d'eſtre la meſme que
celle des anciens Gaulois , & qu'elle a au deſſus de l'Ita-
lienne , de la Françoiſe & de l'Eſpagnole le bon-heur d'a-
uoir eſté compoſée de Dieu meſme, eſtant vne des 72. lã-
gues, qui furent données aux 72. familles des enfans de
Noë. Mais le plus grand honneur qu'elle a , c'eſt d'auoir
eſté l'eſpace de treize cent ans fidelle a confeſſer la foy de
Ieſus-Chriſt: Dieu ſoit beny iuſques a la fin du monde
dans cette langue. Nous l'eſperons par l'aſſiſtance des 7.
Saints de Bretagne, qui planterent en cette langue dans le
Royaume Armorique la connoiſſance de Ieſus-Chriſt. Il
eſt porté dans la vie de S. Tenenan qu'eſtat en Angleterre
il fut aduerti d'vn Ange de ſe tranſporter en l'Armorique,
où la foy deuoit durer iuſques a la fin du môde: pour cooperer auec la grace de Dieu i'ay ramaſſé ce que i'ay peu de
la langue Armorique, a ce que iuſques a la derniere venuë
de Ieſus-Chriſt nous puiſſions chanter , *Meulomp Doue ,*
meulomp Ieſus, meulomp Mari, meulop Ioſeph, ha Caurintin,
caromp Doue, caromp Ieſus, caromp Mari, caromp Ioſeph, ha
Caurintin.

ADVERTISSEMENT AV LECTEVR.

PLusieurs Pasteurs des ames, & autres personnes zelées de la gloire de Dieu m'ayant prié de donner au public en langage Armorique, ce que ie iugeois a propos pour planter, & acroistre la connoissance, amour, & le seruice de Dieu dans le cœur des fidelles, & ayant consideré que plusieurs Ecclesiastiques ayans charge d'ames ne sçauent le langage de leur brebis, a qui ils sont obligez de parler & ausquels ils doiuent prester l'oreille, pareillement ayant pris garde que d'autres quoy qu'originaires du païs Armorique ne sçauent la proprieté de pusieurs mots de leur langue maternelle, entremeslans des mots François auec des terminaisons Bretonnes qui ne s'entendent de la pluspart des auditeurs, i'ay iugé a propos de donner au public vn Dictionnaire Armorique, en apres vne Grammaire & Syntaxe en mesme langue, & comme il ne suffit pas de sçauoir vne langue si on ne vient a l'exercice, mon intention n'estant autre qu'a aider a connoistre, aimer & louer Dieu en cette langue, apres auoir donné quelques aduis pour enseigner vtilement la science de salut, qui est comprise dans le Catechisme, i'ouure la porte au College de la doctrine de Iesus-Christ ou il faut que tout Chrestien se trouue & estudie en toutes les Classes les leçons que nous a donné le Sauueur de nos ames pendant son sejour sur la terre. Receuez (Amy Lecteur) ce trauail de vingt & sept ans auec l'esprit qui m'a porté a l'entreprendre, qui est la gloire de Dieu, le salut des ames creées a son image, & racheptées du sang precieux de son cher Fils.

AVX MISSIONNAIRES, RECTEVRS, ET autres personnes zelées de la doctrine de Iesus-Christ.

Plusieurs Ecclesiastiques zelés de la gloire de Dieu, m'ayant prié de donner au public ce que ie iugeois a propos, & necessaire pour planter & accroistre la connoissance, l'amour & seruice de Dieu dans ces derniers cantons d'Europe, i'ay trouué que plusieurs, qui ont charge d'ames, & qui sont obligés d'instruire leur troupeau, ne sçauent la langue de leurs oüailles, ce qui est cause qu'ils ne peuuent les entendre, ni leur parler; en outre i'ay pris garde, que plusieurs, quoy que sçauans & vertueux, ayans intermis l'vsage de la langue maternelle hors leur païs natal pendant le cours de leurs estudes, ont oublié vne partie des mots propres de l'idiome Armorique, ce qui est cause que dans leurs Catechismes, & predications ils se seruent de plusieurs mots François auec la terminaison Bretonne, qui ne sont entendus de la pluspart des auditeurs. Ces difficultez d'aider le simple peuple en ces derniers cartiers du monde a l'egard de ceux, qui ne sçauent l'idiome du païs auec la perfection qui est requise, m'ont porté a composer vne Grammaire & Syntaxe Armorique, auec les particules les plus difficiles de cette langue; en apres prenant garde qu'vne grande partie des mots ne se trouue dans les Dictionnaires qui traitent de cette langue, ie presente a ceux qui n'en ont vne parfaite connoissance, vn ample Dictionnaire, ou ils trouueront tous les mots necessaires pour composer vn Catechisme ou Sermon en cet idiome, mettant en teste chaque mot François par ordre alphabetique, en apres le Breton, selon qu'il est en chacun des 4

Eueſchez Bretons, ou ſe trouuent les 4. Dialectes Armoriques ; mais comme le Dialecte Leonnois eſt dans noſtre
langue ce qu'eſtoit autrefois l'Attique parmy les Grecs, &
ce qu'eſt a preſent le Toſcan dans l'Italie, ie m'y arreſte par
deſſus les autres & pour la ſubſtance des mots , & pour la
façon de decliner & coniuguer. Et, a ce que ceux qui vou-
dront lire & entendre les inſtructiós ſuiuantes compoſées
en pur Breton , ayent plus de facilité a les entendre, i'ay
dreſſé vn autre Dictionnaire ou le Breton precede le françois. Or comme ces inſtructiós ne butent a autre fin qu'a
imprimer la connoiſſance , amour & crainte de Dieu, ie
preſente aux Miſſionnaires, Recteurs, & autres perſonnes
zelées de la gloire de Dieu les principales leçons que nous
a laiſſé le fils de Dieu dans ſon eſchole ſacrée pour la plus
grande gloire de ſon Pere , & le ſalut des ames racheptées
de ſon ſang precieux. Ie coniure le lecteur de lire ces trai-
tez auec l'eſprit duquel ils ont eſté conceus & mis en lumiere, c'eſt a ſçauoir auec l'intention d'augmenter en eux
& aux autres la connoiſſance de noſtre Souuerain Empereur Ieſus , & de ſa ſaincte volonte , ſon ſaint amour , ſa
crainte ſalutaire & l'obeiſſance conſtante a ſes tres-ſaincts
commandemens , qui eſt la fin pour laquelle nous auons
eſté crées de Dieu , & racheptés du Sang precieux de ſon
Fils bien aimé.

INDVSTRIES POVR INSTRVIRE ET *regler vne Paroisse.*

A Ce que l'Instruction se face auec fruict & sans des-
goust, il seruira beauconp de la distinguer en 4. exer-
cices. Apres auoit ordonné les garçons & hommes d'vn
costé, de l'autre les filles & femmes, le Catechiste fera faire aux assistans le signe de la Croix auec luy, fera reciter a-
pres ou auec lui a haute voix le *Pater, Aue, Credo, Confiteor,*
en Latin, & en langue vulgaire, le *Benedicite,* les graces,
les Commandeinens de Dieu & de l'Eglise, les 7. Sacremens de l'Eglise & les sept pechez capitaux. Puis on fera
faire le signe de la Croix : a deux enfans de 5. ou 6. ans le
Pater & Aue, a vn de 7. ou 8. le *Credo & Confiteor,* a vn de
9. ou 10 *Benedicite,* les graces & les Commandemens de
Dieu & de l'Eglise a vn de 12. ou 13, les 7. Sacremens, &
les 7. pechez capitaux a vn de 14 ou 15. donnant a celuy
qui aura bien dit vne Image, ou vn Chapelet ou quelque
autre priz.

Dans la seconde partie il sera expedient de faire repeter
ce qui aura esté expliqué a la derniere instructió par 2. ou
3. qui auront esté exercés deuant le Catechisme, & repon-
deront aux interrogations que leur fera le Catechiste ; lequel expliquera clairemét & inculquera chaque reponse ;
puis fera les mesmes interrogations aux autres enfans de
l'vn & l'autre sexe, les assignans d'vne baguette. De trois
mois en trois mois il sera bon de repeter, & interroger les
enfans sur ce qu'on aura enseigné les trois derniers ; & a ce
que le simple peuple puisse aprendre auec plus de facilité
ce qu'on leur propose, il sera bon de prendre autant de
personnes que la leçon contient de poincts, chacun n'aura
qu'vn point a aprendre, & apres auoir mis de rang les re-

pondans, chacun reïtera son point l'vn apres l'autre. Par exemple pour les vertus Theologales on élira trois qui repondront l'vn apres l'autre, & repeteront leur point, pour les Cardinales 4. pour les articles de la Foy 12 , pour les demandes du *Pater* 7 , pour les parties de l'*Aue Maria* 4 , pour les Commandemens de Dieu 10 , pour ceux de l'Eglise 5. pour les 7. pechez capitaux 7 , pour les vertus contraires aux 7 pechez 7 , pour les Sacremens 7 , pour les points necessaires a se bien confesser 5. Chacun ayant recité son point de rang, il faudra proposer vn prix a celuy qui aura mieux retenu cette leçon, lequel il faudra recompenser, s'il repond sans manquer, apres quoy il sera bon d'interroger les autres, iusques a ce que la pluspart ayt appris cette leçon. Et a ce que le Peuple soit plus attentif & curieux d'assister au Catechisme, il seruira beaucoup que le Recteur auertisse que tous les ans il instituera vn examé general en Caresme, ou tous les Paroissiens seront interrogez sur les Principaux points necessaires au salut, qu'on aura expliqué le long de l'année. Par ces industries en plusieurs lieux le peuple fait plus de profit en 3. mois , qu'il n'auoit fait en 60. ans.

Le troisiesme exercice sera vn Cantique Spirituel tout entier, ou vne partie, ou seront compris les instructions, qui aurôt esté expliquées. Il sera a propos de paraphraser & expliquer brieuement chaque strophe l'vne apres l'autre , apres qu'on aura expliqué vne strophe les deux meilleures voix la chanteront, les garçons la repeteront, & apres eux les filles. Le premier Cantique, qu'il est a propos de chanter sera celuy de la Foy, qu'on trouuera dans le liure des Cantiques Spirituels Bretons, & se commence en cette façon, *Adoromp an Drindet breman* , le 2. l'acte de Contrition *Ouzoc'h Doue me gofessa*, 3. le *Pater*, l'*Aue*, en apres les Commandemens de Dieu & de l'Eglise, la façon de se confesser, de se preparer a la Communion, de remercier Dieu apres la Communion , les 3. Chapelets du Rosaire, les Litanies de la Vierge , la conuersion de S. Theophile, l'exercice du matin & du soir, les 4. fins de l'hôme, les remedes côtre chaque peché capital. Il sera fort a propos d'auertir le peuple de quitter les chansons mondaines & deshonnestes & de chanter ces Câtiques Spirituels a la maison & aux champs, ou par les chemins , leur asseurant qu'ils auront recompense de ce chant , comme s'ils estoiét en prieres. Il sera fort profitable d'exhorter les couturiers & autres gens de mestier d'aprendre & de chanter par les maisons ces Hymnes Spirituels , & le Recteur les encouragera extremement , s'il recompense par quelque present de Deuotion, ceux , qui reüssiront dans cet exercice. Pour le quatriesme exercice les esprits estans recrées par le chant, il est côuenable de faire vn discours d'vne demie heure. Cet entretien sera composé de 3. ou 4. points , chaque point côtiendra 2. ou 3. propositions, chaque proposition sera expliquée selon la capacité du peuple , apuyée sur quelque raisô palpable, ou sur quelque passage de la S. Escriture , ou des Peres, ou éclaircie par quelque comparaison ou similitude proportonnée a la condition & capacité des auditeurs, on y pourra entremesler quelque mouuement. A la fin on fera vne recapitulation des points & propositions expliquées. On s'arrestera fort sur le fruict qu'on doit remporter des points expliqués , qui sera vne maxime fondamentalle pour pratiquer quelque vertu, ou fuir quelque vice, & côme au dire de S. Vincent Ferrier, les exemples ont vne force admirable, il sera fort vtile sur la fin de l'instructiô de raporter vn exemple authentique, estonnât ou attraiant selô le sujet qu'on traite. Le peuple estant esmeu, il sera fort expedient, a l'exemple de S. François Xauier, de faire produire aux auditeurs des actes interieurs des vertus qu'on aura propofé dans l'entretien, & de leur faire tefmoigner par quelque figne exterieur, cóme en fe mettant a genoux, en ioignant les mains, qu'ils confentent aux actes des vertus qu'on leur propofe. Le 1. acte fera vn acte de foy fur les veritez qu'on leur a expliqué, & fur les conclufions & maximes qu'on en tire. Le 2. vn acte de contrition, du bien qu'on á obmis, ou du mal commis: 3. vne refolution de fuir auec la grace de Dieu les pechez expliqués, & les occafions prochaines, & d'embraffer les vertus propofées. En dernier lieu, vne priere demandât a Dieu la grace d'euiter les pechez, qu'on a expliqué, & de pratiquer les vertus recómandées dans l'inftruction. Par cette façon de Catechifme, on fera faire au peuple vne façon d'oraifon mentale, leur faifât élever en Dieu les 3. puiffances de leurs ames, leur memoire, entendement, & volonté. Il fe pourra faire qu'ils pratiqueront plus d'actes interieurs de vertus ên vn mois, & peut-eftre en vn iour, qu'ils n'auront fait en leur vie; en apres ils fatilferôt a l'obligation que S. Thomas, & les Theologiens impofent aux Chreftiens, de faire des actes de Foy, d'Efperáce & d'amour de Dieu par deffus toutes chofes, a quoy la plufpart des Chreftiens, & principalement du fimple peuple ne penfe d'ordinaire; en outre le Recteur eftant obligé d'enfeigner & de procurer a fes Paroiffiés l'exercice de ces vertus furnaturelles & diuines, s'acquite de fa charge. Enfin ces refolutiós faites en la prefence du S Sacrement, & vne affemblée de fidelles, obtiennent des graces particulieres, pour refifter aux pechez, & pratiquer les bónes œuures, lors que l'occafion s'en prefente.

Dans ces inftructions il faut tenir vn ordre, n'enfeignant rien au peuple an deffus de fa capacité & portée; car tout ainfi que ce feroit contre la prudence, d'enfeigner a compofer a vn Efcholier, qui ne fçauroit decliner, ny cóiuguer, de mesme ce seroit perdre son temps d'enseigner des choses releuées & difficiles a ceux, qui ne sçauent les premiers elemens de la Doctrine Chrestienne, comme sõt les mysteres de la Trinité & de l'Incarnation. Il faut distinguer & partager les matieres, & les auditeurs en certains ordres & classes, & distribuer les instructions conformément a la necessité & capacité d'vn chacun.

Dans la plus basse classe, qui sera, comme la 5. dans les Colleges, il faudra commencer par les elemens de la Doctrine Chrestienne; aprendre cõme il faut faire le signe de la Croix, les occasions ausquelles il faut s'en seruir, le *Pater, Aue, Credo, Confiteor* en Latin & en langue vulgaire, les commandemens de Dieu, & de l'Eglise, les mysteres de la Trinité & de l'Incarnation. Les 5. points de la Confession, la façon de produire vn acte de contrition; en quelle occasion il faut s'en seruir; & les 12. articles de la Foy, les Festes, ausquelles les principaux mysteres de nostre Religion sont reuerez.

Dans la 4. on monstrera la façon de bien prier, on expliquera les demandes de l'Oraison Dominicale, & l'*Aue Maria*, la façon de dire le Rosaire, l'exercice du matin & du soir, & l'exercice du iour; la façon de se preparer a la Communion, & de remercier Dieu apres auoir cõmunié.

Dans la 3. on exposera les pechez capitaux, & leurs remedes, les pechez les plus communs contre chaque commandement de Dieu & les moiens de leur resister, les 3. ennemis de l'homme, & les armes pour les combatre.

Dans la 2. on aprendra les 3. vertus Theologales, les 4. Cardinales, les 7. capitales, les beatitudes, les dõs & fruits du S. Esprit, les 3. puissaces de l'ame, les 5. sens, les 11. passions, les 4. fins de l'homme.

Dans la premiere on enseignera les Sacremens, & la façon de les receuoir.

Le téps propre pour faire le Catechiſme, ſera a Veſpres en Careſme, auquel temps il faut abolir les ſoules, qui ſe font en pluſieurs lieux en ce temps la. Hors de Careſme le temps le plus propre eſt vne heure deuất la grande Meſſe, ou au temps de la Meſſe matinalle, ou de la grande Meſſe.

Il eſt a propos, que le Recteur aye ſoin, que dans les Chapelles particulieres de la Paroiſſe, le Chapelain expoſe les principaux points de la Doctrine Chreſtiéne, & face reciter au peuple auec luy les prieres en latin & en lãgage vulgaire, & declare quelque partie de l'abregé de la Doctrine Chreſtienne.

Comme tous les Paroiſſiens ne peuuét venir enſemble au Catechiſme, le bon Paſteur auertira ceux, qui ſont preſens a l'inſtructió, de reciter a ceux, qui n'ont peu y aſſiſte r ce qu'ils ont apris & retenu, en outre ordónera aux chefs de famille, que, ceux, qui n'ont peu entendre l'inſtructió vn Dimanche, y viennent le ſuiuant, & a ce que toute la Paroiſſe, ſoit pleinement inſtruite, il ſera bon d'interroger ceux, qui ont eſté conſtans a eſcouter la doctrine de Ieſus-Chriſt, ſur ce qu'on aura expliqué les 2. ou 3. derniers Catechiſmes, a ce que les abſens aprennent ce qu'ils n'auoient ouy.

Si le Recteur ou Curé n'a le don de s'expliquer en public, qu'il liſe & explique cháque Dimanche vne leçon de ces inſtructions ſuiuantes, qu'il interroge les ieunes gens ſur ce qu'il aura expliqué, il ſe pourra faire qu'il inſtruira mieux ſes Paroiſſiens, que, s'il preſchoit excellemment, & s'acquitera de l'obligatió qu'il a, d'inſtruire ſes Paroiſſiés, ſoubs peine de damnation eternelle.

Les liures dont pourta ſe ſeruir le Catechiſte, ſeront, le Catechiſme de Bellarmin, le Pedagogue Chreſtiẽ, Cũſanus, Turlot.

Encore que le Recteur prenne ces peines, il ſe pourra

faire, que plusieurs demeurerót dans l'ignoráce. On voit des Paroisses, ou plusieurs enfans, quoy que grands, demeurent a garder les bestes, durant le temps, qu'on fait le Catechisme, que le Recteur auertisse les peres & les meres de les y enuoier; d'autres n'oseront enuoier leurs enfans a l'instruction, par ce qu'ils sont mal habillez, d'autres sortiront hors l'Eglise pendát le Catechisme, & diront, qu'au temps passé on n'aprenoit tát de choses, & que ceux de ce temps la, estoient meilleurs que ceux d'a present.

AVTRES INDVSTRIES POVR L'INstruction & reformation des plus insensibles.

POnr obuier aux embusches du malin esprit, & porter les plus insensibles a venir a l'instruction, & a appliquer leurs esprit a aprendre ce qui est necessaire a salut, plusieurs Pasteurs soucieux de leur charge, ordonnent vn examen general deuát Pasques, & auertissent le peuple 8. ou 9. mois deuant le Caresme, que personne ne se confessera, ny ne communiera, ny ne sera admis a estre compere, ny commere, ny au Sacrement de Mariage, s'ils n'ont vn billet signé de la main de leur Recteur, par lequel il conste qu'ils sçauent les mysteres de la Trinité, de l'Incarnation, de l'Eucharistie, s'ils communient : les 5. points de la cófession, la façon de faire vn acte de contrition, le *Pater*, *Aue*, *Credo*, en latin, & en langue vulgaire, le *Confiteor*, les commandemens de Dieu, & de l'Eglise, les 7. pechez capitaux. Trois semaines deuant Pasques, on cómence l'examen, & ceux, qui n'ont esté soucieux de venir a la Doctrine Chrestienne, & n'ont pris peine de l'aprendre, sont differez iusques a ce qu'ils ayét apris, ou du moins taché d'aprendre les points susdits. Cette iuste rigueur a reformé des Eueschez tous entiers, qui auoient croupi dans l'ignorance, & dans des pechez enormes des siecles tous

entiers, estant vray que l'ignorance est la porte des pechez
les pl' abominables. Il seroit a propos de renouueler toutes les années l'examen sur les matieres qu'on auroit apris
& enseigné le long de l'année. Cette pratique seroit un es-
peró pour inciter les stupides & insensibles au fait de leur
salut, si on la pratiquoit auec vn vray zele de la gloire de
Dieu.

AVTRE EXPEDIENT TRES-EFFICACE POVR
le mesme sujet.
La visite des Paroisses & des maisons.

Ette industrie est recommandée par le Rituel Romain, qui recommande aux Recteurs de visiter eux
mesmes, ou se seruir de quelque Prestre, pour visiter les
maisós de leurs Paroisses. Dans l'Archeuesché de Cosence
il est porté dans les statuts de Monseigneur Iean Baptiste
de Constance Archeuesque, que chaque Recteur doit visiter toutes les années sa Paroisse & chaque maison & a-
uoir vn liure qui porte pour titre *Status animarum,* ou to'
les villages, maisons, & noms, conditions, qualitez bonnes ou mauuaises de chacun sont escrites. Voila l'ordre
que pourra tenir le Recteur zelé, qui porte le caractere
d'vn bon Pasteur.

1. Entrant accópagné d'vn Ecclesiastique dans vn village il en escrira le nom, puis visitant chaque maison, il la
benira selon les formes du Rituel Romain, escrira en son
liure, le nom du chef de famille, de sa femme, de ses enfás,
des seruiteurs & seruantes, des autres domestiques, auec
leurs aages, remarquera s'ils se sont confessez, s'ils ont cómunié, & receu la Confirmation, verra s'il y a vne image
a chaque maisó, de l'eau beniste & vn benistier, de la chá-
delle beniste. Si aucune de ces choses manque, il recom-
mandera qu'ils s'en pouruoient, s'ils sont pauures, le Rec-

teur leur procurera cette charité.

4. Il s'enqueſtera ſi les petits enfans, qui n'ont paſſé vn
an couchent auec le pere & la mere, comme auſſi ceux qui
ont 7. ou 8. ans, *inueſtigabit vtrum pueri cum puellis decum-*
bant poſt ſextum annum. S. Charles tout Eueſque qu'il e-
ſtoit viſitoit les maiſons de ſon Eueſché, & faiſoit ces en-
queſtes.

3. Il s'informera ſi on prie a genoux le matin & le ſoir,
introduira les litanies & l'examen le ſoir en chaque maiſõ
du moins en chaque village, viſitera les chapelets d'vn
chacun, ſçaura s'ils ont tous des Croix, ſi les dixaines ſõt
bien ordonnez, verra ſi les enfãs qui ſçauent leur *Pater &*
Aue ont du moins de petites couronnes pour prier Dieu
a l'Egliſe & a la maiſon.

4. Il prendra garde ſi les enfans, ſeruiteurs & autres
domeſtiques aſſiſtent au Catechiſme, inſtruira ceux, qui
n'y ont peu aller, des myſteres de la Trinité, Incarnation
& Euchariſtie, taſchéra de ſçauoir en chaque maiſon, ſi
aucuns enfans ou ſeruiteurs manquent d'obeiſſance & de
reſpect enuers leurs peres, meres, maiſtres, & maiſtreſſes.
Y mettra ordre ſi on y manque.

5. Dans chaque maiſon il taſchera de ſçauoir ſi on iure,
ſi on maudit, ſi on s'iniurie, ſi on ſe querelle, s'il y a de
l'inimitié entre l'homme & la femme, ou les autres domeſtiques. Si aucune des choſes ſuſdites s'y retrouue, il
y mettra ordre.

6. Faiſant la viſite des villages il s'informera s'il y a dans
les lieux prochains des perſonnes ſcandaleuſes qui viuent
ou en concubinage, ou en adultere, ou en diuorce, ou en
inimitiez, ſçaura s'il y a des yurognes, prodigues, impudiques, blaſphemateurs, larrons, vſuriers, impies, qui
ne viennent à la Meſſe, qui trauaillent les Feſtes & Dimã-
ches, des chicaneurs, donnera de bons auis a chac un d'j-
ceux, reconciliera ceux qui viuent en diſcorde.

Il aura l'œil a remarquer les infirmes, malades, pauures,

riches & aifez,

7. Il remarquera s'il y a des Croix abatuës ou écornées
fi on laiffe les Chapelles ouuertes iour & nuit, fi les villageois prochains y mettent du lin, du chanvre, & autres
chofes profanes, s'il y a des Images messeantes, remediera
à ce qu'il trouuera choquer l'honneur de Dieu.

8. Il n'omettra de s'informer de la vie de ceux, qui
viennent demeurer dans fa Paroiffe, s'ils difent qu'il font
mariés, qu'il aye affeurance de la verité de leurs mariages,
des Recteurs ou Preftres qui les ont époufé, qu'il s'infor-
me de leure vies & mœurs, des Pafteurs des lieux ou ils
ont demeuré.

9. Examinera fi on a gardé ce qu'il a ordonné dans fa
derniere vifite des villages & maifons.

10. Ayant pratiqué tout ce que deffus il fera mettre a
genoux tous ceux de la maifon deuât l'Image du Crucifix,
les fera exercer vn acte de foy fur le Myftere de la Trinité,
de l'incarnation & paffion du Fils de Dieu, d'adoration
de noftre Seigneur en Croix, de remerciment des prinei-
paux benefices, de côtrition, d'offrande de leur vie, mort,
corps, ame, enfans, biens, paroles, penfées, affections, actions, & foufraces: de refolution de fuir tout peché, principalement ceux qu'on commet dans les maifons. Il faut
leur faire refouuenir que s'ils meurent dâs leurs maifons,
ils iront de leur habitation temporelle, dans la demeure
de l'eternité, il côuient leur recòmander d'auoir la crainte de Dieu, de fe garder des iuremens, maledictions, co-
leres, haines, querelles, iniures, detractions, paroles def-
honneftes, toute forte d'impureté dans les penfées, defirs,
& actions.

A mefure qu'il vifitera les maifons, il mettra les notes a
fon catalogue fous chaque chef. Les chefs qu'on mettra a
chaque nom feront l'aage, la condition, s'il a confeffé,
communié, s'il a efté confirmé, s'il eft marié, fa capacté

cans la Doctrine Chrestienne, la pieté, les mœurs. Si la
persône a receu les Sacremés, on met vne †. S'il n'a point
receu quelqu'vn , on met vn o sous le titre du Sacrement
qu on n'a receu; sous le titre de la Doctrine Chrestienne,
de la pieté, & des mœurs, ponr céux qui excellent on met
vn 1. pour ceux qui fôt bons vn 2. pour les mediocres vn
3. pour les mauuais vn 4. pour les pires vn 5. on met en titre le bourg ou village auec le nombre des maisons, a la
marge on met, 1. *domus*, 2. *domus*. Voicy des exemples

Pagus N. domi

	Nomen	Ætas	conditio	Con- feſſio	com- mun
1. domus	Alanus N.	40.	jutor	†	†
	Maigareta N	35.	ſutrix	†	†
2.	Petrus N.	30.	agricola	†	†
	Yuo N.	12.	filius N.	o	o
	Maria N.	30.	famula.	†	†
3.	Henricus N.	50.	nobilis	†	†
	Maria N.	40.	nobilis	†	†
	Ioannes N.	20.	nobilis	†	†
4.	Oliuarius N.	60.	agricola	†	†
5.	Benedictus N.	50.	agricola	†	†
	Magdalena N	40.	mercatrix	†	†
	Martinus N.	50.	ſeruus	†	†

Matrim.	Catec.	pietas	mores
†	5	5 Raro confitetur, interest maiori Missæ, Vesperis.	5 Ebriosus, Missarum tempore in tabernis.
†	5	1	1
viduus	5	5	impudicus, blasphemus.
0	5	0	iurat, inobediens.
†	5	5	separatur a viro.
†	1	1	1
†	1	1	1
0	1	5	impudicus.
viduus	3	5	vsurarius, ebriosus.
✚	4	6	concubinarius, percussor
✚	5	5	adultera.
†	5	5	reliquit vxorem, ducit choreas singulis dominicis, latro

Le bon Pasteur ayant visité toutes ses brebis, & regardé leurs qualitez, & acheué le liure apellé l'*Estat des ames*, il fera vn catalogue des scandaleux, dàs toutes les especes des pechez, escriuant en mesme papier ceux, qui sont sujets a mesme peché, par exemple, il fera vne liste des personnes, qui sont en discorde, vn autre des vsuriers, vn autre des concubinaires, vn autre des adulteres, & des impudiques, vn autre de ceux qui logent les femmes & filles de mauuaise vie, vn autre des yurognes, prodigues, & de ceux, qui boiuent aux tauernes pendant l'Office diuin, vn autre des hommes & des femmes, qui sont en diuorce, vn autre de ceux, qui vont aux nuitées, & vn de ceux, qui donnent leurs maisons pour les danses de nuit, vn autre pour les iureurs & blasphemateurs, vn autre de ceux qui trauaillent ou font trauailler pendant les Dimanches & les Festes. Ayant dressé les catalogues de ces personnes scandaleuses, il se souuiendra de prier souuent en ses Messes, & autres prieres pour leur cóuersion ; taschera de leur faire quelque plaisir, puis tentera toutes les voyes de douceur pour les detourner. Si l'huile de la douceur n'y sert de rien, il y meslera le vinaigre de la reprehension, meslée de charité. Si tous ces moiens n'y seruét de rien, il aduertira le Prelat pour y mettre ordre.

Il fera vn autre roolle de ceux, qui n'ont encore cófessé, pour les instruire, vn autre de ceux, qui n'ont encore cómunié, pour les y disposer, vn autre des pauures, infirmes & affligez, vefues & orphelins, pour les assister, consoler, & visiter, vn autre des riches, pour les porter a assister les susdites personnes affligées, vn autre des personnes capables dans la Doctrine Chrestienne, & dans le chant des Cantiques Spirituels, affin qu'elles instruisent ceux, qui sont dans leur voisiné, dans la Doctrine Chrestienne, & leur aprennent les Cantiques Spirituels. Il composera vn

autre

autre catalogue de ceux, qui font en aage nubile, pour les
porter a la pieté, crainte de Dieu, chasteté, pour veiller
qu'ils n'aillét aux nuitées, & ne soient trop addonnez aux
danses les Festes & Dimáches, & pour leur aprendre l'humilité dás leurs habits, l'obeissance a leurs peres & meres,
& la modestie & la pieté dans les Eglises.

RAISONS CONVAINCANTES POVR ATTI-
rer les Pasteurs a la pratique des susdites industries.

LA connoissance de Dieu, & de sa loy estát si necessaire
a salut, & l'ignorance estant l'occasion de tant da cri-
mes, qui se trouuent au monde, ie ne m'estonne pas si S.
Paul escriuant a Timothée, miroir des bons Pasteurs, l'ex-
horte de trauailler iour & nuit, de se seruir de toutes les
occasions, & de venir mesme iusqu'a l'importunité pour
retirer les pecheurs de leur vices, & les ramener au chemin de salut. Quiconque ayant charge d'ames, balancera
au poids du Sanctuaire, le prix d'vne seule ame, & du bon
heur ou mal-heur eternel, dont elle est capable, ne trouuera estrange de se seruir des industries, & aduis precedés,
veu qu'ils ne surpassent la portée de ses forces, ny l'obligation estroite de sa pesante charge. Pasteur du bien aymé
troupeau du fils de Dieu, souuenez vous du but de vostre
profession, & que vous n'estes appellé au repos, mais a vn
trauail infatigable, a des veilles continuelles, puisque selon S. Gregoire, le gouuernemét des ames, est l'entreprise
la plus noble & la plus difficile de l'Eglise. Ceux qui veulent porter sur leurs epaules quelque fais, le soupesent deuant que s'en charger. Si vò⁹ voulez peser le poids de vôtre charge, que vous auez cherché, cu qui vous a esté im-
posée, vous ne trouuerez hors de raison de vous donner
tout entierement a l'accomplissement de ce que Dieu de-

C

fire de vous, vous ne trouuerez étrange de vous feruir des induſtries fufdites, que pluſieurs bons Recteurs pratiquét a preſét auec autãt d'exemple, que de fruit. Vous ne vous rebuterez, ſi vous eſtes Recteur a la campagne de viſiter les maiſons & les autres places de voſtre Paroiſſe, pour y faire le deuoir d'vn vray Paſteur, en inſtruiſant, en exhortant, en prenãt garde aux embuſches du loup infernal. Ce n'eſt pas d'a preſét que les Paſteurs en vſent de la ſorte, les Apoſtres ne ſe contentoient pas de catechiſer les Dimanches & les Feſtes dans les Egliſes : tous les iours & dans le téple & dans les maiſons ils catechiſoient & preſchoient Ieſus Chriſt , *Omni die non ceſſabant docentes in templo, & circa domos euangelizantes Ieſum Chriſtum, Les Apoſtres enſeignoient tous les iours ſans intermiſſion dans l'Egliſe, & dãs les maiſons.* Le bon Paſteur va chercher ſa brebis egarée parmy ler ronſés, dans les landes, les montagnes & vallées S. Charles Borromée viſitoit les maiſons , & s'enqueſtoit ſi les freres & les ſœurs dormoient en meſme lict. S. Yues apres auoir preſché le Dimãche en 4. ou 5. paroiſſes, alloit les autres iours viſiter ſa Paroiſſe , & catechiſoit dans les champs & dans les prez les païſans pendant leur trauail. S. Lambert Eueſque de Liege, alloit par les champs de ſõ Dioceſe, & lors que les villageois auoient pris leur refection, il les amaſſoit ſous vn arbre, ou il les inſtruiſoit: S. Ignace en faiſoit autant a Rome dans la place du marché: S. Franço is Xauier dans les nauires. Noſtre Sauueur fiſt ce beau ſermõ des Beatitudes ſur vne montagne, & vn autre pres le puits de Iacob, ou il cõuertit la Samaritaine. Mais il y a bien de la peine a viure de la ſorte. Ce n'eſt pas pour viure en repos, qu'on prend vn benefice , qui oblige a procurer le ſalut des ames: s'il n'y auoit point de peine , vn tel benefice ne s'appelleroit charge; eſtant vray , que dans les villes & aux champs , quelque diligence qu'on

prenne a catechiser dans les Eglises , plusieurs negligens
d'aprendre ce qui est necessaire a salut , & d'y enuoier les
seruiteurs, seruantes & enfans , il est hors de controuerse,
qu'il est obligé d'emploier le verd & le sec, de se seruir des
moiens efficaces , pour les instruire des points necessaires
a salut Et de grace, si quelque enfant estoit delaissé dãs vn
coin de champs, ou dans vne maison, en danger de mourir sans Baptesme (adioustez que personne ne se souciast
de le baptiser) ne m'aquouerez vous pas, que le Recteur
seroit obligé de l'aller chercher, & de le baptiser, sil en auroit cõnoissance, & ce sous peine de damnation eternelle.
Venons au point, lors qu'vn Chrestien commence a auoir
la raisõ , n'est il pas aussi necessaire, qu'il soit instruit du
mystere de la Trinité , de l'Incarnation , de l'immortalité
de l'ame , que Dieu recompense les bons & punist les mé-
chans , &c. n'est il pas aussi necessaire , qu'il sçache ces
points, qu'a vn autre non baptisé , de receuoir le plus necessaire des Sacrements. Le Recteur sçait que plusieurs ne
se mettẽt en peine de venir au Catechisme par insensiblité
d'esprit , d'autres sont retenus au temps qu'on fait la
Doctrine Chrestienne, pour garder la maison ou les bestes
dans les chãps: dans la pluspart des Paroisses, les Recteurs
se plaignent qu'on n'enuoie les enfans, seruiteurs, & seruantes a l'Eglise, que plusieurs sortent , lors qu'on com-
méce le Catechisme. Le Superieur d'vne Paroisse sçachãt
tous ces desordres, quand bien il deuroit les chercher dãs
leurs demeures, dans les landes , dans les champs, n'est-il
pas obligé d'aller les auertir de leur deuoir, les encourager
& mesme les contraindre d'apprendre ce qui est necessaire
a salut. Si quelque Chrestien demeuroit sans se confesser ,
& communier a Pasques, s'il passoit d'ordinaire les Festes
& Dimanches sans entendre la Messe, le Recteur ne seroit
il pas obligé de l'aller trouuer, de l'exhorter, de faire tout

ſon poſſible, pour le ranger a ſon deuoir, iuſques a le deferer a ſon Eueſque, s'il demeuroit nonobſtant tous ces
remedes dãs l'inſenſiblité de ſõ ſalut. Or ie maintiens, que
l'obligation de ſçauoir les principaux points de la Foy &
du ſalut, eſt plus grãde, que d'entendre la Meſſe les Feſtes
& Dimanches, que de ſe confeſſer & cõmunier a Paſques,
& que le Paſteur eſt obligé, apres auoir tenté les voyes de
la douceur, de ſe ſeruir d'autres moiens plus efficaces pour
s'acquiter du deu de ſa peſante charge, cõme eſt de ne receuoir aucun a la confeſſion & communion, s'il ne mõſtre
vn billet ſigné de ſa main, par lequel il conſte, qu'il eſt ſuf-
fiſamment inſtruit. Le Paſteur eſt obligé de connoiſtre la
face de ſes brebis, connoiſtre le viſage des brebis, c'eſt ſçauoir, s'ils ſont inſtruits; ſi les oüailles tournét le dos, il faut
courir apres, les chercher, & induire de ſe ranger a leur
deuoir. Vn Recteur a 4. obligations, la premiere eſt d'offrir le ſacrifice pour ſon peuple; la 2. eſt de luy adminiſtrer
les Sacremens; la 3. eſt de donner bon exemple; la 4. eſt
de catechiſer & inſtruire; la derniere eſt la plus grande.
Le Concile de Trente oblige les Recteurs de donner la
paſture de la parolle de Dieu les Feſtes & Dimanches, &
s'ils ne le font leur ſouhaite de ſentir les effects de l'indig-
nation diuine. Tous les Eueſques dãs leurs viſites exami-
nent, ſi en chaque Paroiſſe on enſeigne la Doctrine Chreſtienne, ordonnent a tous les Recteurs & Vicaires perpe-
tuels de n'omettre iamais cet exercice ſi neceſſaire. Le
droit de nature, les loix diuines & humaines les y aſtraig-
nent, il n'y a Prelat, ni Pape, ny Concile qui les en puiſſe
diſpenſer; c'eſt pour cela qu'ils ont les dixmes, les premices, les tiers des Egliſes, & autres droits; c'eſt ſur ce point
qu'õ les interrogera au parquet effroiable de la iuſtice de
Dieu a l'iſſuë de cette vie. C'eſt pour cela qu'õ répondera
ame pour ame, c'eſt pour ce ſujet que pluſieurs Paſteurs

ont fué de peur a l'article de la mort. Pafteur qui lifez ces veritez, s'il vous falloit dans 24. heures rendre conte de voftre charge, quel fentiment auriez vous, fi voftre confcience vous remordoit, de n'auoir pas pris toute la peine que vous pouuiez & deuiez pour donner la pafture a vos ouailles, pour catechifer voftre peuple? quelle fraieur auriez-vous, fi vous auriez paffé les 3. mois, les femeftres, & les années toutes entieres fans catechifer voftre peuple? Si vous auiez laiffé mourir vne douxaine d'enfans fans Baptefme, n'auriez vous pas fujet d'aprehenfion a cette heure effroiable? fi ce malheur eftoit arriué par voftre negligence, apres auoir efté auerti. On vous charge dans toutes les vifites de catechifer. vous fçauez, que le peuple eft ignorãt & ce qui pis eft, infenfible a fon falut, que plufieurs meurent apres auoir atteint l'vfage de raifon dans l'ignorance des chofes neceffaires a falut. Que direz vous, fi on vous mõftre a l'article de la mort, qu'vn grand nombre de vos Paroiffiens font morts dans l'ignorance des chofes qu'on doit fçauoir fous peine d'eftre priué de la gloire eternelle. Vray Dieu! combié verra-on d'ames perduës, qui au iour iour du iugement fe leueront contre leurs Pafteurs & demanderont a Dieu vengeance de leurs Superieurs, qui les ont laiffé dans l'ignorance des voyes du Paradis, quelles reproches ne ietterõt-ils point a leur faces? de ce qu'ils fõt priuez du bon-heur qu'ils euffent poffedés, fi on leur euft monftré ce qu'ils eftoient obligez de fçauoir. Prenez, Pafteurs des ames, ces auis que ie vous ay tiré de la plus faine & affeurée Theologie; Ie vous coniure de lire au trauers du fang du fils de Dieu le poids de vôtre charge, qui vous fera legere, fi vous la portez auec la feruer qui vous eft cõuenable, & fi vous vo' en oubliez, ce fardeau vous fera a l'article de la mort *onus Babylonis*, vne charge de cõfufiõ, d'horreur, & peut eftre de defefpoir. Il eft porté dans la vie du Reuerend Pére Edmond Auger Confeffeur & Predicateur d'Henry III. Roy de France, qu'eſtant a l'article de la mort, vne armée de bonnes ames qu'il auoit aſſiſté pendât leur vie, le vinrét-côſoler dans ce dernier paſſage.

Il eſt porté dans les Chroniques de S. François qu'vn Religieux de cet Ordre, qui auoit blanchi dans l'exercice de la Predication & de la conqueſte des ames, eſtant venu au dernier periode de ſa vie, ayant l'ame ſur le bord des levres, eſtant aux priſes auec les malins eſprits veid venir a ſon ſecours ſoixante mille ames bien-heureuſes, qu'il auoit gaigné à Dieu par ſes Catechiſmes, Predications, & trauaux Apoſtoliques. Tabita diſciple des Apoſtres, & la vraye mere des veſues, orfelins & pauures affligés eſtât decedée, les perſonnes, qu'elle auoit aſſiſté de ſes aumoſnes allerent querir S. Pierre, luy monſtrerent les robbes & veſtemens qu'elle leur auoit donné, pleurerent tant, & de ſi bonne grace, que ce grand Apoſtre la reſſuſcita. Si vous vous acquitez, comme il eſt requis, du deû de vôtre charge, qu'elle conſolation aurez vous à l'article de vôtre mort? vous voyant entouré d'vn nombre d'ames bien-heureuſes, que vous auez gaigné à Dieu par vos inſtructions, par l'adminiſtration des Sacremens, par vos prieres, par vos ſoins, par vos veilles, par vos peines & trauaux Apoſtoliques Si l'aumoſne, & la miſericorde corporelle eſt vne ſi puiſſante aduocate deuant le Thrône de Dieu, qu'elle emporte aſſeurement le gain de ſa cauſe iuſques a reſuſciter les morts, que n'obtiendra vôtre charité & zele, en obſeruant les induſtries ſuſdites? puiſque aſſiſter les ames dans les neceſſitez du ſalut, eſt vne œuure plus nôble deuant les yeux de Dieu, que de ſecourir les corps dans les neceſſitez temporelles, comme l'ame eſt plus precieuſe que le corps, & le ſalut eternel que la vie temporelle. Palliſſez vous a la ſouuenance de vos pechez paſſez ? vaquez ſerieuſement a cette pratique de charité , *charitas operit multitudinem peccatorum Petr. 4.* Aprehendez vous en meditāt les hazards du dernier paſſage de cette vie: *Beatus qui intelligit ſuper egenum & pauperem in die mala , liberabit eum Dominus. Pſ. 40.* Dónez vo⁹ a ce ſaint exercice. Comme il n'y a point de pauureté ſemblable a celle d'vne ame depourueuë d'inſtruction & de grace de Dieu, de meſme il n'y a point d'aumoſne ſemblable a celle, par laquelle on remedie a ces extremes neceſſitez. Aſpirés vous a vn haut degré de gloire , allez chercher conſeil ou vous voudrez , fueilletez tous les SS. Peres & Docteurs, liſez toutes les SS. Eſcritures, ſoyez raui iuſques au 3. ciel auec S. Paul, vo⁹ ne trouuerez de chemin plus aſſeuré que ceſtuy cy. qui eſt d'enſeigner & porter les ames aux voyes du ſalut eternel , *qui ad iuſtitiam erudiunt multos quaſi ſtelle in perpetuas aternitates. Dan. 12.* Allez donc au nom de Dieu , meſſagers du Verbe incarné, compagnons des Anges , Coadjuteurs de Dieu , allez en démarche de Geants, courez , volez cherchant les brebis eſgarées , & les ayant trouués, aprenez leur a connoiſtre & aimer Ieſus vray fils de Dieu, a garder ſes ſaints Commandemens, a ce que, apres l'auoir glorifié, & ſeruy en ce pelerinage , vous vous trouuiez enſemble , pour le louer a iamais dans le ſeiour de la gloire eternelle. Ainſi ſoit il.

QVENTELIOV CHRISTEN,
Eun ar Collech sacr Iesus-Christ

AR GVENTA CLASS.

Quentel quenta.

Plou endeus hor c'hrouet ha laquet er bet man? *Doue.*
Pe euit tra? *Euit e anaout, e caret, hag e seruicha.*
A re a garo hag a seruicho Doue, hag a varvo e stat vat
pelec'h e zaint? *Er Barados da velet Doue.*
Pegueit e chommint-y eno. *Biruiquen.*
Nag are, a offanço Doue maruelamant, hag a varvo e
goal stat pelec'h e zaint-y? *En infern.*
Pegueit e chommint-y eno. *Biruiquen.*
Petra zaint-y eno. *Deui, blasphemi, disesperi.*
Petra eo ar bralla, an necessera, hag an importa affer
hon eus da sourcia er bet-man. *Seruicha Doue hag en em
sauetai.*
Pet tra so requis da ober euit seruicha Doue. *pemp tra.*
Pe re int-y? 1. *Cridi e Doue,* 2. *Esperout e Doue,* 3. *caret
Doue, o tec'het dioc'h ar pec'het,* 4. *Caret Doue, o pratiqua ar
vertuziou, ha receo ar Sacramanchou requis eguis ma riquer.*

Exercicç ar vertuziou, voar ar guentel-man.

Pa omp crouet gant Doue euit e garet hag euit e seruicha, a c'hui a gred ferm n'en deus affer er bet necesseroc'h,
nag importantoc'h euit an affer e c'hloar hag hon siluidiguez? *ya sur.*

A cueus oc'h eus-u da veza faziet voar an hent, a gondu
map den dar Barados, o veza offancet Doue ? *cueus ameu.*

A c'hui en em offr da Zoue corf, hag ene euit e c'hloar,
hag e feruich ? *gran.*

A c'hui bromet difqui gant gracç Doue ar pemp poent,
afo neceffer da feruicha Doue ? *Gant ar mefmes gracç.*

A c'hui promet cridi e Doue, efperout e Doue, tec'het
diouz ar pec'het ober an œuuriou mat, pratiqua ar vet-
tuziou, ha receo ar Sacramanchou requis, euel mazeo ordrenet gant Doue. *Gran.*

A c'hui oulen digaut Doue ar c'hraçç d'e garet, ha d'e
feruicha. *ya fur.*

A pidi a rit-u ar Verc'hes, S. Iofeph S. Ioacin, Santes
Anna, S. Michel, oc'h Æl mat, S. N Patron oc'h Ef-
copti, S. N. ho patron, S. N. patron ho Parés, d'ho ficour equéver ar poét ar gloar Doue hag ho filuidiguez *ya.*

An eil quentel. eus ar feiz.
Especial eus an Diuinité hag e berfectiounou.

PEtra rencompni da ober dre ar feiz ? *Cridi ar pes a*
cred an Ilis

Pet poent fpecial a dleomni da zifqui ha da gridi ? *daou*
zec, da lanareteo an daouzec articl eus ar feiz comprenet er
Credo.

Piou en deus-y compofet ? *An daouzec Aboftol.*

Digant piou o deus-y defquet ? *digant hon Saluer.*

EVS AN DIVINITE.

Petra 'eo Doue ? *An hini endeus crouet an en hag an douar,*
hag a fo Autrou fouueren, hag independãt eus a guemét tra fo.

A nicun fo puiffantoc'h, na guel, na furoc'h, na braf-
fóc'h euit Doue? *Nicun.*

Pe euit tra endeus gret an autrou Doue ar bet? *Euit e gloar*

Pe eus a dra endeus ên gret an ên, an douar, hon ênevou
eus a netra, gant e volonte.

Hag ên a ouffe ober mil bet braffoc'h euit homa , hag
o difober goudefe en vr momet , mar care ? *ya dre maʒeo
oll-gallaudec.*

Digant piou e teu quement mat, fo en ên hag en douar?
digant Doue.

A ny a ouffe cahout vn fonch pe vn defir, lauaret vr
c'homps, ober vn œuffr. mat hag agreabl da Zoue a hanomb hon vnan ? *n'ouffemquet.*

A ny a ouffe recouvr graçç Doue pa vez collet que neôp
na perfeueri e graçç Doue, ha meruel e ftat vat, ha mont
er Barados a hanomb hon vnan? *impoffibl eo.*

Piou eo an hini pe hini a ro dan dut an anzaoue hag an
nerz da gahout fongeou, ha defirou , lauaret compfou
hag o ber œuvriou mat hag agreabl da Zoue, da recouvr
graçç Doue, pa vez collet, da berfeueri ha meruel e graçç
Doue , ha da ounit ar Barados? *Doue gant e c'hracç.*

Petra om-ni ahanomb hon vnan, petra a hallom-ni
a hanomb hon vnan? *nedomp netra a hanomb hon vnan , ne
hallomp netra a hanomb hon vnan , nemet pec'hi.*

Petra reom-ni a hanomp hon vnan ? *pec'hi.*
Petra hon eus-ni a hanomb hon vnan ? *ar pec'het ha netra.*

Petra veritom-ni a hanomb hon vnan ? *ne veritomp netra nemet cafti ha poaniou.*

Perac ? *pa n'hon eus netra nemet ar pec'het.*

A gouzout a ra an autrou Doue quement tra a fo er bet
man ? *ya.*

A Doue a vel ar pec'hedou a ve grét e cuz, pa ne o goar
den, ha Doue a vel ar goal fongeou ha defirou da laërez,
da ober traou vill , d'en em vengi &c. ? *nen deus netra
cuzet outa.*

A coûn endeus ên eus ar pec'hedou a fo bet nac'het e co-

feſſion ha commettet pell amſer ſo ? *coûn parfet endeus. euu*
a bep tra.

A truez en deus an Autrou ᴅoue ouz an tut affliget, hag
ouz ar pec'herien mar o deus cueus da veza offancet e Va-
jeſté, mar deont da goffes, mar promettont quittaat o fe-
c'hedou?   *ya ſur, dre maz eo truezus.*

A recompenſi a ra hor C'hrouer an tut honeſt, a puniſſa a ra ên an tut fall?   *ya dre maz eo iuſt.*

Pegueit ſo ab idi Doue;   *a viſcoaᴢ.*
Pegueit e pado e vuhez, hag e rouantelez; *da viruiquen*
Pelec'h ema Doue;   *en en, en douar, hag e pep lec'h.*
A ſourci en deus ên ahanomp;   *hon tat eo.*

An trubuillou hag an aduerſiteou a velomb er bet-man,
enel ar paurentez, ar clênuegeou, ar maro, pe abers piou
e teuont-y;   *abers Doue.*

Mar en deus ſourci ahanomp, perac e teû hor C'hrouer
da digacc ar malheuriou-ſe deomp; *euit profit hon enevou,*
euit ma raimb har pinigen er bet man &c.

Ag ên ſo guirion en e gomplou?   *guirion eo.*

Ag ên ouffe trompla, pe beza trompler, pa eo far, mat,
ha guirion: *ne hel quet*

Hag ên a dalc'h mat d'e bromeſſaou; *ya pa eo leal, ha fidel*

Hag ên ſo caeroc'h euit an heaul, an deiz, hag an Ælés,
e guenet ſo infinit.

Ag ên a ouffe aprouff, caret, hag ober ar viana pec'het;
ſantel eo aneza e unan, hag e ſantelez ſo infinit.

A mat ha berfectiõ er bet a defaut da Zoue; *ſallocrai dre*
maz eo mat ha parfet infinimant.

Exercicc.

℟ A cridi a rit-u, ezeo Doue crouer an ên hag an douar ,
hag autrou vniuerſel a guement tra ſo;   *ya.*

A cridi a rit-u, n'endeꝰ nicun hênvel outa e gallout, madelez, gouizieguez, ha quenet; *grân.*

Hag adori a rit-u e Vajefté dreift quemét den, ha Roue, a so er bet man, dreift quemét Sant, ha Santés, dreift que- ment Æl, a so er Barados; *e adori r rân.*

Hag offri a rit-u d'e Vaiefté d'e c'hloar, ha d'e feruich ho corf hag oc'h ene; *a galon vat.*

A c'hui a gar Doue hag e volótez dreift pep tra, dre maz eo mat ha paifet infinimant; *ecreiz ma c'halon.*

A goulen a rit-u digant e vadelez ar c'hraçç d'e garet dreift pep tra bete ar maro, ha da velet e façç diuin er Ba- rados; *ya, an dra hallan.*

An trede quentel.
An obligation, pehini hon eus da Zoue abalamour d'e berfettiounou.

PA eo guir an autrou Doue en e gompsou, petra rencó- ni d'e Vaiefté ; *cridi d'e gompsou.*

Pelec'h e cauom-ni e gópsou ? *er scriptur santel hag en Ilis*

Paz eo an autrou quer mat, ha quer puiffant, pelec'h e rencom-ni laquat hon efperancç ? *en e vadelez, hag en e hallout infinit.*

Pa eo mat ha caer dreift pep tra, petra dleom-ni da o- ber ? *e garet voar pep tra.*

Pazeo iuft, pa hel hor puniffa, hag hor c'haçç dan infern. *e dougea, ha dougea ar pec'het.*

Pa eo truezus ouz an tut affliger petra so requis da ober; *e bidi gant fizíancç*

Pa endeus truez ouz ar pec'herien mar queront diftrei outa, petra hon eus-ni da ober; *trei outa gant efperancç , cahout contrition, ha coffés.*

Pa endeus vr majefté infinit, pa eo hon Autrou, hag hor Roue, petra dleóni da réta d'e Vajefté; *e adori dreift pep tra.*

Pa emedi e pep lec'h ouz hor guelet , petra so dlect da
bratiqua ; *quemeret couraich da ober œuuriou mat.*

Na c'hoaz ; *cahout aoûn ha mez rac offanci Doue.*

Pa vel an autrou Doue ar pec'hedou cuz, penaus e ren-
comni en em comporti; *cahout aoûn rac pec'hi quer couls e
cuz euel e public.*

Pa vel scler ar galounou, ar goall songesounou, ha desirou, petra so necesser da beb hini; *rede chasseal a goall songesounou hag ar saltasiou fall.*

Pa ne domp netra , pa n'hon eus netra , pa ne hallomp
netra , pa ne reomp netra agreabl da Zoue ahanomb hon
vnan, petra so ræson da ober ; *anaout quement-se , hag en
em humilia.*

Petra eo en em humilia; *en em estimout netra , hag indin
a bep mat ahanomb hon vnan.*

Pa n'hon eus netra ahanomb hon vnan nemet ar pe-
c'het, pa zeu pep mat digant Doue , hag en so permettet
d'en em glorifia ha pompadi eus e vadou , eus e guenet ,
eus e nerz , eus e iaouanctis , eus e iec'het; *sallocras.*

Nag eus e lignez , eus e guerent , eus e speret , eus e oui-
ziegucz, eus e vent, port ha taill, eus e viscamanchou brao
pe neuez ; *sallocras.*

Hag en so permettet da guemeret gloar eus an enor, ha
meuleudi an dut, eus an œuuriou mat, eus ar stat a rer ahanomp, eus ar garentez ha faueur an dut en hon andret, nag
o veza preferet d'ar re all , o cahout vn dra dreist ar re all ,
ag en so permettet eta da guemeret gloar eus an traou-se ;
*sallocras ober-se eo coueza er pec'het a superbite pen, ha mamm
an oll pec'hedou.*

Pa velomb hon eus madou, pe quenet , pe nerz , pe ie-
c'het pe guiscamanchou caer, pe darn au traou hon eus discleriet araoc, pet tra so requis da obserui; *pexarzra. Pere
ynt-y? da guenta anaout e ten peb hini eus an traou-se digant*

Doue hep bez a meritet. An eil? *trugarecat Doue eus an done-founou-fe.* An trede ; *impligea ar madou-fe en e feruich.* Ar pevare; *cahout, aoûn rac offanci e vaiefté gato e lec'h e feruicha*

Pa ne hallomb ober netra dar gloar Doue ahanomb hô vnã, hag ên fo permettet laquat hor fizianç en hor fperet, gouizieguez, nerz, mignounet, tut a ftat ha puiffãt; *fallocras milliguet eo gant Doue neb a ra quement-fe.*

Pelec'h eta e renquer laquat e fizianç dreift pep tra ? *e gallout ha mad lez an autrou Doue.*

Neb a efper e Doue, ouz e bidi er vat ag ên fo affuret da veza ficouret ganta; *ya e quement fo neceffer d e filuidiguez.*

Pa hon eus vn affliction benac penaus e rencom-ni en em comporti neufe ? *enduri gant patiantet abalamour dã Zoue.* Na c'hoas, *meuli ha trugarecat Doue.* Na c'hoas, *e offri da Zoue euit darn hor pinigen.*

Exerciç.

A cri di a rit-u ez eo mat ha parfet Doue dreift pep tra; *ya*

A cridi a rit-u e fpecial ezeo guirion en e gompfou, ha promeffaou, puiffant, mat, e oar tout, ezeo iuft, ezeo hon Autrou ha Roue, emedi e pep lec'h, ezeo caer, ha fantel, ezedi a vifcoaz hag e pado da viruiquen ; ez eo truezus ha fourcius ahanoimp; *cridi a ran.*

Pa eo guirion en e gompfou a cridi a rit-u arpes endeus reuelet ha difcleriet d'an Ilis ? *cridi a ran.*

Pa eo quer mat, ha quer puiffant, a c'hui efper enna? grân

Pa eo quer mat, quen parfet, ha caer, a c'hui er c'har ? *dreift pep tra.*

Pa eo hon autrou, ha Roue fouueren, independant, vni-uerfel, A c'huy er c'hemer euit ho Roue ? hag añzaout a rit-u e talc'hit diganta quement tra oc'h, ha quement tra oc'h eus ? a c'hui en em em ene e üizzien ha feruicherien ; a c'hui a ador e Vajefté dreift pep tra tout, a c'hui fento gant e c'hraçç o viret e ourc'hemenou, hag are an Ilis; A

c'hui ſo conꞇant e diſpoſo ahanoc'h, hag eus ho traou, euel
ma plicho ganta ?   *a galon vat gant e ſicour.*

Pa idi e pep lec'h, a c'hui bromet cahout coûn bepret, e
medi en ho quichen, a c'hui a gueimero couraich da ober
an œuvriou mat, da reſiſta d'ar pec'het, da reſpeƈti Doue ,
d'e dougea, da chaſſeal ar goall ſongeou ha deſirou, pa idi
toſt, hag meſmes adiabarz ho calon , *grain gant e c'hraçç.*

Pa eo truezus, a c'hui a diſtroi outa , pec'herien paour ,
gant eſperançç , gant cueus ha contrition , gant deſir ha
promeſſa da cench ha guellaat ho puhez gant vr guir cof-
feſſion ?   *ya gant e c'hraçç.*

Pa eo iuſt da recompenſi a re vat , ha puniſſa ar re fall ,
a c'hui bromet d'e ſeruicha gant eſperançç ha dougeançç?
ya ſur.

Pa zeu pep mat digâꞇ Doue, pa n'hon eus netra ahanôb
hon vnan, a c'hui promeꞇ anaout quement-ſe , trugareccat
ha meuli Doue , e ſeruicha ganꞇ e vadou ha doneſounou,
ha pa ho pezo defauꞇ eus a netra , cahout recours outa dre
an Oræſon ?   *ya ſur.*

Pa eo ſourcius ahanomp , hag en em abandonni a rit-u
ẽtre an divrec'h e brouidançç · *ya ſur.*

Mar deu da bermetti deoc'h vn affliƈtion , a c'hui hẽ
c'hemero gant patiantet ; a c'hui a vezo a vnan gante volonté , a c'hui en em offro gant hô poan da Zoue euiꞇ e
c'hloar, euiꞇ douguen vn darnic ar Groas hon Saluer, euiꞇ
pinigen rac ho pec'hedou ;   *gant graçç Doue a galon vat.*

PEt Doue ſo ;   *vnan.*   Pet perſon ſo e Doue ?   *tri*
Pere inꞇ y ;   *an Tat, ar Map, hag ar Speret ſantel.*
An tat ag ên ſo Doue ? *ya ſur.*
Ar Map ha gên ſo Doue; *ya ſur.*

                                                    Ar Speret

Ar speret santel ág ên so Doue? *ya sur.*

A tri Doue ynt-y, *sallocras, vn Doue hep quen.*

An tát hag ên so puissant *ya.* Nag ar map *ya.* Nag ar speret santel *ya:* A tri fuissant ynt-y? *sallocras vn Doue puissant hep quen.*

An Tat ag ên so mat; *ya.* Nag ar Map; *ya.* Nag ar speret santel, *ya.* Ha tri mat ynt-y; *sallocras vn Doue mat hep què.*

An Tat ag ên so Autrou; *ya sur.* Nag ar Map; *ya sur.* Nag ar speret sàtel; *ya.* A tri autrou int-y; *sallocras vn autrou int.*

An Tat hag a so speret, *ya sur.* Nag ar map, *ya sur.* Nag ar Speret santel *ya.* A tri speret ynt-y; *salocras vr speret ynt, dre m'odeux o zri vr mesmes substançç spirituel.*

Pehini anezo o zri eo ar puissanta? *quer puissant eo an eil hag eguile.* Nag ar c'hozsa? *quer coz ha quer coz ynt.*

Nag ar brassa, ar guella, an nobla? *quement ha quement ynt, e gallout, e madelez, hag e noblançç.*

Petra ententom-ni dre an hano an Drindet, pe vr sant, pe vr santés eo? *salocras, tri ferson diuin a ententomp, an tat, ar map, hag ar speret sàtel, pere ne dit nemet vn Doue hep què.*

Pe leueromp tri ferson so en Drindet, a tri belec a entétom-ni? *tri ferson diuin a ententomb, a so vr mesmes speret diuin a viscoaz, a so vr mesmes Doue.*

Exerciçç.

A c'hui a gred ezeus tri ferson en Doue, an tat, hag ar map, hag ar speret santel; *cridi a rân.*

Ag adori a rit-u an tat, hag ar map, hag ar speret sàtel, tri ferson en vn Doue hep quen; *adori a ran.*

A trugarecat a rit-u an Drindet, da veza bet badezet en hano an tat hag ar map hag ar speret glân, da veza bet absolvet er mesmes hano; *grân sur.*

A caret a rit-u an tat hag ar Map, hag ar speret glân gàt vr mesmes carentez; *caret a rân.*

D

A protesti a rit-u en enor dan Drindet tec'het dioc'h pep pec'het ? *a galon.*

A goulen a rit-u pardon dioc'h an Tat eus ar pec'hedou, oc'h eus gret dre fragilité, dioc'h ar Map eus a re oc'h eus gret dioc'h ignorançç, dre ar Speret santel eus a re oc'h eus gret dre valiçç ? *Goulen a ran.*

A pidi a rit-u an Tat d'ho sicour en eur ho maro gant e buissançç, euit resista dar c'hic, d'ar bet, d'an azrouant! Gran. (*Gran.*

A pidi a rit-u ar Map d'ho sicour nepse gat e sapiançç ?

A pidi a rit-u ar Speret santel d'ho sicour gant e garentez euit mervel gant ur guir carentez ha contrition ? *Pidi a ran.*

Pempet quentel.

Eus ar Myster an Incarnation hag ar Redemption.

PEhini eus an tri Person a so en em gret den euidomb oll ? *an eil pehini eo ar map.*

Petra en deus gret ar Map euit en em ober den ? *quemeret en deus un c'horf hag un ene henvel ouz hon re.*

Pe haño a rer a neza ? *IESVS-CHRIST.*

Petra signifi Iesus ? *Saluer.* Perac ? *abalamcur maz eo deud voar an douar euit sanctai an natur humen.*

Iesus-Christ ag ên so den? *ya.* Ag ên so Doue ? *ya sur.* ag ên so den ha Doue assamblés ? *ya.*

An Tat ag ên so den? *Sallocras Doue eo hep quen.* nag ar Speret santel ? *Doue eo hep quen ; nendeus nemet ar Map en deus quemeret ur c'horf hag un ene.*

Piou so ar Vam da Iesus-Christ. *Ar Verc'hes glorius Vari.* S. Ioseph ag ên so tat deza; *ne dequet e dat naturel hoguen e dat maguer hag e dat putatif.*

Ar Verc'hes glorius Vari , ag hi so bet guerc'hes bepret, ebars guenel, o c'henel, ha goude beza ganet; *ya sur* dre vr c'hracç particulier dreift an oll graguez, ha merc'het.

Pe lec'h e oue ganet hon Saluer. *en vr marchauffi.*

Pet bloas e vevas ên. *tri bloas ha tregont.*

Pelec'h e varvas ên. *en vr Groas.*

Piou er ftagas er Groas. *an Iufevien gant avi ha malicç.*

Pe euit piou e varvas ên. *euit an natur humen, euit hor prena oll.*

Ma n'endevife gonzânvet ar maro a ny a dleie oll bezá collet ya.

Perac *abalamour d'ar pec'het hon tat quenta Adam, hag abalamonr d'hon re hon unan.*

Petra eure Adam. *dibri vr certen frouez.*

Hag ên fo pec'het dibri froueziou. *fallocras.*

Perac e pec'has Adam o tibri ar frouez-fe. *abalamour ma oue diffennet outa gant Doue.*

Piou en alhas d'e dibri. *e briet Eua.*

Piou a roas confaill dezi d'ober-fe. *an Diaoul.*

Eguis petra en em lacas ên euit he zempti. *eguis vr farpant*

A baoue neufe a clafq a ra an Diaoul lacat an dut da goueza er pec'het. *ya gant malicçç hag aui outo, gant malicç abalamour ma int crouet d'an heueledi guez an autrou Doue, gant avi, abalamour ma hellont mont dar Barados, hag en ne hel quet.*

Abaoue neufe à permiffion endeus an diaoul da demptian dut. *ya euit crifqui hor merit.*

Ha moyen fo d'e anaout. *ya fur.*

Penaus. *pa digacç goall fonchou, pe faltafiou.*

Na c'hoas. *pa en em difcueus eguis vn dra vill, euel hen en em difcueuzas da Eua eguis ar farpant, da S. Anton eguis vr leon.*

Ma teuffe d'en em difcueus eguis vn den ha moien fo d'e anaout. Ya. *dioc'h e gompfou.* Na c'hoas. *dieus dreit a fo peurmuya eguis re vn aneual.*

Mar cȧr-ſe Eua pidi pa oue remptet gant ar ſarpȧt infernal, ag y hi a viſebet feſet ; ſallocras, an feiz hag an oreſon
a ſo armou cre hag aſſuret eneb an azrouant.

Pa eo maro hon Saluer, ag an oll dut a vezo ſaluet? ſallocras.   Perac; *e defaot d'apliqua dre ar ſacramanchou neceſſer, hag an œuvriou mat, ar merit ar maro hon ſaluer.*

Petra endeus meritet hon Saluer deomp dre e varo ha
Paſſion; *da guenta, hon deliuret endeus eus ar pec'het originel,
hor boa dioarben ar pec'het Adam, hag eus hor pec'hedou oll,
eus an infern, hag eus ar ſclauaich an Diaoul.* Na c'hoaz;
meritet endeus deomp ar Barados.   Na c'hoaz; *meritet endeus deomp ar c'hraçç da ober œuvriou mat, ha reſiſta d'ar pe-
c'het, ha quement tra ſo neceſſer, euit gounit ar Barados.*

Goude ma oue maro hõ Saluer, petra oue gret d'e gorf?
ſebeliet hag anterret.

Pelec'h e oue ên anterret;   *en ur bez men neuez.*
Pelec'h e tiſquénas e ene ſonden goude ar maro; *e limb*
Pe da dra ez eas ên di ;   *da deliura an tut Santel a hano.*
Ag an dut ſantel a halle mont d'ar barados dirac ma vi-
ſe maro hon ſaluer;   *ſallocras, neuſe ez oa ſerret ar barados*
Petra eo al limb ?   *ur priſon adiabarz an douar.*
Pet priſon ſo adiabarz an douar ? *peuar.*
Pehini anezo eo an dounna ? *an infern are daunet.*
Pe ſceurt tut a ya di ?   *are a varvv e ſtat a bec'het marvel*
Pa diſquennas hon ſaluer adiabarz an douar, ag ên a de-
liuras nicun eus an infern are daunet ?   *nicun.*
Ag ên a vezo delivret nicun ?   *biruiquen.*
Pe ſceurt priſon ſo equichen an infern ;   *ar Purgator.*
Pe ſceurt tut a ya di; *are, ſo maro e ſtat vat hep beza gret pi-
nigen ahoalc'h eus o fec'hedou.*
Petra eo an trede priſõ ; *al limb, pehini eo ar priſon an tut
ſantel, a oua dinam ha divlam a bep pec'het ha poan.*
Pehini eo ar pevare priſon : *ar priſon are ſo maro gant ar
pec'het originel hep quen.*

Petra eure hon Salver dan trede deiz goude e varo : *è
refufcit as.*

Goude beza refufcitet , pegueit e chommas ên voar an
douar : *daouguent deiz.*

Da ben an daouguent deiz-fe, pelec'h e pignas : *en én*

Ag ên a zeui a hano: *deui.*   Peur : *dar fin ar bet.*

pe da ober tra :   *da varn an dut hag an Æles.*

Hor c'hotvou oll az y refufcito neufe: *ja fur.*

pelec'h ezaï a re a vezo maro e ftat vat : *er Barados, euit
guelet Doue da viruiquen.*

Nag are a vezo maro e ftat a bec'het marvel : *en infern
da Zevi da viruiquen.*

pelec'h e fel deoc'h-u monet :   *dar Barados.*

Euit gounit ha meritout ar Barados petra fo requis?*beza
Chriftenien parfet.*

Euit beza Chrifté petra fo neceffer?*antrè ha chom en Ilis*

pe dre antrer an Ilis ; *dre ar feiz hag ar Sacramât a Va-
diziant.*

Euit beza Chriften parfet, ag ên fo ahoal'h beza badezet hag antreet an Ilis; *fallocras.*

pet fign fo da anaout ha diffaranci vr C'hriften parfet
goude ar Badiziant ? *tri.*   pere ynt; *ar feiz, an oboiffançe
da Zoue, ha dan Ilis , hag ar fign ar groas.*

pe e feçomp e renquom-ni difcueus hor feiz,hon efpe-
rançe, hag hor c'harentez en andret d'an tat, ha d'ar map,
ha d'ar fperet fantel,hag en andret hô faluer maro er groas
cuidomb oll ; *dre an fign ar groaz os'h en em croafa , en vn
lauaret, en hano an tat, hag ar map, hag ar fperet fantel .*

pa fauer, pa er da goufquet, pa debrer , pa gommencer
da bidi Doue, pe da ober vn action benac , pa fanter vr
goall faltafi,pe aoûn ha fpont, pa zeu ar maguer efet da laquat ar bugale munut er c'hauel , petra fo requis euit en
em difcueus guir Chriftenien; *ober fign ar groas devotamât.*

C'HVEC'HVET QVENTEL.
Eus ar poenchou a aparchant ouz ar speret glân.

Lauaret hon eus, ézeo necesser, euit antren ar Barados, beza en Ilis ; petra eo an Ilis ; *ar c'hompagnunez a guement Christen so, a ra profession eus ar feiz Catolic.*

Pet Ilis so, vnan. Perac ; *abalamour ne deus nemet vr feiz hag vn lesen.*

Ma vihe dispennet an oll Ilisou parés, hag ar chapelou, hag an Ilis a chomme c'hoaz ; *chomme.*

Pe an Ilisou materiel, pe an tut ave badezet, ha a gred parfet, a ra an Ilis ; *an tut a ve badezet hag a gred ar pez a gred an Ilis.*

Hag an Ilis a ouffe fazia ; *n'ouffe quet.*

Piou a desq, hag a gondu an Ilis ; *ar speret glân.*

Piou eo ar pen hâ superior inuisibl an Ilis ; *Iesus-Christ.*

Piou eo e Vicair, pe an hini a dalc'h e blaçs en douar, hag a so visibl *ar Pap.*

Perac e lauarer, ezeo an Ilis santel ? *dre maz eo e lesenrou santel, hag abalamour'maz eo conduet gant ar speret santel.*

Are ne int badezet, euel ar païanet, hag an Iusevien, are so bet badezet hag a ra refus da gridi vr poent eus ar feiz, ha a re-se so eus an Ilis ? *sallocras.*

Pa vez encresançet pe taulet vn excommunuguen, pe vn anaoue are so couezet enni, ag en Ilis emaint-y c'hoaz ? *eguis membrou brein ha troc'het ynt, ha taulet er mes.*

Pe didanvelli ha gallout piou emaint y ? *didavelli ha puissançç an diaoul.*

Are excommunuguet, hag are a so ermés an Ilis, hag y ouffe beza enterret en douar biniguet, pa zeuont da veruel e stat-se ? *sallocras, en douar querc'h ha profan hep quen.*

Ha pers o déus y en oræsounou hag er meritou ar Christenien all ? *sallocras, dre ma int er més an Ilis.*

An Itron Varia, an Æles, arſent hag ar ſanteſet, ag y a bed Doue euidomp Chriſtenien ? *ya ſur.*

Ar chriſtenien, a ſo en Ilis ha pers o deus y en œuuriou mat an eil eguile ya , *dre abec ma int membrou eus meſmes corf, da o ʒout eo an Ilis.*

Ag ên ſo proūtabl pidi euit anaoⁿn , a ſo er purgatot : *proſitableo, abalamour ma int membrou an Ilis.*

Ag ên ſo dleet d'ar Chriſtenien pidi an eil euit eguile : *ya ſur, e ſpecial euit e dat, e vam, e guerent, e vatoberourien, e vignonnet, hag e aduerſourien, euit an Ilis, ar pap, ar Roue*

Ha madelez, ha puiſſançç en deus an autrou Doue, euit pardonni pep ſçeurt pec'het : *ya ſur.*

Penaux e pardon ên ar pec'het originel, pe gant hini e-zomp concevet : *dre ar badiziant.*

Penaus e pardon ên ar pec'hedou, a vez commettet goude ar badiziant? *dre ar ſacramant a binigen.*

Ma na hell vn dē cahout ar badiziāt, e defaut vrebenac, na goffes e defaut vr Belec, a moien ſo cahout pardon digant Doue? *ya dre vr guir contrition, da vez a offancet Doue, abalamour maʒ eo mat ha din da vez a caret.*

ZEIZVET QVENTEL.

Eus ar goueliou ma celebrer ar myſteriou principal eus ar Religion Chriſten.

Pe da deiz e enorer an Drindet? *dar ſul an Drindet.*

Pe da ouèl e oue ſaludet an Itron Varia gāt an Arc'helⁱ Gabriel; pe da deiz e oue concevet hô ſaluer etre an daou coſtez ſacr ar Verc'hes glorius Vari : *d'ar gouèl an Itron Varia, e mis meurʒ galvet an Annonciation.*

Pe da ouèl e oue viſitet Santés Eliſabet mam da S. Ian e *d'ar gouèl ar Viſitation er mis meʒe ven.*

Peur e oue ganet hon ſaluer er mar chauſſi. *dan nos ne-delec da anternos.*

Pe da deiz e oue roet an hano Iesus d'hon salver. *d'an eiz vet deiz goude ma oue ganet, d'an deiz quäta em ar bloaz.*

Pe da deiz ez oue saluder hon saluer gant an tri Roue : *d'ar gouèl ar Rouanet.*

Pe da deiz e oue presantet en Templ a Ierusalem gant e Vam : *dar gouèl ar chandelour.*

Pe da deiz e oue badezet gant S. Ian badezour : *d'ar gouèl ar badiziant.*

Pe da deiz ezoue instituet ar Sacramant an Auter : *d'ar Iaou Hamblit.*

Pé da deiz e resuscitas èn : *d'ar Sul Fasq.*

Pe da ouèl e pignas èn er Barados : *d'ar Iaou Pasy , d'ar gouèl an Ascension.*

Pe da deiz e caçças èn ar speret glân: *d'ar sul ar Pentecost.*

Profit ha conclusion eus an Incarnation.

Ma vihec'h er prison e taill da veza losquet beo , ha ma touffe ar map d'ar Roue d'ho delivra , petra raec'h euita : cahout coûn eus aneza pem deiz. Na c'hoaz: *e drugarecat.* Na c'hoaz; *e garet.* Na c'hoaz: *e seruicha.*

Pe vihanoc'h pe braffoc'h obligation hon eus-ni d'hó saluer, map dan tat æternel : *braffoc'h.*

Pa eo maro hon saluer euit hon delivra eus an infern , petra rencom-ni da ober euita : *cahout coûn eus aneza deiz hanos.* Na c'hoaz : *e drugarecat.* Na c'hoaz : *e garet.* Na c'hoaz : *e seruicha o viret e ourc'hemenou, hag are an Ilis.*

Pa eo en en humiliet bete ar maro er groas, petra hon eus-ni da ober : *beza humbl.*

Pa endeus enduret poaniou , iuiuriou, disenor hag ur maro cruel, ha nezus euidomp, petra dleom-ni da ober : *enduri pep tra abalamour da Zoue.*

Exerciçç voar an teir quentel diueza.

A C'hui a gred e pec'has hon tat quenta Adam pa debras ar frouez, a oue diffénet gāt Doue outa. *credan*

A c'hui gred ezomb oll coupabl eus ar pec'het-se, a so hanvet ennomp ar pec'het originel. *credin.*

A c'hui gred ne hallemp quet, rac ar pec'het-se, obet œuvr er bet a verit-se ar Barados, et leiemb oll beza daunet. *credin.*

A c'hui a gred ez eo en em gret den an eil perfon an Drindet, ar Map, o quemeret vr c'horf hag vn ene hanvel ouz hon hini, e oue conceuet dre ar vertuz ar Speret fantel ha ganet gant ar Verc'hes glorius Vari, eudeus enduret cals a boaniou, ez eo bet ftaguet ouz ar Groas, endeus gouzânvet ar maro, euit hon delivra eus ar pec'het hag an infern, euit meritout deom-ni ar Barados, hag ar graçç, da ober œuvriou mat *cridi a rân.*

A c'hui a gred e oue febeliet hag anterret goude e varo, e tifquénas e ene e Limb euit delivra an tut fâtel, e refufcitas an trede deiz goude e varo, e pignas en ên. *credan.*

A c'hui a gred e tiftroi adarre, d'ar fin ar bet da varn an tud hag an Ælés. *gran fur.*

A c'hui a gred, e refufcitimb oll neufe, hag e zai a re, a vezo maro e ftat vat, er Barados, euit chom eno da viruiquen, hag a ré a vezo maro e goall ftat en infern, euit enduri poaniou diremet da viruiquen. *credan.*

A c'hui a gred, nendeus nemet vn Ilis, ez eo conduet gant ar Speret fantel, ha dre-fe ne hel quet fazia, a cridi a rit-u, ez eo impoffibl da vn den beza falvet, ma na ve en Ilis. *credan fur.*

A c'hui a gred, eo ræfon pidi an Itron Varia an Ælés, hag ar Sent, e clevont hon oræfouniou, hag e pedont Doue euidomp. *credan.*

A c'hui cred. ez eo profitabl d'ar Christenié pidi Doue, hag ober œuvriou mat, an eil euit eguile, hag euit an anaoûn deceder. *hep mar er bet.*

A c'hui a gred ezeus seiz Sacramât an Ilis instituet gant hon Salver, ar Badiziant, ar C'housoumen, pe ar C'hófirmation, ar pinigen, ar Sacramant an Auter, an Vrz, ar priedelez, hag an Nouen. *Credin.*

A c'hui a gred, emedi e Sacramint an Auter nequet bara. hoguen ar guir corf hag an ene hon Salver, goloet didan an aparançç ar bara ? *cridi a ran.*

A cridi a rit-u ar poenchou hon eus lauaret a roc, nequet aballamour ma int scrivet, ha prezeguet gant ar Predicatoret, hoguen abalamour ma int discleriet gât Doue guirion dan Ilis ? *a galon e credan.*

Pa eo maro hon Saluer euit hor prena oll, a c'hui en ene euit oc'h Autrou ? a c'hui en em ene euit e üisien ha seruicherien, a c'hui ador e Vaiesté dreist pep tra, ha protesti a rit-u sugea deza bere ar maro ? *gran sjer.*

Pa endeus hor prenet gant quement a boaniou, pa en deus hon delivret a bep pec'het, eus an infern, eus ar velli hag an esclauaich an diaoul, pa endeus meritet deomp ar Barados, hag ar graçç da ober œuvriou mat, a ne trugarequit-u quet e vadelez, hag e garentez en hon andret ? *Trugarecaan.*

A ne guirit-u quet Doue ecreis ho calon ? *caran.*

A noc'heus-u quet a gueus da veza queliés ha quement offancet vn Doue quen douçç ha truezus ? *eueus ameus.*

A ne protestit-u quet, quent mervel euit pec'hi marvellamant ? *gran.*

A n'esperit-u quet pardon abalamour dar maro hon Salver ? *esperan.*

A goulen a rit-u digant hon Salver ar c'hraçç d'e garet, da disprisout ar bet, da veza trec'h dar pec'het mar-

vel, ha da veruel e stat vat en hano e varo 'ha passion?
Goulen a ran.

AN EIZVET QVENTEL.
eus ar c'honfession.

PEt poent so requis da ober guir confession? *pemp.*
Ar c'henta? *songeal en e bec'hedou, ha digacç da goun
pep guez han eus gret pep pec'het maruel.*

Voar petra e renquer examina e gonscïancç: *voar ar
gourc'hemenou Doue. are an Ilis, hag ar seiz pec'het capital,
ha voar e stat ha condition.*

petra eo an eil poent: *cahout cuens da veza offancet Doue,
abalamour ma zeo mat. hag endeus enduret maro euidòp, pe a-
balamour d'ar poaniou an infern. pe ar purgatorhò e° meritet*

Liuirit dîn vn oræson, da gahout contrition:
Cueux ameus da veza offancet
Ma Doue din da veza caret.

petra eo an trede poent necesser da goffes: *protesti quittaat pep pec'het gàt graçç Doue, ha pellaat diouz an occasïou-
nou pirillus.*

pa ve gret an tri foent quenta, goude beza gret sign ar
c'htoas, ha lauaret euelhen, Ma zat roîrtîn hɔ benedictió
abalamour m'emeus pec'het, yues gou le beza lauaret e
Confitesr bete *mea culpa*, petra renquer d'ober euit ar pevare poent: *red eo lauaret an oll pec'hedou d'ar Belec.*

petra eo ar pempet poent: *ober ar pinigen, hag ar satisfaction, a ve ordrenet.*

Eus ar poent quenta, ma na ve moien, da ouzout an
nombr vr pec'het maruel benac, petra so requis dɔ ober
neuse: *red eo lauaret tostavat, o lauaret, pe mui pe vihanoc'h*

Exerciçç.

A cridi a rit-u e renquer coffés, euit cahout pardon eus

è bec'hedou, hag euit coftés er vat e renquer ober ar pemp
poent hon eus lauaret. *ya.*

     A cueus oc'heus-u eus an oll pec'hedou oc'heus gret eŋ
ho cofeſſiounou. *ya.*

     A prometti a rit-u miret ar pemp poent hon eus lauaret
euit ober guir confeſſion. *ya*

     A goulen a rit-u digant Doue ar c'hraçç da ober pel-
loc'h guir confeſſion. *ya.*

AN NAVET QVENTEL.
Eus ar c'hontrition hag an attrition.

PEtra eo ar c'hontrition parfet: *beza ezeo vr c'hueux da*
veza offancet Doue, abalamour ma zeo mat ha din da
veza caret, pe abalamour m'endeus enduret ar maro euidop,
gant vr proteftation da dec'het diouz ar pec'het dreift pep tra.

     petra eo an attrition : *beza ezeo vr c'hueus da veza of-*
fancet Doue. pe abalamour d'ar pvaniou an infern, pe ar pur-
gator, pe abalamour m'hon eus meritet beza priuet e⁹ ar gloar
cœleſtiel : ouz ven e compren vr volonté da guitt aat ar pec'het
dreift pep tra, hag an neſſa occaſiounou eus aneza.

     pa ve vn den e pitill da veruel, pa za en vr veaich piril-
lus, hag ên ſo obliget da goſſés ha ſacramanti eguis da
Baſq : *obliget eo.*

     Ma na hell cahout vr Belec, petra dle ên da ober neuſe :
vn act a gontrition.

     Exercit vn act a gontrition:
Cueus ameus da veza offancet
Ma Doue din da veza caret.
No a broteſt d'en em viret
Gant graçç Doue diouz pep pec'het.

pa ve vn den dilavar en e baſſion, mar endeus coûn eus vr
pec'het, n'endeus quet biſcoaz cofeſſet, ma na hel quet e
diſcleria, petra dle ên da ober: *ober vn act a gôtrition parfet*

rà ve gret vr pec'het gueneomp, souden pa hô eus coûn
eus aneza, petra so mat da ober neuse : *squei poul e galou,
hag ober vn act a gontrition.*

Ebarz mont da gousquet, pe sort deuotion so profitabl
meurbet hag agreabl da Zoue : *songeal en e bec'hedou, hag
ober vn act a gontrition.*

Daou den a varvv goude bezà gret ar mesmes pec'het
marvel : n'o deus commodité da gahout vr Belec, vna a-
nezo a lauar o veruel, cueus ameus di veza offancet ma
Doue din da veza caret : eguile a varvv en vn lauaret, cueus
ameus da veza offàcet Doue, abalamour m'emeus meritet
an Infern : petra diguezo dézo : *ar c'heta a ya d'a vr plaçç
assuret, eguile d'an iufern.*

Cueus o deus o daou, perac ne d'a quet eguile er plaçç
assuret ? *dre abec n'endeus quet vr c'hontrition parfet, an attrition hep coffes nedequet ahoalc'h.*

Exerciçç.

A prometi a rit-u gant graçç Doue exerci vn act a gó-
trition en occasiounou hon eus lauaret ? *prometan,*

A goulen a rit-u ar graçç digant Doue d'e ober ? *gran*

AN DECVET QVENTEL.
Pec'hedou enep ar Sacramant a Binigen.

Etra liuirit-u eus an tadou ha mamou, hag areall, o
deus carg eus ar bugale, pere o lès da vervel en oat a
seiz, pe eiz, pe naou bloas, hep pourvei vr c'hofessour
dezo, abalamour n'o deus quet sacramantet bizcoaz ?
are-se a ra pec'het bras.

Nag eus a re, ne gaççont quet ar bugale eus an oat-se
da goffes vr vez er bloas da viana ? *pec'hi a reont.*

Petra livirit-u eus a re, ne goffessont nemet vr vez er
bloas ? *vr sin eo, ez int disourci eus o siluidiguez.*

Nag eus a re, a ya da goffes hep examina o c'hósciançç, o

lauaret, e respondint dar Belec? *ar c'honfession ne dal netra,*
petra livirit-u eus a re, a ya da goffes dre guftum, euit
tremen hep quen, o c'hoarzin, ha ferignal, o caquetal en
Ilis, hep cahout ar c'hucus necesser? *o c'honfession fo vr*
facrilech.

Nag eus a re, n'odeus quet ar volonté ferm da guittaat
gant graçç Doue ar pec'hedou, a goeffont, ha pep pec'het
marvel, an occafiounou nefla ha pirillus eus antzo; euel
inaz eo tut lubric, pere ne felquet dezo quittaat ar goall
hétis, demeuráçç, ha côpagnunez? *ne dal netra o c'h. feffio.*

Nag eus a re ne felquet dezo dilefel an danfou, a vez
occafion dezo da goueza peurmuia e goall fonchou, defirou, ha goall geftou? *ne dal netra o c'honfeffion.*

Nag eus a re ne fel quet dezo quittaat ar frequentation
pirillus bras, ha re a familiarité, a vez occafiounou dezo
da guemeret pligeadur o clevet, pe lauaret, pe fongeal
traou lubric, pe da ober goaz, nag eus a re a vevv peurmuia gant certé compagnunezou, pe ebars en tavarguou,
ha ne fel quet dezo en em diftaga diouto gronçç ha cren:
ha quittaat an tauargnou, nag eus are, o deus lavaret iniuriou, rebechou, mallozou, e façç vn den, o renta difenor pe nec'hamant bras deza. hag a ra refus da oulen
pardou, pe efcus diganta, pe fatisfia, eguis ma lauaro vr
C'hofeffour fur, nag eus a re odeus lamet an hano mat digant vr e benac, ha ne felquet dezo ober fatisfaction, nag
eus a re, odeus laëret, pe gret gaou ouz o hentez, ha n'o-
deus quet volonté da reftitui, nag eus a re a ya da gofés
o tifefperi, o fongeal, ne vezint biruiquen iames pardonnet? *no deus quet a bardon eguis Iudas. A re fe oll a ra*
fclerigeou bras.   Petra fongit-u eus vre
a guz, pe a nac'h gant o gouizieguez gant aoun, pe vez vr
pec'het marvel, an nombr eus vr certen pec'het marvel,
pe vr circonftançç eus vr pec'het a fo necesser da gofés?

o c'honfeſſion ne dal netra, hag e renquont e repeti, pa Zaint vr
vez all da gofés.

Nag are ne gofeſſont ar volonté, odeus bet da laerés, laza, ober paillardiez, voar digare, n'odeuſquet y laquet en
effet, nag eus are, ne gofeſſont quet ar pec'hedou, o deus
gret e cuz: *reſpont a ran euel quent.*

Nag eus are ne goffeſſont quet vr certen pec'het , nen
deus quet a goân ar Belec da oulen diganto : *ne dal netra*
c'honfeſſion.

Nag eus are , pa vezont interroget e confeſſion eus vr
pec'het benac, a nac'h hag a guz ar pec'het-ſe, voar digare
ne oullenpas biſcoaz Belec quement all diganto: *gant o di-*
gare ezaint dan Infern, ma na gofeſſont.

Ag èn to permettet da vr Chriſten anzaout e confeſſió
vr pec'het, ne dequet bet gret ganta : *ne dequet.*

Pe ſort opinion oc'heus-u eus are , en em excus e cofeſ-
ſion, o timimui o fec'hedou, ouz o zamial d'areal, o lauaret
ezint bet contraignet, pa odeus conſantet a galon : *are-ſe*
ne dint quet excuſet gant Doué.

Nag eus a re , ne reont quet ar pinigen a vez ordrenet
dezo , ne reſtituont quet , ne oulennont quet pardon , ne
diſlauaront quet, paint carguet gant o c'honfeſſor? *ma na*
gueront e fourniſſa, pa hellont, odeueux pec'het.

Nag eus a re , a lauar , paint cofeſſet , pe ſort pinigen, o
deus bet , pe ſceurt pec'het a ſo bet goulennet diganto, en
vn ober goap, pe hep occaſion legitim? *a re-ſe ſo goaz*
euit muntrerien , pa int occaſion d'a real cahout aoun ras
cofés , pe diſpriſout ar C'hofeſſour,

Exerciçç.

A c'hui a bromet, mar deud da coueza en vr pec'het
marvel , Doue r'ho tihoallo , cofés quenta ma hellot ?
prometan.

A prometti a rit-u a coffés aliés, euel ur vez er mis, pé peb eill mis, queliés ma en em queffot e pirill ho pubez, pe en ur clênver pirillus : *prometti a rán.*

Pa eot da goffés, a c'hui protest e ober gant deuotion, euit pligeout da zoue, euit ma vihot pardónet gant Doue, hag euit guellaat ho puhez, ha quittaat ho pec'hedou : *protestan.*

Ebarz mout da goffés, a c'hui so e resolutió da examina piz ho consciançç voar ar gourc'hemennou Douc, hag are an Ilis, hag ar seiz pec'het capital, ha voar ho condizion, digaçç dà goûn pet guez oc'h eus gret pep pec'het marvel, mar oc'h eus gret nicun, cahout contrition, pe attrition, cahout volonté da guittaat pep pec'het, hag an nessa occasounou eus anezo : *ya.*

A c'hui a bromet, ebarz mont da goffés pardóni an oll, en em reconcilia, ha satiffia, mar oc'h eus offancet nicun en e vadou, en e enor, o lauaret iniurion pé rebechadou grevus, pe mallózou dirac e façç ? *ya sur.*

A c'hui promet goffés oc'h oll pec'hedou marvel, hep cuzet nicun abarfetet, gant cueus hag esperançç, e vihot pardonnet, ha volontez da ziftrei : *grán.*

A proposi a rit-u ober ar pinigen, hag ar satiffaction, egnis ma lauaro ho tat Cofessour denc'h, ha sinti ouz e auertissamantou ? *proposi a rán.*

A c'hui a bromet ne leuerot biruiquen da zen ar secret ho cofession hep occasion legitim : *promet an.*

AR PEDEIRVET CLASS,
Eus ar c'henteliou Christen.

Ar guenta queneel.

Eus an esperançç, hag eus an orason.

PEtra reom-ni dre ar vertuz a esperançç : *laquat hon esperançç e Doue.*

Petra récom-ni esperout digant Douc: *ar gloar cælestiel.* Na c'hoaz : *ar pardon eus hor pec'hedon.* Na c'hoaz : *ar c'hraçç da ober pinigen, hag œuuriou mat.*

Pe dre voien esperit-ir an traou-se : *dre voien ar c'hraçç Doue.* Perac : *dre maz eo mat ha puissant d'hor sicour* Na c'hoaz; *abalamour maz eo maro hon salver, euit meritout deôb ar c'hraçç da vot er barados, ha pratiqua an œuuriou mat*

Neb a esper e madelez, ha puissançç Doue, hag ên so obliget da boania, d'en em seruicha er vat eus ar sacramanchou, da résista d'ar pec'het, hag ober an œuuriou mat: *ya sur, e defaot quemét-se, ne dequet esperáçç, hoguen presoptió*

Eus an oræson.

Ag ên so necesser an oræson, euit pratiqua an esperançç : *ya, mar fel deomp beza salvet.*

A promettet endeus hon saluer, fournissa ar pez a oulennimp diganta: *ya mar greomp oræson gant ar c'honditiounon requis.*

A mat eo an oræson, pa peder Douc, euit beza guelet : *an oræson se ne dal netra.*

Pe euit intention e renquer pidi Doue : *euit e gloar, ha siluidiguez hon ene.*

Ag ên so mat pidi Doue euit tremen, gant diegui, ha tristidiguez, dre gontraign : *a galon, ha gant deuotion e renquer e ober.*

Ag agreabl eo da Zoue an oræson, a vez gret gant distraction, o songeal en traou ar bet : *mar deu vr Christè d'en em arresti en e distraction aratos, ha gant e ouizieguez, an oræson ne dal netra.*

Pe oc'h tra e renquer songeal, pa beder Doue : *en Doue, hag en traou cœlestiel.*

Pa zeu vn distraction en oræson hep rat deomp, már caromp e chasseal a mat eo an oræson : *maguivic.*

E

Pa peder gant diffiziançç, petra eftimit-u eus an oræson-fe, na pa oulenner traou temporell, nequet ofellet ouz ar gloar Doué, hag ar filuidiguez an ene, hoguen euit e gommodité, pe bligeadur, pe e enor *an oræfen ne dal netra*

Peur e renquer pidi Doué : *pep mintin ha pep nos.* Na c'hoaz : *e fpecial aa ful ha aa ouel.*

Na c'hoaz : *pa vezimp iemptet, pe affliget.*

Na c'hoaz : *ebar z choafa ur flat ha condition, a dle padout pell, euel ma zeo dimizi, pe beza den a Ilis.*

Exerciçç.

A c'hui a gred ez eo neceffer an efperançç hag an oræson, euit beza faluet : *credan.*

A prometti a rit-u e ober : *gran.*

A goulen a rit-u digant Doué ar graçç da pratiqua an efperançç hag an oræfon, gant an circonftançou, hon eus lauaret : *ya gant graçç Doué.*

AN EIL QVENTEL.
An explication eus an oræson Dominical.

Pehini eo ar guella oræson ? *ar Pater.*

Piou endeus hi compofet : *hon falver.*

Petira oulennom-ni digant Doué en oræson Dominical : *feiz tra.*

Pa lauárer, *Hon tat pehini fo en en*, piou co hennés : *an autrou Doué.*

Petra oulennom-ni, pa leueromp, oc'h hano bezet fanctifiet : *ar graçç euidom-ni, hag euit an oll bet, da anaout ha caret Doué.*

Na pa leueromp, *roit de omb ho rouantelez*, petra oulennom-ni : *ar barados.*

Na pa leueromp, *ho volonté bezet gret en aouar eguis en en :* *ar graçç da viret gourc'hemenou Doué.*

Na pa leueromp, roit deomb hiriou hor bara pemdeziec? *ar pez so neceffer da vezur ar c'horf hag un ene.*

Pet boet a rencom-ni euit mezur an ene? *tri.*

Pe re ynt-y? *ar Sacramant an Auter, compfou Doue, hag
an Orafon.*

Na pa leueromp hor pardonnit, hon offançou, eguis
ma pardonnomp da re odeus hon offancet? *goulen a reomp
pardon eus hor pec'hedou hag e pardonnomp da real.*

Na pa leueromp, na bermettit e vemp fezet gant temptation? *goulen a reomp ar graçç na gonfantemp quet dan
tentation hon aduerfourien.*

Pet aduerfour hon eus-ni a glafq hon tempti euit hon
lacat da bec'hi? *tri.*

Pe re ynt-y? *Ar c'hic, ar bet, an azraouant.*

Hac en fo pec'het bezet temptet? *fallocras, ma na gon-
fanter.*

Petra oulennom-ni pa leueromp hon deliuurit eus an
drouc; *goulen a reomp bez a deliuret eus ar pec'het.*

Na c'hoaz; *eus an infern.* Na c'hoaz? *eus ar Purgator*

Na c'hoaz; *eus ar malheuriou, hag ar profperiteou eus ar
bet man, mar bezont occafion deom-ni da offanci Doue.*

Exerciçç.

A c'hui a gred, ez eo bet compofet an oræfon Dominical gant hon Saluer? *credan*

A goulen a rit-u digant Doue ar graçç d'e anaout ha caret &c, *goulennan.*

Ha prometti a rit-u goulen an feiz tra-fe aliés deuota-
mant: *gran.*

A goulen a rit-u ar graçç d'e ober: *gran.*

TREDE QVENTEL.

Explication eus an *Aue Maria*.

PErac e lauarer an *Aue Maria* goude ar *Pater* : euit obteni ar pez a oulennomp er *Pater*, dre an interceſſion ar
Verc'hes glorius *Vari*.

Pe gant piou e oue compoſet an *Aue Maria* : gant an
Tat Eternel.   Na c'hoaz: gant ſantés Eliſabeth mam da S.
Ian.   Na c'hoaz: gant an *Ilis*.

Petra compoſas an Tat Eternel : ar ſalut d'ar *Verc'hes*,
a rentas an *Arc'hel Gabriel* dez i :   Liuirit-e : *Me ho ſalut
Mari leun a gracç, an autrou ſo gueneoc'h*.

Petra compoſas ſantés Eliſabeth mã da S. *Ian* ; ar meuleudi d'ar *Verc'hés*, ha d'he mabic quèr *Ieſus*.   Liuirit hi ;
*c'hui ſo biniguet etre an oll groaguès, ha biniguet eo ar frouez
ho coff*.   An hano *Ieſus* a ſo adiouſtet gant an ilis d'ar gompſou ſantés Elizabeth.   Nag an Ilis ; an oraſon, o pidi ar
Verc'hés glorius *Vari*, d'hon ſicour dre he interceſſion e pad
hor buhez, hag en eur hor maro. Liuirit-hi ; Sãtés *Mari* & c.

A ræſon eo pidi ar ſent all, d'hor ſicour e pad hor buhez, hag en heur hor maro ; eo.

Psre ynt-y ; S. *Ioſeph*. Perac: abalamour maz eo maguer
d'hon ſaluer, ha conductor, ha priet d'ar *Verc'hés*.

Na c'hoaz; S. *Ioacin*. Perac: dre maz eo tat coz d'hon ſaluer,
ha tat d'ar *Verc'hés* glorius *Vari*.

Na c'hoaz : Santés *Anna* : Perac : dre maz eo mam coz
d'hon ſaluer, ha mam d'ar *Verc'hés* glorius *Vari*.

Na c'hoaz : S. *Michel* : Perac : dre maz eo ar Prinçç an
Ælez, hac euit m'hor ſicouro da reſiſta d'an *Diaoulou*, hâ
d'ar pec'het.

Na c'hoaz: hon *Æl* mat. Perac: dre ma idi aba omp ganet,
a goſtez dehou deomp, euit hon ſicour enep an diaoul, a ſocr
c'hoſté all, o claſq hon laquat da bec'hi.

Na c'hoaz: *ar Patron an Escopti, ar S. hor Patron, hon eus bet er Badiziat, hag ar Patron hor Parés, ma omp bet badezet.*

Na c'hoaz: *Santés Barba, d'hor sicour da coffés, ha da sacramanti eharz mervel.*

Na c'hoaz : *ar sent all, pe d'are hor bezo mui a deuotion, hag obligation.*

Liuirit tîn vn oræson en enor d'ar Sent particulier:
Iesus, Mari, Ioseph, Anna, ha Ioacim,
S. Michel, ha ma Æl mat, S N. sellit ouzin,
S N. Santés Barba, glorius S. Caurintin
Breman, ha voar ma maro, ho pet truez ouzin.

Liuirit vn oræson agreabl d'an Æl mat :
Ma Æl mat, cannat ma Doue,
Mirit ma c'horf, ha ma ene :
Ma mirit ouz an drouc speret,
Ha dreist pep tra diouz pep pec'het.

Exerciçç.

A c'hui a bromet pidi ar Verc'hes, hag ar Sent , eguis hon eus lauaret : *promettan.*

A goulen a rit-u ar graçç d'e ober : *gran.*

PEDEIRVET QVENTEL.
Eus ar Rosæra.

Liuirit dîn pe seeurt devotion so agrebl d'ar Verc'hés : *ar Rosæra.*

Pe oc'h tra e renquer songeal , o lauaret ar rosæra : *er buhez , er passion, ha er maro hon saluer, hag er gloar endeu ên hag e vam.*

Pet chapelet so er Rosæra: *tri.* Pere ynt-y : *ar chapelet a ioa, an hini a gueus, an hini a c'hloar.*

Pet dizienés so e pep chapelet : *pemp.*

Pe dre e commancit-u ar chapelet : *dre ar groaz, o laua-*

res voar nezi, ar Credo, ha goude se teir Aue Maria.
Ar chapelet a ioa.

Euit commançcar c'henta dizænes eus ar chapelet a
ioa, petra leuerot-u voar ar c'henta pater en vras :

> *Songeomp d'ar guenta diZanés,*
> *Er ioa, en devoa ar Verc'hés ;*
> *Pa oue gant an Æl saludet,*
> *Da veZa mam saluer ar bet.*

Dirac an eil?

> *Dan eil songeomb deuotamant*
> *En he ioa ha contantamant,*
> *Pa saludas Elisabeth,*
> *A dougue S. Ian biniguet.*

Dirac an trede?

> *Songeomp d'an trede diZanés,*
> *Peguen laouen oue ar Verc'hés,*
> *Pa c'hanas he map biniguet*
> *En vr c'hraouic disoloet.*

Dirac ar pedeirvet?

> *Dar pedeirvet pa bresantas,*
> *He map en Templ d'ar Balec bras,*
> *Euit ma vise presentet*
> *Da Zoue an Tat crouer ar bet.*

Dirac ar pempet?

> *Dar pempet contemplomb ar ioa,*
> *En devoa an Itron Varia,*
> *Pa gavas he map quer meurbet,*
> *A oue ahet tri deiz dianquet,*
> *Pa gavas he map quer meurbet*
> *O tisput oc'h an Doctoret*

Ar feçon da lauaret ar Chapelet a gueus.

Petra leuerot-u dirac ar guenta dizænes :

> *Da guenta ma ene songet*
> *Er poan Iesus a Nazareth,*
> *Pa c'huesas e oat biniguet*
> *O pidi er menez Oliuet.*

Dirac an eil?   *Dan eil songit ez oue dispennet*
  E corf precius gant tauliou fouet:
  A dal ar pen bete an troat
  Nendevoa, nemet gouli ha goat.

Dirac an trede?   *Dan trede devot contemplet.*
  Ezoue e ben sacr exrunet
  Exidomb oll gant curun spern,
  D'hon delivra diouz an infern.

Dirac ar pedeirvet?   *Dar pedeiruet consideret*
  E dourmant bras ha criz meurhet,
  Pa renquas voar e guein douguen
  Ar Groas euit ar pec'herien.

Dirac ar pempet?   *Dan dinez a contemplit piz*
  Ebarz er groas e varo criz,
  Sellit ouspen eharz ar Groas,
  Ouz e vam so melconiet bras,
  He c'halon so daouanteret,
  Hag e ene crucifiet.
  Ar chapelet a c'hloar.

Petra leverot-u dirac ar guenta dizænés eus ar chapelet a c'hloar.

  Songit da guenta er c'hloar bras,
  Endevoe Iesus hon Mastr bras,
  Eus ar bez pa resuscitas,

Meulomp Doue, meulomp Iesus, meulóp Mari hag e Rosara.
Dirac an eil?   *Dan eil, pa bignas en ênvou*
  Iesus map Doue hor guir autrou,
  Leun a enor ha triomfou.

  Meulomp Doue, &c.
Dirac an trede?   *Dan trede voar an Ebestel,*
  Ha voar ar Rouanés cœlestiel,
  Pa zeuas ar Speret santel.
  Meulomp Doue, &c.

72.   *Ar pedeir-vet Claff*

Dirac ar pedeirvet?   *Dar pedeirvet, pa oue daouguet*
                      Er Barados gant an Ælet
                      Ar Vam d'hon saluer biniguet.

    Meulomp Doue, &c.

Dirac at pempet?   *Dar pempet pa oue curunet*
                   Er Barados gant an Drindet
                   Ar Rouanés bras emeus ar bet.

    Meulomp Doue, &c.

                    Exerciçç.

  A protestia tit-u , lauaret pep sizun ar Rosæra gant ar
mysteriou? *grân.*

  A goulen a rit-u ar c'hraçç d'e ober : *goulen a rân.*

AR PEMPET QVENTEL
An exerciçç pemdeziec.

PEtra reot-u diouz ar mintin pa guerot sevel ; *sin ar
groaz Nac'hoaz : me a lauaro an oræson man , Iesus ,
Mari, Ioseph ma Æl mat, S. Ioacim, santés Anna, S. N. ma
satron din, ma si courit breman ha voar ma fin.*

  pa vihot sauet, petra leuerot-u voar ho taulin euit adori Doue ?

             M'ho ador, ma Doue ma c'hrouer,
             M'oc'h ador, Iesus ma saluer,
             Hiriou, hag equeit ma veuin,
             Ho seruicha humbl a fel din.

Pater noster dar gouli an troat dehou hon saluer.

             Euit trugarecat Doue.

M'ho trugareca, va Autrou,   Emeus oc'h oll madelezou,
D'am bro za crouet, conseruet,   Prenet, hag en Ilis recèvet ,
D'am beza henoas conseruet.   Ha dioc'h pep pirill dihoallet,

             Pater noster d'ar gouli e droat cleiz.

             Euit ober vn offrançç da Zoue.

Quement a rin, a liuirin,   A songin, hag a endurin,

Offri a rân d'ar gloar Doue   Dreizoc'h Mari mam a druez.
Pater noster d'ar gouli e dorn dehou.

Euit ober vr protestation.

Me a brotest d'en em viret   Git graçç Doue diouz pep pec'het
Hag obserui lesen Doue   Euit pligeout d'e Vajesti.

Pater noster, d'ar gouli e dorn cleiz.

Euit ober vr goulen.

O va Iesus sellit ouzin   Ha roit tin ar pez a fel din,
Roit din ar graçç d'ho caret bepret,
Ar c'hraçç n'oc'h offancin quet.

Pater noster, d'ar gouli e gostez.

Guerc'hes Vari, mam biniguet,   Voar ma maro ma sicouret,
Guerc'hes Vari, mam da Zoue,   Ho pet truez oc'h va ene.

Iesus, Mari, ha Ioseph, &c. fol. 69.

Ag en so agreabl dar Verc'hes lauaret ar Curun bihan
eus anezi pemdeiz? *agreabl bras*

Petra leuerot-u voar ar groas? *ar Credo.*

Voar an teir fateren quenta? *teir Pater.*

Voar an daouzec pateren all? *daouzec Aue Maria.*

Perac e lauarer an teir Pater-se? *euit trugarecaat an*
Drindet da veza roet daouzec faueur special dar Verc'hes
dreist an oll groaguez ha merc'het.

Nag an daouzec Aue Maria? *en enor dan 12. faueur-se.*
Petra leuerot-u da scuel-heaul, da greiz-de, da guz-heaul
Angelus Domini nuncianit Mariæ; & concepit de Spiritu
sancto. Aue Maria, &c.

Ecce ancilla Domini: fiat mihi secundum verbum tuum.

Aue Maria, &c.

Et verbum caro factum est; & habitauit in nobis. Aue Maria

Ebars dibri, petra leuerot-u? *Benedicite, &c.* Pe me ya
da dibri euit cahout nerz da seruicha Doue.

Na pa ho pezo debret ho pret? *Agimus, &c.* da viana

ar c'hompſou man? *Doue ra roi peoc'h da re veo, hag ar*
repos da re varo. gloar da Zoue, eus e voet, hag e oll madou

Pa gommançot vr labour benac petra deuerot-u ? *me*
offr da Zoue an action-man, dre an daouarn Mari e Vam,
euit pligeout d'e Vaieſté, ha ſinti ouz e volonté.

Pa zeu vre benac da offanci Doue, petra ſo mat da lauaret neuſe ſouden, pa endeus coûn eus e bec'het ? *ſquei*
poul e galon gant cueux, o lauaret cueus ameus da veza of-
fancet ma Doue din da veza caret.

Petra ſo mat da ober ebarz mont da gouſquet ? *lauaret*
an Litaniou an Itron Varia, hag an examen a gonſciancç.

AN EXAMEN A GONSCIANC,C, DAN NOS

ebars mont da gouſquet.

1. Trugarequit Doue.

M'Ho trugareca, va Autrou,
Emeus oc'h oll doneſounou
D'am beza crouet, conſervet,
Prenet, hag en Iſis recevet,
D'am beza hiriou conſervet,
Ha diouz pep pirill dihoallet.

2. Goulennit ar goulou.

Roit tin, va IESVS guir goulou,
Da aznaout ma fec'hedou,

3. Examinit ho conſciancç.

Songit va ene em offançou
Oeuvrou, compſou, ſongeſounou.

4. Ho pet Contrition.

Cueus ameus da veza offancet,
Ma Doue, din da veza caret.

5. *Grit protestation.*

Me a bromet d'en em viret
Gant graçç Doue diouz pep pec'het.

Goude an Examen petra leuerot-u? *Pater, Aue, Credo
Confiteor, Gourc'hemenou Doue hag are an Ilis.*

Iesus, Mari, Ioseph, euel quent. fol. **69.**

Pa vihot en ho cuelé, petra leuerot-u ? *Iesus, Mari,
Ioseph, ma Æl mat santes Anna S. Ioacim, ma sicourit henoas ha var ma fin, goude se m'en em croaso.*

Mar dihunit an nos, petra leuerot-u ? *me rai sign ar
Croas, me lazaro Iesus, Mari, &c. hag ur Pater, euit an
anaoûn decedet.*

Exerciçç.

A c'hui a promet derc'hel mat dan exerciçç atoc gant
graçç Doue : *ya.*

A c'hui oulen e c'hraçç ? *goulen rân.*

C'HVEC'HVET QVENTEL.
Euit sacramanti.

PEtra endeus ar Bælec etre e daouarn en offern , petra
receo ar C'hristenien, pa eont da sacramanti ? *ar guir
corf Iesus-Christ, e ene, hag e diuinité.*

A ny a receo ar bara yvez: *fallocras : pa vez achenet ar gôp-
son sacr voar bara , n'endeus muy a bara , hoguen an apparançç hep quen.*

Petra eo an apparançç-se ? *an liou guen, ar bara, ar ment,
hag ar saour eus aneza.*

Petra chom e lec'h ar bara didan al liou guen ar bara ?
guir corf hon saluer.

Hag ar mesmes eo, a oue ganet gant ar Verc'hes, a oue
crucifiet gant ar Iusevien, a resuscitas a varo da veo, a pignas en ên, a distroi er bet man da varn an dut hah an Æles?
ar mesmes eo.

A receo a reom-ni yuez gant ar c'horf hon faluer e oat ya fur, dre maz eo vr c'horf beo.

Pa ve diuifet ar facramant e teir pe pedeir rân, pe en hini anezo ema corf hon faluer ? e peb hini anezo eguis hon ere anterin e pep membr kor c'horf.

Hag en darn vhela an hofti emedi ar pen Iefus-Chrift hep quen, en ifela e dreit hep quen ? fallocras, ar c'horf Iefus-Chrift a fo anterin e pep corn, hag e pep poent an hofti, hag en hofti oll

Pa ve torret an hofti, ha torret eo ar membrou hon faluer? fallocras, nedeo torret nemet an apparançç arbara.

Pe e ftat e renquer beza euit facramanti ? e ftat vat, e graçç Doue.

Mar be vr pec'het marvel voar ar c'honfciançç, petra fo requis da ober ebarz facramanti? e coffes gant cueux ha volonté da z ftrei diouta.

Mar endeus vre benac nac'het e confeffion vr pec'het marvel, petra fo requis da ober? e coffes.

Mar endeus vn den ancoûnhet vr pec'het marvel hep fonch nequet gât maliç, petra dlee ên da ober. mar endeus coûneus aneza, pa ve preft da facramanti; prometti e gofes, pa diftroi da gofes.

Mar endeus bet nicun maliçç, petra dle ên da ober ebarz facramanti; pardonni a üir galon.

Mar endeus laëret; roftitui.

Mar endeus lavaret iniuriou, pe mallozou, pe rebechou: fatiffia.

Mar endeus lamet an hano mat, o feuel vr gaou ponner, pe o lauaret vn dra fecret grevus enep den, fatiffia.

Mar endeus laquet maliçç pe brefell etre areall ? fatiffia

Mar deo bet occafion da vn all pec'hi pe dre alli, pe dre gontraign, pe dre goall exempl. laquat poan d'e diftrei.

Peguement benac ma ve vr C'hriftenen e ftat vat, ag ên

ſe requis prepari c'hoaz e gorf hag e ene. *ya ſur.*

Euit e gorf. Ha ræſon eo guelc'hi e daouarn, e façç hag e guenou; quemeret guiſcamanchou freſq ha net, mar be moien? *Ræſon eo.*

Ag en ſo permettet dibri, nag eva goude anter-nos dirac mont da Sacramanti? *ne de quet.*

Penaus e renquer derc'hel e daouarn, pa er da Sacramanti? *O æ ſa didan an douzier.*

Nag e ben? *Eûn, nequet he zrei an eil tu hag eguile.*

Nag an daoulagat? *iſel, pe ſellet ouz ar Sacramant, pe ouz an Auter.*

Petra livirit-u cus a re, a dro o fennou an eil tu hag e guile en Offeren, ha pa int preſt da Sacramanti, ſouden pa o deus Sacramantet; *diſcuens a reont n'o deûs quet vr feiz parfet.*

Penaus e renquer teceo ar Sacramant, voar e dent? *ſallocras, redeo lacat e dcaut voar an dent iſela, ha pa vez receuet voar nezi, e retira diabars ar guenou clos.*

A mat eo choquat ar Sacramant, pa vez recevet? *ſallocras redeo e c'hlibia vn tamic gant e halo, ha goude-ſe e lonqua.*

Mar be ſtaguet ar Sacramant ouz an ſtaoûn hag ên ſo permettet d'e diſtaga gant ar biziat? *Sallocras, gant an teaut. e renquer e diſtaga.*

Ag ên ſo mat cranch ſouden goude beza Sacramantet? *redeo deport vr c'hart-heur, pe an dalloudeguez vn anter Offerē Ma na ve moien d'en em viret? redeo crâch en vr mouchoir.*

Hag ên ſo requis clêvet an Offeren deuota ma haller ebars Sacramanti, ha tifa an ene gant actou eus ar vertuziou, euel a feiz, a intention vat, a humilité, a gontrition, a

garantez, a broteſtation vat da guittaat pep pec'het, a eſperançç, a deſir bras da Sacramanti, a oræſon ? ya ſur.

Exerciçç.

Penaus e reot-u un aɛt a feiz.

ME gred ferm hep douetançç er bet,
Ezân da receo en effet
Ar c'horffaci emeus ma ſaluer
E ſacramant cus an auter
            Penaus e pratiquot-u an intention vat.
Me ſel dîn recco ma ſaluer
Da renta enor d'am C'hrouer,
Da renta graççou da Ieſus
Euit e vaio truezus.

      Da gahout digant Doue graççou
Da veza trec'h d'am oll viççou
Da reſiſta gant feiz parfet
Dar bet, dar c'hic, dan drouc Speret.

      Me offr da Zoue ar c'homunion,
Euit obteni guir pardon:
Euit guelc'hi net ma ene
Er goat Ieſus guir map Doue.
            A humilité.
Hoguen ſioas piou ezoûn me !
Da doſtaat ouzoc'h ma Doue,
An oll Sent hag ar Santeſet
A gren bepret ouz ho cuelet.
            An eſperançç.
Pa ourc'hemenit dîn Ieſus
E recevîn ho corf precius,
Enoc'h ema ma oll fiziançç,
En ho maro ma eſperançç.
            Ar C'hontrition.

Ecreiz ma c'halon me ameus
Vr glac'har, vn hiruout, vr c'hueus
O veza, sioaz, offancet
Ma Zat din da veza caret.

Ar garentez.

Pardonnit tîn ma fec'hedou
Dre ho carentez, va Autrou,
Pardonni a rân en esser
D'are odeus ma offancet.

Ar propos mat.

Me a brotest d'en em viret
Gât graçç Doue diouz pep pec'het
Ha tec'het pell a üir galon
Diouz pep sçeuit goall occasion.

Carentez Doue.

Me sel dîn disprisout a gren
Ar bet, hag he boubáçou væn,
Pell diouzîn an traou terrien,
Iesus a garân netra quen:

An desir da sacramanti.

O pebez sec'het ameus-me,
D'ho cahout feuntun a vuhez,
N'endé' vr c'haro c'hoât quer bras
Da redec d'ar feuntuniou glas.

Orason d'an Tat Eternel.

O Tat Eternel, ma c'hrouer,
Digaççit ho Mab ma saluer.

D'an Itron Varia.

Guerc'hes Vari mam da Iesus,
Discueuzit ho map truezus.

D'an Æl mat.

Æl Doue mirer d'am ene,
Me ho ped dre ho trugarez

Quicit diouzin an azrouant,
Euit na droublo ma ſquiant.
    D'ar Patron an Eſcopti, ar Parés &c.
    O, S. N. ma fatron quer
Pidit euidoûn ma c'hrouer
Ma hillîn d'am ſiluidiguez
Dibri ar frouez a üir buhez.
    D'an oll ſent.
M'ho ped, o ſent ha ſanteſet,
Hag Æles gant gloar curunet,
Da fourniſſa d'am paourentez
Offrit da Zoue ho ſantelez.

Penaux e renquer en em comporti goude beza ſacramantet.

HAg ên ſo mat goude beza ſacramantet, trei e daou-lagat, hag e ben an eil tu hag eguile: *ſallocras, vr goal ſign eo.*
    Petra liuirit-u eus ar guſtum hiniennou, a ya da ober proceſſion ſouden goude m'odeux ſacramantet : *goal cuſtum eo, redeo d'ar perſonnet e lemel.*
Ane dequet reſon pratiqua vn deuotion côpoſet gât naou eſt a vertuziou, da ouzout eo . a feiz, a adoration, a humilité, a action a c'hraçç, a offrançç, a garentez, a bropos mat, a eſperançç, a oræſon, a nedequet raſon ober an actou a goſtez en vr c'hornic an llis *raſon eo.*
    Penaux pratiquot-u vn act a feiz.
Me a gred ferm dirac Doue,
Emedi ebarz en oûn-me,
Ar guir corf, hag ar guir ene
Eus a Ieſus guir map Doue.
    Vn act a adoration.
Moc'h ador, ma Doue, ma c'hrouer
M'oc'h ene cuit ma ſaluer,

Hiriou

Hiriou, hag equéit ma veuin
Ho seruicha humbl a fel dín.

Vn act a humilité.

Allas bizcoaz ne veriris
D'ho quemeret roue ar bedis,
Penaus oc'h eus-u bet priset
D'am bisita leun a bec'het ?

Vn act a action a graçç.

Sioaz, penaux e sellin-me ?
Trugarecat ho Majesté ?
Ne doûn nemet vr pec'her quæz,
Leun a bec'het ha paurentez.

Vn act a garentez.

M'ho car dreist pep tra, va Iesus,
Ho corf, hoc'h ene precius
Ho volontez, hag oc'h enor,
A soma gloar, ha ma zensor.

Vn act a offrançç.

Me guinich deoc'hu, va Doue,
Hepsi ma c'horf ha ma ene,
Da seruicha hiuiziquen
Ho majesté da viruiquen.

Vn act a esperançç.

Disposit franc ahanoûn-me,
Ma zat, heruez ho volontez,
En oc'h ema ma oll fiziançç,
Ma oll desir, ma esperançç.

A oræson.

Pardonnit dín ma fec'hedou,
Ha d'am ene roit ho craççou;
Euit ma hillin dre ho moien
Cench ma buhez hivisiquen.

Ma hillin trec'hi constammant

Ar c'hic ar bet, an azrouant;
En ur beva ſantellamant
M'oc'h offanci matuellamant.

    Roit tin-me e pad ma buhez
Feiz, eſperançç, ha carentez :
Roit tin an oll vertuziou
A enep an oll pec'hedou.

    Ma trec'hin dre humilité
Peb orgouill ha pep vanité,
A aariçdet dre larguentez,
Lubriçité dre chaſteté.

    Dre patiantet faſcheri,
Ha dre ar carantez aui,
Dre temperançç, ar gloutoni,
Ha dre diligençç diegui.

TREDE CLASS.
Eus ar vertuziou hag ar pec'hedou.
Quentel quenta.

Pet vertuz Theologal ſo a ſell oc'h Doue hep quen? teir.   Pere ynt-y ? *feiz, eſperançç, ha carentez.*

    Petra reom-ni gant ar feiz ? *cridi ar pez endeus aiſcleriet Doue.*

    Na gant an eſperançç? *eſperout digant Doue ar graçç d'e garet er bet-man, ha d'e velet er Baraدos.*

    Petra reom-ni gant ar garentez ? *caret Doue abalamour deza e vnan, hag hon neſſa abalamour da Zoue.*

    Pet vertuz Cardinal ſo? *pedeir.* Pere ynt-y? *prudançç, iuſticç, temperançç ha nerz.*

    Petra reom-hi gant ar prudançç? *ſellet e pep tra ar pez ſa mat ha droue euit ober ar mat, ha tec'het diouz an droue.*

    Petra reom-ni gant ar iuſticç; *rei ha leſel gant pep vnan e üir.*

Petra reom-ni gant an temperançç, dʼgaçç *moderation* e pep tra o quemeret ar pez ſo neceſſer, euel o ribri, o eua, o corſ-quet, er e hoarion honeſt, o cleuet, o prezec.

Petra reom-ni gant an netz ; quemeret couraich da ober mat, tec'het dioc'h an drouc , hag enduri ar pez a blich gant Doue.

Pet vertuz capitall ſo controll dʼar ſeiz pec'het capital? ſeiz. Pere ynt-y ; *humilité* eneb orgouill, *larguentez* eneb auariçç, *carentez* eneb aui, *chaſteté* enep luxur, *patiantet* enep buaneguez, *temperançç* enep gloutoni, *deuotion ha diligençç* enep diegui.

Exerciçç.

A cüeus oc'h eus-u eus ho leſireguez da veza leſet an occaſion da exerci ar vertuziou-ſe , hag eus ar pec'hedou oc'h eus gret en o enep ; *cueus ameus.*

A prometti a rit-u gant graçç Douc laquat en effet ar vertuziou, hon eus expliquet ? *prometi a ran.*

A goulen a rit-u digant Doue ar c'hraçç dʼe ober? *goulen a ran.*

AN EIL QVENTEL.
Eus an œuuriou ſatiſſactoer.

PEt ſçeurt œuuriou ſatiſſactoer ſo evit ſatiſſia evit hor pec'hedou? *teir.*

Pere ynt-y ; *an oraſon, an yün hag an aluſen.*

Cleuet ar prezeguen , len pe gleuet len vr levr deuot, cofés, ſacramanti, ag a ſo comprenet didan an hano an oraſon ? *comprenet eo.*

Ober vr veac'h, ma ſanter poan, veilla, enduri ſec'het, naoûn, riou, tomder' ſcuizder, vr viſcamant dies eguis vr ſaë run , an diſciplin , vr clênvet, pe poan benac en e gorf pe ene, pa vez anduret an traou-ſe euit e binigen, a ſeruicha a reont-y euit ſatiſſia euit hor pec'hedou ; *greont.*

84

Pe en oat eo obliger ar Chriſtenien da yün ar c'hoaraïs
anterin , an daouzec deziou , ar vigilou ordrenet gant an
Ilis ? *eus an oat a ur bloaz voar nuguent fournis bete trin-*
guent mar guellont.

petra liuirit-u eus are a debr crampoez gant lard da Vener pe da *Sadorn* , pe d'an deziou diffennet ? *are-ſe a dor*
gourc'hemen an Ilis.

petra ententom-ni dre an hano Aluſen; *ſicour hon neſſa*
en e gorf, hag e ens die an œuuriou a drugarez corporel hà
ſpirituel.

Euit e ſicour e quênver ar c'horf, petra renquer da ober
mar endeus naoûu ? *rei da zibri.* Mar endeus ſec'het; *rei*
da eva. Mar be clân ? *e viſita.* Mar be priſonner? *e vi-*
ſita. Mar endeus defaot a di ? *e logea.* Ma ve maro ? *e ſe-*
belia hag anterri.

E quênver e ene, ma ne oar ar pés ſo requis da veza ſaluet euel ar Myſter an Drindet, hag an Incarnation, an deuotiounou, ar gourc'hemenou Doue, petra renquer da o-
ber; *diſqui deza.*

Ma deu da fazia un den a ve didan ho carg ; *e auertiſſa.*

Ma na vez didan ho carg, mar be eſperançç d'e diſtrei ?
rei cuſul deza, e bidi, e allia da ziſtrei.

Ma na vez eſperançç ? *pidi Doue euita.*

Mar endeus ezom a gonſaill ; *rei conſaill deza.*

Mar be maliçç pe breſel etouez an dut ; *o accordi.*

Mar be vrebenac melconiet pe diſeſperet ; *e gonſoli.*

M'ar bec'h offancet, iniuriet, ſcandalet, pe milliguet
enduri gant patiantet ha pardonni.

Mar bec'h diſpriſet, caſſeet, drouc prezeguet, perſecutet gant ho neſſa ; *pidi Doue evita.*

petra rencom-ni da ober evit an anaoûn decedet ; *pidi*
Doue, ha laquat pidi Doue evita.

Exercicç.

A prometti á rit-u d'en em rei d'an deuotion, d'ar yün, ha pinigen, ha d'an œuvriou a drugarez ; *promettan.*

A goulen a rit-u ar c'hraçç digant Doue d'e ober; *goulen a ran*

AN TREDE QVENTEL.

Eus an donne sounou ha froueziou ar Speret glan.
Eus ar beatitudou pe gninvidiguezou ha
consaillou Euangelic.

PEt doneson so ar Speret glan ; *seiz.* pere ynt-y; *sapiançç, entendamant, gouizieguez, consaill, deuotion, dougeançç Doue ha nerz.*

Petra reom-ni gant ar sapiançç : *anaout gant saour e pep tra Doue, o veza caus eus a bep tra, hag ober pep tra abalamour da Zoue.*

Gant an ententamant? *entent a reomp ar mysteriou dinin hag an traou cœlestiel.*

Gant ar gouizieguez; *gouzout a reomp ar gourc'hemenou Doue, hag ar pez so necesser da veza saluet.*

Gant ar gonsaill? *anaout a reomp petra honçens da obere particulier d'ar gloar Doue.*

Gant an devotion ; *ur volonté pront hon eus da seruicha Doue.* Gant an dougeançç; *dougea a reomp ar pec'het abalamour da Zoue.*

Gant an nerz; *quemeret a reomp couraich da ober œuuriou mat, ha da tec'het diouz ar pec'het, dioust an oll difficulteou ha pirillou mesmes ar buhez.*

Eus ar froueziou ar Speret glan.

Pet frouez so eus ar speret glan ? *daouzec.* pere ynt-y? 1. *carentez o caret Doue hag hon nessa euit Doue.* 2. *ioa o seruicha Doue.* 3. *peoc'h o veza contant eus a Doue hag eus e*

-volonté. 4. patiantet oc'h enduri gant patiantet abalamour
da Zoue. 5. longanimté oc'h enduri pell, hag o tsport pell ar
pez a vez prometet. 6. madelez o caret ha deſirout mat d'e
neſſa 7, benignité oc'h ober mat. 8. manſuetud oc'h en em viret eus ar goler hag eus a vengeancç pa vezomb offancet. 9.
lealdeï, o veza leal en e gompſou ha promeſſaou. 10. modeſti
o veza moderet en e gompſou ha geſtou. 11. continancç, oc'h
en em viret a bep drouz. 12. chaſteté, o veza dinam ha dibec'h
a bep lubricité a gorf hag a ene.

Eus ar guin vidiguezou pe beatitudou.

Pe ſçeurt tut a ſo diſcleriet heurus gant hon ſaluer; eiZ
pere ynt-y; 1. are ſo paour a galon o tiſpriſout ar madou terrien, hag o veza humbl a galon   An eil; are ſo doucç ha patiant, o pardonni a galon vat. An trede, are, a euel bemdeiz
rac beza offancet Doue. Ar pevare; are, o deux naoûn ha ſe-
c'het, da ouzout eo vn deſir bruz da bligeout da Zoue, auz e
garet parfet hag hon neſſa abalamour da Zoue. Ar pempet;
are, a ſo truez us, hag en em exercç en œuvriou a drugareZ
An c'h iec'huet; are, o deus vr galon pur ha net eus ar carentez ar bet hag an traou terrien.   Ar ſeizuet; are paciſic
odeus peoc, h gan: Doue, o neſſa, ha ganto o vnan. An eiziiet;
are, a vez perſecutet rac ſervicha Doue,   hag a guemer patiantet ha ioa.

Eus ar gonſaillou Euangelic.

Pet conſaill Euangelic ſo; tri.   Pere ynt-y; paourenteZ
volontair, chaſteté perpetuel, hag oboiſſancç.

Exercicç.

A goulen a rit-u digant ar Speret glan e douneſounou,
hag e froueziou; goulenan.   Redeo e froroſi oll e particulier.

PEDEIRVET QUENTEL.

Eus ar pec'het e general, hag eus e speççou.

Petra eo ar brassa droue a ve possibl es bet man ; ar pec'het.

Pe colle vadou, pe beza lovvr, pe cahout ar vocou, pe beza crouguet, pe ober vr pec'het eo ar goazsa ? ober vr pec'het, dre maz eo offançç Doue.

Petra eo ar pec'het ; ar pez a vez commettet, pe dileset enep al lesen Doue.

Petra eo ar pec'het originel ? an hini, endeus map den a dal maz eo conçevet e coff e vam.

Perac hon eus-ni oll ar pec'het-se ? abalamour d'ar pec'het hon tat quenta Adam, a debras ar frouez a oue diffennet outa.

Petra eo ar pec'het actuel ? an hini, a reomp goude an usaich eus ar rafon.

Pet sçeurt pec'het actuel so ? daou. pere ynt-y ; ar pec'het marvel ha veniel.

Petra eo ar pec'het marvel ; an hini, a laz un ene hag a rent un den coupabl eus an infern.

Pet buhez endeus vn ene ; diou. pere ynt-y ; ar buhez naturel, has ar buhez a c'hraçç, pa idomp e stat vat, o caret Doue dreist pep tra.

Pe ar buhez naturel, pe ar buhez a c'hraçç a vez lamet, pa bec'her, maruellamant ? ar buhez a c'hraçç.

Petra eo ar pec'het veniel ? an hini a displich da Zoue, hoguen ne laz quet an ene, dre abec ne dequet grevus.

Penaus e tiffarancit-u ar pec'het maruel diouz an hini veniel ? ar pec'het marvell a so vn offançç grevus eneb al lesen Doue, an hini veniel ne dequet quer ponner.

E pet façon e offançom-ni Doue ? e diou, e commetti vr pec'het, pe o lesel vn action gourc'hemenet gant Doue, pe gant an *Ilis.*

E pet maniel e reom-ni ar pec'het a g ommiſſion? *e teir,
e ſongeou, compſou, hag oberiou.*

pet pec'het ſo enep ar Speret glân? *c'huec'h.* pere ynt-y?
1. *an diſeſper beza ſaluet.* 2. *ar preſomption beza ſaluet heb
ober pinigen nag œuuriou mat.* 3. *controlia ar virionnez a-
nanezet.* 4. *aui ouz ar mat ſpirituel han neſſa.* 5. *beza aheurtet en e hec'het.* 6. *impenitançç final, o veruel hep cueux, na
binigen.*

pet pec'het a gri vengeançç dirac Doue abalamour d'o
grevuſder. *peuar.* pere int-y? *muntrerez commetet a ra-
toz.* 2. *ar pec'het vil enep natur.* 3 *perſecuti hag ober gaou
ouz an dut paour, ouz an intanueſet hag an emzimvadet.*
4. *miret ar gopr ar ſeruicherien hag ar gopraourien.*

E pet feçon ezom-ni coupabl eus ar pec'hedou areall?
e naou. pere int-y. 1. *dre goal alli.* 2. *o ourc'hemen vn dra
fall.* 3. *o ſicour hag o conſanti da neb a ra droue.* 4. *o veza occaſion dre e oual, euel o tiſqui vn dra ſal, o prouoqui.* 5. *o ap-
prouf, ha meuli ar pez ſo droue.* 6. *o teuel pa renquer auertiſſa, pe rei gonſaill, pe diſcleria da neb a hel remedia.* 7. *o tiſ-
ſimuli e defaut correction.* 8. *o veza participant eus vn dra a
ve laeret.* 9 *o tiſſen, pe o ſouteni an tut fall.*

Exercicç.

A cridi a rit-u n'endeus netra goaz euit ar pec'het? *credan.*

A proteſti a rit-u quent meruel euit offanci Doue? *pro-
teſſan.*

A goulen a rit-u ar graçç digant Doue d'ho tihoall dioc'h pep pec'het? *gran.*

--------------------------------------a----

PEMPET QVENTEL.
Eus ar pec'hedou capital.

Per pec'het capital ſo? *ſeiz.* pere ynt-y? *ſuperbité, a-
varicç, luxur, gourmandiſ, choler, aui, diegui.*

Eus ar superbité.

Pa endeus vrebenac vn affection ha defir difordren da veza dreift are all, pe fçeurt pec'het eo ; *fuperbité.*

Pa zeu vrebenac d'en em eftimout antuhont d'ar pez eo; pa zeu d'en em pompadi, d'attribui deza e vnan, ha d'e verit ar pez n'endeus, da brefumi eus e nerz e vnan, ha da laquat e fiziançç enni, pa zeu da veza roc, da guemeret gloar eus ar pez endeus digant Doue, euel eus e vadou, quenet, dillat, fperet, gouizieguez, œuuriou mat, pa zeu da difprifout are all ha d'en em preferi dezo, pe alec'he teu an direifamant-fe ; *eus ar fuperbité.*

Defir out ha clafq beza guelet, eftimet, admiret, enoret, cheriffet, fauorifer, preferet d'areal, beza en vr plaçç ha dignité dreift are all, ober vn action benac en intention-fe, cahout ioa ha gloar pa vez tizet an traou-fe, pe fçeurt pec'het eo ?　*gloar van.*

Petra linirit-u eus are, a ra man da veza deuot, ha tut honeft, ha ne dint quet ; *hypocrifi a gommettont.*

Petra linirit-u eus are, a fo aheurtet en o opinion ha volonté enep guir ha ræfon, eus are, a fo amfent, a fo o controlia ar fentimant hag ar volontez are all hep occafion legitim, eus are, a fo boafet d'ar c'harellou, ha fcandalou? *eus ar fuperbité e teu o fec'hedou.*

Exercicç.

Pa zo at fuperbité ar c'hommançamant an oll pec'hedou, a donger oc'heus-u outi ; *donger ameus,*

A caret a rit-u an humilité ende' cheriffet hô Saluer; *caran*

A cridi a rit-u e teu pep mat digant Doue, ha rac-fe n'hon eufquet lec'h d'en em glorifia ha pompadi, quent-fe ezomb obliget da drugarecat Doue ? *credan.*

A protefti a rit-u en em exerci ebarz en humilité oc'h en em eftimout difteroc'h euit are all, oc'h en em humilia di-

dan Doue, ha didan an oll dut, o finti ouz are all heruez
Doue, o fugea ho iugeamant dezo heruez guir ha ræfon,
beza humbl en ho compfou, geftou, ha guifcamanchou ?
protefti aran.

Pa co ar gloar ar bet difter ha fcân eguis vr pluen, a propofi a rit-u he difprifout; *gran.*

A prometri a rit-u ne reot biruiquen netra eu it beza guelet, eftimet, enoret, nag euit pligeout d'an dut; *prometan.*

A goulen a rit-u digant hon faluer an humilité enep ar
fuperbité; *goulen a ran.*

C'HVEC'HVET QVENTEL.
Eus an auariçdet.

PE fort pec'het a ra vn den, a gar ar madou terrien
gant vn affection difordren ; *ar pec'het a auariçç.*

pe a lec'h eteu aliés etouez an dut al ledoucdou, ar par-
iuriou, al laëronci, ar fallagriez ha tromplerez, an vfurerez, an ingrateri ouz tut affliget, an defaot a deuotion, hag
a efperançç e Doue ; *eus an auariçdet.*

Exerciçç.

Pa co an auariçdet, heruez ma lauar S, Paol, eguis vn
idolatri ; pe dre hini e teu vn den auaricius da adori an
aour hag an arc'hant, o facrifia e gorf, e ene, hag e vugale
d'an Diaoul, a caff ha requet oc'heus-u outi ? *gran.*
A refolution oc'heus-u, ne lequeot biruiquen ho calon ,
nag oc'h efperàçç er madou terrien, ha ne guemerot gloar
eus anezo ? *ya fur.*

A prometti a rit-u , ne lefor biruiquen ho reuotion an
offeren da Sul, na da ouèl, nag ar prezeguennou, dre an
auariçdet : *promettan.*

A protefti a rit-u ne douot, ne reot gaou, na tromplerez da den dre auaricdet : *proteftan.*

A propofi a rit-u ober gant ho madou œuuriou mat e-

quênuer ar peeurien, an Ilifou, hag o pratiqua an œu-
riou a drugarez: *propofi a ran.*

A c'hui ene e teu quement mat oc'h eus digant Doue, a
c'hui a drugareca e vadelez eus anezo: *gran fur.*

A c'hui fo contant d'o c'huitaat, pe o dioueret pa garo
Doue? *contant oûn.*

Ma n'oc'h eus quet ahoalc'h evel maz eo requis, a c'hui
a guemero ar boan da ounit pe a dra en em mezur, hag ho
pugale euit ma hellot feruicha Doue, hag euit ober œu-
riou mat nequet dre auariçdet? *ya fur.*

A goulen a rit-u digant Doue ar c'hraçç da feza an auariçdet dre larguentez? *goulen a ran.*

SEIZVET QVENTEL.
Eus al lubricité.

MA teuffe vn den da veruel gant ar pec'het a lubricité, petra a oarfe ganta? *e vihe danuet.*

Neb a ra ar pec'het vil-fe o veza eureuget, pe gant vn
all, a fo eureuget, pe fçeurt pec'het eo? *anoultriez.*

Pa ve gret gant querent, pe gant tut alliet, gant vr compaer, pe commaer pe gano a rer eus an offançç-fe? *inceft.*

Pa ve gret en defpeçt da vr plac'h honeft? *vr pec'het
fpecial eo a puniffer gant ar maro.*

Pa ra ar pec'het-fe vn den facr, pa ve gret gant vn den
a vez facr, pe fçeurt pec'het eo? *facrilech.*

Pa vez gret ganta e vnan, pe fort pec'het eo? *vr pec'het
enep natur.*

Petra lauar S. Vincent eus ar pec'het-fe *lauaret a ra, ez
eo braffoc'h ar pec'het-fe euit pec'hi gant an tofta car pe carét.*

Petra liuirit-u eus ar pec'hedou all enep natur? *ne laua-
ran netra, nemet ezint puniffet er bet man gant an tan, hage
criont vengeançç dirac Doue.*

Exerciçç.

Pa eo milliguet ar pec'het vil-ſe gant Doue , pehini a
yeuzas guezall an oll dut, nemet eiz , abalamour d'ar viltançç eus an tut lubric, a n'oc'h eus-u quet donger outa ?
donger ameus.

A propoſ a rit-u dougea Doue , quittaat ar goall occaſiounou, reſiſta preſt d'ar goall ſongeou, deſirou, derc'hel
ho taoulagat , ho teaut , ho tiouſcoarn , ho taouarn e peb
honeſtis, oc'h en em dihoall eus ar ſelladou , compſou ,
guerſou ha geſtou diſhoneſt ? *propoſi a ran.*

EIZVET QVENTEL.
Eus ar gourmandis.

PEtra liuirit-u eus are, o deus vn affection diſordren
da dibri ha da eva, o quemeret re, pe re liés, pe re vu-
han, pe gant te a bligcadur, pe gant licherez ha curioſité,
pe dirac an amſer ordrenet ? *pec'hi a reont dre ourmandis.*

Eus ar mezuinti,

Pe ſçeurt pec'het eo ar mezvinti ?　　*pec'het marvel eo.*

Vn den, a ya da vezui, ma na ra drouc er bet da den, mat
deu da eva nequet dioar couſt are all. hogué dioar e gouſt
e vnan , ma na zeu da reſtitui ha teur l ar pez endeus quemeret, vn den, n'endeus quet a oual guin, ne douquet , ne
lauar quet goall compſou , ag ên a ra vr pec'het maruel ?
ya ſur, rac S. Paol a lauar, ne daiquet ar mezvieriẽ er barados.

Pa zeu vrebenac da eua d'ho craççou mat goude m'oc-
c'h eus torret ho ſec'ſæt ha bevet honeſtamant , ag ên ſo
permettet neuſe eva ma vec'h e pirill da veui ? *redeo neuſe*
balanci an nerz e ſperet, ha neuſe goulen excus.

Hoguen ma na ve rentet ræſon, eguile en em offanço ?
goaz eo offanci Doue, euit den.

Ho contraign a rai, ho conrdrous a rai, are all a rai goab

ahanoc'h ? *ne vern quet pa ve requis mervel arabat eo mévi*

Cals a dut, ne gauont quet e ve ar mezvinti vr pec'het quen eƒtrench cruel ha pirillus eo parent vn den coupabl eus an infern, ha ma teuƒƒe vn den da veruel an dra idi er pec'het ƒe, impoƒƒibl eo deza ober vn act a gontrition.

Petra liuirit-u eus are, a gontraign are all da eva, ha da goll ar iugeamant ? *S. Auguƒtin a lauar e reont ƒacrifiç d'an Diaoul, hag e reƒpontint on deiz euit ar pec'hedou reall.*

Petra liuirit-u eus ar guis ar banquegeou, ma touguer hag euer an iec'het an oll aƒƒiƒtantet ; hag eus are abƒant, quen na veuo an darn muia eus an tut ? *rodeo lemel ar goal guis-ƒe, ha laquat vn all, o leƒel eva peb vnă en e volonté her- uez e neceƒƒité, mar carer beza ƒaluet.*

Petra liuirit-u eus are, a chom pell en tauargnou a vi- ziou eus a greiz deiz bete an nos ? *goaz int euit lonet.*

Petra liuirit-u eus are, a chom en tavargnou e cours an offerennou, ar goüzperou, hag ar prezeguennou, eus an hoƒti ƒien, a ro guin dezo, eus ar iuƒtiçç a bermer an direi- zamant-ƒe eneb an ordrenançou ? *pec'hi a reont oll.*

Pe ƒçeurt remed a gonƒaillit-u da vn den a vez accuƒtu- met d'ar mezvinti ? *tec'het dioe'h ar cōpagnunezou ar mez- vierien, pa vezo torret e ƒec'het, cahout vn digare da vont d'ar guer.*

Mar deü da goueza adare er pec'het-ƒe, petra conƒail- lit-u deza ? *ober vn yün antronos, chom pemp mis hep tânua guin en enor d'ar pēp gouli hō Saluer, ha coffés ar c'henta Sul.*

Exerciçç.

A prometti a rit-u quittat ar c'hompagnunez ar mez- vierien, hag an occaƒionou pirillus, a prometti a rit-u, ne evot mui, pa en em c'heƒƒot e pirill da veui, ne gontrai- gnot nicun da eva antuhont d'an deceƒƒité, ha ner greot- guet pa vihot contraignet ? *gran.*

Mar deud da goueza er pec'het-ƒe, a proteƒti a rit-u e

coffeffeot quenta ma hellot ,   e reet vn iun pevr pinigen
all ? *yafur.*

A goulen a rit ?u digant Douc ar c'hraçç da veza temperant ha fobr ? *goulen a ran.*

NAVET QVENTEL.
Eus an Aui.

PA endeus vn den triftez eus ar mat vn all, dre maz co
diminuet e c'hioar, pe fçeurt pec'het eo ?   *aui*

Pa endeus vn den triftez, dre abec n'endeus quet ar perfection eguile , hep defirout e ve priuet euz anezi, pa endeus cueus o velet vn all o cahout vr mat , pe eus a hini e
teu da abufi, a pec'het eo neufe ?   *falloeras.*

Pe a lec'h e teu an dut aliés da drouc fongeal ha fufpen-
ti eus ar c all, da drouc prezec eus anezo , d'o c'haffaat , da
defirout drouc dezo , da diminui ar meuleudi eus anezo,
da cahout ioa eus o drouc ha cueus d'o mat ?   *eus an aui.*

Exerciçç.

Pa eo an aui vr pec'het a rent vn dé henvel ouz an diaoul,
oc'h Caïn, hag ouz an Iufevien, pa eo vn boureo, a dourmant vn ene dabep mare, a detefti a rit-u an offançç cruel
fe ? *gran.*

A prometti a rit-u cahout ioa ouz ar mat areall, ha truez
ouz o drouc, o fongeal ezoc'h bugale vr mefmes tat , hag
cuit imita an Ælez hag ar Sent, odeus ioa eus ar mat an
eil eguile ? *gran.*

DECVET QVENTEL.
Eus ar buaneguez pe coler.

PA zeu vrebenac d'en em troubli , ha da defirout
d'en em vangi e vnan , pe gant maliçç , pe dreift
mufur, ha ræfon, pe fçeurt pec'het eo ? *buaneguez,*
Pe a lec'h e teu ar gaffoniou, ar fcandalou, an iniuriou,

ar rebechou, ar manançon, al ledouedou, ar blafphemou,
an em cannou ? *eus ar goler difordrenet.*

Exerciçe.

Pa eo ar goler eguis vn elven tan, a fo occafion eus vr
flam eftrench, pa rent vn den eguis difquiantet, a c'hui a
bromet he mouha, pa gommanço ho coat da virui voat
dro ho calon, ha ferra ho cuenou, o quemeret patiantet
neufe, o vouga an defir d'en em vengi, o caret arc, o deus
gret ho trouc, o tefirout ober mat dezo, o pidi Doue euito, o pidi benos Doue dezo, euit heul an exemplou hon
Salver ? *prometti a ran.*

A c'hui a oulen digant Doue ar grácç da laquet-fe en
effet ? *goulen a ran.*

<hr>

VNECVET QENTEL.
Eus an diegui.

P Etra liuirit-u eus arc, n'odeus a fourci eus o filuidiguez, nag eus an deuotion, o lefel an œuuriou
mat hag an órafon; eus arc, a ra o fedennou, a ya
da goftés ha facramanti dre guftum, dre languis, triftez,
ha gontraign, a gueff an amfer o deuotiounou hir gât volonté da velet ar fin, nag eus arc, adale da drei oc'h Doue,
hag ober œuuriou mat goure'hemenet, nag eus arc, a goll
couraich abalamour d'an difficulteou, hag a ra refus d'a
ober vn dra abalamour d'ar poan a fanter, ha d'ar pligea-
dnr a renquer da dioueret, nag eus are, a fo berboellic ha
fcàn, o lefel ar mat, odeus commancet, ouz are, a fo dibreder, ha a goll an amfer gant compfou, pe actiounou, pe
fongefounou difter dre didalloudeguez ? *are-fe fo liamet
gant al lefreguez.*

Exerciçe.

Pa eo guir ne ouz omp quac, peur e teui ar maro, pa eot
certen, ne vezo mui a voien da veritout netra goude ar

mᵫro , a prometi a rit-u en em rei da feruicha Doue a bret
mat, da diftrei dioc'h ho pec'hedou, da ober vr guir confeffion general ?   *gran.*

A prometti a rit-u d'en em rei d'an deuotion , da fre-
quenti aliés ar facramanchou , da ober bepret vn œuvr
mat; o tec'het diouz an didalloudeguez; *prometan.*

DAOVZECVET QVENTEL.
Eus an tri adue-four.

PEt aduerfour endeus map den , a glafq e laquat dâ
bec'hi ; *tri.* Pere ynt-y; ar c'hic, ar bet hag an aiaoul.

Petra eo ar c'henta aduerfour ; *hor c'horf gant
ar pemp fquiant naturel, ho ene gant ar faltafi gant ar c'houetis difordren, pe autramant ar c'honcupiftençç, pe an appetit
inferior*

Pet fquiant naturel fo ; *pemp, ar guelet , ar c'hlevet, ar
vlas, pe an tanva, ar c'huez, hag an touch.*

Pa endeus c'hoant an daoulagat d'a velet, an dioufcoarn
da glevet ; ar ftân da danva , an difron da c'huezaat , an
to uch da douch , pe embreguer ar pez a vez diffennet gât
Doue. petra renquer da ober neufe ; *miret outo.*

Confiderit ezeo roet ar pép fquiant naturel euit ficour
an ene da feruicha Doue , rac diffennet eo en em feruicha
eus anezo euit e bligeadur ha curiofité hep quen , nag e-
nep ar volôtez Doue, hoguen euit e c'hloar hag e feruich.

A ny fo temptet adiabars an ene ; *ya dre ar faltafi , hag
ar chouetis pe autramant gant an appetit inferior.*

Pa vez ombt emptet gant vr goall fonch pe faltafi hep
rat, pe en defpet deomp, a pec'het hon eus-ni ; *ya , mar
deuomp d'e lefel, mar deuomp d'he c'haff ermes, n'hon eus quet
a bec'het, hoguen merit bras.*

Pa zeu eta vr goall fonch , petra hon eus-ni da ober
refifta, pidi *Doue, ha trei e faltafi an tu all.*

Eus ar c'hic.

E pet feçon om ni temptet gãt ar c'houetis, pe an appetit inferior; en vnec feçon : gant vr garentez ha caff diſordren, gant vn deſir hag vn tec'h dirajon : gant vn eſperançç
ha diffizianc ç direiz : gant vr ioa ha triſtez dibropos : gant
vn hardizon, dougeancç ha coler dirollet.

Petra rencom-ni da ober, pa vezomp temptet gant ar
froudeanou divarchet-ſe ; *o mouga dre ar feiz, an oræſon,
ha dre ar vertuziou controll.*

Pa vezomp temptet gant ar garentez, an deſir, hag ar
ioa diſordrenet, eus ar gloar, eus an dibri hag an eva, eus
ar pligeadurezou vill, eus a vengeancç; *redeo o mouga dre
an humilité, dre an temperancç ha ſobrieté, dre ar chaſteté,
dre ar patiantet, hag ar benignité.*

Pa vezomp temptet gant ar c'haſſoni, hag ar c'holer
oüz an tut, penaus e renquer reſiſta; *dre ar patiantet, ar garentez, hag an benignité.*

Na pa omp temptet dre an diffizianc ç hag ar ſpont, pe
naus e renquer reſiſta; *dre an eſperancç e Doue, gant a nerz,
ar ſperet, hag ar c'houraich, ha gant an oræſon.*

Na pa omp temptet dre an triſtez ; *dre ar patiantet hag
an oræſon.*

Eus ar bet.

Petra eo ar bet ; *an dut, a ſo controll da Zoue.*

E pet feçon e teu ar bet d'hon tempti; *e pemp : dre oal
alli, dre bromeſſaou, dre manançou, dre goall exempl. dre e leſë*

Pa zeu vn den fall da dempti dre ouall alli, dre bromeſſaou, dre oar drougou, petra renquer da ober, *quent men-
uel euit ſinti outa.*

Ma teuffec'h da velet vn den gouiziec, hag a ſtat ober
vr pec'het marvel, a c'hui a gare ober evelta ; *ma teuffec'h*

G

da velet vn heuelep den oc'h en em crouga , ac'hui a gare ober euelta.

Petra ſo comprenet ebarz al leſen ar bet ; *tri zra, ar ſuperbité, ar gareniez diſordrenet d'ar madou, hag an affection direiz d'ar pligeadurez ou ar c'hic.*

Penaus e renquer ſtourm ha reſiſta d'are-ſe ; *dre an humilité, dre an œnuriou a diugarez, dre an temperancç, ar chaſteté, hag ar pinigen.*

Eus an azrouant.

Petra eo an trede aduerſour ; *an drouc ſperet.*

Pe e feçon eteu an azrouant da dempti inuiſablamant ; *dre ſonchou ha deſirou fall, pe o laquat ar goat da virui dre vn zomder colerus pe lubric.*

Na c'hoaz ; *dre eual geſtou, eguis ma eure da Santés Cathel, pa en em laquas dirac e facç eguis vn d gentil hag vn demeſel*

Perac en em laqua an azrouant a viziou eguis vn den ; *euit trompla aſſoc'h an tut ignorant, o rei da gridi eZ eo pinvidic, e roi madou ha pligeadurez ou dezo, ar pez ſo bet oarniez et d'an tut melconiet, d'an tut avaricius pe lubric.*

A moien ſo d'e diffaranci diouz vr guir den ; *ya, dre e gompſou, a ſo drouc, pe a den da vr goal fin.*

Na c'hoaz ; *diouz e dreit, a ſo peur muia eguis re vn aneval eguis m'en em diſcuezas da S. Paol Hermit, ha da veur a hini.*

Perac ne bermet quet an Autrou Doué deza quemeret vr c'horf parfet eguis hini vn den , perac ne bermet quet deza aliés quemeret treit, nemet eguis re vn aneval ; *euit ma teui vn den da anaout ne dequet vr guir den, boguen an drouc ſperet, ouz pen abalamour ma quemerras hon Saluer vr c'horf parfet, ar fallacr-ſe ne deuſçaei a permiſſion ordinal da quemeret, membrou parfet eguis, vn den.*

Petra renquer d'ober , pa zeu da dempti gant goall ſő-

geou, pe desirou, pe goall froudennou, pe gant vr groes
lubric, pe oc'h en em discueuz patant eguis vn den o prometti cais a draou, pe o our dious, ha sponta ; *redeo que-*
mereti tri arm, 1: *ober sign ar groas gant vr guir feiz.* 2. *laua-*
ret Iesus, Mari, Ioseph, S. Caurintin, ma sicourit breman ha
voar ma sin. 3. *lauaret è Bater.*

Exerciçç.

A prometti a rit-u mar deu ar c'houetis ar c'hic , pe ar
bet, pe an d'aoul d'ho tempti, da resista gant couraich gat
graçç Doue eguis in'hon eus lauaret ; *prometti a ran.*

A goulen a rit-u digant Doue ar c'hraçç d'e ober ; *ya.*

TRIZECVET QVENTEL.

Eus an dereziou, hag eus ar musur eus ar
grevnsder ar pec'hedou, hag eus a voien
d'o effaci.

PE dre pet sçeurt derez e teu vn den da goueza, ha d'en
em avançç er pec'het ; *dre daouzec.*   Pere ynt-y ;

1. *an temptation,* pe ar goall sonch aberz ar c'hic, pe ar bet,
pe an azrouant.

2. *derc'hel gant e ouizieguez ar goall songeson,* pe bez'a lesirec d'he chasseal.

3. *an affection,* pe ar pligeadur ebarz er goall sonch.

4. *ar c'honsantamant,* pa zeu ar volonte da gonsanti ha da
desirout ar pez so represantet dre ar goall sonch.

5. *An œuvr* pa zeu vn den da laquat en effet ar pez , ende-
uens consantet da ober.

6.   *Ar boas* pe *an accustumançç* pa vez vn den boaset hag
accustumet en vr pec'het.

7. *An esclauaich,* hag vr maniel necessité , pa vez vn den
amarret gant e pec'het.

8. *An obstination* pa vez vn den aheurtet en e bec'het , e
resista d'ar c'hraçç Doue.

9 *ar gloar, ec'h en em glorifia ha pompadi eus e bec'het.*

10 *ar presomption eus ar misericord divin , hag offancl Doue voar digare e vadelez.*

11. *disesper beza pardonnet.*

12. *impenitançç final, pa zeu un den da derc'hel d'e bec'het bete ar maro.*

Pet musur so da vusuri ar grevusder pep pec'het ; teir. Pere ynt y ; *an infirmité , pe ar sillidiguez , paz eu un den da goueza er pec'het dre un tentation, pe occasion diés d'ar fragilité humen.*

An ignorançç, pe dievezdet, pa bec'homb hep gouzout , pe hep rat deöp, e quênver un dra a dleiemp da out , pe euezsaat.

Ar valiçç, pa offancer Doue aratoz, ha gant e ouizieguez parfet, hag a youll franc.

Pe dre pet moien e hallom-ny gât ar graçç Iesus-Christ effaci ur pec'het marvell *dre dri , 1. dre ur c'hontrition parfet a gompren a volonté da gofés. 2. dre un act a garentez o caret Doue dreist pep tra. 3. dre ur guir confession.*

Pe dre pet œuvr mat e hallom-ni gant ar c'hraçç Iesus-Christ en em dispos da recouvr graçç Doue , ha sortia ermes ar pec'het marvel; *dre pedeir, 1. dre an alusen. 2. dre ar pardon a galon eus un offancç a vez gret deomp. 3. o tisrei ur pec'her eus e oall stat dre un exhortation pe dre instruction. 4. dre un deuotion leal ha constant d'ar Verc'hes glorius Vari.*

---

1. AN disourci da disqui ar pez , so necesser da veza saluet.   2. ar superstitiounou expliquet en eil gourc'hemen Doue. 3. ober ledouedou cruel ha diteiz , euel , en em rei d'an diaoul ; hag e bidi da zouguen 4. blasphemi, o renuncia &c. o tispen mébrou Iesus-Christ

o lauaret, dre e varo, pa zeu vn den da lauaret, petra endeus gret da Zoue, pa zeu vn den d'en em clem eus aneza, pe faschi outa. 5. Iefel an offeren da Sul ha da ouèl
hep occafion legitim, labourat an dezion-fe hep neceffi-
té bras, caquerall pell en offern, ha chom pell enni hep
pidi na fongeall da Zoue. 6. en em goall comporti eñ
andret e dat hag e vam, e vaiftr ha Maiftrés, o lauaret dezo gant difpris bras, ne rinquet grit oc'h vnan, o lauaret
inintiou ha mallozou dezo, o fellet outo aliés a dreus.
7. pa zeu an tat pe ar vam ar Mæftr, pe ar Mæftrés da veza difourcius da difqui de laquat da difqui d'are, fo di dã
o c'harg ar pez, fo neceffer da difqui evit beza falver. 8.
beza occafion dezo pec'hi marvellamant dre o uall exépl,
Pe e defaot d'o evezfaat, pe gorrigea. 9. malicç bras o
refus da pardonni pe faludi gant goall exempl, pe o tefirout en em vengi, hag ober vn offancç ponner grevus da
vn den, pe o cahout ioa ouz e drouc notabl, hag important. 10. quemeret pligeadur o fongeal traou lubric, defirout pec'hi dre lubricité, beza lubric en e geftou, pe
attouchamantou yoar neza, pe voar arc all. 11. ober gaou
notabl ouz e neffa en e vadou. 12. fongeall vn dra ponner
eus e neffa hep guir ha refon, fevel vr gaou noafus voar vn
den, difolo vr pec'het grevus, pe vr fecret important heb
occafion legitim. 13. lauaret vn iniur, pe vr rebech bras,
pe vr malloz da vn den adrên e gucin, pe en e facç. 14.
mezvi, pe laquat da vezui vn all. 15. beza occafion da
an all offanci Doue marvellamant

A moien fo da vn den a veo er bet e touez are all, chom
bete ar maro heb ober pec'het maruel, euel ar pec'hedou-
fe, hag are all; *poffibl eo gant ar c'hracç a Zoue.*

PEMZECVET QVENTEE.
Naou remet aſſuret d'en em dihoall beie ar maro dioc'h pep pec'het marvel.

1. PEp mintin proteſtiţ gant graçç Doue quent mervel evit pec'hi maruellamant, oc'h en em diſziout a hanoc'h oc'h vñan, hag o fiziout e Doue.

2. Reſiſtit ſouden d'ar c'hommancamant ar goall ſongeou ha deſirou, ha pa gommancç ho coat da virui, dre vr goall tomder, grit neuſe ſign ar groas, pe liuirit, *Iſſus, Mari &c.* recitit ho *Pater.*

3. Songit aliés er maro hon Saluer, hag en e breſancç e pep lec'h, e ſpecial pa ve vn temptation, pe vr goall occaſion.

4. Songit neuſe er pevar fin diueza, er maro, er barn, er Barados hag en infern.

5. Mar deud da bec'hi dre fragilité, pe dre haſtizdet, pe en vr feçon benac ſedit ho poul galon gant cueus, humilité, ha fiziancç e Doue.

6. Pelleit diouz an occaſiounou neſſa ha pirillus.

7. Pep nos grit an examen a gonſciancç gant vr guir contrition.

8. Confeſſit ha ſacramantet aliés.

9. Mouguit ar iugeamantou temerair, na drouc ſongit eus a den heb occaſion legitim. Mar guelit vr pec'het en ho neſſa, ho pet truez outa, excuſit e ignorancç pe e haſtizdet, pidi Doue evita, n'en em preferit deza.

Reolen da diſplanta vr pec'het, a ve plantet doun en vn ene.

1. Mar d'oc'h accuſtumet aliés er ſizun da vr pec'he dre exempl, da vn le, da vr pariur, liquit tri mis euit ſtudia ha poania d'e lemel groncç.

2 Pep mintin proteſtit da lemel ar pec'het-ſe e particulier, pa en em c'heſſor beza couezet er pec'het-ſe, grit quenta ma hellor vr pinigen], euel maz eo recita vr vez an *Aue Maria*, poquet d'an douar.

3. An nos liuirit quelies ho *Pater*, euel in'oc'heus gret ar pec'het-ſe.

4. confeſſit ar c'henta gouèl pe Sul goude m'ho pezo commettet ar pec'het-ſe.

Exercicç.

A prometi a rit-u gant gracç Doue en em ſeruicha eus an reolennou a raoc, evit tec'het dioc'h pep pec'het, hag evit diſplanta ho vicçou, pere ſo quiriec d'ho pec'hedou all ; *gran.*

A goulen a rit-u digant Doue e c'hracç voar quementſe, *goulen a ran.*

AN EIL QVENTEL.

Ar vertuziou gourc'hemenet, hag ar pec'hedou
berſet dre ar Gourc'hemenou Doue.
Euit miret ar iuſticç Chriſten ha renta da
Zoue, ha d'hon neſſa ar pez a rencomp.

QVENTEL QVENTA.

Vn Doue hep quen a adori,
Ha dreiſt pep tra oll a guiri.

PEt tra a rencom-ni da Zoue dre ar c'henta gourc'hemen *pevar :* 1 cridie Doue. 2. eſperout e Doue. 3. caret Doue dreiſt pep tra. 4. enori Doue dreiſt pep tra.

Pe tra renquer da diſqui euit accompliſſa an obligatiounou-ſe ; *pemp tra* an daouzec articl a feiz comprenet er *Credo,* a renquer da diſqui e latin hag e lançaich ar bro. 2. ar *Pater* hag an *Aue.* 3. ar gourc'hemenou Doue 5. ar feçõ da goſſes ba ſacramanti, hag ober vn act a gontrition.

Euit caret Doue dreift pep tra petra so requis da ober
redeo, tec'het dioc'h ar pec'het, ha pratiqua an œuvriou ma
gonrc'hemenet abalamour da Zoue.

Euit caret Doue, ag ên so ræson ober e œuvriou mat
hag are indifferant euel dibri, coufquet. labourat euit ar
gloar hag enor Doue, euit pligeout d'e Vajefté, hag ên so
requis ober vn act a gontrition, pa en em gauer e goall
ftat, hag aliés a vez, ag ên so ret quemeret aberz Doue ar
oll afflictiounou ha beza contant eus ar pez a blich ganta? *ræson eo.*

Euit réta enor da Zoue, ag ên so requis e anaout euit e autrou ha Roue, ha dre-fe e adori dreift pep tra, o boiffa deza, hag e lefel difpos ahanomp euel ma caro. *requis eo.*

Euit enori Doue ag ên so ret e drugarecat eus e vene-
ficçou, e fpecial 1. eus ar creatió, d'hor beza crouet: 2. e us
ar conferuation d'hor beza conservet: 3. eus ar redéption
d'hor beza prenet gât e oat precius, 4. eus a vocatió, d'hor
peza tiquem aret en Ilis: 5. eus a conservation an Ilis: 6.
eus ar iuftification, d'hor beza pardonnet aliés, pa hon
eus confeffeet, hag hon eus bet vr guit contritión. 7. eus
a glorification, de veza preparet deom-ni vr placç er Barados? *redeo.*

Euit enori Doue ag ên so requis bratiqua gant vr volonté pront ha ioaus ar pez, a den d'e feruich, euel fre-
quenti ar Sacramanchou, clevet pe lauaret an offeren, ar
meditation, an oræfon, ar vifit ar facramant. *ya.*

Euit renta enor d'e Vajeft é, ag ên so dlect en em offri
deza, e gorf, e ene, e va lou, e œuvrou, compfou, fongefounou, e vuhez, e varo, euit ma tifpos ahanomb heruez
e volonté? *ra fur.*

Euit ar mefmes fujet, ag ên fomat en en humilia dirac
Doue, e dougea, fatiffia d'e juftiçç gant ar pinigen, goulen diganta ar pez a rencomp gant humilité hag ar eir-

çonstançou all. *mad eo.*

Ag ên so dleet enori an Itron Varia ? *ya gant vn enor
bihanoc'h euit an hini a rentamb da Zoue, hoguen braffoc'h e-
uit an hini a renter d'an Ælez ha d'ar sent ha d'ar santeset,
dre maz eo bet choaset da veza mam da Zoue , ha dre-se
Romanès an ên hag an douar.*

Ag ên so requis enori an Ælez, ar Sent, ha Santeset? *ya
dre mä int enoret ha caret gant Doue.*

Nag ar Relegou? *ya abalamour da Zoue ha d'ar Sent.*

Ag ên so dleet respecti ar péz a douch Doue, pe e enor
hag an hini ar Sent, evel an tut a Ilis, ar persón aichou de-
diet d'ar seruich Doue, an Ilisou Auteriou, ar guiscamanchou an Ilis ar Proceffiounou , ar veageou d'ar placçou
santel, ar sacramanchou, hag an vsaich eus anezo, an dour,
ar bara, an eol, ar bleûn, ar goulou biniguet, ar chapele-
tou, hag ar paterou biniguet, an indulgençou , ar ceremo-
niou an Ilis ar goüeliou hag ar Suliou, ar Religiounou ,
ar Breuriezou approuuet , ar Scriptur santel ? *ya.*

Pec'hedou berset.

Pet sçeurt pec'hedou so berset dre ar guenta gourc'hemen Doue, hag a gommetter a viziou? 1. *discredi pe doueti
equenver an traou a aparchät ouz ar feiz*, 2. *an difourci da
ziscui ar pez a dle pep Christen da disqui.* 3. *disesper
eus e silvidiguez.* 4. *presomption eus ar misericord diuin.*
5. *lesreguez equenver an deuotion hag ar superstition.*

Petra liuirit-u eus are a laqua, pe a ya da vuiniguen oc'h
drouc ar mamou, ar vizcoul, ar barr auèl , ar chancr , al
laerés, an aviés , ar roncet, nag eus are a ya da spina , da
stanca ar goat , pe da vellaat clênvegeou dre oræsounou
ha cæremoniou, ne int quet approuuet gant an Ilis? *are-
se ma na distroont e vezint daunet gant ar sorcerien.*

Petra liuirit-u eus are, a daul vn dra ermés pauc dian-

quet ar faout , a droc'h vr moñden dioar dro an troat an
aneual diuarchet, eus are; a dro hag a ficour da drei an ra-
tamoés , eus are, a goulm an aguilleten , a oulen confaill
digant an devinourien, hag a gred dezo. eus áre, a ra traou
euit cahout tenforiou , a difcar ar croafiou , eus are , a ra
traou euit hunvreal pe fçeurt priet o devezo, nag eus are,
en em feruich eus traou, da trompla fumellefet, pe euit
trincha are all da dimizi, nag eus are, a ra, pe a laqua da o-
ber bezaier hoarn d'ar Guener ar Groaz , a ra croaziou
beuz d'ar Sul ar blênuiou durant an aviel, a ouar charmi
an armou, diamanni, miret ar biou n'odevezo quet a lez
eus are en em feruich eus an efquern an tut maro, hag eus
an oleo facr. Nag eus are, a douch vn drouc gat vn nóbr
grunigou guinis, nag eus are, a falut al loar gant vr certé
oræfon, a ya da daftum mein voar dro an tant at S. Ian, o
lauaret o Fater dirazo, o cridre teui an anaoûn o c'herét
decedet da domaeno , eus are , a laqua al lonet da drei
vora dro an tantat S. Tan, a laqua al loufaouen S. Ian d'ar
vigil S. Ian, voar dro o fennou enep an drouc pen ? *pe
c'hi a reont.*

Petra liuirit-u eus are, o oar deuina diouz ar pez a ren-
contront diouz ar mintin , a digacç bara hag aman d'ar
feuntun d'an deiz guenta ar bloaz , a daul peziou bara er
feunteun er deiz-fe, euit guelet pehini eus o zut a varuo er
bloaz-fe ? *eguis payanet int.*
Petra liuirit-u eus are a gred, e ve pec'het neza da Sadorn
an nos, cana pe troc'ha e yuinou da Vener, criba e ben da
Sul, feuel da Lun dirac an deiz, nag eus are, a laqua da
Nedelec ereou plous voar dro ar gués, ha grunigou it da
grafa e tall an tan , a laqua an ete o Nedelec en tan pa ve
cnrun, eus are, a gred d'o huuvreou impertinant, d'ar piquet, d'ar chaff, pa iudont, eus are , a glafq quiguerien a
vn certen nombr lignezou , euit laquat ar bugale da dre-

men dre ar felc'h vn eƶen , eus are, a ra croasiou en o zo-
riou gant an eteo Nedelec, o songeall eo guel euit vn all ?
an traou-se so pec'hedou enep ar c'henta gourc'hemen.

Petra livirit-u eus are, ne fel quet dezo cridi d'ar Vel-
leien, nag en em viret eus ar pec'hedou-se; *ma na diſtroont
redeo d'ar perſon o c'hacç bete an Eſcop da gahout an abſoluë.*

Nag eus are, ne fel quet dezo quemeret ar poan da difqui ar C'hatechiſm ? *redeo d'ar perſonnet refuſ ar Sacramanchou deƶo, quen na guemerint poan da diſqui.*

Nag eus are, a difeſper cahout pardon digant Doue ;
pec'hi a reont eguis Iudas.

Nag eus are, a bec'h libroc'h voar digare ar madelez
Doue; *pec'hi a reont enep ar ſperet glan.*

Nag eus are, ne bedont quet Doue voar o daoulin pep
mintin ha pep nos ; *treda marz eo ma na gouezonte cals a
bec'hedou ha malheuriou.*

Petra reñquer da ober pa zeu vr goall ſonch pe douet
eneb ar feiz ; *reſiſta, lanaret me gred ar pez a gred an Ilis.*

Mar deu difeſper; *pidi Doue , hag eſperout en e vadeleƶ.*

Mar vec'h temptet gant ar preſomption eus ar miſeri-
cord diuin ; *ſongeal en e iuſticç.*

Exercicç.

Ar C'hatechiſt a laquai an aſſiſtantet , 1. produi vn act
a contrition eus ar pec'hedou , o deus commettet enep ar
guenta gourc'hemen. 2. exerci actou eus ar vertuziou
expliquet 3. proteſti tec'het diouz ar pec'hedou-ſe, ha
pratiquá ar vertuziou expliquet , oc'h apliqua vr propos
particulier voar pep poent. 4. vn oræſon da oulen digât
Doue ar c'hracç da fourniſſa ar pez a vezo prometer , dre
an oræſó mã , a vezo appliquet d'ar gourc'hemennou all.

M'ho ped , va Iesus, va Autrou ,
Roit d'hon enevou guir goulou
Roit ho cracç deom-ny Chriſtenien ,

Da viret ar guenta gourc'hemen.   *Pater noster.*

Guerc'hés Vari mam a druez
Grit en hon andret trugarez
Ma hillimb oll hiviziquen
Mirer ar c'henta gourc'hemen.   *Aue Maria.*

AN EIL QVENTEL.
Hep caus e bano ne doui quet,
Nag yuez netra eus ar bet.

PEt tra so gourc'hemenet dre an eil gourc'hemé; *daou*
fournissa ar pez a ve prometet da Zoue, pe touet.

Pa ve requis touet; e ober gant teir condition. 1. gant necessité euit vn dra important. 2. gant guirionnez vn dra
ve guir. 3. gant iusticç vn dra a ve permetet gant Doue euit e
c'hloar, pe d'ar profit hon nessa, pe hon hini.

Pe sçeurt pec'hedou a so berset gant an eil gourc'hemé;
1. fazia da fournissa ar pez a ve prometet da Zoue, pe touet,
pe dale re euit e accomplissa. 2. touet hep occasion legitim. 3.
touet e gaou. 4. touet, ober pe lesel vn dra berset gant Doue.
5. blasphemi

b. Pebez profit, pligeadur, hag enor endeus vn touer hag
vr blasphemer;   *nicun.*

Vn den endeus gret vr le da ober vn dra berset gant
Doue, ag ên so obliget d'e laquat en effet; *salloeras, dou-*
bli a rahe e pec'het.

Petra liuirit-u eus are, a so boaset d'en em rei d'an diaoul, da bidi an diaoul d'o douguen ganta, na velint Doue,
rac vezint daunet, foeltret, ar vocen da terri ho c'hou-
zouc, eus are, a bed malloz Doue dezo; *ne chommint pell*
hep malediction Doue.

Petra liuirit-u eus ar Christenien, a renonci Doue, ar
Sacramant, ar Badiziant, a dispen ar membrou Iesus, a
dou dre e varo, e oat, a fasch oc'h Doue, en em clem eus

aneza , a lavar, petra o deus gret da Zoue , a lauar, na
Doue, na diaoul n'o deusquet coûn eus anezo ; *are-se so*
goaz ewit an Turquianet , hag ar Iusevien , henvel euz an
Diaoulou.

Petra re S. Louis d'are a vlaspheme Doue; *laquat teul-*
la o zeât gant vn hoarn tom.

Pa vez vrebenac e choler, pa ne gar vrebenac cridi deza, pa ve o prena, o versa, pa ve scandalet, pe accuset, pe
oc'h tra e renquet laquat e vez ; *en em dihoal diouz ar*
geall compsou hon eus lauaret.

Vn den boafet da douet , mar deu da goueza adarre er
pec'her-se, petra consaillit-u deza ? *squei poul e galon gant*
cueus , bouchet d'an douar a goftez , pe rei vr certen alusen
da vr paour.

Exerciçç.

Laquat d'a prodùi vn act a gontrition, a propos mat ,
hag ober vn orazon.

M'ho ped, va Iesus, va Autrou, &c. *fol.* 107.

TREDE QVENTEL.

Miret ar ri an oll Syliou,
Gant œuurou mat ha pedennou.

PEt tra so gourc'hemenet da Sul ha da ouèl? *tri.* 1. *lesel*
al labour ne dequet necesser. 2. *clevet an offeren devota-*
mant. 3. *ober œuuriou mat , euel clevet ar gouzperou, ar*
c'hatechism, cana guersou spirituel, visita are clan.

Pe sceurt pec'hedo u a so berset da Sul ha da ouèl ? 1. *la-*
bourat heb occasion legitim. 2. *coll an offeren.* 3. *assista en of-*
feren hep deuotion nag attention. 4. *abusi eus an deziou mi-*
rabl en hoariou, pe en debauchou, e lec'h clevet ar gouzperou,
pe bratiqua œuuriou mat.

Petra liuirit-u eus are, ne bedôt quet Doue en offern ,
eus are, sell a bep tu, a parlât ouz are all e lec'h pidi Doue,

a fo o fcrignal, oc'h ober felladou lubric, o deus vr glin
voar an douar, n'o deufquet fonch eus a Zoue, hoguen en
traou terrien aratoz? *quel vihe dezo chom er guer.*

Petra liuirit-u eus are, a chom en tauargnou da Sul ha
da ouel d'ar mare an offerennou, goûzperou, ha catechif-
mou, eus are, a chom eus a greiz deiz bete an nos o eva, o
c'hoari cartou? *profant a reont an deziou facr.*

Petra liuirit-u eus an tûd iaouanc, a ya d'ar pardonniou da Sul ha da ouel, nequet dre deuotion hoguen euit
bragal, ha danfal, eus are a danff peurmuia da Sul ha da
ouèl, pe an darn muia eus an deziou-fe, a diftio d'ar guer
re diuezat, eus ar pautret ha merc'het, a ya affamblés d'an
offeren, d'ar pardonnioû, o clevet, pe o lauaret compfou
lubric, oc'h ober geftou difolit, oc'h ober ar mefmes en
dançou da Sul ha da ouèl?   *S. Auguftin a lauar ne vihe*
quet quer bras pec'het arat a neza da Sul ha da ouèl euel
condui ar buhez-fe.

Petra liuirit-u eus are, a fo o caquetal er vezret durât
ar Prón, ar Proceffion, an offern bret, eus are, a laqu a butun en offeren en o guenou, en o fri, eus are, a lés o mer-
c'het en oat dimizi o vnan en ti durant an offern bret gât
pirill? *redeo corrigea an abufiou-fe.*

Pa ne deufquet a ouzperou en Ilis Parés, pa ne hel quet
vn den mont d'o c'hlevet, pe gonfaill a roit-u deza? *vifita*
an tofta Ilis ha lauaret ebarz enni e chapelet, pe ebarz en e di,
pe en e barc.

Exercicç.

Exerci ar c'hontrition, ar propos mat, Hag an oræfon,
euel quent. *fol.* 107.

PEDEIRVET QVENTEL.

Da dat, du vam a enori.
Pell amser evit ma veui.

PEt tra a dle ar bugale d'o zat ha d'o mam? *pevar.* 1. *o
c'haret hervez Doue.* 2. *o enori.* 3. *sinti outo hervez
Doue.* 4. *o sicour.*

Pe sceurt pec'het a so berset d'ar bugale enep o zar hag
o mam? 1. *ar valicç.* 2. *an dispris.* 3. *an disoboissancç.* 4.
an divateri.

Petra liuirit-u eus are, a bed malloz d'o zat ha d'o mã?
en lesen ancien ez oant labezet, bremau en o c'hrouguer.

Petra liuirit-u eus are, a nec'h bras o zat hag o mam, a
sell aliés a dreus outo, á lauar compsou rust, a uergont,
iniurius dezo, a ra goab eus o aduertissamantou, a demez
hep gouzout, pe en despet dezo, a disoboiss dezo gant
dispris, o lauaret, ne rin quet; *goaz int evit bleizi.*

Petra liuirit-u eus are, ne sicouront o zadou en o necessi-
teou, en o clênvegeou, ne sourciont quet, pourvei o de-
verou dezo, pa int e pirill da vervel, n'odeus a sourci da
bidi ha da laquat offerennou evito goude o maro, na da
bæa o dleou, hag o zestamanchou, na da ober ar pez o
devoa promettet dezo ebarz o decés? *are-se so dinvat ha
ne veuint pell.*

Pet obligation endeus vn tat hag vr vam d'o bugale?
pedeir. 1. o c'haret hervez Doue. 2. o instrui, pe o laquat da
instrui. 3. o c'horrigea. 4. rei exempl mat dezo.

Pe sceurt pec'hedou so berset d'an tadou ha mamou: 1.
carentez, disordren eus ar bugale, pa o c'harer hervez ar bet,
ar c'hic hag an diaoul, pa garer an eil mui evit eguile heb occasion. 2. cahout malicç outo, o goall ausa gant iniuriou, mallozou, tauliou baz ha treit. 3. faziad o instrui, pe d'o laquat
da instrui. 4. choasa dezo vr stat ha gondition hep consulti

ha pidi Doue, o sellet ouz an anaricdet, hag ar gloar monde,
5. o c'hontraign da dimizi, pe beza tut a Ilis en aespet dezo.
6. miret outo hep occasion dimizi, pe beza tud a Ilis, rei goall,
exempl dezo gant ledouedou, mallozou, mezvinti, lubricité
rei occasion dezo da disqui an drouc, ne ouzont quet , fazia
d'o c'horrigea eus o ledouedou, mallozou, nozvezou , dan-
son disordren, disoboissancç indevotion, scandalou, iniuriou,
traou vill.

    Petra liuirit-u eus an tadou ha mamou , a ro d'an eil
crouadur mui euit d'eguile , eus are ne sourciont quet da
ounit dezo ar pez so necesser , da re a brodig o madou ?
pec'het bras o deus.

    petra liuirit-u eus are, a laqua ar breudeur hag ar c'hoa-
reset da gousquet assamblés, pe gant an tat pe gant ar va,
aba int seiz bloaz ., ar merc'het en oat-se miret ar chastal
gant ar pautret ; *ne ouzont quet peguer fin eo an diaoul.*

    Petra liuirit-u eus an tadou a gorrich ar bugale gant
iniuriou, mallozou ; *malheuriou bras a gouez voar ar bu-*
gale rac quement-se.

    Petra liuirit-u eus are , o deus bepret ar guial voar ar
bugale ouz o c'horrigea ? *me a lauar euit ar fautou dister*
n'edequet necesser d'o foueta, rad'en em seruicha eus ar guial
gant aoun, n'en em accustumint , seruicha a rai cals o laquat
da vont da gousquet hep dibri netra nemet bara sec'h, pe o fri-
va eus an deiuni, pe eus o meren.

    Petra renquer da disqui d'ar bugale aba int c'huec'h pe
seiz pe eiz bloaz ? redeo disqui dezo peguer cruel eo an infern
hag an diaoul, ezeo arabat lauaret gaou, touet, pidi mallozou,
beza amsent, mezvi, lauaret, pe ober traou vill, ezeo an traou
se viloc'h euit touceguet, e vihe guel dibri vn toucec ha mervel euit ober an traou-se, o laquat da disqui o deuotieunou ,
da garet an oræson, ha prena vr chapelet bihan dezo o, o laquat
da gridi e Doue, esperout caret Doue, an Itron Varia, an Æl
                                        mat

mat, hag ar Sent d'o fidi; redeo disquid ar servicherien, o
deus ar mesmes obligation euel ar bugale e quenver o maistri
ha maistreset, had'ar maistri ha maistreset euel an tadou ha
mamou equenver o bugale.

Exercicç.

Red eo laquat ar bugale, an tadou hag ar mamou exerci actou a gontrition, a bropos mat, hag vn oræson voar
ar poenchou expliquet. Ha goude lauaret, M'ho pet, va
Iesus, &c. euel qu.nt fol. 107.

PEMPET QVENTEL.

Ha mir na laZi den cr bet,
Nag a galon, nag a effet.

PEt tra rencom-ni d'hon nessa dre ar pempet gour-
chemen; pevar. 1. o c'haret heruez Doue. 2. desirout
hag ober mat dezo. 3. beZa a vnan ganto heruez Doue, o cahout ar mesmes sentimant ha volonté. 4. cahout ioa ouz o
mat, ha truez ouz o drouc.

Pe sceurt pec'hedou a so berset dre ar gourchemen-mã?
1. an ingrateri hag an dinvateri en andret d'ar peeurien, hag
an defaot a œuvriou a drugarez. 2. ar bruaneguez. 3. ar ga-
ssoni. 4. an aui, desirout hag ober drouc, scandalat, pidi malloZou, lauaret iniuriou, pe rebechou e facç vn den, pe a dren
e g:ein, cannã, blessa gant choler, pe valicç, pe aui, ioa eus an
drouc are ali gant malicç pe aui. 5. muntrerez, beZa quiriec
eus ar maro vrebenae dre e faot. 6. beZa occasion eus ar maro
spirituel vn all, o veZa caus eus vr pec'het maruel dre alli, pe
dre gourc'hemen, pe dre oual exempl, pe dre brouocation, pe a
tisqui, pe o sicour, pe o appreuff, pe e defaot d'auertissa aro, a
hel remedia, ha corrigea are, a rencimp.

Lauaret hon eus e rencomp caret hon nessa, pehini eo
hini a rer anezo hon nessa, quemet den so beo voar an douar
hag a so capabl euz ar gloar cœlestiel, pe en so car, pe estren,

H

pe mignon, pe aduerſour, pe mût oberour, pe drouc oberour, pe
den honeſt pe den ſall.

Petra co caret hon neſſa heruez Doue ? an dra-ſe aſig-
nifi, e renquer caret hon neſſa, ha deſirout mat deza, euel deomb hon vnan abalamour maz co crouet gant Doue , prenet
gant hon ſaluer, abal. mour maz omb brendeur , hon eus ar
meſmes tat, ha dre ma int capabl beza ſaluet.

A ny ſo obliget yuez da garet are, a ra, pe o deus gret
hon drouc ? ya ſur , abalamour ma int crouet gant Doue
quer couls ha ny.

Petra rencom-ny d'hon aduerſourien ? 1. o ſardonni. 2.
o c'haret ha deſirout mat dezo eguis d'are all. 3. ober mat dezo
4. pidi Doue euito.

Ag en ſo permetet caret are, a ſo en infern euel an ezre-
vent hag are daunet, o reſpecti, o crori, pidi Doue evito ? ne dequet, dre abec ne dint quet capabl da veza ſaluet.

Petra liuirit-u eus are, ne ſaludont quet o aduerſourié,
a refus da gomps outo dre valicç ha goall exempl , maz
o deuoa cuſtum quent euit o malieç o ſaludi ha comps
outo ? peguement ma lauaront en o ſardonnout , ne deſirnt
drouc er bet dezo, e lauaront gaou, ha pec'hi a reont.

Petra liuirit-u eus are, a laqua o bugale munut er guele dirac ma vezint vr bloaz fournis, eus an ezec'h a gan o
friedou a zoug bugale, o laqua e nec'hamant bras neuſe?
en em laquat a reont e pirill da goll an ene hag ar c'horf vr
c'brouadur.

Petra liuirit-u eus fumelleſet a goll bugale pe o tanſal,
pe dre a goler, ha triſtez, pe dre vr choant o deus da dibri
vn dra benac , ha n'er claſquont, n'er goulennont gant
mez, pe gant re a fatic, pe gant vr feçon all direiz ha diſordren? are-ſe ſo muntrerie eus er c'horſuou hag an enevou.

Exercicç.

Laquat ar pobl da produi vn act a gontrition, excrci ar

vertuziou gourc'hemenet dre ar gourc'hemen-man. 2.
protefti pratiqua ar vertuziou gourc'hemenet, ha tec'het
diouz ar bec'hedou berfet dre ar mefines gourc'hemen.
Hag ar mefines oræfon euel quent, M'ho ped, va Iefus,
&c   *fol. 107.*

AN C'HVEC HVET QVENTEL.
Lubric mir na vezi nepret,   Didan poan da vez a daunet.

C'huet gourc'hemen ; *bezavhat*
PEtra fo gourc'hemenet da bep fcouit tut dre an c'hue-
hag honeft en ene hag ene gorf. En ene, ouz e dionall
diouz ar fonchou ha defirou lubric. En e gorf, o terc'hel o
daoulagat, e diouscoarn e c'henou, e deaut, e daouarn, hag e
dreit pur, net, ha chaft ha divlam a pep difhoneftis ; ha mefmes eus ar fqueut hag ar fufpicion eus anezi.

   Petra liuirit-u eus are, n'odeufquet a c'hoant da bec'hi
dre lubricité ; hoguen e quemeront pligeadur o fongeal
er pligeadurezou diffennet, ha paint dihun en huvreou
lubric, e deus beti *pec'hi a reont marvellamant.*

   N'ig eus are, o deus bet volonté da bec'hi, hag e fon-
geont n'odeufquet bet a bec'het, dre abec n'odeufquet
bet laquet en effet o goall defir ? *pec'hi a reont marvel-*
lamant.

   Petra liuirit-u eus are, a ra fellad eu lubric an eil euz
eguile gant pligeadur o fongeal er pec'het, pe o tefirout
pec'hi ganto, eus are a quemer pligeadur o clevet, pe o
lauaret compfou vill ; *pec'hi a reont, hag o c'halon fobrein*
ha lour gant ar villancç eus ar pec'het vill.

   Petra dle da ober vn den honeft, pa zeu vr fonch, pe
vn defir lubric, pa gleo, ha pa vel vn dra a den d'ar pe-
c'het fe, red eo difrei e diouscoarn hag e daoulagat an tu all,
trei e fperet oc'h Doue, ober fgn ar groas, lauaret e Pater, krial
e creiz e galon, Iefus, Mari, Iofeph, S. Caterin ma ficour,

rit breman ha voar ma fin, songeal emedi Doue hag an Æl
mat opiz hon guelet, bouchet ouz ar groaz e chapelet, pe ouz
vn all, squei poul e galon, poquet d'an douar.

Petra liuirit-u eus are, as onch beza tuthonest, ha coulscoude e caront hag en em c'heuont en occasiounou pirillus, e frequentont an nezereziou, hag an nozueziou diffennet, ema int da Sul ha da ouèl, ha pa eus pardouniou,
ô tansal peur muia, eus a greiz deiz bere cuz heaul er pla-
ccou ma vel er gestou disolit, ma glever côpsou ha guersou lubric?

Petra liuirit-u eus ar pautret ha merc'het, a ya assamblés er pardonniou pell ha rost, d'an offeren, hag eus an
offeren d'ar guer, a gomps a gostez e cuz, hag a gondu ca-
rentezou disordren, eus are, a goulq en Ilisou, hag er
grageou voar an hent d'ar pardouniou pell mesq e mesq
eguis lonet? *me alavar ezeo quen impossibl d'are-se beza
tut honest euel da nep so noaz pill e creiz an tan en em viret,
na deva, ha quen diés dezo mont d'ar Barados euel da vr su-
nien lestr tremen dre vr craou nadoz.*

Petra liuirit-u eus are, ne gretont ober ar pec'het vill
gant den er bet, hoguen etre Doue hag y ha dirac an Æl
mat e reont ar pez ne garent quet ober dirac ar falla den?
*ober a reont vn torfet eguis lesqui vn Ilis, sautra vr c'halizr,
ha pollui vn auter, ha S. Paol alauar e vezint distruget gant
Doue, ober a reont vr pec'het enep natur, a gri vengeancç
dirac Doue.*

Exercicç.

Procuri an exercicç ar c'hontrition eus a pec'hedou
commettet bet, ar propos cuit an amser da zonet, hag an
oræson, euel quent *fol.* 107.

SEIZVET QVENTEL.

En em dihoall dioc'h laëronci
Na dommaich da hentez na ri.
Madou re all ne defiri,
Euit hep guir o foffedi.

PEt tra fo gourc'hemenet dre ar feizuet gourc'hemen ; an exercicç ar vertus ar inſticç, o lefel, rei, renta ha reſtitui da beb vnan ar pez a renquer deza, ouz pen en em viret d'ouz ar volontez da ober gaou da Zen.

Pa vez gret vr laëronci pe vr gaou da vre benac en e vadou, ag ên ahoalc'h coffés;

A ne dequet a hoalc'h pidi Doue, rei vn dra benac dan Ilifou, pe d'ar peeurien, laquat offerennou euit neb fo bet endommaget ? mar be moien da anaout hep fo bet endommaget, ha marbe moien d'a reſtitui, e renquer e ober ; ma na ve moien d'e anaout, ahoalc'h eo rei d'an Ilis pe d'ar peeurien, an dalloudeguez eus an dommaich-fe.

Ma na ve moien da reſtitui oll, petra renquer da ober; reſtitui darn, ar pez a haller a nebeut e nebeut.

Mar endeus aoun vn den beza difenoret mar endeus mez ? E cuz, pe dre vn dourn all, pe en vr façon all.

Eus ar reſtitution hag ar fatisfaction.
Equênver pet tra e renquer ober reſtitution pe fatisfaction ? Equenver pemp tra. 1. Equênver an hano mar pa ve lamet digant vn den, 2. Equênver an enor pa vez difenoret vn den en e facç, pe mar er goar goude-fe. 3. Equenver ar paoc'h hag ar garentez etre an dut, o laquat mulicç pe brefel etrezo. 4. Equênver ar goall exempl pe fcandal pa eo bet vn den caus da vn all da offanci Doue pe dre alli, pe dre ourc'hemen pe dre vn occafion all. 5 Equênver ar madou ja ve gret gaou da vre benac en e vadou.

Neb endeus fauet vr gaou ponner voar vn all petra dle

ên da ober ; *diſtauaret ha diſcana , bete ober vr lé marbe re-*
quis , euit lemel ar goall opinion.

Neb endeus lauaret heb occaſion legitim vn dra ponner, a ſo guir, hoguen cuz ha ſecret, petra dle ên da ober;
ſatisfia dioc'h an avis vr gofeſſour fur.

Neb endeus rentet diſenor da vn den dre iniuriou , pe
dré rebechou ponner, pe dre mallozou en e facç, pe a
dre e guein, endeſſe gouezet goude-ſe , petra dle ên da
ober ; *ſatisfia dioc'h an avis vr gofeſſour fur*

Neb endeus offancet areal dre goall exempl evel vn dé
malicius ha caſſaus vn den vill, &c. petra dle ên da ober?
ſatisfia dar public dioc'h an avis vr c'hofeſſour fur.

Neb endeus roet vr goall alli , pe inſtruction pe bet
occaſion da vn all da ober vr pec'het , petra ſo requis ?
mar be eguile etaill da chom ha pourſuif en e bec'het redeo e
diſtrei , ha 'emel an occaſion mar be moien.

Petra livirit-u eus are , a fa preciou iniuſt , hag a gontraign a re o deus dalchou didanno d'ober preſantou , pe
d'ober devezion labour ouzpé an aneropaudleet, pe yezur
o cha T. obliget int da reſtitui.

Petra livirit-u eus an ezec'h ha groaguez, a guemer ar
madou o bugale , a ſo digoezet dezo , abers o zat , pe o
m m maro ? *reſtitution.*

Nag eus ar bugale o deus laëret dioar couſt o zat, pe o
mam, nag eus are ne bæont quet an dleou nag an teſta-
mantou legitim o zat hag o mam goude o maro , nag eus
ar breudeur , a guz lot an heritaïch, nag eus are ne reont
quet partaich leal d'areal ; *reſtitution,*

Nag eus ar feruicherien , a guemer enit o, pe euit are
all dioar couſt o mæſtri ha mæſtreſet , eus are o deus laz-
ret an amſer , pe occaſionnet vn dommaich dre leſireguez hag an diſourci, pe e defaot d'e empeſch , pa hel-
lent ; *reſtitution.*

Pètra liuirit-u eus an tut a iniustiçç, a laqua vn den da
golle gaus enep guir, eus are, a asten ar procesou, euel
chirurgianet ar gouliou. euit gounit dauantaich, eus are,
a guemer re digant ar partiou : eus are, ne impligeont
quet an amser leal o tont da gommançç o labour re diuezat, o chom re o tibri hag eva, o veza lent o labour e-
uel priferié, hag are a so o vaqui d'an inuentoriou ar minoret, nag eus are ne depechont ar partiou dre debauch
pe lesireguez; *restitution.*

Nag eus are, a sao processou enep guir, a fabric fals testou, a zoug testeniou faos, a ra signou, pe quittançou pe
obligatiounou faos, a ra, pe a laqua da ober assignatiou-
nou dioar ar c'hæ; *restitution.*

Nag eus are, a bren ganto gouizieguez traou so ber-
laeret, eus are, a ra, pe a laqua fals monneiz, a dromple ar
c'hoariou, a vescour o versa, pe o prena, a ra fals poes ha
mafur, eus are ne restituont quet ar pez o deus emprestet;
restitution.

Nag eus are a vers dreist ar prix refonnabl, hac a bren
dian ar prix refonnabl, eus are a vers queroc'h euit rei
termen heb occasion legitim; *restitution.*

Pètra ltairit-u eus are, a guemer collatiounou euit
presti arc'hant, hag evit rei termen pep bloaz emzpen an
interest a recevor pep bloaz, nag eus are, a brest arc'hant
euit vr certé amser, hag a guemer interest hep guir ha refon. Nag eus are, a laqua en acta an interest eguis ar principal, nag eus are, a prest arc'hant euit penzec deiz hep
quemeret netra, ha da pen an amfer-se e lequeont con-
damni an dleour gant ar iustiçç da bæa an interest, nag
eus are, a guemer douar hag al leve eus anezi, pe feruich
tut pe lonet e lec'h an interest; nag eus are, a vers vr marc'-
hadourez, n'odevoa quet a c'hoant da viret, d'ar vha-
la prix a daluezo er bloaz, nag eus are a ro arc'hant da va

den da varc'hata euit beza confortet , o laquat an dleour
da affuri ar principal, ha da rei an trederen ar profit; *arc*
fe fo vfurerien hag obliget d'ar reftitution.

Petra liuirit-u eus are, pa ve goulénet diganto arc'hant
da brefti, a ro marc'hadourez euel lian, pe mezer, hag vn
tamic goude fe er prenont digant an dleour da vihanoc'h
prix euit ne dall ; *vfurerez eo, hag a oblich da reftitution.*

Petta liuirit-u eus are a guemer a nebeut e nebeut euit
daftum vr fom bras; *reftitution.*

Petra liuirit-u eus are , a ra dommaich d'ar guès , d'al
lonet, d'ar parcou, d'an idou are all. *reftitution.*

Nag eus are, a gan quer cruel are all, ne hallont labourat mui ; *obliget int d'o laquat da aufa, d'o mezur. d'o diga-*
oui euel ma lauaro vr cofeffour fur.

Petra liuirit-u eus are, a empefch are all da ounit, pe a
fo occafion dezo eus vn dommaich benac , o tifcleria vn
imperfection cuz, ouz o decrial. o feuel vr gaou , pe dre
valicc, pe dre vn inuention, ne dequet permettet? *refti-*
tution.

Petra liuirit-u eus are, ne bæont quet an deaugou. nag
ar prinvidiou, nag ar pez fo dleet d'an Ilifou; *reftitution.*

Nag eus are a lam vr menharz eus vr parc; *reftitution.*

Nag eus ar micherourien, o deus laezret an amfer , pe
gret goall labour ; *reftitution.*

Nag eus are , ne vagont quet o buhale , hag a ve occafion d'are all d'e ober, eus are, a ra man beza paour , hag
a receo alufennou voar fals digare ; *reftitution.*

Nag eus are , o deus difenoret plac'het par força, pe
voar digare dimizi ; *obliget int da eureug. , pe ober reftitu-*
tion diouz an avis vr c'hofeffour fur.

Petra liuirit-u eus ar fabriquet a goall códu an arc'hat
an Ilifou euit pæa ar fonnerien, a laqua an tud iaouanc da
danfal; *reftitution.*

Petra liuirit-u eus are, a so occasion eus an dommaich
are all pe dre alli, pe dre gontaaign ha gourc'hemen, pe o
sicour, pe o hardizsaat, pe o veuli hag approuff, pe e defaot da auertissa, pe gorrigea are so didano c'harg, *restitu-*
tion solidairamant, da ouzout eo, ma na ra ar c'honsortet
restitution eus an dommaich, odeus gret, nep so bet participät,
a so obliget da restitui tout.

EIZVET QVENTEL.

Na guevier na fals testeni
Mir biruiquen na liuiri.

PEtra so gourc'hemenet dre an eizüet gourc'hemen ;
re pecti hon nessa heruez. Doue. e enori heruez e stat.
conservi e hano mat , o terc'hel clos ha secret ar peza ouffe
bl ssa e hano mat, ma na vemp obliget dre vn occasion legitim
da ober autramant. e excus, e diffen, ha prezec mat eus aneza an dra hallomb heruez, Doue. laquat ha conserui ar paoc'h
hag ar garentez etouez an dut.

Petra so berset dre ar gourc'hemen-man; 1. an accusa-
tion pe an testeni faos. 2. an detraction o seuel vr gaou, pe o ti-
solo vn dra guz, ha secret hep occasion legitim. 3. drouc songeal eu vn den hep guir ha reson. 4. disprisout vrebenac, ober
goab eus aneza, ober mez deza, e iniuria. 5. laquat malicç ha
bresell e touez an dut.

Petra renquer da ober pa zeu hon speret da drouc songeal eus vn den , ma na ve scler e bec'het ? redeo trei e faltasi , cridi ne dequetguir ar goall sonch, songeal en e galon ,
endeus lauaret hon Salver , na varnit quet , ha ne vihot quet
barnet.

Pa eo scler ar pec'het vn den , petra renquer da ober ?
na dispriset quet an den-se, na rit quet goab eus aneza, excu-
sit e guella ma hellot , songit ez oc'h ar goazssa an oll , ho pet
truez outa , pidit Doue euita , songit e vezo marte-se vr

fant.

Pa glever an goall teaudou o goal comps eus are all,
oc'h ober goaz eus a zezo, o vurnuri, perra rencqer d'o-
ber; arabat eo cahout ioa, redeo o excus andra haller, distrei
ar gomps, pe teuel, ha quittaat ar placç mar be moien.

Pa ouzoc'h e ve milicç e touez tut, petra so agreabl da
Zoue neuse; laquat ar peoc'h.

An exercicç euel quent fol. 107.

AR. C'HENTA CLASS.
Eus ar sacramanchou.

QVENTEL QVENTA.

PE gant sceurt moien e teu Doue da sicour an dut, e-
uit o diliama eus o fec'hedou, hag rei ar gracç, da e-
xerci ar feiz, an esperancç, ar garentez, hag an oll vertuziou; *dre an sacramanchou instituet gant hon saluer.*

Pet sreramant so; seiz. Pere ynt-y. *Badiziant, Confirmation, pinigen, Sacramant an auter, urz, priedelez, nouen.*

Petra seruich ar Badiziant; *euit lemel ar pec'het originel.*

Nag ar c'honfirmation; *euit crisqui ha creaat ar feiz
hon eus bet er badiziant.*

Nag ar Pinigen; *euit effaci ar pec'hedou hon eus gret goude ar Badiziant.*

Nag ar sacramant an auter; *euit mezur an ene er c'hracç
Doue, ha miret ne gonfantimp d'ar pec'het marvel.*

Nag an vrz; *euit rei puissancç d'ar Belleyen da offerenni,
absolui, hag ober ar pez a a aparchant ouz o c'harg.*

Nag ar Priedelez, *rei ara ar c'hracç d'ar mal ha d'ar fu-
mellen da chom assamblés, euit mezur hag instrui ar bagale
e dougeancç Doue.*

Nag an Nouen? *euit armi ur Christen en heur dineza*

vuz e aduersourien.

Pehini anezo eo ar c'henta a renquer da receo hag an neceſſera ? *an Badiziant, an digna hag an excellanta ar Sacramant an Auter.*

Pet Sacramant ſo ne receuer nemet vr vez, hag a lès vr merch en ene, a bado da viruiquen er Barados pe en infern ; *tri, ar Badiziant, ar C'honfirmation, hag an Vrz.*

Pet ſacramant ſo an re maro, hag a laqua vn den a ſo e goall ſtat e ſtat vat ; *daou, ar Badiziant, hag ar Pinigen.*

Pet ſacramant ſo an tut beo, da lauaret eo, e renquer beza e ſtat vat, euit o receo ; *pemp, ar c'honfirmation, ar Sacramant an Auter, Vrz, Priedelez, ha Nouen.*

AN EIL QVENTEL.
Eus ar Badiziant.

PEtra eo ar vateri ar Badiziant, pe gant tra e renquer badeza ; *gant dour natur, euel dour feunteun, pe riuier, pe g'ao, pe mor.*

Ma vihe badezet vn den gant guin guen, pe gant dour ros, pe bleun all ; *ne dal netra ar Badiziant.*

Petra renquer da ober gant an dour ; *e ſcuilla voar ben noaz ar crouadur pe voar e ſcoaz noaz, hag e cas a neceſſité voar ar c'hita membr a gaffer.*

Petra eo ar furm, pe ſceurt compſou a renquer da lauaret ; *me az vadez en hano an Tat, hag ar Map, hag ar Speret glan.*

Pa ve vr c'hrouadur e pirill da veruel dirac mont d'an Ilis, hag ên ſo ret, ha permetet da bep ſceurt tut lic badeza ; *ya ſur.*

Petra liuirit-u eus ar c'haſiou man ; Vn den a daulas dour voar vr c'hrouadur, ha ne lauaras comps er bet, vn all a lauaras ar c'hompſou, ha ne daulas quet a dour , vn all a lauaras, en hano an Tat, hag ar Map , hag ar Speret

glân, hep lauaret, me az vadez. Vn all a lauaras, Me az
Christen en hano an tat &c. Vn all a lauaras, Me az vadez en enor an tat &c. Vn all a lauaras, Me az vadez en
hano Doue. Vn all en hano an Trindet hep expressi an
tri ferson. Vn all en hano Iesus-Christ hep quen Vn all
a vadezas hag a oua mezo mic. Vn all a daulas dour hag
abalamour ne halle brezec, vn all a lauaras ar gompsou e-
uita Vn all n'endeuoa quet a intention da vadeza: a mat
oa ar badiziant er c'hasiou-se; *sallocras*.

Petra seruich ar paëron hag ar maëron a vez roet er badiziant; *euit respont euit ar c'hrouadur, e cred e Doue, hag
e renoncç da Sathan, ha d'ar boubançou ar bet.*

Na c'hoaz; *euit disqui d'ar c'houadur e orasounou, hag
ar c'hatechism, mar deu an tat da ancouhat an obligation se.*

Pet Patron endeus vr Christen badezet, *tri , ar Sant ,
pe eus a hini e tong an hano, ar Patron ar Parés, hag an Æl
mat.*

Exercicç.

A trugarecat a rit-u an autrou Doue eus ar Badiziant,
hag ar feiz oc'h eus receuet; *gran.*

A renouueli a rit-u ar promessa oc'h eus gret er Badiziant, da renuncia d'an Diaoul ha d'ar gloar ar bet, ha da
derc'hel mat da Iesus-Christ; *gran*

A pidi a rit-u oc'h Æl mat, ar S. ho Patron, hag ar S.
Patron ho Parés d'ho sicour en andret d'hon Saluer da
fournissa ar pez oc'h eus prometet; *gran.*

Eus ar C'honfirmation.

Pe en oat e hel beza confirmet vr C'hristen ; *aba ende⁹
an vsaich a rason, mar goar ar c'hatechism.*

Petra eo ar vateri ar Sacramant-se ; *an oleo sacr.* Nag ar
furm ; *ar c'hompsou a lavar an Escop o oagnamanti an tal.*

Petra signifi ar faccat a ro an Escop; *signifiout a ra e ri-
comp enduri peb scœnrt iniur euu derc'hel mat d'ar feiz mar-*

be requis d'o enduri.

Eus ar Pinigen.

Petra eo ar vateri eus ar Sacramant a Binigen ? ar c'hontrition a galon , ar c'honfession à c'henou , ar satisfaction a
œuvr.

Petra eo ar furm ? ar c'hompsou eus an Absoluen a bro-
fer ar Bælec. Sellit dauantaich er follen.   61.

Euz ar Sacramant an Auter.

Petra eo ar sacramant an auter ; ar guir corf, an ene, hag
an diuinité hon saluer didan ar speçou pe an apparancç ar
bara pe ar guin.

Eus an Vrz.

Neb endeus desir da veza den a Ilis , an tadou o deus
bugaie hag ar fei dezo beza tut a Ilis, pe sceurt intention
a rencont-y da cahout ? i ntentiō da seruicha Doue euit mat.

Petra liuirit-u eus are, o deus c'hoant da veza tud a I-
lis, euit beua en o æfamant, euit cahout madou, hep songeal ag y o deus ar vertus a so necesser ; quemeret a reont
an hent meur d'an infern.

Petra liuirit-u eus an tadou a gontraign o bugale da
veza tut a Ilis, eus are all n'o deus quen intention, nemet
ar gloar, ar madou, hag an assistancç, o deuezo o c'herent
digant o ; an intention-se en deus strinquet cals a dadou ha
bugale en infern.

Petra die da ober an tut lic e quênver an tud a Ilis ; o
enori abalamour n'o deus ar brassa dignité , a so er bet man,
peguement benac ma conduont er goall buhez.

Nag an tut a Ilis pe sceurt obligation o deus-y ; d'en em
rei an oll d'an oll d'ar seruich Doue , ha rei exempl mat d'an
tut lic.

Eus ar Sacramant a Priedelez.

Pe sceurt intention a dle da gaheut neb a guemer ar
sacramāt a briedelez ; euit seruicha Doue ha saueteri e ene.

Euit cahout vn eur mat e stat a briedelez, ebars en em
resolvi da ober vr promessa a dimizi, a c'huy estom e renquer pidr, laquat da bidi Doue, cosses, sacramanti, ober
œuvriou mat, evel yun; ober alusennou, ha gunde-se so-
geal ag ar quevrisa endeus dougeancç Doue, ag ên so a
humor mat euit en em accordi, ag ên so saver a dut honest, er fin ag ên deus ar voien; pe da viana an nerz da
hounit ar pez so necesser da entreteni vn tieguez; *are, a
ra aniramant, o deus cneus goude-se leiz o c'halouzou.*

Petra liuirit-u eus are, a ya da bi ometri eurei gi hep o-
ber an traou se adiaraoc, noguen dre amourousidegou
fall, pe euit pligeadur o c'hort eguis chatal, *n'o aewjqnt
a gonn eus ar se; Z priet Sura, a one mouguet gant an Diaoul
dre abec ar pec'het vill-se,*

Petra liuirit u eus an tadou ha mamou, a glaiq haga
bouruæ d'o bugale priedou o sellet ouz ar madou hep
qæn, nag eus are, a choas priedou dre an intention-se;
*mont a reont dar sacramant a briedelez eguis a ar foar o de-
uezo mil malheur ha tristidiguez.*

Petra liuirit-u eus are, a guemer priedou en dereziou
a guiriniez pe a alliaçç a ve bers, eus are cureuach e cuz
hep permission ar Person, gant dispensou o deus ber die
digarecu faos, pe goude beza offanset Doue gant ar c'herent o friedou en dereziou a rent ar priedelez divalo, pe
goude beza torret ar Sacramant a Briedelez gant o c'he-
vrisa gant intention da eureugi, pa vise maro ar priet
an eil pe eguile? *ar priedelezou-se ne dallont netra.*

Petra liuirit-u eus an tadou ha mamou, a empesch hep
sujet ar bugale da dimizi, hag eus ar bugale a guemer parti en despet d'an tat ha d'ar vam hep suiet, nag eus are, a
ra traou diabolic ha berset gant Doue euit gounit ar volonté vr parti benac? *an tadou hag ar mamou abec'h, hag
are all a antr er priedelez dre an or an Diaoul.*

Petra lliuirit-u eus are, a chom er mesmes ti gant o c'he-
vrisa goude ar promessa dimizi ebarz eureugi, nag eus a-
re a ra en omser-se liberteou voar diguere ezint en em promettet ; *tenna a reont malloz Doue voar o c'hein.*

Petra liuirit-u eus are, a ra prodigaliteou er banquegeou an euret, o laquat an tut da veui, o terc'hel ar banquegeou tri deiz ; *ar prodigaliteou-se a den ar malloz Doue
voar an tiegueou nevez.*

Petra liuirit-u eus ar priedou, a so e creiz vr bresell
pemdeziec, oc'h en em cassaat, scar d'alat millizien, çan-
na, iniuria, o crena an oaz, o desirout maro an eil d'eguile
ha dezo o vnan, o pidi malloz d'arc so bet quiriec dezo
da eureugi ; *commance a reont an ifern.*

Nag eus a re a dou ar promessa o devoa gret an eil d'e-
guile e facc an Ihs, pa oue celebret ar Sacramant a briedelez ? *e lesen ancien ez cant labizer.*

Nag eus a te pere, o veza transporter dre lubricité, a
sonch e ve permetet pep tra etre priedou, oc'h ober traou
disolit ? *n'odeus quet a greun eus ar pez a eue revelet da santes Theresa, ez eus cals a briedeu daunet euit-se.*

Petra liuirit-u eus ar priedou, a so arraget gant ar pligeadur ; hag a empech coulscoude, pe a glasq ampech,
ne vezo quet crouet bugale etrezo ? *are-se n'odeus quer,
a greun e oue monquet vnan at alamour d'ar pec'het-se, ne
sonchont quet, e reont vnan eus ar pevar pec'het, a gri vengeance dirac Doue.*

Pet vertuz so requis d'ar priedou ; eiz Pereynt-y ; 1.
en em garet hervez Doue. 2. beva e peoc'h hep tabut ha scandal. 3. an oboissance hervez Doue. 4. ar patiantet oc'h enduri an difficulteou o vez er priedelez hag etre an eil priet
hag eguile. 5. ar fidelité o viret ar promessa en deus gret an
eil d'eguile, pa guemersont ar Sacramant a briedelez. 6. ar
chasteté oc'h en em servicha ens ar pez a bermet Doue euit

condui ar bugale, a roi Doue, en e c'hloar ha feruich. o refpetti an daou pe tri aeiz guenta eus ar Priedelez, eguis ma recom-mandas an Æl Raphaël da Tobiæ, ha S. Euarift d'an oll Chriftenien. o tonguen enor d'ar folenniteou bras, ha pa er da facramanti an deiz quent ha goude. 7. an exempl mat. 8. ar ficour hag an affiftancç, oc'h en em ficour da veva heruez Doue.

Eus an Nouen.

Pe fceurt tut a dle beza nouet ? *are fo e piriü da veruel gant clenvet, mar bezont capabl da facramanti.*

Petra liuirit-u eus are , a refus receo an Nouen gant aoun rac ar maro, o cridi e vezo hafter; *goall creden o deuï; quent-fe, an Nouen a feruich da recouur an iec'het marbe e-nit filuidiguez an ene.*

Petra fignifi ar groaz a roer da ur Chriften goude e Nouen ; *euit e armi enep pemp tentation , a zeu da attaq ui an tut en o faffion.*

Pere ynt y ; 1. *ar fongefounou eneb ar feiz.* 2. *an difef-fper.* 3. *an gloar eus an œuvriou mat, hag ar prefomption be-za faluet areizo, hep fongeal ema ar font hon efperancç e ma-delez hag er meritou hon Salver, endeus roei ar vertuz d'hö œuvriou mat, hep fongeal hö eus gret an œuvriou mat dre ar c'hracç hon Salver , pe hep quet a hini ne hallemp quet ober netra a veritfe ar gloar cœleftiel.* 4. *an impatiantet en e glenvet o defirout e varo dre impatiätet.* 5. *ar garentez diffor-dren eus ar buhez, hag ar refus da veruel pa blich gät Doue.*

POENCHOV DA ASSISTA

un den en e heur dineza.

1. ALlumi goulou biniguet, hã teurl aliés dreift, an voar e vele dour biniguet.　　E laquat da brodui

(hini clân, ha

actou

actou feiz, esperancç, adoration, humilité, contrition, conformité ouz ar volontez Doue.

Neb a sicour an hini clân a roi spacç vn *Aue Maria* goude pep act.

Act a feiz.

Ma breur Christen, a ne fel quet deoc'h beva ha mervel ebarz er feiz hag en Ilis.

A ne gridit-u quet en tat, er map, hag er sperer glân, a so tri ferson en vn Doue hep quen.

A action a c'hracç.

A ne drugarequit-u quet Iesus-Christ guir map Doue da veza bet conceuet gant ar Verc'hes Vari, da veza enduret euidoc'h er groas, da veza disquennet e limbou, da denna an tut santel, da veza resuscitet e varo da veo, da veza pignet en ênvou.

A feiz.

A c'huy a gred e retourno a darre da varn are veo, hag are varo.

A esperancç.

A c'huy esper er misericord hag er passion hon saluer

A c'hontrition.

A cueus oc'h eus-u da veza offancet Doue abalamour maz eo mat, abalamour m'endeus scuillet e oll goat euidoc'h.

A garentez Doue.

A c'huy a gar Doue abalamour deza e vnan, abalamour maz eo mat ha maro euidoc'h.

A renoncimant d'an aduersourien.

A renonci a rit-u d'ar pec'het, d'ar c'hic, d'ar bet, ha d'an dioul. a guel eo guencoc'h mervel cuit sinti outo.

A action a c'hracç.

A trugarecat a rit-u Doue eus an oll madelezou, ha donesounou oc'h eus receuet diganta, d'ho peza crouet d'e

I

imaich, d'ho peza conſeruet, prenet gant e oat preciûs,
recevet ha conſervet en Ilis, pardonnet áliés, ha ſicouret
dre ar ſacramanchou.

Carentez an neſſa.

A c'huy a gar ho neſſa abalamour ma eo an imaich an
Autrou Doue, a pidi a rit-u Doue d'o fardonni, a c'huy a
goulen pardon digant quement den oc'h eus offancet.

Conformité ouz ar volonté Doue.

A c'huy ſo contant da ober volontez Doue, da veva e-
queit ma caro Doue, ha mont laouen da veta pa blicho
ganta.

A c'hoant oc'h eus-u da velet Doue, an Itron Varia,
oc'h Æl mat, hag ar Sent, ho querent ha mignonnet.

A pidi a rit-u an Itron Varia d'ho ſicour; Liuirit a galon. *Santés Mari mam da Zoue, pidit euidomp pec'herien
breman hag en heur hor maro.*

A c'huy recommand oc'h ene d'an tat Eternel, d'oc'h
aſſiſta gant e buiſſacç, d'ar map d'ho aſſiſta dre e ſapiancç
dre vr guir feiz, d'ar ſperet ſantel dre garentez.

A recommandi a rit-u oc'h ene d'an Itron Varia. Liuirit.

> Guerc'hés Vari mam doucç ato,
> Ma ſicourit voar ma maro.
> Guerc'hes Vari, Mam da Zoue,
> Me recommand deoc'h va ene.
> Guerc'hés Vari, Mam a druez,
> Me recommand deoc'h ma buhez.
> Guerc'hés Vari, o va Itron,
> Me recommand deoc'h ma c'halon.

A c'huy a recommand oc'h ene da S. Ioſeph, da S. Ioacin, da Santés Anna, d'oc'h Æl mat, d'o S. Patron, d'ar
S. ar Parés, ma oc'h bet badezet, d'ar Patron an Eſcopti,
da Santés Barba. Liuirit. *Ieſus, Mari, Ioſeph, &c. ma ſi-
courit breman ha voar ma fin.*

FIN.

PERMISSION DV R. PERE
Provincial.

IE IACQVES RENAVLT Provincial de la Compagnie de IESVS en la Province de France, suiuant le Priuilege, qui nous a esté dóné par les Rois tres-Chrestiens Héry troisiéme le 10. May 1583. Henry quatriéme le 20. Decembre 1606. & Louis 13. le 14. Feurier 1612 par lequel il est defendu a tous Libraires & Imprimeurs d'Imprimer & faire Imprimer aucun Liure, de ceux qui sont composeZ par quelqu'vn de nostre Compagnie sans permission des Superieurs d'jcelle; Permets à IEAN HARDOVYN Libraire de Monseigneur de Cornoüaille, de pouuoir Imprimer le Dictionnaire, Grammaire & Instructions spirituelles en Langage Armorique composeZ par le R. P. Iulien Maunoir, Religieux de nostre Compagnie. En foy de quoy j'ay signé la presente, & cacheté du Sceau de mon Office, à Kimper ce 4. Aoust 1658.

IACQVES RENAVLT.

DICTIONAIRE
FRANC,OIS BRETON
ARMORIQVE.

ADVERTISSEMENT AV LECTEVR.

Toute la difficulté des Noms se trouuant au Plurier, & des Verbes au Præt. parf. lors qu'il y aura quelque difficulté apres le nom il y aura P. qui signifiera le Plurier, apres le verbe P. qui signifiera le Præterit parfait.

BIBLIOTHEQVE ... ARMORIQVE

AA	ABA
A *Age.* oat P. oageou	*Abandõner.* Dilesel, quitaat
Aagé. Oaget,	s'*abãdonner au peché.* En em
Aage nubile. Oat dimizi.	rei dar pec'het.
Dieu vous face viure long-	s'*Abastardir.* Diligneza,
temps. Doue ra astenno	goassaat, sallaat.
oc'h hoazl.	*Abaier* Harzal. P. harzet
Abaisser. Isellaat, gouziza,	*Abatre,* Discar, dispen.
disquen.	*Abbé,* Abbat P. Abbatet.
Abaisser les voiles. Amena	*Abbesse* Abbades,
Abaissement. Iseldet.	*Abbaie.* Abbati *Plur,* ou.

A

ABO

Abbecher, Pafqua.

Abbreger, Berraat, diuerrat.

Abbreuiation, Berradur.

Abbreuer, Doura.

Abolir, Lemel, *Præt.* lamet, effaci.

Abominable, euzic, menar-garz, cruel, horribl.

Abomination, Donger, requet, euz.

auoir qu'elqu'vn en Abomi-nation, Cahout donger, *ou* requet, *ou* euz oc'h vrebenac.

Abonder, Cahout eals, paut, ahoalc'h.

Abondance, cals, paut, ahoalc'h.

Abondamment. Cals, paut, ahoalc'h.

Aborder, Dont en aut, arruout en aut.

Aboucher quelqu'vn, prezec, comps ouz vrebenac.

Abricot, Abricot.

Abricotier, Guezen abricot.

Abfenter, Ober defaut.

Abfynthe, Vhelen c'huero.

Abfoudre, Abfolvi.

Abfolution, Abfolven.

s'Abftenir de peché, En em viret *ou* dihoal dioc'h pec'het

ABV

Abufer de, &c. Abuficus &c

Abus, abufion, tromplerez, fallagriez

Abufeur, trompler, affrôter

Abyfmer, confonti, beuzi, cacç dar foll, *ou* dar goelet

Abyfme, Abym.

Acariaftre, penvers, quil-vers, pennec, clopennec, quilpennec.

Accoifer. V. *apaifer.*

Accoler, Briata, duftum etre e diurec'h.

Accolité, Acolit.

Accabler, carga, mouftra, friqua, flaftra, mac'ha.

s'Accaignarder, didalueza, louauti.

Accepter, Quemeret.

Acces de fievre, accés terzien

Acces facile, Tiquemer mat.

Accident, Accidant, fortun.

s'Accointer des bons, darempret are vat, roftat oc'h &c. dineffaat oc'h &c.

Accommoder Auia, quempen dreffa.

s'Accommoder au temps, En em ober dioc'h an amfer.

bien Accommodé, fichet mat, auſet mat, quempennet brao.

ACC

Accompagner quelqu'vn có-
pagnunecat vrebenac ,
derc'hel compagnunez da
vrebenac.

Accomplir peuracheui

Accomplir sa promesse , der-
c'hel e bromessa, fourni-
ssa arpes en deus promet-
tet vrebenac.

Accorder, autren *Prœt.* eet.

Accort, honest, dereat, a di-
guemer mat.

Accortise , honestis.

Accoucher, guilioudi , guenel *Prœt.* ganet.

femme en couche, grec'e gui-
liour.

Accoupler, coupla.

Accourber, plega, crouma.

Accourcir, berrat, diuerraat.

Accourir, diredec, p. diredet

Accoustrer, ausa , quempeñ.

Accoustrement , guiscamant.

s'Accoustumer, boasa, plustra
en em accustumi.

Accoustumance, custum

Accrocher quelqu'vn, cregui
oc'h vrebenac *Prœt.* cro-
güet, pega en vrebenac.

Accroistre crisqui *Prœt.* cresquet.

Accroissement, cresquadur ,

ACC

cresquancc.

s'Accroupir, plucha, clucha.

Accueillir tiquemeret, logea

Acumuler, dastum, daspugn

Accuser, ac'hus, accusi.

c'Acharner, connari , arragi
oc'h, binimi oc'h.

Ache, buzuguen *Pl.* buzug
de l'Ache, an ach.

Achefon, donger, requet, euz

Acheter, prena.

Achat pren.

Acheuer, acheui, peurachcui
dont a ben eus,

Acier, dir.

A coup , prest, affo , prónt ,
buhan , souden.

Acquerir, acquisita, gounit,
Prœt. gounezet.

s'Acquiter d'vne debte pœa
vn dle.

Acre, c'huero, fero.

Actif, beo, pront, prim.

Actionner, intima , aioürni.

s'Addonner a la vertu en em
rei dar vertuz.

Adresser, hincha.

Adresse d'vne chose perdüe ,
diiaouzan.

Adiancer, quempeñ , ausa ,
ficha, para, paramanti ,
afteçouni, quincla, pinfa.

4

Adioindre , laquat ouzpen.

Adirer ou egarer, dianqua.

Adiuger, aiugi.

Admettre, receo *Pr.* rêceuet

Adminiſtrer gouarn, condui.

Admiration, ſouez.

Admirer, beza ſouezet, ad-
mira,

Admodier, fermi.

Admoneſter, auertiſſa, gou-
zaui.

Adoleſcence jaouanctis, iao!
uanctet.

Adopter, quemeret da Vap.

Adorer, adori.

Aduenir, oaruezout, dont *P.*
deud, digoezout, arriout,

Aduenément, dounediguez.

chance — Aduenture, auantur, chanç.

Aduerſaire, aduerſour, *Plu.*
ien, controll.

Aduen, ánaoudeguez

Aduis, cuſul, conſaill, auis.

Auiſer, prendre garde a quelque choſe, euezſaat vndra,
laquat euez ouz vn dra.

Aduiſer, donner, rei auis

Aduiſer quelqu'vn, cuſulia,
allia.

bien Aduiſé, auiſet mat, fur,
ſolen.

Adultere. auoultr *Plu.* ien,

Adultere, peché, auoultriez.

Aduocat, aduocat *Plu.* det.

Admoner, anzaou, *Pr.* anzâ-
uet.

Affable, cûn, hegarat, adigue
mer mat.

vn Affaire, vn drâ *P.* ou, affer, *P.* iou.

i'ay affaire d'vn liure, czom
emeus, affer ameus eus vr
levvr, vr levvr a rencân.

s'affaiſer, plega.

Affamer, affami, affamina.

Affamé, naounec.

Affermir, crênaat, ſtartaat,
fortifia.

Afficher contre, ſtaga oc'h.

Affiler, lemma.

Affin de, euit ma, darfin ma,
da.

Affiquets bragaldiezou, bra-
ueriou, atourmou, bra-
guerezou, pinſerezou.

Affliger, anquenia, poania,
encreſi, nec'hi, tourman-
ti, affligea, trubuilla.

Affliction, anquen, poan,
tiubuill, encrès, encdet.

Affoiblir, fallaat, ſemplaat.

Affranchir V. deliurer.

Affre, aoûn, ſpont, ſourin,
ſouflam, ſtrauill.

Affreux, ſpontus, eſtlamus,

AFF

Affriander, licaoui, trincha.

Affubler, golo *P.* oet,

Agacer, attahina, isquinat,
    hegal, hegazi, argarza.

Agaceur, hegasus, attahinus
    isquinus.

Agacer les dents, tosona an
    dent, touesella.

Agenouiller, stouet voar e
    daoulin, daoulina.

Agile, scân.

Agir, ober.

Agneau, oan, *P.* cïn ou oa-
    net

Agonie, passion.

Aguillette, aguiletteñ.

Aguillon, flem. brouc.

Aguillonner, brouda, flem-
    mi, menaouedi.

Aiguille, nadoz *P.* iou.

Aigu, lem.

Aiguiser, lemma.

Ah! sioas, allas.

Ahaner, poania, beralani

Aider, sicour, assista.

Aide, sicour.

Aigle, ægl.

Aigre, trenc.

Aigrir, dont trenc, trenca.

Ail, quigneñ.

Aisle, asquell, esquell,

Ailleurs an tn all, e lec'h all.

AIM

d'ailleurs, eus al lec'h all, eus
    an tu all.

pierre d'Aimant, men touch

Aimer, caret, cherissa.

Ain ou hameçon, higuen.

Ains, hoguen, hegon.

Ainsi, euelen, evelse.

Airain, cuevvr.

Air, ér.

Aire, leur, *P.* iou.

Airette de iardin, eruen iar-
    din, gueleat.

Ais, planquen *P.* plancot.

Aisé facile, æs. habasq, facil
    reiz.

Aisement, æs, reiz, frez.

Aisné, hena, henaout,

Aisnée, henaoures, merc'h
    cossa.

Aiselle, casel, *P.* iou.

Alaigre, laouen, mao, dreo
    gardiz, distag, gaillart,
    dispos.

Alarme, alarm.

Alecher, trincha, licaoui,
    tenna, pe gounit dre cô-
    psou caer.

A l'entour, voardro.

Alesne, menaouet *P.* me na-
    ouedou.

algue, bezin.

aligner, planta a rencou.

AL

aliment, boet , beuanç , ma-
　gadurez.
alimenter mezur, *P.* maguet
　miga, bena.
alaicter, lefaat, bronna.
alleger, francaat. foubia, ha-
　bafquaar, douccaat.
aller, mont, pe monet, *p. et.*
aller au devant de quelqu'vn,
　mont voar ben vre benac
aller bellement, mont adoc e
　gam gouftadic, goreguic
　voar e gorreguez.
aller a pied & a cheval, môt
　voar troar, ha voat march
aller ça & la, mont an tu mã
　hag an tuhont.
alé, bali, alé.
allumer, allumi.
allumer vne chandelle, ena-
　oui vr goulaouen.
allumetes, allumettés.
alonger, hiraat, aften.
alors, neufe.
alouete, huedés , c'hueder.
alterer. cench.
alun, alùn.
amadouer V. allecher,
amaigrir, treudi, treutaat.
amande, alamandés.
amandier, guezen alamãdés
amas, bern p. iou.

AM

amasser des biens , daftum,
amasser du foin, grôna foen.
ambassadeur, ámbaffadour,
ambigu, douetus.
ambitionner, clafq, pe pour-
　fuiff dre ambition
ambitieux, ambitius.
amande, amand.
s'amander, guellaat. pe céch
　pe quittaat, e oall buhez,
　diftrei diouz e bec he-
　dou.
amener, digacç.
amenuiser, moenaat , tana-
amer, c'huero, fero. foaat.
Ame, ene, eneuou.
Ames des personnes decedês,
　anaoûn.
ameliorer. guellaat.
amesnager, anneza,
amidon. ampés.　　*empoix*
ami, mignon *Plur*. et.
amitié, carentez.
amitie folle, amouroufdet.
amollir, goacaat , teneraat.
amorse, contâm.
amorcer V. allecher.
amortir, mouga, laza.
amour, carentez.
amoureux, amouroux.
ampan, raoueñ.
ample, bras.

AM

ampoulle, c'huiſigueń.
amuſer, dale, dihuz.
amuſement d'enfants , mibiliaich, arabadiez.
an, bloas, *p.* iou.
annéc, bloáuez.
cette année & l'année paſſée,
  hevlene, ha voarlene.
anceſtres, a re ancien.
ancien, coz, ancien.
anciennement, guezall, troall
Ange, Æl, *p.* Ælés pe Ælet.
angle, corn.
Angleterre, Broſaux.
Anglois, Sauſoń, *p.* et.
angoiſſer, V. affliger.
anguille, ſilien, *p.* ſiliou.
anihiler, laquat , pe redigea
  da netra.
animal, aneual, *p.* et lón *p.*
  et, chatal *p.* ou.
animaux a corne qu'on garde
  dans les champs, ſaout.
animer, encouragi, rei cou-
  racich.
anille, flach, *p. ou.*
annales, Croniquou.
anneau, goaleń, goaligner ,
  beſou, *p.* beſaier.
annuel, pep bloas.
annoncer, diſcleria.
annoblir, Noblaat.

AN

anſe, dourgueń, croummel,
antennes, tellou.
ante, iboudeń.
anter, îbouda.
anticiper, dialbeń.
antidater, antidati.
antrax, glaoueń, *p.* glaouen.
  nou , eſquet.
antre, cauarn.
aouſt, eauſt.
apertement , ſcler , patant ,
  reiz, ánat.
Apoſtre, Aboſtol, *p.* Ebeſtel
apoſtume, apórum gor.
apoſtumer, guiri, goret, apo-
  tumi, guerri,
appercevoir, ſantout, ànaout,
  p. anauezet.
aparier, coupla, paraat.
aparoiſtre, appariſſa, en em
  diſcuez.
aparition, apparition.
apartenir a , aparchautout
  oc'h.
il m'apartient , aparc'h ant-
  out a ra ouzin-me.
apel, apel.
apeller a Rennes , appelli da
  Roazon.
apeller, gueruel, *p.* galuet,
  henvel, *p.* hanvet.
ie m'apelle Iulien , Iulié a rer

1. Britannoſaxonia, vel patria Saxonum.
2. Saxo.

AP   AP

ahanoûn,

apentis, vr c'hardi.

il apert, patant eo, scler eo, ánat eo.

aplanir, plenaat, eompoesa, compesa.

apliquer son esprit a, laquat e studi, pe e faltasi, e speret da &c. en em rei da, quemeret e boan da, poellaat, quemeret poell da &c.

aporter digacç,

apauurir, paouraat, ezomecaat.

apetisser, bihanaat.

aprecier, prisa, estimout, a precia.

(saisir) *aprehender au corps*, sesia, v-re dre é gorf, cregui en &c. pega en &c.

(discere) *apren tre*, disqui, p. desquet.

aprendre par cœur, disqui di-dan neüor.

aprester, ausa, quempeñ, dispos, prepari.

s'aprester a, en em ausa &c. comme dessus.

il est apresté pour aller, prest eo, dare eo, ema e taill da vont.

apriuoiser, dônvaat dônvi.

aprocher, tostaat ouz dines-

saat ouz.

aprouuer, aprovv.

apuyer, harpa, hersell, p. harzet.

apres, goude, voarlerc'h,

apres moy, voar ma lerc'h.

en apres, goude-se.

araignée, queoniden p. queonit.

toille d'araignée, guiat, queonit.

arbalestre, arbalestr.

arbitre, arbitr.

arbre, guezen, p. guès.

arbrisseau, guezennic, brouf quezen, auoultreñ gues, plançonnen,

arc, goarec, p. egou.

arc en ciel, goarec an glao, caneuden, queneuen.

arrogant. roc. rogue.

arson de la selle, arsö an dibr.

archer, goareguer.

archet, archet, ar rebet-

ardoise, men glas.

ardre, devi.

ardeur, losquadur groès, toinder.

ardent, lisquidic, tom.

arerage, arelaich.

arene, trez, sabr, grouan

areste, drezen, p. drein.

argent, arc'hant.

argille, pri.

aride, fec'h.

armer, armi.

arme, arm.

armes du sanglier, fquilfou, ar moc'h gouez,

armine, erminic.

armoire, armel, *p.* iou.

armure, harnés. *Harnois*

arondelle, guimili, guinili, *p* et.

arpent de terre, quênver douar.

arquebufe, arquebufeñ.

arracher, lemel, *p.* lamet. tenna, diframa, digriziéna. difplanta, dioc'h &c. dichafranti.

arrenger, renqua

arrefter, herfel, *p.* harfet.

s'arrefter, paoues, ehana; chom, herfel.

arres, errés.

arrieré de vous, pell diouz-oc'h.

arriuer, arriout, oaruezout, digouezout.

il arriue que, oaruezout a ra.

s'arroger, attribui deza e v-nan.

arondir, crennaat, crenná.

aroufer, aroufi.

artichaud, artichaut,

article, articl, poent.

article de la mort, articl, poent ar maro, treméví.

afne, afeñ, *p.* et.

afneffe, afeñes.

afperges, fparf.

afpre, garo, c'huero, ruft, difaçun, teñ, dìnvat, ingrat digar, cruel, criz.

afaillir, attaqui, affailla, en em quemeret oc'h, ftourm oc'h, lamet oc'h, failla, oc'h.

affaifonner, façuni.

affaifonné, façun.

affafiner, affafina muntra. *meurtrir*

affembler, V. amaffer,

affembler les lettres, diguech

affemblée de gens, bagat, bâ- den. rum. *Bagans v.*
Menage p. 40.

affeoir, affeza,

affurement, adra-fur, endeûn certen, hep mar er bet, nendeus mar er bet.

affés, ahoalc'h, affez.

affieger, fiegea.

affiette, affiet.

affigner, affigna, rei.

s'affoupir, moredi, dargudi.

affouuir, goualc'hi, carga.

AT

asur pers, liou an ên, bleu

tout vostre saoul. ho coualc'h

attache staguel.

attelle squirien, *p.* squiriou

astacher a staga oc'h.

attaindre dirés, tizout.

attaint d'vn crime fezet voar vn torfet.

ateller les Bœufs staga an ouen.

atelier stern.

Chommer — *atendre* gortos, deport, dale, *p.* eet, chom.

atente gortosen, chommaden, daleaden.

aterrer douara. discar d'an douar, coueza.

atester attesti,

guenille — *atifer* tifa, ficha, quenila. *V.* adiancer.

atomes pouldrigou an heaul

atoucher touch.

atouchement attouchamant.

dorloter — *atraire* dorlota, &c. *v.* allecher.

atraper tizout, dirés, *p.* et,

attaquer stourm oc'h &c. attaqui, en em quemeret oc'h, failla oc'h lamet oc'h

avaler lonqua,

haster — *avancer* hasta, diffre. *p.* eet. depech.

AV

avant dedans ebars doun, diabars doun.

avant le temps, quent pret, re guentrat, quent euit an amser.

d'vi en avant pelloc'h, hiuiziquen.

avant que, ebars, quent euit dirac.

avant-hier, déquentdec'h.

avarice auaricç, auariçdet, pizder.

aube du iour, verelaouen.

aube d'vn Prestre, camps.

aube espine, spern guen.

aucun nicun, nepden, den er bet.

en aucun lieu, e neptu, e neplec'h.

aucune fois a viziou, a vareadou, à dauladou.

aucunement, enep feçon.

audace hardisdet, hardison: hérder,

avoine querc'h. *Vox Celtic. vsitata, apud Camdenum.*

avengle dall.

avengler dalla.

avenglemët, dallidiguez.

auge beol,

augmëter crisqui *p.* cresquet

auiourd'huy hiriou, hirio.

aviron roenvv *p.* iou.

AV

auironner roênvat, reuia.
aulne guern.
aune goalen.
vne aune 2. *aunes*, vr goalennat, diou oualennat.
auiues, avivés
au moins da viana.
aumofne aluseñ. (ã aluseñ.
viure d'aumofne, beva dioar
auoir, cahout
auorter, difforc'h, coll vr c'hrouadur.
auortement, coll, difforc'h.
auxpres, equichen , toft da, a doft.
aureilles, an nioufcoarn.
Auril, Ebrel.
auffi, yuès.
auftere v. *afpre*.
i'en donne autant, quement all a roân.
autant que ie puis, quement ha ma hallân, an dra hallä
Autel, Auter, *p.* iou.
Autheur Author, *p.* et.
autorité nerz, gallout, poès
Automne, rag-eauft, dibencauft.
au tour voar dro.
vn autre, vn all, eguile.
ie n'ay autre chofe, nemeus quen,

AV

autrement, autramant.
autre part, en tu all, en yn lec'h all.
autre chofe, vn dra all,
Archange, Arc'hel.
Archeuefque, Arc'hefcop *pl.* Arc'hefquibien.
Archeuefché, Arc'hefcopti.
Archidiacre, Arc'hdiagou, *plur.* et.
s'atrifter, en em iala, nec'hi, hiruoudi, melconia, cahout chif.
atrifter. melconia, encrefi, V. *affliger*.
Ayeul, tat coz.

BA

BAailler, difleui guen, barillat.
babil. fiftill, caquet.
babiller, caquetta *prœt.* et. fiftilla.
babillard, maruailler.
babillarde, fargounerés. *jargonnereſſe*
babioles, V. *bagatelle*.
badaut, fcoarnec.
badiner, balbouza, diotaat.
badinerie, diotaich, balbouzerez.
bagatelle, rimadell, mibiliaich, arabadiez, dio-

BA

Etraich, rambre *plur.* ou, rambrerez.

bague, *V*. anneau.

baguenauder, rambreal *pr.* eet, forc'hen, diotaat, & farçal.

gaule baguette, goalen *plur.* guial, quelaſtren, guialen.

bail, ferm.

bailler, rei *pr.* roet.

bailli, velli.

bailliage, velliaich.

bain, quibell.

baigner, couroncat.

baiſer, poquet, bouchet, affet

vn baiſer, poq, bouch, aff.

baiſſer *V*. abaiſſer.

bal, bal, *p*. iou.

balai balaeñ ſcubelén.

ballaine balen.

balance balancç.

balance à peſer de l'argent, bindedou.

bale de Canon boullet.

bale de plom, boulet plom, & bilien plom.

bale d'auoine pell querc'h.

couette de bale golc'het pell

bale de mercier paner, *p*. iou.

Scopare balier, ſcuba.

balieure ſcubien, attrait, pailleur.

BA

banc, ſcáñ. *Scamnum*

bandes d'hommes bagat banden, rum, lodat.

par bande, a vagadou, a vandennou.

bande de teſte, taledeñ, talgueñ, linen peñ.

bander, ſtarda, ſerra. (reç

bander vn ars, ſtigna, vr goa

bander vne harquebuſe, báta vn arquebuſen.

baniere, baniel.

banlieue leau toſta eus aguer

bannir, chaſſeat.

banni, divroet.

faire les bans, ober an embannou.

banque, ecench.

faire banqueroute, leuſquel ar gouris. *p*. lauſquet, douguen ar bonnet glas.

banquet, feſt, banvez, *p*. iou

baptiſer, badeza.

bapteſme, badiziant.

baptiſtere, badiziant.

barate, baras, *p*. iou.

barater, ribota.

barbare, v. aſpre.

barbe, baro, *p*. barvou.

barbe de chevre, bouchic gaovvr.

BA

barbier, barber.
barboter, balbouza, befteau-
di, gagouilla.
barbu, barvec.
barde de cheuaux, harnés p.
Baron, Baron.
barre, fparl, barren.
barrer, fparla.
barreaux, treillou.
barrique, barriqueñ.
vn bas, vr bafs.
bas, jfel.
en bas, oc'h traon, en diaz.
le bas de la ville ar goelet ker
bas de chauffes, lérou, bafou.
baffe foffe, baffe foff.
baffeffe, ifeldet.
baffin, bilic.
baftard, baftard pl. beftert,
map gaft.
baftardeaux d'eau fcloturiou
bafteau pour paffer, bac plur.
gou, treiz.
bafteleur, archantour, enchanteur
baftir, bátiffa, edifia.
bafton, baz, p. bizier.
baftonner, bazata.
baftonnade, bazat, p. ádou.
batail de cloches, bazoulen.
bataille, combat.
batailler, brefelecat, "ftourm
ouz, combati.

BA

batelier, treizer.
batouer, golfez. p. iou. baz
canneres.
batre, canna, fquei, p. oet, *Inde Sco Cafan*
darhau gant, p. dar háuet, *hoc eft; Feri Cre*
pilat. *Serem*
batre cruellement, cána cruel
battre le bled, dourna an it.
batre vne main contre l'autre
fquei an eil dorn eguilé,
ftlaqua an daouarn, ftra-
qual, ftoqua an daouarn.
baterie, emcan.
baudrier, item.
baue, glaouren.
bauer, glaouri.
baueur, glaourer,
bauette, dauancher, patelet,
divabouz.
baume, baum.
bauoler. darnigeal, difpa-
falat.
cheual bay, marc'h guel, glas
beau, caer, coant, brao, ma- *coint*
gnivic, miftr, dereat.
beauté, quenet.
beaucoup, cals, paut, meur.
beaucoup moins, cals bihanoc'h, ou nebeutoc'h.
bec, bec: p. gou.
becaffe, queffelec, p. guet
becaffine, queffelec mor,

BE

guioc'h mor.

begue, besteaut : gagouill, balbouzer.

beche, marr, *p.* mirri, piquell marr, tranch. [marra·haf = fov.]

becher, marra, piguellat.

becqueter, piquat. [picquer]

beeler, beiat, begueliat.

begayer, besteaudi, gagouilla

belier, maout, tourc'h. [mouton]

bellement, gouftat, gouftadic à doc e gam, górec.

belette, eaërel.

belitre, maftoquin, *p.* et, haillon, *p.* et.

benin, cûn, hegarat, doueç clouar.

benir, binizien, *p.* biniguet, binigall.

benediction, benos, benediction.

beniftier, pincin.

berceau, cauel *pl.* queuel.

berger, buguel ar faout, pautr, pe miret ar faout, meffaer. [paftre]

bergerie, craou dênvet.

bergeronnette, cannereſic an dour.

beface, maleten, biſaie'h.

befogne, labour.

befoin, ezom.

befte V. animal.

betés, caul-betés.

beuf, egen, ouhen, *p.* ouhenet.

chair de beuf, bevin.

beugler, bucellat, mancellat, buncellat.

beure, aman.

beurier de bois, cloſen aman.

beuurage, bevvraich.

de biais, a dreuz, a gofte

biaiſer, treuzi, mont a dreuz pe a gofté.

biberon, ever cruel, terribl.

Bible, Bibl.

biche, heizés, carués.

bien, er vat, brao, magniuic, mat,

vn bien, mat, *p.* madou.

bienfait, beneficç, madelez, ober mat. *p.* oberou mat

bienfacteur, vat oberour

biere, archet, an arc'h.

biere à boire, bier.

bigarer, varia, marella.

billet, billeten.

biſayeul, tat cûn,

pere du biſayeul, tadiou.

biſcuit, biſpit.

bife, auel bis.

biſſexte, biſeauft. [cin.

blanc, guen, guen can, guen

blancheur, guender.
blanchir, guenna.
deuenir blanc, guennaat
blanchissage, guennadurez.
blasme, rebech, blam,
blasmer, tamall, rebech.
blaspheme, blasphem.
blasphemer, blasphemi-
ble. et, it, *p.* idou.
bleme, pall, glas.
blemir, glasa.
blesser, goulia, blessa.
blessure, gouli.
bleu, pers.
blond, melen. μηλινος
blondir, melennaat.
bloquer, encerna.
bluette, elven, fulen, eliené.
bluetter, elvenni, fulenni,
    steredenni, luguerni.
bluteau, tamoez.
bluter, tamoeza.
bocage, broscoat.
bogue de chasteigne, cloren
    quiftin.
boire, eua:
boiau, bouzel, *p.* ou
bois à brusler, queuneut.
bois planté, coat, *p* coageou
bois taillis, coat taill.
boisseau, poeffel.
boiste, bouestl.

boiter, cama.
boiteux, cam, gilgam, gar-
bon, mat, honest.   (gam.
bonde, bont.
bondir, failla, lamet, dila-
bonnet, bonet.   [met.
bord, bort, coftez.
bordeau, bordel, *p.* iou.
border, borda
bordure, bordur.
borgne, born.
borne, termen, menhars.
borner termina, merqua.
bosse de terre, turumel, do-
bossu, boffec,   [roffen.
lieu bossu, lec'h turumellec.
pied bot, troat boull.
boteau de foin, boutel foen.
bottes, heuzou.
bouc, houc'h, *p.* iou.
bouche, guenou, *p.* oou, bec
    p. gou.
grande bouche, guenaouec,
    gueolec.
bouchée, guenaouat, begat.
boucher, ftoufa, ftanca, fte-
    uia. clofa, cleuziat.
boucher quiguer, bocer.
boucle, boucl, œilleden.
bouclier, bouclér.
boudin, goadeguen, *p.* ou.
boue, caillar, fanc, bouillen.

BO

boufée de feu, tantat tan.

boufée de vent, cahouat auel.

boufir de colere, c'huezà, co-envi gant c'holer, pen-boufi.

boufon, furluquin, *pl.* et, faruel, farcer.

boufonner V. baguenauder.

bouger, flaich, finual *pl.* et.

bougette, mal *pl.* iou, maleté.

boux, beus.

bouillon, broüet.

boule, boul.

bouleau, bezo.

boulenger, baraer.

boulet, boulet.

boulenart, boulouart.

bouillie, iout.

bouillie fort claire, caut.

bouillir, birui *pr.* beruet.

du bouilli, bero.

bouillonner, lagadenna, clo-gorenna.

bourbe, bouillen lagué, poul

bourdene, euor.

bourdon ou guespe, fardonen

bourdon de pelerin, bourdon

bourdonner, boudal, bou-dienni.

bourg, bourc'h, bourgaden.

bourgeois, bourc'his *pl.* ien.

bourgeon, bourgeon, broucç

BO

bourgeonner, broucça, bour-geonna.

bouroche, caul garo.

bourre au, bourco *pl.* euien.

bourse, ialc'h, *pl.* ilc'hier.

bouse, beusell.

bout, peñ.

depuis vn bout iusqu'a l'autre, adal an eil pen bete eguile.

le bout d'vne rue, pen an ru.

boutade, frouden, pennat.

boutadeux, froudennus.

bouts ou pointes de cofté, piftic p. goù, beriou.

bouteille fur l'eau, clogoreñ, lagadeñ.

bouteille, boutaill.

boutique, ftal, bouticl.

bouton de pourpoint, nozeleñ

braguette, toull bragou.

brasselets, braffeledou.

braie, bre.

braier, breat.

braire, v. crier.

braize, reguezen, glao beo

bran, bren,

branche, fcourr, barr, bràc

branche coupée. branc tro-c'het.

brandelle, brancell.

brandiller, brancellat.

branler

+ v. p. us.

eftal

BR

branler hegea.

braquer le canon, poenta ar c'hanol.

bras, brec'h *plu.* anniurec'h.

bras de mer, brec'h mor, goaz mor.

brassée, gouret.

brassée de pa ille vr briat colo

brasselet, brasselet.

braue homme, den brao, magniuic, ampart, dispar.

se brauer, en em pompadi *ou* bugadi, ober bugat.

brauer quelqu'vn, ober faë eus, &c.

brebis,, dânvat, denvet.

breche, boulc'h, ode *pl.* eou

bref, berr.

en bref, e berr.

Bretaigne, Breiz.

Breton, Breton *plur.* et.

le langage Breton, ar Brezonnec.

breuiaire, breuier.

bride, brid.

brider, brida.

Brieu, Briec.

Brigide, Berc'het.

briller V. reluire.

brigue, pri melen.

brin d'herbe de iardin, lousaouen *pl.* loulou.

BR

brin d'herbe des champs, gueauten, *pl.* gueaut.

briser, terri, friqua, flastta, foneltra, brusuna, frouesa — *froisser*

brocart, comps goapaus.

broche, bèr, — *Dora*

brocher, brocha, brouda.

brochon, brechen, brechet.

broier teri, brusuna, munudi — *torere*

broncher, azsoupa.

brouet, souben, quevalen. — *soupe*

brouete, crauaz rodellec *pl.* iou.

brouillart, brumen. — *bruma*

brouillerie, roestou, roestrou

brouiller, roesta, roestra, lüia

brouter, peuri.

bruit, trous, *p.* iou, tourni, sauar.

il a bon bruit, hano mat endeus, brut mat endeus

faire bruit, ober trous, trousal, guigourat.

le bruit est que, lauaret a rer

bruire, V. faire bruit.

bruiere, bruc. — *myrica*

brun, brun.

brusler, lesqui, *p.* losquet, deui, poazat.

bruslure, poazadur.

brusque, prim, pront.

B

brutalité, chatalerez.
brute, brut.
buandiere, couezerés, guen-nerés.
buée faire la buée, ober coues pe ligeou.
buie, broc, pot dour,
busche, queuneuden, caledé
buschettes, brechennigou, picholou.
buscher, bern queuneut.
bufet, armel, p iou.
buglose, buglosa.
buisson, boden.
buisson d'espines, bot drez, bot spern.
buisson de lande, bot lan.
Bulle, buill.
bure, burell.
but, guen, merc.
butin, preiz.

CA

C A *& là*, aman hag à-hont, antuman, hag antuhont, an eil tu hag eguile.
cabaret, tauargn, hosteleri.
cabinet, studi, cabinet.
se cabrer, c'hoari côtroliez, pe controll, squabri.
cable, chabl.
cabocer, gouara.
vne cache, cuziat, cuziadel,

cacher, cuza, cuzet, golo, P. oer.
en cachettes, e cuz.
cachet, siel
cacheter, siella.
cadaure, corf maro.
cadenas, cadranat.
cadenasser, cadranassi.
danser à la cadence, dansal e cadancç.
caduc, coz, vset.
cage, caouet, p. geou.
cageoler, touelli, licaoet, flatra, trompla dre gompsou caer.
cahuette, squiber, p. ou tisoull.
caille, coaill,
cailler, caouledi.
caillebote, léz caoulet.
caillou, men, *pl.* mein.
caimant, truant.
caimander, truanti.
cal, caleden.
calabace, coulourdren.
calamité, *V.* affliction.
calculer, niucri, nombri, conta.
calende, Kal.
calendrier, compot.
caler voiles, amena.
calfeutrer, calaféti.
Calice, calizr.

calme, calm.

calomnie, gaou, calomni, infamité.

calotte, caloten.

Caluaire, Caluair, caluari.

camarade, camarad.

camelot, camolot.

campagne, menez *pl*. iou.

camper, campi.

camus, fri plat, fri touign, fri turquet.

canaille, haillon *pl*. et, liuaſtret, louidic, *pl*. ien.

canal, cañ, ſañ, canol.

cancre, crancq *pl*. quet.

candeur & ſimplicité, franquis, ſclerder a galon.

canelles pour deuider du fil, canellou.

cannart, maillart, *pl*. det.

canne oyſeau, ouat *pl*. ouidi, ouadès.

canne ou roſeau, penduen.

canneuas, canauas.

cannif, caniuet, tranch pluen.

canoniſer, canoniſa.

canton V. cartier.

capable, dim, propr, capabl.

capacité, gouizieguez.

cape, capot.

capitaine, cabiten *pl*. anet.

capital, capital.

capres, capres.

captif, captif.

captiuit, captiuité.

caqueter, *v. babiller*.

caquin, cacoux *pl*. cacouſier malort *pl*. et.

car, rac.

Cardinal, Cardinal.

carquan, trocouzouc *pl*. troiou.

carder, encarda.

careau, teoleñ *pl*. teol.

careau ſous les genoux, carré, carreos.

careſme, c'hoarais.

careſme prenant, henet, morlarge.

carrefour, croashent, *plur*. croashinchou.

careſſe, compſou caer, licaouerez.

careſſer, cheriſſa, dorlota.

carillonner, branliar cleier.

carine, guirlincq.

carnage, lazerez, muntrerez.

carriere v. courſe.

carpe, carp.

carreler des ſouliers, crenna, carrea boutou.

cartier, carter *pl*. iou, bro.

cas, ou aduanture, accident.

casser, terri, torret.
cassette, cassed,
catarre, catarr.
Catechiser, catechisa.
catechisme, catechism.
Catholique, Catholic.
Caue, cavv, cao.
cauer, caua, toulla, creusa.
cauerne, cauarn.
cause, occasion, pen, abec, quiriec, pe quirioc, caus occasion.
a cause que, abalamour ma, dre abec ma, dioar ben ma.
a cause de Dieu, abalamour da Zoue, euit Doue.
a cause de cela, dre-se, rac-se, abalamour dan drasc, dre occasion quement se, dr'an abec-se.
dire la cause, lauaret an occasion.
non sans cause, nequet hep occasion.
cause, procez, caus p. iou.
plaider vne cause, plaidi vr c'haus.
cautere, cauter.
caution, cret, caution
estre caution, beza cret, cretaat.   [eo.
c'est pour se, dre-se eo, rac-se
causer, occasionner, digacç,

occasionni, beza quiriec, pen, abec caus.
causer v. babiller, caquetal.
auseur faruel *v. bab llard*
ceder sa place a quelqu'vn, lesel e blacç da vre.
cedule, cedulen, anoudeguez
ceindre, gouriza.
ceinture, gouriz.
cela, an dra-se, quement-se.
celebrer, celebri.
celebrité, celebrite.
celer, cuzet, dianzaout, *p.* zauet, teuel; *p.* tauet, golo, *p.* goloet.
celeste, celestiel.
celicr item.
celuy qui aime Dieu, nep, pe an hini pehini, piou benac a gar Doue.
celuy cy, heman, *f.* homan.
celuy la, hennés *f.* honnés.
cemetiere, bézret.
cendre, ludu.
cendre chaude, ludu brout.
cengler, cenclenna.
cengle, cencleñ.
cens, ou rente, leve, rent, *p.* renchou.
cent, 2. 3. 4. cent, cant, daouc'hant 3. 4. cant.
cep, hoarn bras.
cependant, cepandant, coulf-

CE

coude,

chercher, clasq.

cercle, quelc'h, p, iou.

cercueil, v, biere.

cerf, caro, quiruk

cerfeil, cerfil

cerise, queresen pl. querès.

cerisier, guezen querés.

cerner, ober vn dro, encerni

certain, certen.

vn certain, vr certen.

cerueau, empen, ceruall.

cesser, paoués, ehana, chom

il ne cesse, nendeusquet a

  dipaouès.

chacun, peb hini, peb vnan.

chagrin, sourci, melconi ,

  nec'h, pridiri, nec'h, chif.

homme chagrin, den craig-

  nouux, ialus.

chaisnon du col , chouc ar

  c'hill.

chair, quic.

chair salée, quic sall,

chaire, cador,

chair fumée , ou bouranée ,

  quic moguedet.

manger du bœuf, du monton ,

  du pourceau, dibri beuin,

  quic maout, quic oc'h

chaisne, chaden.

enchaisner. chadenna.

CH

chaisnon du col , chouc ar

  c'huill.

charnu, guiguet , maguet

  mat , lard.

charnier des trespassés, carnel.

charnier pour mettre de la

  viande charnel.

chaleur, groès, p, iou , tom-

  der, p. iou.

charlit, coat guele.

ne se chaloir, il ne se chaud ,

  n'en em tama , melconia,

  sourcia.

chalumeau, corsen .

que t'enc'haut-il, pe laz di-

  de, pe vern dide.

chambre, cambr.

chambriere, matés , p. miti-

  sien, seruicherés, p; et.

chameau, cânval p. et.

champ, parc, p. ou, pe parou

champ qui n'est labouré &

  qui repose tyrien.

gens des champs, tut dioar ar

  més, plouisien, paisantet

  tut a ploue.

demeurer aux champs, chom

  e ploue.

il fist cela sur le champ, voar

  an tom, souden, prest.

a tout bout de champs, eure-

  se da bep mare.

CH

champignon, çabel toucec.
chance, chançç, auautur.
chanceler, horellat.
chancre, chancr.
chandellier, cantoler.
chandelle, goulaouen, can-
tol *pl.* ou.
chandelle de cire, pilet coar.
change, cench, esquem.
changer, cench, ober esquem
changer de place, diplaça, dilogea.
changer d'opinion , distrei
voar e opinion.
chanteau, boulc'h,
chanter, cana.
chant, cañ, mouez, ton.
chantereau, chanteleo.
chanson, guers *pl.* iou , canaouen.
chantre, quiniat *pl.* adou.
chanvre, canap.
chape, chap.
Toque : chapeau, toc.
chapelier, tocquer.
chapeler du pain, pala bara.
Chapelle, Chapell.
chaperon, cabel.
Chapitre, chabistr.
chapitreau, porchet *pl.* edou
chapon, cabon *pl.* et.
charbon , glaouen *pl.* glaou.

CH

charbonnier, glaouier.
chardon, ascol.
chardonneret , canaber , pab.
our. 			[quiri
charette chariot , carr , *plur.*
charge, carg , sam , bec'h *pl.*
iou.
c'est ma charge de faire cela ,
carguet oûn, ma mecher
eo, dlet eo dîn-me ober se
il a charge de faire cecy , carg
endeus d'ober-se.
charier, chareat.
charoi, charre.
charité, carentez.
charitable, carentezus oc'h,
&c. mat dar &c.
charnier, charnel.
charnier ou on met les os d
trespassés, carnel.
charn quiguec.
charon, carrer.
une charogne, vr c'hain.
charpentier, caluez *pl.* quil-
vizien.
charpenter, caluiziat.
charpi, chalpis.
chartier, charreter.
chas ou trou de l'aiguille, cra
ouen nadoz
chasse pour mettre vne imag
vr custod.

CH

chasse de bestes, emolc'h,

chasser hors de la Ville, cha-
-sseal, teurl, cacç emes ar
guer.

chasser aux bestes, emolc'h,
chasseal lonèt.

aller a la chasse des perdris, be-
gasses, des lieures cluge-
rin, quevelecat, gadonna.

chassieux, picoux.

chastaigne, quistinen,

chastaigneraie, quistinit.

chercher des chastaignes, quistina.

chaste, chast.

chasteté, chasteré.

chasteau, castel *p.* questel.

chastier, castiza.

chastiment, casti.

chastrer, spaza.   *Spado*

chastré, spazet, rangouill.

Chasuble, Casul.

chat, caz, *p.* quizier.

chate, cazés.

chate-peleuse, prenvv caul,
ar vizcoul, raouenner.

chat-huan, caouen *p.* ennet

chaton de bague, pen bezou

aller a chatons, mont voar e
grabanou, pe voar e ba-
lauanou, pe voar e barlo-
chou.

GH

chatouiller, hilligat.

chatouillement, hillic

chaud, il fait chaud, tom,
tom eo an amser, tom eo
anezi, groès so.

fort chaud, tom scaut.

fieure chaude, cl'ênvet, tom,

chaudiere, cauter *p.* ien.

chaudron, chaudouron.

chaudronnier, biliguer, jalot
maignouner, minter.

chaufer, toma,

chaufer le four, guiri ar forn
p. gorret.

chaufette, brasouer.

chaume, plous, colo, soul.

chaumine, ti plous, ti colo,
ti soul.

chausse, lerou, basou,

haut de chausse, bragou, hau-
rou, lavregou.

mettre haut de chausse bas, en
em dilavrega.

chaussée, chausser, *p.* iou.

chausse-pied, chaussepié

se chausser, en em arc'hena,
en em boutaoui

dechausser, diarc'hena.

chausse-trape, pich, pech,

chausson, cofignon.

chauue, moal.

chauue-souris, asquel croß

CH

c'hen, p. esquel croc'hen.

claux, raz.

v. p. 118 chef, pen.

chef de famille, pen eus an ti.

chegros, nignol,

chemin, hent, p. hinchou.

grand chemin, hent meur pe bras.

petit chemin, hent streat.

chemin fourchu, hêt forc'het.

iournée de chemin, deuez querzet.

passez vostre chemin, it gant ho c'hent.

s'esgarer du chemin, fazia voar an hent.

auancer chemin, gounit hêt.

cheminée, cheminal.

cheminer, querzet, bale, p. eet, p pourmen.

cheminer ay Soleil, querzet en heaul.

cheminer a gauche, querzet a tu cleiz.

cheminer vis a vis, querset rac tall, rac ên, rac enep.

chemise d'homme, rochet, p. dou.

chemise de féme, hinvis p. ou

chemisette, roc'heden

chenet v. landier.

geneué, hat canab.

CH

chenenotte v. brochon,

chenu, moal.

cheoir a terre, coueza dan douar.

faire cheoir, laquat coueza ober da vre coueza, V. abatre.

cheute, lam

chercher, clasq

cher, quer.

cherir, cherissa, dorlota.

bonne chere, cher vat, fest bras, que valen mat.

faire grande chere, ober cher vat.

cherté, quernez, carteri, querrouegnez, naouneguez, quernidiguez.

chesne, deruen, p. dero.

bois de chesne, coat tero.

chesnaie, coat dero.

chetif, bihan, dister, munut.

chetif & vsé, astu, dismantet, disleber

chetiueté, disteruez.

cheual, marc'h p. roncet.

cheualier, marecaour, p. ien caualier, p. ien.

cheuaucher, mareguez.

cheuaucher ensemble, mareguez quevvret.

cheneuil, bleuen, p. bleo.

CH

le haut des cheueux , pen ar
bleo, barr ar bleo.
cheuelu, blevec.
cheuelure, pennat bleo ,
cheueux entortillés, bleo tortiffet, rodellet, plançon-
nennet.
cheuet, pen guele.
cheuetre, cabeftr.
cheuille, ibill p. ien.
cheuille du pied, uvern.
chevre , gaovvr, p. gueor.
barbe de chevre, bouchic gaovvr. baro ar gavvr.
cheureil, iourc'h.
chevreau, meñ gavvr.
cheuron, guiffl, p. iou.
chez eti.
de chez moy, digneme, eus
ma zi-me.
chicaner, procedi, 'tregacç,
trecaffi, trubulli.
chiche, piz. caouen, vil
chicheté , pizder caouenidi-
guez.
chicorée, cicorea,
chien, qui p. chas.
petit chien, colen qui, p. quelin chas.
chien enragé , qui clân, qui
connaret.
entre chien & loup, quemefq

CH

deiz hanos, dar mare. ar
rouegeou.
chienne, quiés.
chienne chaude , quiés lupr ,
pe fautr.
chiquenaude, chiquenauden
chifrauden,
chirurgien, chirurgian.
le chœur d'Eglife , chœur an
Ilis.
chœurs des Anges, chœuriou
an Æles.
chois, choas.
choifir, diuis , dileñ , dibab,
choafa,
cholere, buaneguez , choler,
brouez.
cholerer , buanecat, fachi , fafcher
choleri, brouéza
chommer vne fefte , miret ,
pe berfa vr gouel.
iours chommables, deziou mi
ret, pe mirabl, bers, gour
c'heimennet.
choper, affoupa.
choper ou sommeiller, argudi,
morcoufquet.
chopine, chopinat;
choquer, ftequi p. ftoquet,
ftoqual.
chofe. tra p. traczou, pe traou
chofe (quand on recherche fon

CH

mot ʃ pe hano.

chouette, cavan p. et.

caulis — choux, caulen, p. caul.

Chrestien, Christen p. Christenien.

Chrestienté, Christenez

chronique, chronic.

chuchoter aux oreilles, comps e cusuli, comps e pleg an diouscoarn

ci devant, diaroc.

Ciboire, Ciboer.

cicatrice, cleizen.

pois cices, pisen, pe pesen cicés p. pis, pès.

cidre, cistr.

Nef en vieux langage Cam... — Ciel, ên, p. ênuou

cigale, quilléc raden

cigne, cin.

cil, sil.

le cil des yeux, ar maluénou.

ciller, sila.

règle — cinq, pemp.

cinquième, pempet.

cinquante, antercant.

cinquantiéme, antercantvet.

circonspection, euez bras,

circonstance, circonstancç.

circuit, tro, p. iou.

cire, coar,

cirer, couara,

CI

ciron, grec'h, p. grehene.

ciseau, cisaill.

ciseau de cousturier, guenth p. ou.

ciseaux ou forces pour les iardins, guentlou.

citer, aiourni, intima.

citron, aual citron.

citrouille, citrouillen.

ciuiere, grauaz, p. iou.

ciuilité, contenancç

claie, clouet, cloueden.

clair, scler, splan, patant, ánat, reiz.

clairement, scler, splan, patant.

vin clairet, guin ruz [gen-

clarté, sclerder p. iou, scleri-

claquer, straqual.

claqueter des dents, straqual an dent.

clef, alhuez.

fermer a clef, alhueza.

clerc, cloarec p. cloer.

cligner les yeux, quilc'hat, pe guilgat, an daoulagat.

clin d'œil, serr lagat.

cligner quelqu'vn de l'œil, signa vre benac gant e daoulagat.

faire signe a quelqu'vn aues l'œil, signa vre benac.

CL

clinquant item.

cliquer, ftlaqua.

cloche, cloc'h *p.* clec'h, cleïer,

clochette, cloc'hic.

aller a cloche pied, mont voar garic cam.

clocher d'Eglife, Tour.

clocher du pied, cama.

cloiftre, cloaftr.

clorre *v.* boucher, enqua, queat.

cloture, fclotur, *p.* iou fpeuren, *p.* fpeur.

clou, tach, *p.* ou.

clouer, tacha, ftaga ouz

clou pour vne forte d'apoftume, efquet, goric.

cloutier, tacher,

coche ou truie, gues *p.* guifi.

petit cochon, porc'hel, *p.* perc'hel.

coche marque, cran, coch.

cochet, coquic.

col, couzouc. *zucco. Suc Marot p. 256.*

charger fur fon col, carga voar e chouc.

mettre vn Agnus a fon col laquat vn agn⁹ e guerc'hen, e gouzouc.

colle, coll, caut.

coller, colla, cauta.

CO

colline, crec'hen.

colombe, coulm, *p.* et.

colombier, coul-dri.

coueffe, coueft, coffion.

couene de lard, tonen quic fal.

coffre, couffr, *p.* iou.

colorer, liua.

colorer fa pareffe, digareza e diegui.

coignée, bochal

coigner, fquei, guenna.

coin de chambre, corn *p.* iou, cambr.

coin fruit, aual coin.

coignier, guezen aual coin.

coin a fendre du bois, guen da fauta queuneut, *p.* guénou

coin de l'œil, corn al lagat.

regarder dn coin de l'œil, fellet a dreus pe a gorn.

colique, guentr er c'horff, tranchéfon. colica,

collation item.

collet, colier, *p.* iou.

collet de femme, couzouqueñ *p.* nou, gorgeredeñ.

collet a chiens, colier.

colomne, poft. *poftis*

combattre *v.* batailler.

combat item.

comble, barr.

CO

combler, barra.

combien donnez vous? pe-
gueiment a roit-u?

co. bien que, peguement benac ma

combien estes vous? pet oc'h-u

combien de fois aues vous fait
cecy? pet guez oc'heus-u
gret-se.

nous ne sçauons combien de
fois nous pechons, ne ou-
zomp quet peguen lies e
pec'homp.

combien y a il d'icy a Rennes?
pegueit so ahan da roasó

combien de temps auez-vous
estudié? pegueit oc'heus-u
studiet.

ie ne sçay combien de fois? na
ouns pet guez.

comette, steren, lestec,

commander, gourc'hemen
p enet, ordreni, carga,

commandement, ordrenancç
gourc'hemeñ.

comme, euel, eguis, heruez

comme cela, comme cecy, euel
hen, euelhont.

comme i'espere, euel, pe eguis
pe heruez, pe diouz ma
esperân.

comme on dit, euel ma lauarer

CO

comme si i'auois charge, euel
p'am be carg.

comme si i'y eusse esté, euel pa
vifen bet eno

commencer, commancç,

commencement, dezrou,
commançamant.

comment, penaus, petail, pe
eguis.

commodité, mat, profit, æs,
commodiré.

commotion v. boutade.

commun, boutin.

le commun, an tut partabl.

communément, peurmuia.

four commun, forn boutin,
banal.

ce peché est commun, pauz eo
ar pec'het-se.

Communier, Sacramanti,
Communia.

communiquer aux pechez
d'autruy, beza parricpant
&c,

compagnon, compagnun, p.
ou, martolot, p. det, con-
fort, p. tet, camarad.

compagnie, compagnunez.

comparer, comparagi.

comparaison, comparæson.

en comparaison de tous, e
scoaz an oll, e respet á oll

CO

comparoiſtre comparariſſa, e
  em diſcuens
compas, compæs,
compaſſer, compeſi.
compaſſion truez.
ſe complaire, en em pligeout
faire complot, beza a vnan
compoſer, compos
comprendre, compreni.
conter, v. Calculer.
conceuoir, conceui v. comprendre,
concitoiens, quenvourc'hiſié
conclure, conclui
concupiſcence, concupiſçãcç
condamner, condauni.
conditionner, ober condi-
  tion, conditionni.
conduire, cacç, condui,
  ambrouc, ren, hincha.
conduit v. canal.
conduite, condu
conferer, conferi.
confier, fiziout, v, eſperer.
confiance v. eſperance.
conference, conferancç.
confeſſer, cofes, coes, cofeſ-
  faat.
confirmation, couſumen,
  confirmation.
Confirmer, couſoumena,
  confermi.

CO

confiſquer, confiſca.
confondre, ober mez, pe diſ-
  megancç.
ſe conformer à la volonté de
  Dieu, en em ober diouz
  ar volonte Doue.
coforme, hênuel, ouz hânual
conformité, conformite.
conforter, conforti, encouragi.
coufreres, quenbreudeur.
Confrairie, breuriez.
coufire, coufita.
congé, grat mat, conge.
prendre congé de quelqu'vn,
  quimiada vre benac.
dire adieu à quelqu'vn, quimiada.   (dia.
congedier quelqu'vn, conge-
congre, ſilien mor, p. ſiliou
  mor.
coniecturer, deuina, ſuſpen-
  ti, ſongeall
conioindre, vniſſa, ioenta,
  lacat ouzpen.
coniouir, en em reiouyſſa.
connoiſtre, aznaout.
faire connoiſtre, rei da aznaout.
connoiſſance, anoudeguez
connoiſſable, aznat.
coroie, cotreen, floreen, lacç

CO

sonroier, coureza, quiuigea, para lezr.

Conroieur, courezer, quiuiger.

confanguinité, quirintiez

confcience, confciancç.

faire confcience, de rire, ober fcrupul hoarzin,

confeil, cuful, *p.* iou confaill

Confeiller, quelqu'vn, rei auis, pe cuful da, alla vre benac.

Confeiller au parlement confailler.

conferuer, quenderc'hell, *p.* quendalc'het, dihoall, derc'hell mat da &c. *p.* dalc'het, conferui.

confifter, confifta.

confoler, confoli, frealfi.

conftant, côftant, padus, ftart

confulter, quemeret cuful, balanci,

confumer, vfa confumi, coa-

vn Comte, Cont, *p.* et. [za.

conte o u fable, rimadell, farcç, maruaill.

il ne fait conte de la vertu, ne ra forz eus ar vertuz

rendre conte, renta cont.

contenance, feçon, geft, côtenancç.

CO

il a bonne contenance, feçon mat endeus,

contenir, derc'hell, *p.* dalc'het.

contention, debat, fcandall, argu.

cont entieux, tatinus, hegazus, ifquinus, attainus.

contenter Dieu, pligeout da Zoue, contanti Doue.

ie fuis content, me fo contĕt.

mal content, drouc contant.

contentement, pligeadur, *p.* rezou, contantamant, *p.*

conter v. calculer.   (ou.

conter, raconter, danevel, *p.* danevelet.

conteur difeur de conte, farcer, maruailler, furluquin

contigu, toft da, hars, oc'h, o ars.

continuellement, bepret, da bep mare.

continuer, derc'hel mat da &c. perfeueri.

continu, dioc'htu.

contour, tro, ha diftro

contrat, contrat, *p.* doui.

contracter, contracti.

contraction de nerfs, deuerraduzez ar goaziet, *p.* goezi.

CO

contraindre, côtraign, forci.

sans contrainte, hep côtraign

contraire a Dieu, controll
da Zoue.

au contraire, er c'hontroll.

contrarieté, controliez

contrarier le monde côtrolia
ar bet.

on est en contraste qui demeu-
meurera, emaint e côtest
piou a chommo.

contre bas, oc'h troûn, voar
poès traoûn.

contre mont, oc'h crec'h,
voar poès crec'h, voar
poès lae.

contre, enep, oc'h.

contrée v. cartier,

i'ay a contre-cœur d'escrire,
donger, pé requet, pe eus
ameus scriua.

contredire, controlia.

contrefaire, déguisa, diffeçô-
ni, dishevelebi.

contrefaire vn homme, en em
lacat eguis vn den.

homme contrefait, vn den
disleber, difforc'h.

contregarder de peril, miret,
diooal, preserui dioc'h
piril.

contribuer, sicour, côtribui.

CO

contrister v, fascher.

contrition cueus, contrition,
glac'har, hiruout.

controller, controlia, hoari
controll ou controliez.

controuuer, songeal, inuenti.

contumelie, dismegancç.

contusion, blonçadur,

conuaincre d'vn peché, tre-
c'hi, feza voar vr pec'het

conuerser v. frequenter.

conuertir quelqu'vn, distrei,
conuertissa.

se conuertir, trei oe'h Doue,
distrei dious e bec'hedou,
guellaat, pe cench e vuhez

coruier, allia, conuia, pidi.

conuoiter, c'hoantaat, desirout, cahout you!l.

conuoquer, guervel, p. galuet.

copie, doubl.

copier, doubla.

Coq, quilloc p. quileïen, coq
p. queger, pe quegui.

coque d'œuf, clocç vi, plusq

Coq d'Indes, coq indés. (vi.

coquille, croguen, p. creguin

coquin, mastoquin, haillon,
liuastret, fallacr.

cor aux pieds, caledeñ.

corail, goular.

CO

corbeau, bran, *p.* brini, mar-
　bran, *p.* marbrini.
corbeille, paner,
corde, corden, *p.* querdin
cordage, querdin.
corder, cordenna.
cordier, cordenner.
crodial, calonnec, heal, reiz
cordonnier, quere, *p.* que-
　reourien.
cormier, cormel.
cormorant, morvaout, *p.*
　morvautet.
corne, corn, *p.* quernou
　quern *p.* querniel.
corne du pied de cheval, carn
　ar marc'h.
les oreilles cornent, boudal a
　ra au dioufcoarn.
corneille, frao.
corner, corna.
cornart, dogan, *p,* et.
cornu, cornec.
vn qui à des pieds où il y à de
　la corne, carn.
Cornouaille, Querné.
corps, corf, *p.* vou.
corpulent, corfec.
corriger, v. chaftier, difazia.
corrompre, goafta, terri,
　goaffaat.
corfet, corsbros.

CO

cornée, aner *p.* anerou
coffon, coffet, coffou.
aller cofte a cofte, mont quên
　ver equênver.
cofte, coftez,
la cofte d'Adã, coftezen Adã
cofté droit, cofté gauche, cof-
　té, pe tu dehou. tu cleiz.
de l'autre cofté, eus an tu, pe
　cofté all.
de cofte & d'autre, a bep tu,
　an eil tu hag eguile, ahet
　hag a dreus.
regarder de cofté, fellet a gorn
　pe a coftez, pe a dreus.
coftcier, mont a goftez.
cotte, ou cottillon, bros *p.*
　iou, loften.
cotteret, fagoden. *p.* fagot
cotton, cotton.
couard, digalon, digouraich
fe coucher, gouruez.
coucin, tieus plûnec, pé vê-
　le pluôn,
coude, elin.
coudée, elinar.
coudre, griat
coudraie, coat quelveñ
coudre arbre, queluezen, *p.*
　queluez.
coudrier, guezen queluez
couture, gri.

　　　　　　　　　　couler

CO

couler, bera, diuera, dizoura, redec, dinaoui.
couler du laict, sila lez.
couloir, sil.
couleur, liou.
colorer, liua.
couleuure, aër *pl* aëret.
coup, taul *pl*. iou.
coup de canon, teñ canol.
a tout coup, da bep mare.
coupable, coûnfabl, coupabl.
coupeau, asclоeden *p*. ascloet scolp, *pl*. scolpou, scolpadou.
coupeau de montagne, blinchen pe barr ar menez.
couper, troc'ha.
coupure, troc'h.
coupe, hanap, coup.
couperose, couperos.
coupler, coupla, strolla, para,
couple de bœufs, coupl egenet
cour de la maison, ar porz.
cour du Roy, *du palais*, lés ar Roue.
cour audiance, lès.
courage, couraich.
en courant, ar redec.
las courant, laçç rincler *ou* reder.
courber, plega, crouma.
couretier, coureter.

CO

courge, coulourdren.
courir, redéc *pr*. redet. Inde Rhoda et Rhodanus
couroux *v*. *colere*.
course, pēnat, redec, redaden
couronne, curun *pl*. ou.
couronne de Prestre, quern ar Belec.
couronner, curuni.
court, berr.
ma robe est courte, scarz eo ma saë. escharz
couuer des œufs, guiri viou.
courtois reiz *v*. *affable*.
courtoisie *v*. *affabilité*.
cousin, quendervv *p*. quendirui
cousine, quiniderv, *pl*. quinideruezet.
couster, cousta.
coust ou coustage, coust, mis, dispign.
coustume guis *p*. iou, custum.
cousturier, quemener.
cousturiere, quemenerés.
cousteau, contel *pl*. contilli,
coutelas, coutelacen.
couuerture, golo,
couurir, golo *pr*. goloet.
se couurir dans le lit, cahuni
couurir le feu cahuni an tan.
couurir la maison, tei an ti, *pr*. toet.

C

CR

couureur, toer.

a couuert de la pluie a difglao

couuerture de la maifon, toen an ti.

couuerture de lict len, pallen, golo ar gucle.

couure chef v. coueffe.

cracher, <u>cranch</u>,

crachat, cranch.

craie, cleiz.

craindre, dougea, eahout aoûn, fponta.

efpouuante *crainte* aoûn, <u>fpont</u>, fouflam, fourm.

craintif, naounic, fpontic.

craion item.

craionner, craionni.

crapaut toucec *p.* touceguet

craquer des dents, ftaqual, *ou* fcrignal an dent *pr.* quet, gnet.

craffe, cremen.

craffeux, cremenet.

creance, feiz, creden.

creche, préfep, raftel.

credit, brut mat.

donnez moy credit, roit dîn termen.

créer, croua.

cremaillere, drezen.

crefme, dien, corroen lez, creftenen ar lez.

CR

creneau, tarzell.

crepufcule, tarz an deiz, goulou deiz.

crefpes, crampoefen *p.* crampoès.

crefpir, chica.

creffon, beler.

crefte, cribell.

crenaffe v. bourbier.

fe crenaffer, bolienni, fautî en ein ranna.

creue cœur calõnat *v. deuleur*

creuer, frouefa. *froiffer*

creuer les yeux, lemel an daoulagat, pocha, dalla.

creuer de defpit, frouefa gant defpit.

creux, cleus.

creufer, touila, caui, creufa, cleufa.

cri, criaden, garm, lenvv.

crier, crial, lênua, garmi.

crieur, crier, lênver.

crieur des treffaffez, embanner an tut maro.

crible, croer.

cribler croera.

criblure pailleur.

crime, crim, torfet.

criminel, criminal, torfetour

cri moue.

croc, <u>croc</u>, bac'h.

CR

Croce, Crocç.
crocer, crocça.
crocheter, dibotailla.
crochu, croguec, cropet.
croire, cridi p. credet.
croiable. credabl.
se croiser, en em croasa.
croistre a veue d'œil, crisqui a vel drem pr. cresquet.
croissant de lune, loar neuez, ar prim al loar, ar cresq al loar.
le decours de la Lune, an dis- car al loar.
pleine Lune, cañ.
Croix, croas lamgroas.
croiser, croasa, binizien.
croter, caillar.
croté, caillaret, libistrus, li- bistrinec.
croter, caillari.
crouler, coueza.
croupe de cheual, dalpen.
croupe de môtagne v. coupeau
croupiere, croupier.
croupir, soucha, gouruez.
crouste, creueñ pl. creuen- nou, ou creun.
crouste d'vne plaje troufquen ar gouli.
cru, criz.
crudité, crizder.

CV

cruche, pot dour, broc.
Crucifix, Crucifi.
crucifier, crucifia.
cruel v. barbare.
cruauté, crueldet.
cœur, calon pl. calounou.
dire ce qu'on a sur le cœur, discoubla ou dislonqua ou dislontra ar pes a ve voar ar galon.
cueillir, cutuill, dastum.
cuider, mennat.
cuilier loa pl loaiou.
cuir, lézr.
cuirace, harnés.
cuire, pibi p. pobet, poazat.
cuire en l'eau paredi en dour
cuisine, queguin.
cuisinier, queguiner.
cuisse, morsat.
cuiure, cuevr.
culbuter v. abatre.
cultiuer gounit p. gounezet. labourat.
curer, scarza, nettaat, rinsa.
Curé, Cure pl. ou.
curateur, goard. tutor.
cuuer son vin confquet e vin tremen e vin.
cuueau, beol, baill, quibell
Cyprés, Cyprés,

DA

IL ne daignẽ me regarder ,
ne brisquet seller, gene-
faus , eo ouzin.

daignez me regarder , pliget
guencoc'h sellet ouzin.

dais, tabarlanc.

Dame, Itron *pl* Ittouneset.

Nostre Dâme, Itron Varia.

damier, damier.

Damoiselle , Demesell *pl.* et.

damner, dauni.

dandiner, horellat.

danger peril, perill, danger ,
balancç.

il est en dãger de mourir, ema
e pirill, e valancç e vuhez
e valancç da veruell, ema
e taill da veruel.

dangereux , pirillus, risclus.

danser, dansal *pr.* danset, coroll, tripall.

danse, dans, coroll, fest, gouliat, march.

danseur, danser.

darder, teurl *p.* taulet, tenna,
strinqua, cincla.

dard, ten, bir.

darte , deruoeden , tanigen.

d'auanture dre chancç, marte-se.

dauantage, ouzpen, mui.

de ou touchant, eus, touchant

DE

de la part de Dieu ,　abers
Doue. , eus a guevren
Doue, digant Doue.

de pres, a dost.

de loin , a bell , a diabell, a
bell bro.

d'entre, a dre

d'entre les griffes du diable , a-
dre ar griffou an diaoul.

dé a coudre, besquen.

dez, dicçou.

dechet, coll, diminution.

tout bien vient de Dieu, pep
tra a zeu digant *ou* abers
Doue.

dea. ouy dea, ya leel.

debat, scandall, argu, tabut.

debatre de paroles, en em sca-
dalat, tabutal *p.* et, tru-
builli, en em argui.

debile, sempl, fall, dinerz.

debiliter, fallaat , semplaat ,
dinerza,

debourser, deboursi,

estre debout, beza en e sao,

debte, dle.

paier ses debtes, pæa e dleou

remettre les debtes , pardonni
an dleou.

debteur, dleour pinm.

ne faire son denoir , fazia ,
quitaat e deuer.

DE

deça Rennes, an tu man da
Roazon.

deça & dela, a bep tu, an eil
tu hag eguile.

deça & dela, an tu man hag
an tuhont.

decapiter, dibenna, troc'ha
couzouc da

deceder, mervel, decedi,
tremen.

deceler, difolo, p. oet, difculia, difreueli, difcleria.

dechoir, diminui, goafta.

decider, termina, acheui.

decimes, deaug, p. ou.

déclarer difcleria.

decoler, dibenna.

decolorer, difliua.

decorer, atiffa v. orner, atifer

découeffer, difcabelli.

decouler, v. couler.

decouper, v. couper.

decours de la Lune, difcar ar
Loar.

decrediter, decrial.

decreter, decreti.

decret, decret, p. dou.

dedain, fae, difprifancç.

decroitre, bihanat, diminui.

dedaigner, ober fae, difprifout.

dedans, ebars, adiabars.

DE

au dedans de la maifon, ebars
an ti.

dedommager, digaoui.

deduire, ou rabatre, rabati.

deduit, tremen-amfer, di-
verramant an amfer, ebat.

Deeffe, Doués.

defaillir, deffaut, femplaat.

defaillance, femplder, fillidiguez, gouafcaden.

defa t, v. defiguré.

deffaut, deffaut.

defence, diffen, bers.

defendre quelqu'vn, diffen,
dihoall vre benac.

*defendre a quelqu'vn de man-
ger*, berfa ouz, diffen, ouz
vre benac dibri.

*deferer quelqu'vn d'auoir dé-
robé, v. accufer.*

defier quelqu'vn, defial, p.
defiet.

defigurer, difeçonni, dishe-
uelebi, difliua.

defiguré, morliuet, difleber,
difmantet, disheuelebet,
difeçonnet, diftronquet.

defluxion, gorren.   Gorre

defraier, difrei.

defunct, decedet, maro, tre-
menet.

les deffuncts, an anaoûn.

DE

degater, goasta, sautra,

degeler, disorni, disclacça, discorni.

degoust, dihoant.

estre degouste, beza dihoant,

degouster, digacç donger.

degenerer, diligneza.

degré derez p. diri, dereziou

dchacher, troc'hamunut, munudi.

dehors, ermés, emès.

deiuner, deiuni.

le deiuner, an deiuni.

dela, ahano, alesse.

delabré, disparboullet, v. guenilles éguenillé,

delaisser v. abandonner.

delasser, discuisa,

delai, dalez.

dilaier, asten an termen, deport, gorto, p. oct.

delecter, delecti : laouennaat

delectable, doucç, agreabl.

deliberer, songeal, deliberi, en em resolui, quemeret an opinion.

delicat, item.

delicieux, delicius.

delice, pligeadur, p. rezou.

delier, diseren, diliama, disamara.

delié, dizere.

DE

delie ou menu, v. menu.

deliurer l'argent, livra an arc'hant.

deloger, v. departir.

deliurer, tenna, lemel eus a, &c. dilacça, deliuuri a, sauetei, fealsi.

déloyal, v. traistre.

deloisir, dibreder, diampech, diuelconi, disourci.

deluge, diluch.

demain, arc'hoaz.

demande, goulen, mennat

demander, goulen dioc'h, requeti

demanger fort, cahout debró

demangeaison, debron.

demarche, graçe, querzet, son, port solen,

le demeurant, ar ramaign.

demeure, ti. p. ties, demeurancç.

demeurer, chom, chemel, p̃ chommet.

demy, anter.

demolir, terri, discar, dispen goasta.

demoniacle, possedet gant an diaoul, emdiaoulet

d'enhaut, dioar lae.

vn denier, vn diner.

dénier, refus.

DE

denigrer, lemel an hano mat
  p. lainet digant vre, brudi vre, infami, difpeñ v-
  re benac.

dent, dant, p. dent,

dent macheliere, quildant.

dentelle, dantelez.

depaqueter, difpaquat, difplega.

departir ou diuiſer, loda, lo-
  denni, ranna, difpartia,

depart, difparti.

dependre du bien, difpign
  madou, treza, prodiga
  vadou, cac'hmoudena e
  vadou.

dependre de quelqu'vn, beza
  e dalc'h vre benac, der-
  c'hel eus vre benac.

depeſtrer, dihuala, diroueſta,
  diluia.

deperir, difteraat, difmanta
  digoueza, cozi, diftrugea

depeupler, disherita.

deplorer, gouela, hiruoudi,
  dalaoui abalamour &c

*depoſer, v. chaſſer, depour-
  ueu,* dipouruae.

depuis deux ans, abaoue
  daou bloaz.

depuis qu'il fut Euefque, a
  baoue Efcop.

DE

depuis qu'il eſt venu, a ba eo
  deut.

du depuis, a oudeuez.

depuis peu, abaoue nemeur.

*depuis le plus petit iuſques au
  plus grand,* a dak ar viana,
  bete ar braſſa.

deputer, deputi.

auoir dequoy, cahout pe a
  dra.

derechef, adarre, arre. c'hoas

deriſion, goap, gaudiſſerez.

deriuer v. couler,

dernier, diueza.

dernierement v. depuis peu, a
  neuez ſo, nedeus quet
  pell, abaoue nemeur.

derriere, adrên, e cuz.

par derriere, diouz a drén.

des ma ieuneſſe, aba ouen
  iaouanc.

des le point du iour, a ba oue
  goulou deiz.

des a preſent, a vremna.

deſacorder, difcana, diftoni,
  difacordi.

deſcoupler, difpara, difcoupla

deſacouſtumer, diacuftumi.

deſagreable, difaçun, dizere,
  difagreabl.

deſaprendre, didifqui p. di- *dediſco*
  defquet.

DE

desarmer, diarmi.

desauantage, gaou.

desauouer, dianzaout, dianaout.

desardre, difurz.

debander vn arc, tenna, diuanta, leufquell, *p.* lauf- quet vr gouarec.

debander vne plaie, diuanta, diuandermi vr gouli.

debarbouiller, dibalbouzat, diffautra.

debarquer, diambarqui

debarrer, digueri, difparla, diferra, dibrena, diuaréna, dibotailla.

debaucher, debauchi, touella trelati, diuarcha, direiza, ditolla.

eftomach d'bauché, eftomac duarc'het, dirollet.

debonfter les os & les membres dilec'hi an jfili.

debordé, dirollet, var chet, direiz,

debordement d'eau, linvat, *p,* geou.

deboucher, diftoufa, diftanca diftaia.

debrider, dizibra;

debrouiller, diroeftra, diluia,

decacheter, diuella.

DE

decamper, decampi,

descendre, difqueñ, &c.

descente, difqueñ &c.

deschainer, dichadenna.

decharger, difcarga, difama.

decharmer, dicharmi

dechauffer, diarc'hena.

dechaux, diarc'hen.

dechiqueter, dichafranta, fqueigea.

dechirer, regui, *p.* roguet.

decouurir, difolo, *p.* oet, difculia.

decrier, brudi, infami, decrial.

decrire, copia.

decrocher, difcregui dioc'h, difpega dioc'h.

decrotter, dicaillara.

dedaignèr, d ifprifout.

defdain, difprifancç.

se dedire, diflauaret, difcana

dedommager, digaoui.

desemplir, difcarga.

desenfler, digoêavi.

desennuier, diuerra an amfer

desenterrer, dianterri.

defaire, difober, diftrugea, difpen·

deferrer, dishoarna.

a mon desceu, hep gout dinme.

DE

defert, defert.
deffert, iffu taul, diferuich.
defefperer, difefperi.
defefpoir, difefper, difem-
  perancç.
defeftourdir, diabafi.
deffier, d iffaziour.
deffiant, difcridic, diffazius.
deffiance, difuziancç.
deffier quelqu'vn, defial pr.
  defiet.
defigurer, difeçonni, dishe-
  uelebi.
defiguré, difleber.
defiier, dirolla, diftropa, dif-
  neudi.
defoncer, difonci.
defouir, tenna a didan an
  douar.
defricher, diftroueza, dizreina.
degager, dilacç, tenna v. deliurer.
degainer, diouina, difeuri.
degarnir, digoarniffa.
deglacer, diforni, difclacça,
  difcorni.
eftre degondé, debauché, def-
  ordonné, beza diuarc'het,
  dirollet.
se degorger, eu em teurl.
degourdir, divavi.

DE

degout dôger v. abomination
degoufter, digacç donger.
degrader, difacri, degradi.
degrafer. difcramponni, difamarra.
deguifer, deguifa, disheue-
  lebi, en em laquat 'eguis.
defendormir, dihun, divo-
  redi, diffoucha.
deshabiller, diuifca.
deharnacher, diharnefi.
desheriter, desherita.
deshonneur, difenor, difmegancç.
deshonorer, difenori, infami
deshonnefte, dishoneft, vil,
  lous, acr, loüdour.
deshonnefteté, dishoneftis.
dehonté, diuez, diuergont.
deioindre, diftaga, difioenta.
defiller les yeux, dipicoufa ou
  digueri an daoulagat.
se delaffer, difcuiza, ehana,
  paoüés.
delafcher vn coup, darc'haut
  gant p. auet.
delacher vn arme, tenna,
  leusquel vn arm.
deftier, diferen, difamarra,
  dilacç, diliama.
fac deflié, fac'h difere.
deloger, difpartia, dilogea.

DE

deloyal, trahitour, diſleal.
demailloter, dimailluri.
des maintenant, à vrema.
demancher, didroadi.
démarrer, diſpartia, diplaçça
demembrer, dilec'hi an iſili,
　diuembri, diſcoultra.
ſe demener, en em dibillóna.
dementir, lauaret ecreis e
　daoulagat endeus lauaret
　gaou.
démeſuré, dirollet, direiz,
　diræſon, dibropos, diuar-
　c'het, diſordrener.
demeubler, dianneza, diueu-
　bli.
demollir, diſcar, diſpeń, ter-
　ri, *p.* torret.
demonter, diſqueń.
d'mordre, diſcregui. diſpega
denaturé, calet, *v. barbare.*
denicher, dineiza.
denigrer, lemel an hano mat
　diſenori, infami, brudi.
denouer, diſcoulma.
denuer, laçat e noaz, diuiſca,
deſordre, diſvrz, dircizamāt
　dirollamant.
deſordonné v. demeſuré.
deſormais, hiuiziquen, pel-
　loc'h.
deſourdir, divea,

DE

departir, ranna, diſpartia.
depart, diſparti.
depecer, diſpeń, diſoberi.
depeſcher le pays d'vn larron,
　nettaat *ou* diampech ar
　bro eus vr laër.
dependre, diſpign.
depens, diſpign.
deſpit deſpet.
en depit du larron, en deſpet
　dal laër.
depiter, deſpital *p.* tet.
deplaire, diſpligeout.
deplaiſir diſpligeadur *v. con-
　trition.*
deplanter, diſplanta, tenna,
　diſgrizienna, diſcoguella
deplier, diſplega, aften, leda
deplumer, dibluenna, peliat.
depoſſeder v. chaſſer.
depouiller, diuiſca.
deprendre v. demordre.
deraciner v. deplanter, diſ-
　grizienna.
deraiſonnable, diræſon, *v.*
　demeſuré.
derober, laerés, *p.* laeret
　ſcrapat.
ſuiet a derober, ſcrapus.
derouiller, diuerela.
derumer, diraouli, diraoui.
deſaiſir, diſeſia.

DE	DE

desempestrer, diluia, diroesta

desecher, disec'ha.

deseller, dizibra.

desengler, disenclenna.

desir, c'hoant, youl, volótez

desirer, c'hoantaat.

desireux, c'hoantaus.

desister, lesel.

desobeir, disobeissa, beza amsent.

desobeissance, disobeisancç.

desorceller, disorça.

dessous, didan.

dessus, voar gorre.

dessus, a huz, voar, dreist, az ioc'h,

au dessus de vostre veuë, ahuz d'ho trem.

son destin est d'estre chiche, tonquet eo deza beza piz

detacher, distaga.

deteindre, disliuâ.

deterrer, dizouara.

destiner, destina.

detonner, discana, distonñi

detordre, distrei p. oet.

detouper, distoufa,

detourner de, distrei dioc'h,

detour, distro.

detracter, danta gant e com-fou, lemel an hano mat,

v. denigrer.

detremper, dizempra.

detroit de mer, brec'h mor.

detruire, distrugea, disoberi

deuancer mont aroc, dialpen

nos deuanciers, hon re quent euidomp. *v, ancestre*.

deuant, quent euit, dirac, ebarz.

deuant hier, dé quent dec'h

deuant que ie confesse, ebarz coffes.

deueloper, displega, ditortil-la, divailluri.

deuantier, dauancher.

deuenir riche, pinuidicat, dont pinuidic.

deuers l'Orient, voar seuel heol, etrese ha seuel heol, diouz ma sao an heol.

deuider, dibuna.

deuider & parler beaucoup, diluia, diuanega e teaux

deuidoir, estel.

deuin, deuinour.

deuiner, deuina,

deuoiler, diouela, tenna ar gouél.

deuoir, dleout, renquout.

le deuoir, an deuer.

deuotion, item.

deuoier, dihincha, fazia voar

DI

an hent.

deuorer, taga.

denot item.

deux, daou, *fœm.* diou.

deux a deux, daou a daou.

dextre, dehou.

a dextre, an tu dehou, a goste dehou.

dexterité, foutildet.

d'icy la, ahan di.

diable, diaoul, azraouant,
ezreuent, drouc fperet.

Diacre, : diacr.

diaprer, marella.

diapré, marellet.

Dieu, Doue.

diffamer v. denigrer.

difference, diffarancç.

differer v. delayer.

difficile, diès.

difforme v. defiguré, difeçon

dignité, enorp. iou.

diligent, diligent.

diminuer, diminui.

Dimanche, Diful.

Dimanche des Rameaux, Diful ar bleûniou.

Dimanche de Pafquet, Diful
Pafq.

Dimanche de Pentecofte, Diful ar pentecoft.

dire, lauaret.

DI

puis qu'il faut dire tout, paz
eo ret difcoubla oll.

difcerner, diffaranci, diuis,
dilen, dibab.

difciple, difquibl, *p* difqui-
bien,

difcret, auifet, fur, fo leñ.

difcrettement, dre auis mat

difette, paourentez, tauan-
teguez, ezom, dienez.

difgrace, difgracç.

difloquer, dilec'hi.

le difner, al lein.

difner, leina, dibri e lein.

difparoiftre, difmanta, difpa-
riffa.

difpenfer, difpenfi.

difpofer ranger, ordreni, reiza, renca.

diffemblable, dishânval.

diffiper, prodiga.

diffuader, difalia.

diftant, pell.

diftinctement, frez.

diftiller v. decouler, bera, di-
vera.

diftrict iurifdiction, dalc'h

il eft dans fa iurifdiction, ema
en e dalc'h.

diuifer, ranna.

diuifion, rañ.

diuulguer, publia, emban,

DO

brudi.
dix, dec.
dixaine, dizenes,
dixiefme, decuet.
dix huit, trihuec'h.
dix neuf, nântec,
docile, defquibl.
docte, gouiziec.
docteur, doctor.
doctrine, gouizieguez, quelenadurez
dogue, dogués p. et.
doigt, p. bès, bis p. bifiat.
qui n'a point de doigts moign.
dol, tromplerez, fallagriez.
doler, taladuriat,
doloire taladur p. iou.
domaine, autrouniez,
fes domeftiques, e re.
domicile, ti, demeúrancç.
dommage, gaou, doinmaic'h
donc, eta.
don, donefon,
donner, rei p. roet.
donter, dônva,
dorer, alaouri.
vne dorée, vn doreaden, a-
   badoren.
dorefnauant, pelloc'h, hiuiziquen.
dormir, coufquet. foucha.
dos, quein.

DO

dot de fille, argouron, argo-
   brou.
doter, argouraoui, argo-
   braoui.
d'on, pealec'h, peban.
douaire d'vne vefue, enebars
douariere, enebarzerés, tre-
   derennerés.
doubler, doublà, copia.
doublure, doublur.
douillet, cuill, delicat.
douleur, eueus, drouc, poan,
   guentr,
dolent, guiridic.
douteux, douetus, maritell*
doute, douet, douetancç,
   maritell.
doux, doucç.
douceur, doucçder,
doucement, e doucç.
douet, ftanc, fter, ftiuel,
douuelles, duuellen, p. tuat.
donues, douefou.
douze, daouzec.
douzain, guénec, p efen.
douzaine, doucen.
dragée, drageou.
drap, mezer.
drapeau, mezerennou, le-
   fennou, lianennou, mail-
   lurennou pallennou.
drapier, drapes.

DR

draperie, draperez.

dreſſer, euna, rencâ, ordreni, quempen, dreſſa.

drogues, droguereſou.

le droit, ar guir.

bon droit, guir mat.

droit canon, guir canon.

droict, eün.

tout droict, rac eün, rac tal, rac enep.

la droicte, an dorn dehou.

ie vais a droicte, me y a dan dorn dehou.

ie viens de la droicte, dont a rân eus an dorn dehou.

a bon droict, gant guir mat.

quitter ſon droict, quittaat e vir.

droitier, dehouiat.

dru & eſpais, till, ſtahc, teo, fonnus, pull.

bon drôlle, palvat mat.

du tout, an oll dan oll, agren, anterinamant.

duel, duël.

dueil, caoûn.

habits de dueil, guiſcaman-chou caoûn.

porter le dueil, douguen caoûn.

dur, calet.

durcir, caleta.

DV

dureté, caleter.

coucher ſur la dure, couſquet voar an douar calet.

durant ces iours, ahet an deziou man.

durer, padout, chom.

le pain dure long-temps, ar bara ſo founus, ſplegeus.

durillon, caleden.

duuet, plum dumet.

dyſſenterie, diluich, flus goat

EA

E *An.* dour.

eau de vie, guin ardant.

eau dormante, dour ſac'h,

eau qui ſort des fumiers ou eſtables, hânvoès, haouès.

s'ebahir, ſoueza, eſtlami, a-baffi, ſaouzani, eſtonni.

ebat, gouliat, feſt, iolori, ebat, c'hoari.

s'ebatre, ebata, c'hoari, tremen ou diuerra an amſer.

ebaucher, commancç,

eblouir teualat an daoulagat

ebrancher diſcourra, divarra, diſcoultra, ſqueltrehua.

ecaille, ſquant.

plein d'ecailles, ſcantec.

ecailler, diſcanta.

ecarlate, ſcarlec.

a l'eſcart, a goſte.

I. Dour-daun. Eau profonde. Dordone du Udap.

EC

escarter, pellaat, cacç, pe lacat a gosté ; difpac'hat
s'escarter pellaat, pe tec'het
dioc'h &c.
ecaubuer, marra, ober marradec,
ecaubuë, marradec,
echafaut, chafaut.
echancrer, dichancri.
echange, cench,
echanger, cench.
echantillon, felpeñ, pez, p.
iou.
echaper, achap, mont quit,
en em tenna, pe diframa,
pe diftrapa dioc'h &c.
echapatoire, digare, efcus
echarpe, echerp.
echars, v. chiche.
echaffe, flach.
vn echaudé, fcauten.
echauder, fcauta.
echauffer, tomma.
echauguette, fantinell.
echele, fqueul, p. iou.
echeneau, cuden, pe coffaat,
pe bañ neut.
echeuelée, difcabellet
echine, mell quein.
eshoir, digoezout.
ecloüer, coll, pe ftequi e
leftr oc'h, fquei &c.

EC

A escient, abenvez, aratos,
abarfetet.
a bon escient, a devri, a greñ
eclair, luhet. daret. luiat.
il eclaire, luhedi, pe daredi
a ra.
eclaircir, fcleraat, fplanaat.
eclat de bois, fquirien, p. iou
eclat d'os, fquirien afcorn.
eclat de tonnerre, tarz, pe
talm curun.
eclater, luguerni.
eclipse, eclips.
eclore, diblufca
les fleurs s'eclofent, didînva
pe dihoan a ra ar bleun.
ecluse, fclus, p, iou.
ecole, fcol, p. iou.
ecolier, fcolaer.
econduire, reus.
ecorce, plufqueñ, rufqueñ.
ecorcher, quigna, dicroc'hé
na.
ecorner, difcorni.
ecornifler, toupina.
ecornifleur, toupiner.
ecot, efcot.
ecoué, befq, dilofteñ.
s'ecouler, diuera, tremen
ecouter, cleuet, chelaou, p.
oet.   (froefa.
ecraser, flaftra, mouftra,

EC

ecreuisse, grill *ou* gaur vor *ou* heguelestr.
ecrire. scriua.
ecritoire scriptoriou.
ecriture, scriptur.
ecriuain, scriuagner.
ecrouelle, drouc ar Roue.
ecu, scoet.
ecueil, carrec p. querrec.
ecuelle, scudel p. scudili.
ecume, eoñ.
ecumer, eonna.
ecurieu, guiber.
edenté, dizantet.
edifier v. batir.
education, magadurez.
effacer, effaci.
effaroucher, gouezaat.
effet, effet, fournissa.
mettre en effet ou effectuer, laquat en effet.
efficace, nerz, gallout, poès,
effigie v. pourtrait.
effleurer v. ebaucher,
effondrer divouzella, distlipa
s'efforcer v. tascher.
effort, poan.
s'effraier, strauilla v. s'ebahir
effraier quelqu'un, sponta, estlami vrebenac.
effroi, aoun, spont, estlam, fourm, souslam,

EG

effronté, divez, diuergont. hezr.
effronterie, diuergontis, herder,
effueiller, dizelia.
effusion, scuillerez.
egal, ingal.
egaler, ingali.
egarer, dianca.
Eglise, Ilis.
egorger v. decapiter.
egratigner crauignat, crisinat
eguiere, poteo.
eine, toul ar flanc,
s'eiouir v. se resiouir,
elans de aoulenr, pistic.
elancer, flemmi.
election, choas.
elener v. hausser.
Elephant, Oüfant.
elire v. choisir.
il est eloquent, prezec a ta magniuic.
eloigner v. ecarter.
emanciper, emancipa.
embabouiner, touella. trelati
emballer, paqua.
s'ebarquer, en em embarqui
embrocher, laquat ouz ar bèr
embaumer, oignamanti, em baumi.
embellir, caeraat, affeçonni.
embraser,

EM

embraser, lesqui, *p.* losquet.
embrasement, losquadur.
embrasser, briata, dastum,
   etre e divrec'h.
embrassement, briatat.
embrouiller, luia, roesta.
embuscade, embuscaden.
emmancher, troadi.
emmener, cacç, gata.
emmieler, melaat.
emonder *v. ebrancher.*
emousser, touigna, moucça.
emoy, pridiri, maritell, fa-
   ouzan,
s'emoier faouzani, maritellat
empaler, peulia.
empan, raouen
vn empan, vr raouennat
empaner vn traict, steuzia vn
   ten.
s'emparer de la ville, en em
   sesia eus vr Ker.
Empereur, Impalazr.
empescher, miret, pe bersa,
   pé diffen ouz &c.
empeschement, empechamát,
empestrer, huala.
empirer, goassaat, fallaat.
emplatre, palastr.
emplir, carga, leuna, barra.
emploier, impligea.
emplette, emplet.

EM

empoigner quelqu'vn, sesia
   vre benac, pega en &c.
   cregui oc'h &c.
empoisonner, ampouesouni,
   contami, binima.
empoisser, peca.
emporter, douguen, pe cacç
   ganta.
emprisonner laquat er prison
emprunter, empresti.
en, e, er, en.
en apræ, goudese.
en cachette, e cuz.
encan, ecan.
vendre a l'encan, guersa en
   ecan.
enceindre, encerna.
femme enceinte, grec hrasés.
encens, ezancç.
encenser, ezanci.
encensoir, ezancer.
enchaisner, chadenna.
enchanter, archanti, charmi
encharger, carga.
mettre a l'enchere, teurl voar
encherir, quer aat.   [&c.
enchenestrer, cabestra.
il est enclin a l'avarice, natur
   a ra deza beza &c. costeza a ra dan avaricç.
encleuer, enclaoui.
enclume, anneu.

D

EN

encore, arré, adarre.

ie h'ay encore eſtudié, nemeus
　quet ſtudiet c'hoaz.

encore que v. combien que.

encourager, encouragi.

encre, liou.

encrouter v. creſpir.

s'endeter, en em dlea, que-
　meret dleou.

endommager, ober gaou.

s'endormir, couſquet.

endormir quelqu'vn, laquat
　vrebenac da gouſquet.

endurcir, caleda.

endurer, gouzân p. ânvet,
　enduri.

eneruer, dinerza, ſemplaat,
　fallaat.

enerué, dinerz, ſempl, fall.

enfant, crouadur, buguel pl.
　bugale.

enfer, infern.

enfermer, ſerra, enquat, cloſa.

enfiler vne aiguille, laquat an
　neut en nadoz.

enfiler vn Chapelet, ſtropa vr
　chapelet.

enfler, couênui, c'hueza.

enflure, coênv.

enfler vne veſcie, c'hueza ar
　c'huiſignel.　　(eledi.

enfoncer, cacç dar ſoll, gou-

EN

s'enfoncer, en em laquat
　doun ebarz &c.

enforcer, creat, rei nerz.

enfouir, cuz et en douar.

enfourner, laquat er forn.

s'enfuir v. echaper.

enfumer, moguedi.

engager, goeſtla.

engainer, gouma, laquat er
　gouin.

engendrer, enguenta

engeoler touella, trelati, trin-
　cna, licaoui, gounit dre
　gomplou caer.

engin, ingin,

engloutir, lonqua.

engluer, gluda.

s'engouer, tarlonqua.

s'engourdir, beza bauet, pe
　cropet.

engourdi, bauet pe cropet.

engraiſſer, larda.

engrauer, engraui, ſcriua,
　imprima, lacat doun en,

engreger v. empirer.

engroſſir, braieſi.

enhardir, hardizaat.

enharnacher, harneſi.

en haut, voarlae, oc'hcreé'h

par en haut, dre ar c'hrec'h,
　dre al lae.

d'en haut, dioarlae.

EN

enhuiler, eoli.
enioliuer v. embellir.
enlacer v. atraper.
enlaidir v, souiller.
enleuer v hausser,
enleuer vne fille, rauissa vr
 piac'h.
ennemi, aduersour, p. ien.
ennui n. affliction.
s'ennuier, doania, darnaoni,
 scuiza.
s'enorgueillir, en em glorifia
enorme, direiz, diraison,
 dirollet, diuarc'het,
 dibropos, cruel, euzic,
 estlam, eston.
s'enquester, en em enclasq.
enraciner, planta, grizienna
enrager, connari, arragi.
enroller, enrolli.
s'enrouer, raoui, raouli.
s'enrouiller, mercla.
enrouement, raouladur,
ensanglanter, gouada.
sanglant, gouadet.
enseigne, enseign.
donner vne enseigne ou marque, rei vn arouez, pe vn
 aruezinti.
a l'enseigne que ie fis cela, en
 arouez ma ris quemét-se
enseigner, quelen, disqui.

EN   [descadurez

enseignement, quelenadurez
ensemble, quevret, assablés.
ensemencer, hada.
enseuelir, sebelia, liana,
enforceler, sorça.
entablement, fram an ti.
entamer, boulc'ha.
entamure ou château, boulch
entendement squiant, poellat
entendre, entent.
bien entendu, gouiziec.
enterrer, enterri.
enterrement, enterramant.
entéter, empenni, squei ar pé
entier, anterin.
entierement, an oll, a gren,
 antieramant.
entounoir, founill, trezer.
entortiller, tortuilla.
entourer, troidella voar dro
 &c v. enceindre.
entrailles, entraillou.
entrave, hoarn.
entre, etre.
entrelacer, mella, mesq.
s'entrenuire, an eil noasout
 d'eguile.
entreprendre de dire, quemeret da lauaret.
entreprise, affer.
entrée, dounediguez, antro,
entrer, antren, p. eet

s'entreteuir *v. conseruer.*

enuahir *v. emparer.*

enueloper maillura, tortuilla

enuers, equênver, daguehé-
　la, en andret.

tourner à l'enuers, trei vôar
　an tu arenep.

enuie, gourveñ, aui.

enuieux, auius.

enuier gouruen, auia, cahout
　aui *ou* goaruen oc'h &c.

enuieillir, coza.

enuoier, cacç.

s'enuoler, nigeal.

enyurer, mévi.

epais, stanc, till, puill, teo.

epaissir, teouaat.

epancher, scuilla, fenna.

epandre *v. etendre.*

l'arbre epand ses branches *v.*
　etendre.

epargne, espergn.

epargner, espern.

epaule, scoaz *p.* diou scoaz.

epée, cleze *p.* clezeier.

epeler, diguech.

eperon, quentr.

eperõner quentraoui, piquat

epi, tamoueseñ,

epices, spicçou.

epier, guedal.

epinars, pinochés.

epine, spern, dren, *p.* drein.

epingle, spillen *p.* spillou.

epinglier, spiller.

Epistre, Epistolen,

eplucher, dibab, dilen, di-
　coc'hi, diblusca, dicoc'héna

eponge, spoue.

epouiller, dilaoui, dilasteza.

epousaille, dimizi.

epouser, dimizi, eureugi.

epoussette, barr scuberés.

epousseter, scuba.

epouuente *v. effroy.*

epouuentable *v. effroiable.*

epouuenter *v. effroier.*

epraindre, tenna.

epreuier, sparfell.

epris, transporter, touchet,
　rauisset.

eprouuer, essea, eprouff.

epuiser, disec'ha.

equerre, scuezr.

Equinoxe, queit an deiz hag
　an nos.

equiper quempen, ausa, farda

equitable *v. iuste.*

equité *v. iustice.*　　　　[ha.

equiualent, ingal, quement

eriger, seuel, erigea.

Ermine, Erminic.

errer, fazia.

erreur, fazi.

ES

erres, aïrés.

escalader, fqueulia.

escalier, derez, *p.* diri, pe derezíou

escorte, compagnunez.

escorter, derc'hel compagnu [nez.

Espagne, Spagn.

Espagnol. Spagnol.

espece, fpeçç, fceurt.

espion item.

esquiuer v. echaper.

essaier v eprouuer.

estai, eflæ.

essarter, diftroeza

essein de mouches a miel het, pe taul guenan

essieu, aël.

essor, nich

prendre l'essor, nigeal, en em gorren.

essoreiller, difcoarna

essuier, fec'ha.

estimer, eftimout, prifout

estomac, eftomac, poul-galó

estropier, eftropia, mahaima

etable, marchauffi, craou

etage, etach.

etai, fcouazel.

etaier, tinta, fpeurella.

etain, ften.

etaller ftala, difplega. (c'het

etancher la soif, terri an fe-

etancher le sang, ftanca ar

etang, ftanc, len.   [goat

etançon v. etai,

etançonner v. etaier.

état, ftat.

été, hân.

eteindre, mouga, laza.

etendart v. enseigne.

etendre, aften, difplega, fquigna.

l'arbre etend ses branches, ar vezé a fquign he fcourou

eternuer, ftreuia.

eteuf, bolot.

etincelle v. bluette.

etinceler v blueter.

etique, vfet ha difmantet.

etiquette. tiquereñ.

etoille, fteren

etonner v. offroier.

etonnement v. effroy,

etoufer, mouga.

il fait etoufant, arneu, pe ar- neuzi a ra.

etoupe, ftoup.

etouper, ftoufa, ftáca, fteuia.

etoupillon, ftoufaill.

etourneau, tret, *p.* treidi.

etourdir, affori, trelati, aba- fti, faouzani.   (z ar

etourdissement, abaff, faou-

etraindre, ftarda, goafca.

etrainte v. angoisse.

ET

etrange u. enorme.
ie trouue étrange, annoas eo
  guenen, querse eo dîn,
  souez eo guenên.
vn étranger, vn estren.
étranger v, eloigner.
étrangler, estraugli.
estre, beza.
etrecir, enquat
étrene, derou mat.
etrieu, stleuc p. stleuiou.
etrille, scriuell.
etriller, scriuella.
etriuer, argui, tabutal, disput
etriuieres, lezr ar stléuiou.
etroit, enq.
etroitement, clos ha teñ.
etude, studi.
etudier, studia.
etui, custod, étui.
etuuer, etuvi.
euader v. echaper.
Euangile, Auiel.
s'euanouir, sempla.
euanouissement, gouscadeñ.
exeiller quelqu'vn, dihuna
  vrebeuac.
s'exeiller, dihun.
Euesché, Escopti.
Euesque, Escop p. Esqueb.
euident, patant, anat, scler,
  splan.

EX

euiter, tec'het, pellaat dio
  c'h, en em viret *ou* dihoal
  dioc'h.
exaü, teñ, piz.
exactement, piz.
exalter, vhela, exalti.
examiner, examina.
exaucer clevet, autren, p. eet.
exceller, feza areall.
excellant, excellant, esquis,
  magniuic.
excepter, excepti.
excepté, nemet.
excés item.
exciter, allia, attisa.
excommunier, excommunia.
excommunication, excom-
  munuguen.
excuse, digare, excus.
excuser, digarezi, excus.
execration v. malediction.
executer, executi.
exemple, scuezr, patrom, e-
  xempl.
exempter, ezempti.
exercer, exerci.
exercice, exercicç.
exhorter v. exciter.
exorciser, exorcisa.
exorcisme, exorcism.
expedient, moien.
expedier v. depescher.

EX

experience, experiancç.
experimenter v. eprouuer.
expert, goüiziec.
expirer, finiſſa, termina.
expliquer, diſcleria.
exploit, explet.
exploiter, expleti.
expoſer, expoſ.
expres aben quevridi.
exprimer, expreſſi.
exquis v. excellant.
exterieur, adiauez.
exterieurement, adiauez.
extraordinaire, dreiſt an or-
    dinal.
extrauagant, diboeller, tre-
    latet, direiz v. enorme.
extrauagance, diboell, dio-
    taich, direizamint, foçoni
extreme, bras, magniuic.
extrememant v. grandemant.
extremité, pen, terinen.
Extreme-Onct on, Nouen.
mettre en Extreme-Onction,
    noui, nouenni.

FA

F Able v. conte.
  face, drem, facç biſaich
ſacetieux, maruailler, farcer
facile, æs, habaſq, facil, reiz
facilité item.
faciliter, æſa, ſoubla.

FA

façon, feçon, neux, aruez.
fade, diſaçun, diſaoür.
fagot, fagoden p. fagot.
faillir, fazia.
faim, naoun, ilboüet.
faine, finigen p. finich.
faire, ober p, gret.   operari
vn faiſant, faiſant p. et.
faineant, dibreder, diualo,
    didaluez, luguder, louaut
faineantiſe didalloudeguez,
    luguderez.
fais, bec'h, ſam, carg, poés.
faiſſeau, bot.
faiſſeau de ronces, de vergis,
    de fougeres, bot drez,
    guial, raden.
famille, tieguez.
familiarité item.
familier item.
famine, carteri, quernez.
ſe fanner, goënui.
fanner le foin, eauſti foen.
fantaiſie v. fougue.
fantaſtique v. fougueux, in-
    conſtant.
fantoſme, buguel nos, en-
    quelezr, abuſion.
faquin v. maraut.
farcin, farcill.
fird item.
farder, farda.

FA

farde au v. fais

beluter   farine, bleut.

perdrix gou-   farouche gouez, tuſt.
efche

faſcherie v. afflicti on.

faſcher quelqu'vn, nec'hi ,
    doania vr ebenac.

ſe faſcher v. coureucer

faſcheux v. difficile.

fatras v. bagatelle,

faucher, falc'hat.

faucille, fals p. filſier

il faut, redeo, e renquer

il ne s'eſt gueres fallu qu'il ne
    ſoit mort , nendeus fallet
    nemeur ne deo maro, tre-
    de marz eo ne deo maro,
    dare *ou bien* etail e bet da
    veruel.

faux, falc'h, filc'hier

faubourg, faubours p. ou.

faucon, falc'han p. net

faueur, fauor.

fauoriſer, fauoriſa

faulx, faux, fals.

fauſſement , e gaou ,e faux ,
    fauſſamant.

faux Prophete , fals Prophec

fauſſeté, falſentez.

fauſſer, terri p. torret

faute, fazi, faut, goall

par ma faute , dre ma goall ,
    d'am goall.

FE

fecond, fonnus v. abondant.

feindre , oberman , ober
    neuz, fincha.

feinte, neuz.

felicité, eur, euruſdet.

femme en general , maoués ,
    femellen p. eſet.

femme mariée , grec eureu-
    get *ou* demezet.

femme groſſe, grec braſés.

femme preſte d'enfanter grec
    braſés dare.

femme ſterile, grec'h brehain.[1]

fendre, fauta, frailla, drailla,
    digoentra, ranna.

ſe fendre fauta, frailla, ranna

fente, faut, fraill .

feneſtre, peneſtr.

petite feneſtre dans le toict
    lomber p. iou.

fenil, ſanail.

fenouil, fanouill.

fer,[2] hoarn.

ferie, gouel.

ferraille, hernach.

ferrer, hoarua.

vn ferrement, vr clao.

ferme, ſtarr.

bailler a ferme, fermi.

fermer, ſerra.

fermer la porte, prena *ou* al-
    c'hueza an or.

1. Brehaigne
2. In aliqua Teutoniſmi Dialecto, ni fallor, vo-
catur Hiern.

FE	FI

FE

fermier, merour.
fertile, fonnus.
feruant item.
ferueur item.
le feste de la maison, lein an ti
feste, gouèl p. iou
feste de la Paroisse, march ar Parés, fest ar Parés, gouèl ar Sant.
feste des Roys, gouel ar brdiziant.
feste gardee, gouel bers, statudet, mirabl.
fester, miret, bersa vr gouel.
festin, banvez p. iou, fest.
festoier, banquetal.
festu, pailluren
feu, tan p. iou
feu flambant tan flam.
feu de la S. Iean tátat S Iean
feue, fauen p. fao.
feuille, delien p. iou.
feuillet, follen̄.
Feburier, Feuvrer, c'huevrer
fiacer, promitti dimizi.
fiaçailles promessaou dimizi
ficelle, fichel.
ficher, planta, fichella. ficha.
figer, sonna
fidelle, leal, fidel.
fidelité, lealdet
fief, dalc'h

FI

fievre, terzien, tetc'hen.
fievre quotidienne, tierce, quarte, terzien pem deiz, peb eil dé, quartel.
fiel, vestl.
fiente, teill
fier, rust, ten̄
se fier en Dieu, fiziout e Doue
figue, fiésen p. fiés
figuier, guezen fiés
figure, furm, feçon
fil du cousteau, lem ou drem ou baruen ar contel
fil, neuden p. neut.　*Netun*
fil de l'eau, cañ an dour
filer, neza.　*neve*
filet pour prendre les oyseaux, lacç, rouet
filets qu'ont les petits enfans a la langue, staguel
filace, lanfecç
filleur, filior
fils, map p. mibien
fils aisné, map hena
fils ou enfant de famille, map an ti.
fille de famille, merc'h an ti.
fille, merc'h p. et, plac'h p. et
fille aisnee, merc'h hena, pennerés.
fille de mechante vie pautrés
fin, fin, termen, issu

FL

fin mauuaise, drouc diuez, goal fin.

fin homme, den fin, ruset soutil

finesse, finessa, soutildez

fins & limites, termeniou.

fixement, piz

flacon item.

flageller, scourgeza, foueta

flagorner v. flater.

flairer, c'huesaat.

Flamand, Flamanc p. quet.

flancs, toullou flanc

flasque v. lasche

flater, flatra

flateur, flatrer.

flaterie, flatrerez

fleau, fraill.

fleche, ten, bir, sæz

flechir, plega, soubla.

flegmes, flemou.

flestrir groac'hellat, goênvi

Germ. Blum fleur bleûnuen, p. bleun

fleur de farine, bleut

fleurs des femmes amseriou, p. bleun, mercou, misiou.

fleurir, bleunvia.

fleute, fleut p. ou.

ioueur de fleute, fleuter

flot, goaguen, p. goagou

flocon de laine, pez gloan.

flux & reflux de la mer, tre

FO

ha lano.

foible, sempl, fall, dinerz.

foiblesse, fillidiguez, sempli-diguez.

foie, aü.

foier, oalet

foin. foen.

foire, foar, p. iou.

foaire, plous querc'h, colo.

fouine, mart.

fois, guez, guech

vne fois, deux fois, trois fois, quatre fois, cinq fois, vr vez, diuez, teir, pedeir, pemp guez. (guez

iusques a trois fois, abenteir

fol, disquiantet, trellatet, diboellet

folie, sotoni.

fomenter la paresse, mezur au diegui.

foncer aux frais, fournissa dar misou.

fond, goelet, sol.

le fond de l'affaire, ar fond an affer.

fonde, batalm,

fondement, fondamant.

fonder, fonta.

fondre, teuzi.

fondriere v. bourbier,

fonds de Baptesme, men funs

Triboulet

FO

men font, men badiziant

fontaine, funtun, *p,* iou.

forbu, forbuet,

force, nerz, (nerz

sans force, hep nerz, hep bar

par force, dre gontraign, par força.

forces ou ciseaux, guelteoû.

forclore, priua.

vn fort vr c'hre, *p.* ou

fortifier creat, fortifia.

forcer, contraign, força.

forest, forest, coat. *Arden.*

forfait, torfet, crim.

forge, gouel, forch.

forger, forgea.

forgeron, go, mareschal.

formage, fourmach

forme, furm.

former, furmi

fornaise, fournes

fornication, paillardiez, luxur, lubricité.

fors Pierre, nemet Pezr.

fort, meurbet, forz, meur.

fort humble, forz humbl,

fossé, vr poull.

fossé, cleus, *p.* iou.

fortuitement. dre chancç,

faire vn fossé, cleuziat.

fossette, poullic.

force ou tourne la meule du

FO

moulin, poul rot.

fossoieur, cleuzier.

fouet, scourgez, fouet.

fouetter, scourgeza, foueta.

foudre, foeltr.

foudroyer, foeltri,

foudroyé d'vn coup de tonnerre, foeltret gant vñ talm curun.

fougere raden. *Gall. Ratin. Diosc arid. libr. 4. c. 165.*

fouiller clalq, fouilla.

fouir, cleuzia. (pobl

la foule du peuple, ar foul er

fouler, mac'ha, foulla.

fouler le drap, cóma mezer.

four, forn.

four commun, forn guir, pe boutin, pe banal.

fourage, v. foaire

fourbir rinsal, diuercla, pura.

fourche forc'h *p.* ferc'hier

fourchette, fourchetés

fourchon d'vn arbre, gaul, pe sclaf ar vezen.

foureau, gouin. *vagina*

fourgonner, firboucha.

fournier, forner.

fourmiliere cruguel merien

fourmi, merienen, *p.* merien

fournaise, fornés

fournée, fornat.

fournir, fournissa.

FO

robbe fourée, fae fouret.
fouteau, guezen fao.
foyer, oalet.
fouruoyer fazia voar an hét,
    dihincha.
foy feiz.
fragille, brefq.
fragilité, item.
fragment darn, rannic
frayer le chemin, mont aroc,
    difcueus exempl.
frain. brid.
frais, frefq.   (pign.
frais & depens', mis ha dif-
fraife, fivien, *p.* fivi.
framboife, frambouefen, *pl.*
    framboés.   [boés.
framboifier, guezen fram-
France, Francç.
François, Francés.   (laouet
vn François, vr gall *pl.* gal-
frelater, farloti, frelati
franc, franc.
franchement frez, franc, fe-
    der, reiz, cren,
franchife, franquis, minichi.
fraper v. batre.
fraper des mains, ftaqual an
    daouarn.
fraude, fallagriez, tromple-
    rez', abufion, tricherez.
fredonner, fringoti, fredôni

FR

frequenter, darempret, *p.*
    der, frequenti.
fremir trefremi, fcrigea, cre
    na gant aoun eguis bat
    deliou.
frere, breur, *p.* breudeur.
frefne, oen.
frefle v. fragile.
freter vn Nauire, freta vr
    leftr.   (vroign.
fretiller,   fiftilla, beza y
friand, lipous, licher.
friàdife, licherez, lipouferez
fricaffer, frita
fricaffee, fritaden.
terre en friche, tirien, douar
    dilefet.
frilleux, annouedus, riuidic
frife, fris.
frifé, frifet.
friffon cridien.
friffonner, fcrigea, crena,
froid, ien.   [ret. lent
receuoir froidemet diqueme-
froidure, ienigen, riou.
froiffer, flaftra, terri, friqua,
froncer le front, criza e dal.
froncles, gor, efquet.
front, tal.
froter, frota.
fruit, frouez, *p.*
fruftrer, priva, dioueri

FV

fueille, delien, deliou.

fueillir, deliaoui.

fuir, tec'her dioc'h „ mont quit, achap quit.

fuite, tec'h.

fumée, moguet

fumeux, moguedus.

fumer, moguedi.

fumer la terre, teilla ā douar.

fumier, bretuguen, bern teil

funerailles, seruiçç.

funeste, eston ha truezus.

fureur v. rage.

furieux v. enragé.

fuseau, guersit, p guersidi.

fusée de fil, guersidat neut

fusée de poudre a canon, fusennou

fusil, diren

fustaine, fusten

fustaille, fustaill

futur, da zonet

fy fy, fec'h

GA

GAbelles, gabel

gage, clauftre

gage pour quelque chose prestée, greftl

gage recompense, gopr. commanant, recompancç

gai v. ioyeux.

gaigner, gouit p. nezet

GA

gaigner vn mal , daftum vn gain, gounit (droue

gaillart, laouen. mao, feuen, gaillart, dreo, gardiz.

galetas, fuler

gaine de coufteau, gouin

gaine d'epée, feur ar cleze.

mettre l'epée dans son fourreau, gouina ar cleze.

gale, rouign.

galeux, galoux, rougnus

galeres, galeou

galeries, galeri

galon item.

gand manec p. egou.

gands de Noftre Dame burllu

gangrene, gangren

garantir, goarenti

garand, goarant

garçon, pautr p. et

garde, goard p. det

prendre garde, laquat euez beza voar euez.

garder, miret, dihoal p. llet.

bailler en garde, rei da viret, rei carg.

garde robe, priue, cambr, æz.

gardien, mirer, gardian.

garenne, goarem p. iou.

gargariser, gargarifa.

gargouiller, gargouillat.

garnir, goarniffa.

GA

garnison, garnison.
garniture, goarnitur.
garotter, eren p. eet, amarra,
    liama.
gasche, torz. p iou. tourtell.
Gascogne, Goascogn.
gason, mouden glas *pl·* mou-
    det.   (stel.
gasteau, quingn p. ou. goa-
gasteau de cire, torz coar.
gaster v. souiller,
gauche, cleiz.
gaucher, cleiziat.
gauchir, trei a goste.
se gausser de quelqu'vn v.
    moquer.
geay, gueguin, p. et.
geant, enquélezr, gigas, geāt
gelée, reo.   geler, revi.
gesne, tourmant.
gesner v affliger,   [fat.
gemeaux, eus vr mémes cof-
vn gemeau, vn auter coffat.
gemir v pleurer,
gencive, quic an dent.
gendre, map caer.
generalement, e general.
genest, __balan.__
lieu plein de genest, balanec.
genisse, ouner.
genouil, glin, p. daoulin.
gens, tut.

GE

quelques gens, vic.
gentil, *agreable,* coantic, pro
    pic, dereadic, mistric
geolier, geolier
gerbe de blé, malan it p. ma-
    lánou *ou* malanet.
germain, compès
germer, quellida.
geste, gest. feçon p. iou.
geton, getouer p. ou.
gibelet, guimelet p. edou.
gibet, croug, potancç
gingembre, gingebr.
girofle, tach girofl.
giron, barlen.
glace, iorn, scorn, clezr.
glacer, sorni, scorni, clezra.
glaire d'œuf, guen vi.
gland, mesen p. mès
au glan, __mès.__
glande, gouagren.
glanner, tescaoui, pennaoui.
glisser, riscla, rampa, lampra
glissant, risclus.
gloire, gloar, enor.
glorieux, glorius.   (eus.
se glorifier de, en em glorifia
glosser, cloc'hat.
glu, glut.
gluau, goalen gludet
gluer, gluda.
goemon v. algue.

GO

gomme, gom
gond, mudurun
gorge, couzouc.
gorge rouge, boc'h ruz.
gosier , gargaden , gourlan-
  chen, gornaillen.
goufre, golf mor, poultroë.
gouiard, gouiart.
goulet, gourgouzic.
gourd, bauet.
gourmand item,
gourmandise , gourmandis,
gourmette, grom
gousse, plusquen.
goust, blas.
gouster, tânva.
prendre goust aux viandes,
  quemeret blas er bouet.
goutte d'eau, louïm, bānec'h,
  strill, beraden.   (nec'h
goute à goute, banec'h, a vā-
les goutes, gouttou
goute , grape aux mains &
  aux pieds, glisi.
goutiere, nouet, cañ.
gouuernail, stur.
gouuerner, gouarn , condui.
gouuerneur, gouarner.
gouuernement, gouarnamāt
grace, gracç
graces a Dieu , a drugarez   (Doue
gracieux, gracius.

GR

grain, greünen p, greun
vn grain de blé, vr vinizen
graine, hat,
graisse, lart, druzoni.
graisser, larda.
Grammaire, grammel.
grand, meur, bras, picol.
grandement, meurbet, forz,
la grandeur ou taille, ar mét.
les grandeurs, an enoriou.
grange, granch.
grape de raisin, branc raisin.
gras, lart, dru, cuiil, stanc,
grater, crauat, grafat.
gratelle, roign.
grauelle , men grauel.
grauer , imprima, scriva,
  lacat Doun.
grauier, groan.
grauir, grimpa.
gré , grat
Grec, Grecian p. et.
Greffes, Greffou.
Greffier item.
Grenade, Grenadés.
grenier, grignol.
grenouilles, ran, p et.
gresle menu, moan, tanaü.
gresle, grisill. cazare'h.
grene, trez.
grief, grevus.
grifes, griffou, pau,

grene

GR

grifon, grifon
grignoter crignat
grille, grill, grillet
griller, grilla
grimace, neux
grincer des dents, gringnoça
    an dent, grinçal
gris, gris
deuenir gris, guenna, grisa
griue, drasq *p.* quet
groin, gronch
grommeler, groignal *p.* net.
gronder, grognal, gronda,
    grougnal, grontal
gros, teo, stanc
femme grosse grec brasès.
grosseur, teoder
groselle, spezaden *p.* spezat.
grossier v. lourdaut.
grue gru
gruau, brignen
guarir, guellaat, ausa, renta
    iac'h *ou* salo, *ou* gaillard,
    pare, yac'haat
gué gouez, goaz douar.
guenille pillen *p.* pillou
eguenillé, pillaouec.
guenon v. menton.
guenon beste marmoux *p.* set
guepillon, sparf
gueres, uemeur, nemat,
guerre, bresel *p.* iou

GV

guerret, havrec.   [pen
guespes, guezpeden *p.* guez-
guespres, train queheusou ,
    gueltrezou , baudreou.
guet, guet   [quetus.
guetter , guedal, beza ac-
de guet a pans v. a escient.
gueule, gueol
gui,[3] dour dero
guide, côductor (daoulagat
guigner des yeux signa gant
guilée bar glao, caouat glao
guinder gorré *p.* oet. guintal
Guirlande Garlantez
guise, guis *p.* iou.
a gutse, eguis.

HA

Habile, habil, capabl.
habit, guiscamât, dil-
habit de toille, crès.   (lat.
habiter v. demeurer,
habitation, demeurancç.
habitude v. coustume.
s'habituer v. s'accoustumer.
hache, boc'hal.
hacher, troc'ha, munut, mu-
    nudi, drailla, brusuni.
hachis, hacheis.
haie, cleuz *p.* iou, quae, garz
    p. guirzier.
haine, cass, cassoni, erés, ma-
    licç, ienigen, glasentez.
                       hayr

HA

hair, caſſaat, cahout maliç, malicça oc'h &c. glaza oc'h.

hale, covi.

halebarde, halabarden.

halener, tenna e alan.

haleter, huanada, beralani.

haliër, garz, ſtrouezec, dre- (inec.

hameau, ſquiberic.

hameçon, higuen.

hanche, pen a lès.

les hanches, an diou lès.

hanneton, cuill dero.

hannir, gouriziat, griſtillat.

hanter v. *frequenter.*

hantiſe, darempret.

haquenée, hinquané.

haraſſer, ſcuiza.

hart, v, *lien.*

harceler v, *afliger.*

harcer les chiens apres quel- qu'n, iſial ar chas voar lerc'h vre, argarzi &c.

harder, cench.

hardy, hardiz, diſaouzan.

hardieſſe hardiſon, hardiſdet

harang, harinc p. quet.

hargneux, craignoux, le- gaſus, quiſidic.

haridelle, ſprec'hen.

haſlé, groès an heaul

haſlé, roſtet gant an heaul.

HE

haſter, haſta, diffre, depech

i'ay haſte, mal emeus, haſt ameus. (tés.

hauſſe de ſouliers corniel bo- mettre des chauſſes aux ſou- liers corniella boutou.

haut de chauſſe bragou, au- (tou. *Braccas*

haut, vhel (tou.

hauteur, vheldet.

hauſſer gorren p. roet, ſeuel, p. ſauet, guinta.

le haubois, ar binion bras.

havre, porz mor.

heaume, caſquet. *Rocher dans la Manche, ainſi nommé.*

helas, allas, ſioaz.

hebeté v. *eſtourdi.* (gueaut.

herbe des champs gueautén p.

herbe du iardin, louſaouén p. louſou.

les herbiers, al laſtez.

oſter les herbiers de l'airette, dilaſteza an eruen.

Hereſie, Hereſi.

Heretique, Heretic.

heriſſer, ſeuel. dreſſa.

heriſſon, heureuchin.

heritage, heritaich.

heritier, heritour.

Hermite, Hermit p. et,

heron, querheis.

herſe, hoguet.

herſer, hoguedt.

E

HI

herse d'vne ville, barier.
heure, heur, *p.* iou.
heureux, cürus guinvidic.
heurter sa teste contre le pa-
   rois, stequi e ben ouz ar
   moguer.
heurter, bunta.
heurter a la porte, squei voar
   an or.
Hibernie, Islandr.
vn Hibernois, vn Islandr.
hibet, fubuen, *p.* fubu.
hibou, caouen. *p.* net.
hideux, euzic, cruel, terribl,
   estlam.
hier, dec'h.
hipocras, hipocras.
hirondelle, guenneli, *p.* et.
histoire, histor, *p.* iou,
hocher, orellat.
homicide, muntrer.
peché d'homicide,   muntr,
   muntrerez.
faire hommage a quelqu'vn,
   ober goazouniez da vre.
homme, den, *p.* tut.
homme de bien, den honest
homme, suiet, goas, p guisien
homme marié, ozec'h, *p.* e-
   zec'h.
honneste, honest.
honorer, enori.

HO

honneur, enor, *p.* riou.
honnir v. deshonorer.
honte, mez, dismegancʒ.
honteux, mezus.
hontoier, ober mez.
hoquet, hic.
horloge, horoloch.
hormis, nemet   (tiou.
horreur horror *v.* abomina-
horrible v. terrible.
horriblement, euzic.
hors, ermés, emés.
hors d'aleine, dialanet.
Hospital, Hospital.
Hospitalier,   gouarner, pé
   mæstr an hospital.
hoste, hostis, *p.* ien.
hostel de Ville, ty Ker.
hostesse, hostises, *p.* et.
hostelerie v. tauerne.
hotte, boutec.
houe ou hoyau v. beche.
houlette,   crocç buguel ar
   saout.
houpe de laine, torchat gloã
houssaie quelennec.
houssine v. baguette.
houx, quelen.
hucher gueruel a boès e bé,
   houpellat.
huer quelqu'vn, crial ou hu-
   peri voar lerc'h vre benac.

HV

huge, arc'h.
huile, eol.
huiler, eoli.
huistre, istren, p. istr.
huit, eiz.
huictesme, eizvet.
huictaine, eizvet.
humain, humen.
humble, humbl.
humilité, humilité.
humblement, humblamant.
humer, lonqua. (nion.
humeur, humor, natur, opi-
humide v. moite.
humidité v. moiteur.
hune de nauire, castel al lestr
hupe, querniguel.
hurler, iudal.
hurlement, iuderez.
hydropisie, hydropisi.
hydropique, nydropic.
hypocrisie, hypocrisi.
hypocrite, hypocrit.
hydromel, dourmèl.
hysope, hysop.
hyuer, goân.
hyuerner, goânvi.

IA

I Abot, crubuill.
i'açait que v. combien que.
Iacques, Iacqués, Iacob.
iade, pesel.

IA

iadis, troall, guezal, guecha-
  rall.
ialoux, oasus, ialous.
ialousie, oaz goarisi, ialousi
  goazrisi.
iamais ie ne fis cela, bizcoaz,
  ne ris-se.
iamais ie ne le feray, biruiquen ner gun.
ie ne bois iamais, ne euân ne-
iambes, diou c'har. [pret
homme qui a de longues iabes,
  labasquennec, icarinec,
  louanec. (ar gar.
le deuant de la iambe, criben
le gras de la iambe, coff ar gar
le bas de la iambe, goelet ar
  gar. (treus cam.
iambe torte, gilgam, treuset,
iambon, iambon,
Ianuier, Guênver.
vne iaquette, vr iupen, vr
  flotanten.
ianer v. abaier.
iardin, liorz, iardin.
iardinier, iardiner.
iarretiere, lian loer, ere loer.
iarret, iaritel.
iars, ar garz ar guirzi.
iaser, farçal, maruailla.
iatte v iade.
iauelle, mallañ.

IE

iaueler, endram, *p.* et.

Speculum iauelot, ſpec.

ꝛʰAigus iaune, melen.

deuenir iaune, dont melen, melcnaat.

iauniſſe, terzien iauniſs.

iceluy, hennés, honnés.

icy ou ie ſuis, aman elec'h ma idoûn

icy deſſus, aman ahuz.

d'icy a quatre ans, ahan da beuar bloas.

Idolatre, Idolatr.

Idole, Idol.   ie, me.

ietter, teurl, p. taulet, ſtrinca cincla, cacç, ſtlapa.

ietter vne pierre, ſtrinca vr men.

ietter par deſſus, teurl dreiſt.

iet de pierre, taul men.

ieu hoari, p. iou. iolori, ebat

Dies Iouis Ieudi, Diriou.

ieune, iaouanc.

des ſon ieune age, a vihanic.

ieuneſſe, iaouanctis, iaouanctet.

vn ieuſne, vn iun, p. iou.

ieuſner, iuni.

eſtre a ieun, beza voar iun.

if, guezen ivin.

ignominie, diſenor, diſincgancç, infamité.

IM

ignorance, ignorancç.

ignorant item.   [rigen:

illuminer, illumina, rei ſcle-

Image, Imaich.

imagination, faltaſi.

imaginer, ſongeal

imbecille, dinerz, ſempl, fall.

imiter, imita, heul ar roüt eus &c.

de temps immemorial, a beb

immenſe bras infinit (amſer

immoderé v. enorme.

immortel, item. immodeſte : oriat, gadal.

immuable, ſtart.

imparfait, diparfet. [ſidic

impatiant, berboellic, qui-

impertinent diauis, dibropos

impetrer de Dieu, cahout digant Doue.

impie, criz hag indeuot.

impitoiable, digar, didruez, ten, ingrat.

implorer, implori, goulu requeti.

importance, poès, import...

important, poeſus, ponner important, grevus.

il importe, important eo.

il n'importe, ne vern quet, ne deus quer a gas.

importuner, hegacç, nec'hi,

IN

impotent, feziet.

Imprimer, Imprima.

imprudence, dieuezdet, di-
　fonch.

impudique lubric, vill.

imputer, attribui, tamall.

incertain, incerten.

inceffamment, hep paoués

incifer, fauta, fqueigea.

inciter v. exciter.

incommode, diés

incommodité, diefamant.

incomparable, dupar

inconnu, dianauezet

inconfideré, dieuez, difonch
　difourci, hep rat.

inconfideration, dieuezdet,
　difourci, diuelconi.

inconftant, berboellic, fcân,
　fcânbennec, variant, pen-
　fcort.　　　　　[buau.

incontinent, preft, pront,

incontinent que ie vis cela, a-
　dal ma velis-fe, querquér
　ha ma velis-fe, quer bua
　ha ma velis-fe.

incredule, difcridic.

incurable, diremet.

indecent dishoneft.　　[ret.

indicible, n'ouffet quet laua-

s'indigner, en em offanci.

Indulgence, Indulgencç.

IN

inegal, difpar.

infame, infam.

infamie, difenor, infamité.
　difmegancç.

infecter v. impoifonner.

infidele v. traiftre,

infidelité v. trahifon.

infirmerie, infermeri

inflexible, ten, ha nouffet
　quet e foubla.

s'informer, en em enclafq

s'ingerer de faire, en emel-
　lout d'ober.

ingrat, ingrat, dianaoudeç.

ingratitude, ingrateri, dia-
　naudeguez.

inhabité, diannezet.

inhumain v. barbare,

iniure, iniur, p iou.

iniurier, iniuria.

iniufle, iniuft,

innocent, innoçant, divlam,
　pe glan, pe pur ha net a
　bec'het.

inquiet, berboellic.

inquieter, troubli.

infatiable, dioualc'h.

infipide, difaour, difaçun,
　divlas.

infolent, divez, difolit, di-
　uezet, divergont.

inftruction, quelennadurez,

IO.

descadurez quentel.
instruire v. enseigner.
instrumët, béhuec, p.biniou
instrument a frapper en cou-
   pant, clao.
intenter vn proces, intenti vr
   procés.
interieur, adiabarz.
interpreter, discleria, inter-
   preti, quemeret.
interroger interrogi, enclasq
   goulen.
interualle, spacç.
intimer, aiourni, intima.
inuiter, allia, connia, inuita
inueêtiuer contre, crial voar.
inuentaire, inuentor.
inuoquer v. prier.
inusité, digultum.
inutile, discter.
ioyaux, ioaiusou.
ioind'e ioenta, laquat quevvret *ou* assamblès, assem-
   bli, souda. frama.
ioignant tost da, eharz, equichen, tost a dost.
iointure, fram.
coint   *iolg,* propic, coant.
ioliment, propic, coantic.
ions, broen.
lieu plein de iones, broennec.
ioué, iot, boc'h.

IO.

ïoues, diouchor.
ioue potelée, iorpodelec.
iruer, hoari p, riet, ebata.
ioueur, hoarier.
iouflu, iauedec, guenaouec.
ioug, ar yau, yeu.
ionir de &c. iouissa, eus &c.
iour deiz p. deziou, dé p. de-
iournée, deuez.   [ziou
iour faillât, entre iour & nuit
   etre nos ha deiz, dar mare
   ar rouegeou,
a tel iour qu'axiourd'huy, da-
   guisin an deiz man, da
   gueuer an deiz mañ
deuant le iour, dirac an deiz,
   pell quent an deiz.
de iour en iour, a zeiz e deiz,
le iour des Trespassez, Gouèl
   an Anaoûn.
de ce iour en vn an, an deiz
   man penlian, penlizen,
   pe pen bloaz.
d'axiourd'huy en huit iours,
   de Dimanche en 8. iours,
   hiriou a ben sizun, Disul
   a pen eiz deiz.
iour ouurier, deiz pemdeiz.
iourneau de terre, deuez arat
papier iournal paper pemde-
   z iec.
ioie, leuenez, ioa, ioausdet.

IV

ioieux v. gaillard,

ire, buaneguez, coler brouez.

trriter vl aigrir.

Isle, 'enefen, enés.

iff de bas lieu, fauet a lec'h ifel, pe difter.

iffue, iffu.

fe incher, clugea

inchoir, clut

Iuge, Barner.

inger, barn.   (faos.

iugement faux, bardiniguez

iugem't dernier barn diueza

bon iugemēt, fquiant mat.

Iuif, lufeo p. eu ien.

Iuillet, Gouezre.

Iuin, Mezeuen.

iument, cafec p. quefec.

ius n'vne pōme, doar vn aual

iuoire, olifant.

inrer, rouet, ober vn le.

iurement, le p.eou, ledouet p.edou.

iufques a prefent bete vremā

iufques a quād, pe bete peur?

iufte, iuft, guir.

iuftice, guir, iufticç.

fe iuftifier, en em iuftifia.

LA

L A, eno, di.

la ou nous eftes, afe.

la haut, aont.

pñ6s

LA

la ou il eft, elec'h ma idi.

labeur, labour,

labeur de terre gounidiguez

labourer n. cultiuer. [dec.

laboureur, labourer, gouni-

labourage, gounideguez, labour.

lacer, la ça, fermi.

lac, laguen.

lacune, poul, laguen.

laset a prendre oyfeaux, lacç, rouet. p. geou.

ladre, lovvr, lovvr pezel

ladrerie. lovrez.

deuenir ladre, lovri.

laict, lez.

laitue, letufen, p. letus

laictue pommie, letufen pommet.

laid v. vilain,

laideur, loucder, viltançç, loudournez, loudouricz

laine, gloan,

laiffer v. abandonner.

lambeau v. morceau.

lambris, lambrufc.

lambriffer, lambrufca

lame d'epée, lamen clezé

lamenter v. pleurer,

lamproie, lamprezen

lampe, lampr.

lance, goao, lançç.

LA

lancer, teurl, dardi, tenna,
　　ſtrinca.
lancette, lancetés
lande, <u>lannec</u>, *p.* lannëier,
　　menez, *p*, iou,
landier, *v. chenet.*
langue, teaut, *p*, dou.
langue de terre, bec douar.
langage, langaich.
langart, teaudec, lanchenec,
　　p, lancheneier.
langes v. drapaux.
langueur, languïs.
languir, languiſſa.
lanterne, letern
lapider, labëza, lapida
Lapin, couniel, *p*. et
laquais, <u>laqués</u>, *p*. liquiſien
lard, quic ſal.
plein de lard, druz, lart.
larder, largeza
lardoire, largeouer
lardon, largez, *large*, ledan.
largeur, ledander,
la largeur d'vn pouce, treus
　　vr meut, vr meudat.
vne larme, vn dazlaouen,
larme, dazrou, dárou,
larmoier, dazlaoui.
larcin, laeronci.
laron, laër, *p*. laëron.
las, ſquiz, darnou, darnaouet

LA

laſſitude, ſcuiſder.　　　[g.
laſſer, ſcuiza, darnaoui, fati-
laſche v. pareſſeux.
laſchete, didalloudeguez
laſcher, leuſquel, *p*. lauſquet
late, goulaz, en *p*. goulaz
latrine, priueou.
lauande, lauand.
lauer, guelc'hi, guoalc'hi,
laueure des porcs, guelien
　　moc'h.
lauandiere, couerés, guen-
　　nerés, guelc'herés.
vn laurier, vr vezen lore.
laurier, lore.
branche de laurier, bar lore.
lay, lic.
leche de beure, ſclozren amã,
　　ſe oeraden aman.
lecher, lipat,
leche plat, lipoux, licher,
　　pitouill.
leçon, quentel, *p*. iou, ar
　　guentell
Lecteur, lenner *lecture*, leñ.
leger, ſcân, buhan.
legitime, legitim.　　[mâret
legs, legadou, madou teſta-
le lendemain, an tronos.
lent, lent, gorrec, ponner
lentement, gorree gouſtat,
　　gouſtadic,

LE

lente de teste, nezen p. nez
lequel, pehini, p. pere.
lesart, glasart,
lese, lec'het, ledander.
leton item
lessiue v. buée.
leste, quempeñ. distag
lettre missiue, lizer p. ou.
lettre dot vn mot est composé,
   lizeren p. lizerennou
letrin chant eleo.
leuain, gouell,
pain leué, bara go,
pain sans leuain, bara paneu
la leuée de Saumur, an vhelen Saumur.
mettre la paste a leuer, lacat
   an toas e go.
leuer, seuel p. sauet, gorren,
   p, gorroet,
leuer des gens d'armes, seuel,
   pe dastum, tuc a armou
Soleil leuant, seuel heaul
leuier, loc'h houarn.
leures, diveus, muzellou
leurier, levrer p. levrini.
faire la buée, ober couez, pe
   ligeou,
liard, liard, p. det.
liberal, larg,
liberalité, larguentez.
liberalement, e larg.

LI

liberté, roll, liberté.
LIBRAIRE, LIBRER.
LIBRAIRIE, LIBRERI.
libre, libr, franc.
librement, a galon vat, frác.
lice, pen a liçç.
licher, lipat.
licite, permettet.
licol, cabéstr.
lict, guele. p. eou.
litiere pour porter, leter p. iou
lie, li.   *liege*, lech.
souliers liegés, boutou lechet
lien, ere, p. eou, amar, liam.
lien de genest, scoden balan.
lier v. garoter.
lierre, ilio.
lieu, lec'h p. iou. placç carter p, iou.   (ber-se
au lieu de faire cela, elec'h o-
Lieure, gad, p. dou, pe gue-
   don.
chasser au Lieure, gadonna.
Lieutenant, Letanant.
lieue, leau p. levou
lignage, lignez.
ligne, rouden.
ligneul, lignol.
limaçon, melc'hueden p.
   melc'huet.
lime, lim.   *limer*, lima.
limure, limur, linadur,

LI

limiter lacat termé, termina

limon, glan dour.

lin, lin.

champs de lin, linec.

lingerie, lienach.

linceul licer, p. iou.

linteau ou sueil, treus, p. ou.

linge, lian.

Lion, Leon, p. et.

lipu, muzellec.

liquefier, teuzi.

liquidé, tanao,   *lire,* leñ.

lis, fourdelisen.

lisiere, lesen, beven.

lisser, polissa.

litiere de beste, gouzer.

couper de la litiere, gouzeria

vne liure, vr liffr.

vn liure, levvr, p. iou.

liurée item.   *liurer,* livvra

locataire, gopraour, p. go-
    praidi, cambrer.

loger, logea, diquemeret.

loier, gopr, commanant.

loin, pell.

de loin, a bell, a diabell.

loisible, permetter.

loisir, spacç, amser.

ie n'ay loisir, ne dizân quet,
    nemeusquet, a spacç, *ou*
    a amser.

long, hir.   *longueur,* het.

LO

long chemin, hent hir, pell.

au long & au large, ahet hag
    a dreus.

longuement, pell, hir.

lopin v. morceau.

lopin de laine, torchat gloan

loquet, loquet.

lors, neule.   *lors que,* pa.

lots & ventes, loudou ha

lotir, lodéna. ranna [vétou.

louable, meulabl.

loudier, loudier,

louer, meuli.

louer vne maison, fermi vn ti

louage de maison, ferm an ti.

louange, meuleudi.

louche, bicl, luich.

Loup, bleiz p. izi.

louue, bleizés,

loup garou, den bleiz

loupe, loupen.

lourd, lent, ponner,

lourdaut, scouarnec, rust,
    gouez, luguder.

loutre, dourqui, p. dourchas

Loy, Lesen, gourc'hemen
    ordrenancç.

loyal, leal, guir, fidel.

loyauté, lealdet, feiz.

loyer, gopr, recompancç.

luicter, gourenner.

lucarne, lucan.

LV

luicte, gouren.

luicter, gourenna.

lueur, scleur.

luire, scleraat, sclerigea, scle
　rissa, scleria, luguerni,
lintra, goulaoui.

lumiere, sclerigen, sclerder,

mettre en lumiere, lacat e
　goulou.

luminaire, allumaich.

Lundy, Dilun.

Lune, Loar,

lunettes, lunedou.

l'vn & l'autre, an eil hag e-
　guile.

luxure v. paillard se.

luxurieux, luxurius.

MA

MAcerer, castiza.

machine, ingin.

machiner, songeal, inuenti

macule v. tache.

magazin item.

magnifier, meuli.

magnifique, magnivic

Maiesté item.

maigre, treut.

maigrir, treudi, castiza, dif-

maille, mezell.　　　[neuzi.

maillet, horz p. iou

maillette, tach.

main, dorn, p. daouarn.

MA

qui n'a point de main, disorn

main de papier, menat paper

de main en main, a zorn da
　zorn.

maintenant, breman

maintenir v. conseruer.

maintien parfait, feçon par-

mais, hoguen, hegon　(fet.

ie n'e npuis mais, ne hallân
　gorec an drase, ne doûn-
　quet, quiriec oc'h an dra-
　meshuy, veteiz.　　　(se.

maison, ti: p. tiés, pe tier,
　demeurancç.

maison de Ville, ti Ker.

de maison en maison, a di e ti

Maistre, Mæstr, p. mæstri,
　pe mèstr.

Maistresse, mæstrés

maistriser, v. gouuerner,

mal. drouc.

mal de cœur, drouc calon.

faire mal a quelqu'vn, gloa-
　sa vre benac.

malade, clân.

maladie, clênvet p. egeou

maladif, clânvus.

mal aduenture, drouc eur, pe
　auentur, pe chancç.

mal content, drouc content.

malediction, mallos, milli-
　gaden, drouc peden, sul-

MA

 peden.
malencontre v. malauanture
male, maleten, malifen, mal
malefacteur, drouc oberer
malicieux, malicius.
malfait, drouc gret.
malheur reus, reufeudiguez
    drouc eür.
malheur a moy, goa-me.
malheureux, reufeudic, mi-
    ferabl.
mal a propos, dibropos.
mal mener, goall aufa, drouc
    cacç.
mal autru, maftoquin p. et.
    haillon diguempen.
mamelle, bron, p. nou, pe di-
    vron.
manche de fleau, troat fraill.
manche d'habit, manch.
manchot, dizorn, manquet.
mander, quemen, diguemen
mandier, clafq,
mandiant, clafquer
mandement, mandat
manger, dibri. p. debret
grand mangeur, dibriat bras
manier, embreguer, manea,
    touch, dorlota, merat
maniere, maniel, feçó, fceurt
par maniere d'acquit , euit
    tremen dioc'h an dut, dre

MA

guftum, en vn ober goaf
cette maniere de gens, an he-
    uelep tut.
manifefter v. declarer. fplana
Manoir, Maner.
manquer v. faillir.
manque d'eftudier, e deffaut
    ftudia.
manteau, mantel p. mentel.
maquereau, bezel p. brezili.
maquignon, coureter,
maraftre, lefvam.
maraud v. malautru.
marbre, marbr.
marc de pommes, marc aua-
    lou, pe mafclou.
Maraine, maeron, maëron-
    nés, p efeu.
marais, palut.
marcaffin, moc'h gouez
Marchand, marc'hadour.
marchander, marc'hata.
marchandife, marc'hadou-
    rez,
marcher v. cheminer.
marche, pafen, derez.
marché, marc'hat.
place du marché, marc'halla
faire marché, ober marc'hat
    pe feur.
marcou, targaz, p. targuizier
Mardy, Demeurs.

MA

Mardy gras, demeurs henet
Mareschal, go, maréchal.
Marge bord, coftez.
Marguerite, margarit.
Mari priet.
mariage, priedelez
marier quelqu'vn, dimizi vre benac.
fe marier dimizi, eureugi.
nouueau marié ozac'h neuez
nouuelle mariée, merc'h neuez.
Marinier merdeat *p.* deidi.
mariolaine, mariolen.
marmitte, v. chauderon
marmoter murmuri *v. gronder.*   (fin, tefteni.
marque, merq, teftenabez,
marquer, merqua.
marqueté marellet.
marqueter v, bigarer.
Mars, Meurs.
marfouin morouc'h *p.* et.
marte mart.
marteau, morzoll *p.* ion
Martyr merzer, *p.* ien.
Martyr, *p.* et.
martyrifer merzeria, Martyrifa.
mas du nauire, guern al leftr.
mafcher chocat.
mafchouere, iauer.

MA

mafle, mal, *p.* malet.
mafque, mafq.
mafquer moucha, mafqua.
maffacrer maffacri.
maffe de chair, pez quic.
maffif, poftif
maffon maffonner.
maffuë, pengot, doroffen, cren vas.
mafure, cozmoguer *p.* iou.
matelas, matelas
matelot v. marinier.
matiere, materi, danvez
Matines, Matinefou.
mater, caftiza,
matin, mintin, beure.
de bon matin mintin goulou
maudire, drouc pidi gant, pidi mallos, pe fulpedénou, pe drouc pedénou, gant &c. millizien, *p.* milliguet.
maugré que i'en aye, en defpet din, enep ma menos.
mauuais drouc, goall, fall.
mauue, caul malo.
mauuits, drafq, *p.* et.
maxime, maxim.
mets a boulenger, laouer toas aneo toafec.
May, Maë.
Medalle Medallen.

ME

Medecin, medecin, mezec.

Medecine, medecinerez, mezeguiez.

medeciner, medecina, aufa.

meche, poulc'het.

mediocre, etre daou, na bras na bihan.

mediter v. considerer,

meffier v. defier.　[an oll.

le meilleur de tous, ar guella

meliorer, guellaat.

melancholie v. affliction.

melodie, melodi.

melon, fucrin.

membre, membr, *p.* ou, jfili.

memoire, coûn, memor, memoar.

menacer, gourdroux, *p.* et. manancç.

vne menace, vr gourdroux.

mener, cacç, ren, condui, embrouc, condui

mener & ramener, cacç ha digacç, ren ha diren

ménager, tiecaat.

menage, tieguez.

menée. complot.

meneftrier, rebeter, fonner, c'hoarier.

menfonge, gaou, *p.* gueuier.

mentir, lauaret gaou

menteur, gaouiat, *p.* det

ME

gaouier

faire mention, cahout coûn

menton chic, elguet, gronch

menu v. grefle.

par le menu, anebeudou.

Mer, Mor.

Mercier, Mercer

mercerie mercerez

mercy, trugarez

fe rendre a la mercy de quelqu'vn, en renta e trugarez vre benac

Dieu mercy, a drugarez Doue

Mercredy, Demerc'her

Mercredy des cendres, Demerc'her a Ludu

Mere grand mere, mam, mã goz

merite, merit

meriter, gounit *p.* gounezet, dellezout, merita

merle moualc'h *p.* mouilc'hi

merlu, merlucç *p.* et

merueille, vn dra admirabl

ce n'eft pas merueille, nequet fouez quement-fe

mefaife, diefamant,

mefange, penglao

mefchant v. mauuais.

mefconnoiftre, dianaout, *p.* dianauezet.

Bard. Fauch. de la Poësie Fran. liur 1 ch. 8

1 *vnde Armorica.*

2 *Dieu Mercurii*

ME

il eſt mal content, drouc cõ-
tent eo, *v. etrange.*
meſcontenter, drouc contéti
meſconter, meſconti
meſdire *v. detracter.*
par meſgarde, dre diéuez,
hep ſonch, hep rat, hep
gouzout.
meſler, quemeſq, *p.* quemeſ-
quet.
ſe meſler de quelqu'vn, en em
emellout, pe ſourcia eus
vre benac
meſle, meſperen, *pl.* meſper
meslier, guezen meſper
meſmes, meſmès
meſnage, tieguez
ſe meſprendre, en em drouc
quemeret
meſpriſer, diſpriſout
meſſager, cannat, meſſager,
meſſage, quevvridi
Meſſe, Offeren, Offern.
meſſeant, nequet honeſt, na
dereat
meſtier, mecher, *p.* erou
meſurer, muſura
meſure, muſur
metairie, merouri, mereri.
metaier, merour, merer
metail, metall
mets, meuſboet, ſeruich

Meſpilum

ME

mettre, laquat, *p.* lequet pe
laquet
mettre a part, lacat a goſtez,
mettre en lumiere, laquat e
goulou
meubler, anneza, meubli
meubles, meublou, meu-
blaich
meule de moulin mé melin.
meur, hao, meür
meure fruit de meurier, mou-
arbren
meure de haie, mouaren
drez, *p,* mouar.
meurier guezen mouar
meurir, haui.
mœurs humoriou, buhez
meurtre muntr.
meurtrir muntra,
meurtrier, muntrer.
meuſnier, meliner, meiller.
meute de chiens, bagat chas
miche, michen.
midy, creizdé
mie, minuic *p.* igou,
miel, mèl
mien, ma hini *p.* ma ré
miette, brienen *p.* enou
mieux, guel   [nên.
i'aime mieux, guel eo gue-
mignarder, dorlota.
migraine, migren.

MI

Milan, scoul
milieu, creiz
mill mel   mille mill.
mince tanao, moan
mine d'Or mengleus aour
mine feçon, neuz, man.
miner caui, toulla, mina.
faire des mines item
mineur v. orfelin.
minuict anternos
mipartir daouantera
miracle burzut, miracl
se mirer en em mira, en em
    sellet   (louer
mirouer, mellezour, meil-
misaille clauftre   mise mis.
miserable reuseudic, quæs
misere v. affliction.
misericorde truez, trugarez
mistionner v, mesler
mitiger soubla, habasquat,
    hegarat, douçaat
mitre mintr
modele v, exemple.
mode guis p. iou.
moderation temperancç
homme moderé den moderet
    ou temperet
moelle mél   (gués
moelle des arbres boeden ar
moien feçon. maniel, moien
moindre bihanoc'h, nebu-

MO

toc'h
Moine Manac'h p. Menec'h
moineau golvenip. guelvin,
    gueluen   [toc'h
moins bihanoc'h, nebeu-
tout au moins, da viana.
mois, mis p. iou.
mois de femmes v. fleurs.
moisir, louedi.
moisi, louet.
moisissure, al louet.
faire la moisson, eausti, ober
moisson, eauft.   [an eauft.
moite, delt, leiz.
moiteur, leisder.
moitié, anter.   [anter
moitié par moitié, anter oc'h
a moitie, voar gueffren ater.
mol, goac. blot
mollir goacat, foubla, tenera,
    bloda.
poire molle, peren pezel.
molester, nec'hi, encrefi,
    affligea, melconia.
molue, molu, moluet.
moment, momet, moment.
mon, ma.   (nac'hti.
Monastere, couuent, ma-
monceau, bern, grac'hel.
monde, bet.
mondain, monden.
monitoire, annaoue.
                    monnoye,

MO

monnoie, monneiz.
monnoteur, monneizer.
monopole, monopol.
monopoler, monopoli.
monstre, monstr.
faire monstre, ober monstrou
monstrer, discueus.
mont, menez.
montagneux, vhel.
montans, stançonnou.
monier, pignat.
se moquer de goapaat ou gau-
    dissal vrebenac, ober goap
moquerie, goap.   [oc’h.
morceau , tam, pez p. iou ,
    draillen, felpen. [guet.
mordre, danta, cregui p. cro-
more, morian p. et.
morelle, sanab   (morfonti
morfondre , dastum sifern ,
il tient sa morgue , derc’hel a
    ra e garre.
morpion, parfilet.
mors de bride, mors brit.
morsure, croc.
il est mort, maro eo, et eo dan
    anaoûn , decedet eo, tre-
    menet eo.
mort, maro, ancoun.
les morts, an anaoun.
mortalité meruent, meruenti
peché mortel, pec’het marvel

MO

mortellement, marvellamant.
mortel mortel.
du mortier, pri.
mortier, morter.
mortifier, mortifia.
mortification item.
morueau, mec’hien p. mec’hi
morueux, mec’hiec.
mot, comps, guer p. iou.
mot du guet, guer ar bresel.
motif, abec, raison.
motte , mouden p. moudet,
    \ tauarc’hen.
moucher, c’hueza e fri.
mouscher, bresguign.
mouchette, mouchètez.
mouchoir, mouchouer.
mouiller, glibia, leiza, delta.
mouillé gleb.
moule, moul.
batre des draps, côma mezer.
moudre, mala.
moulin a draps , melin com.
moulin, melin, meill.
moulin a vent, melin auel.
batre le moulin, couga ar me-
    lih, ou convoc ar melin.
mourir meruel p. maro.
faire mourir, laquât da maro, distrugea.
mouche quelienen p. quelien
mouche a miel , guenanen p.

F

MV

guenan.
moucheron, fubuen *p.* fubu.
mousse des arbres, queoni *ou*
  baro ar guès.
moustache, moustachen.
moutarde, cezo.
mouton, maout *p.* meot.
mouuoir, quefflusq, remui,
  fla ich, finual, rusa.
mouuement, quefflusq.
le premier mouuement, ar
  guenta frouden.
moy, me.
moy mesme, ma vnan.
moyeu d'un œuf, melen vï.
moyeu d'vne roue, moell carr
mue, muz.
muet, mut, dilauar.
mugir v. beugler.
mule, mul *p.* et.
mule des talons, mul seuliou
  p. mulet &c.
mulet item.
mulet poisson, meill *p.* meilli
  ou meillet.
mulot, muloden *p.* et.
mulon de foin v. monceau.
multiplier crisqui, multiplia
  augmenti.
multitude rum bras.
mur d'vne ville, muraill.
muraille d'vne maison, mo-

MV

guer *p.* iou.
murer, murailla.
murmurer, murmuri.
musard, aueleoc, luguder,
  landreant, didaluez, ou
museau, min.   (landreus.
muser, dale.
muscade, craouen muscadès
Musique, music.
mutiler, estropia, mahaina.
mutin v. abeurté.
Mystere, Myster.
Mysterieux, mysterius.

NA

N Ager, neûnui.
Nageoire, brencq *p.* ou.
nagueres, a neuez so, nedeus
  quet pell.
naif franc.
nain, cornandon, *p.* et, co-
  randon *p.* et. corrig, cor-
  riguet, torgocz.
naissace guiniuelz, natiuité
naistre beza ganet.
Nantes, Naounet.
se nanter, en em pouruei.
nape, toubier, touzier.
narine, fri, dioufron.
nasse, baouic.
natif, guinidic.
nature, natur.
naturel, natur.

NE

nauet, iruinen p. iruin,
nauette, bulsun, bulsul.
nauettiere, iruinec.
naufrage, pence, puce,
nauiger, nauiga, merdei.
nauire, lestr p. listri.
narrer, mantra, goulia goalqua, goana.
nautonnier v. marinier.
ne, ne.
ne plus ne moins, ua mui na qué, na mui na vihanoc'h
neant, netra
neantmoins, coulscoude, nac euit se, petra benac a ve.
nebuleux, du, commoulec, teual.
necessaire, necesser, requis, dleet.
necessité, necessité.
neffle, mesperen p. mesper.
nefflier, guezen mezper.
negliger, beza diec, lesirec.
neige, erc'h.
neiger, ober erc'h.
nenny, sallocras, nequet, morse, narn, bar.
neueu, niz p. et.
petit neueu, gourniz p. et.
nerf, neruen p. neruennou.
net, pur, net, glan, divlam, dinam.

Mespilum

NI

netoier, nettaat, rinsal, sec'ha.
netoier le blé, nettaat an hait
neud, coulm.
neud courant, coulm ret.
neutre, nag an eil nac eguile
neuf, naou.
neuuaine nauet p. nauege ou
habit neuf guiscamant neuez
nez, fri p. dioufron.
niaiser, baguenodal.
nicher, neiza
nid, neiz.
niais, luguder, diauis, disquiant, diot.
niepce, nizes.
nigaut v. musart.
nier, nac'h, cuzet, dianzaoue
niueau reolen, scuezr, lignen
niueler, compesi, scuezra, lignenna, reolenna.
noble, nobl, digentil p. tut
noblesse, noblancç. (gentil
Noel, Nedelec.
noiau, men.
noir du, du pot.
noirastre, duart.
noircir, dua.
noirceur, duder.
noier, beuzi.
vn noier, guezen craoun.
noix de galles, craouen galleç
noix, craouen p. craoun.

Trwyn en vieux langage Cambrien, mot qui se trouve aussi dans l'Ancien Herbert Voyage de Perse p. 562.

καρυον

NO

nom hano *p.* hanoiou, hanou
nommer, hen uel *p.* hanuet.
nombre, niuer, nombri
nombrer, niuera. nombr.
nommément . especial, en-
 nebril, beguel. (dean memes
non, ne.
nonchalance v. paresse.
nonchalant v. paresseux.
nonobstant le vent, dioust pe
 daoust an auel.
non sans cause, nequet hep
 guir *ou* rason *ou* occasion
non seulement i'aime les bons,
 ne garân quet hep mui
 quen a reuat.
nopces, euret.
nonante dec ha peuaruguent
nostre hon.
notaire, noter. *noter, noti.*
notifier v. declarer, signifier.
nouailles, havrec coz *p.* geou
nouer, coulma.
Nouembre mis du.
nourrir, mezur *p.* maguet,
 maga, beua.
nourrice, maguerès.
nourrisson, magaden. [gadur
nourriture, magadurez, ma-
nous mesmes, ni hon vnan.
nouueau, neuez.
nouueauté neuczinti *p.* iou ,

NV

 neuenti.
nouuelles, quehélou.
noyau de noix , men craouîn.
nuques du col, chouc ar c'hil,
 mèl ar chouc.
nud, noas, moaspill , noas
 dibitill.
nudité, noasder.
mettre a nud , laquate noas,
 noaspill , diuisqua noaspill, noaç dibitill , noaz
 ganet.
nuage , coûabren *p.* coû-
 nabr, *ou* counabrennou.
nuée, coûnabren *p.* couabr.
nuict, nos *p.* iou.
nuictée, nosuez.
nuict close, serr nos, nos du,
la nuit passee neizour, neieur
cette nuict, hen oas.
chaque nuict, pep nos.
nuire, nouasout, ober gaou.
nuisible, ñoaz us.
nul, nicun, den er bet, nep
 den, hini er bet.
nullement, enep feçon, enep
 moien, uoar nep rro.

OB

O *Moy miserable que ie
suis ,* reuseudic ma
oûn, me so den reuseudic
o comme il est abusé , peguen

OC

abuset eo.

obeir, sinti oc'h, obeissa da, sugea da.

obeissance, obeissancç.

obit, seruich.

oblation, proff.

obliger, enderc'hel, p endalc'het, obligea, derc'hel p. dalc'het.

obscur. teual. commolec, du

obscurité, teualigen.

observer, miret, laquat en effet, derc'hel mat da, obserui.

s'obstiner en em aheurti.

obtenir, cahout digant, tizout, obteni.

obuier a ce que quelque chose ne se fasse, mout aroc ha miret na ve gret vn dra, dialben na ve gret.

occasion, qririec, occasion. abec. pen, caus.

occasionner, occasionni.

Occident, cuz heaul.

occuper, occupi, empech.

ocre, bouliarmini.[1]

octante, penar vguent.

octaue, eizuet.

Octobre, Ezre.

octroier, autren p. et, accordi

odeur, c'huez.

OF

odieux, casseus.

odorer, c'hueza.

œil, lagat p. daoulagat.

œillade, sellat, lagadat.

œiller, genoffïen p. genoffï *Caryophyllan*

œuf. vi p. viou. *Wy. ancien ... Cambori, qu'il se ... dans l'... ancien Herbier p. 562. le Voyage de Perse.*

coque d'œuf, plusquen vi.

œuure, ober p. iou, œlffï p. iou

offencer, ober gaou, offenci, nouazout.

offance, offancç.

office, deuer, carg, officç.

offre, offr, mennat.

offrir, quinizien p. quiniguet, offri.

offrande proff, offrancç

oignon, pen oignon

oindre lurda, oignamanti

oing, blonec

oiseau, laboucç p. laboucet, én, énet

oiseleur laboucetaer, énetaer

aller a la chasse des oiseaux, laboucea, éneta

oisueté didalloudeguez.

oiseux, didaluout

oison pichonnic goaz

oliuier, guezen oliués

oliue oliuésen

ombre, squeut

ombrager dishcaulia

[1] Brouillamini.

ON

ombrageux, disheual
ombrage, disheual
omettre. v. laisser
once, oncç
ongle, contr, p. et
ondée, barr glao, caouat glao
ongle, iuin, p. iuinou.
onglée, iuinou reo
onguant, oignamant
onze, vnec
onzième, vnec-vet
operer, operi
opinion, auis, faltafi
opiniastre, quiluerz v. abeurté
s'opiniastrer v. s'obstiner
opiniatrise, pennat, abeur-
   tamant.
opiniastrement, dre vr pénat.
opportun, mat, æs,
s'opposer, controlia, mont a-
   roc, stourm oc'h, resista
a l'opposite, an tu diercb
oppresser goalca, enca, greui,
   mantra, v. accabler
opprobre disenor, v. deshon-
or. aout   (neur.
orage, couruenten auel, fourat auel, barr auel
orason v. priere.
ordinaire, ordinal
ordinairement, ordinal.
Ordre, Vrz, p. iou.

OR

mettre ordre, lacat vrz
ordonner, ordren i
ordonnance, ordrénancç
ordure, viltancç, paillour.
oreille, scoarn, p. dio uscoarn
qui a de grandes oreilles scoar-
oreiller, treus pleûnec. (nec.
orfelin, em zînvat, minor.
orfevre, orfevrer
org, heiz
orgées, orgou,
orgueil, orgoüill, glouar
s'en orgueillir, en em glorifia
Orient, seuel heaul
orme, vloc'h   [tifer.
orner para, affeçonni, v. at-
orniere, rout carr, c'har.
ort v sale.
orteil. bes an troat.
ortie, linat.
vn faisseau d'ortie, bot linat.
os, ascorn, p csquern
oseille, trinchen
oser, cretat, hardizaat
osier, ausillen, p. ausill.
ostage, cret.
oster, tenna, lemel, p. lamet.
ou, en quel lieu pelec'h, ma.
ou. pe.   ouaille, dênvet
oublier, ancoûnhaat, difon-
   geal.   (disonch
oubliance , ancoûnhamane

OV

ouy, ya, ya fur
ouie, cleuet
ouir, cleuet, chelaou.
ourdir de la toille fteui lian.
ourler, ourli.   ours item.
outrager, goall aufa, iniuria.
outre, ouzpen.
outre ce, ouzpen quement-fe
outre la mer, an tuhont dar
    mor didreu ar mor.
outrepaffer, terri, tranfgreffi
outil, benhuec p. biniou
ouuert, digor,
ouurage, ouuraich
ouuerture digor
ouurier, labourer, gounidec
    mecherour.
les iours ouuriers, an deziou
    pemdeiz
ouurir, digori, p. digoret,
    difolo, p. et.
oye goaz, p. goazi.

PA

PAcifier, ober peoc'h
    pacifique, den peoc'h,
fioul, patiant, dinoes, reiz
pact v, accord,
poelon ou paele, billic, baelon
    hoarn
page, paich.
Page, coftez
paier. pæa.

PA

paiement, peamant
paillard, lubric, luxurius,
    paillard p. et, gaftiouer,
    rufian   [diez.
paillardife, lubricité, paillar-
paille, colo. ploufen p. plous
pain bara p. baraou,   *Germ. Bruot*
pain loue bara go, bara pané.
pain bis, bara gris
pain blanc, bara guinis
pain metif, bara bris
pain de cire, torz coar
vne paire de fouliers, vr re
    boutou
vne paire de bœufs, vr coupl
    egennet
pais, bro p. broïou   *Inde Molbroges dicti.*
paifant. paifant p. et
paifible v, pacifique.
paiftre peuri.
paix, peoc'h
paiftir, embreguer ou morat
    an toas, dorlo
Palais d'vn Roy, palais.
palais de la bouche, ftân
pale du feu, pal, p. iou
palefrenier, palafragner
palet, men pall
palier, digarezi, golo.
palir, glafa, blemi.
pafle, blem, glas
paliffade, paliffadea

PA

palme, palmesen. *p.* palmes,
panache, plumaich, panaché
panais panés
paneau, golc'heden
pancher, inclina, pengami,
　　plega, costeza
panier, paner *p.* iou.
pante de montagne, traouien
　　menez
pantoufle, pantoufl.
paon, paun.
Pape, Pap　　　*papier*, paper
papillon, nadoz aer, papillon
paquet, paquat　　　*par*, dre.
par derriere, *par deuant*, eus
　　a drên, eus a raoc.
paralitique, sesiet
prendre par le collet, cregui
　　voar poès ar c'holier
par ell, dreizi　　　　　(uez
a la parfin. da diueza, en di-
par ou ie suis, dre ar placç ma
　　idoûn, dre ma idoûn
paracheuer peuracheui
Paradis Barados, baradoés,
　　baraoues, Baradas
parbouiller, redissa.
parcelle lot.
parchemin, parchemin.
pardon, pardon
pardonner, pardonni
pareil par v. semblable

PA

la pareille, quément all
parement d'Autel, diaroc
　　Auter
parent, car *p*, querent, apar-
　　c'hant *p*, antet
parenté, quirintiez.
paresse, diegui, lesireguez,
　　didalloudeguez
paresseux, diec, diegus, lu-
　　guder, lesirec, didallout,
　　lausq
parfait, fournis, parfait.
par fois v. aucune fois
pariure le faos, le touet faos.
　　pariur.
pariurer, touet e gaou *ou* e
　　faos, pariuri
Parlement, Parlamant
parler à quelqu'vn, prezec *p.*
　　prezeguet, comps, par-
　　lant ouz vrebenac
parmi, etouez. emesq, etre.
paroi, moguer *p.* iou
Paroisse, Parès *p.* iou　　(et
paroissien, Parossian, *p.* is, *ou*
paroitre en em discus
il paroist bien anat eo, patant
　　eo, splan eo, scler eo
parolle u. mot
parquet item
parquoy rac-se, dre-se.
pastis, tacheu glas

PA

pasturage, peurvan
part, lot, darn, pés
a part, a goste.
partie, quevvreń, parti, vr
　rum, lot, darn
de la part de Dieu abers Doue
　eus a guevuren Doue
vn particulier item p ien.
particulierement e spécial
pour la pluspart, an darn mu
　ia, ar foun.
partir v. departir.
partir, diſpartia, diplaça
partage, partaich
pas, quet
pas de quelqu'vn, camet, p
　camegeou　vre benac,
　vr paſen.
ſe paſmer, ſempla
paſmoiſon, goaſcaden
Paſque, Paſq.
paſſage, tremen-lec'h, p. iou
paſſement, paſſamant　(treiz
paſſer, tremen, treuzi
paſſer outre, tremen an tu
　hont
paſſer ſon temps, tremen, pe
　diuerra an amſer.
paſſer le temps a prier, tremé
　an amſer o pidi Doue
paſſer par les piques, tremen
　dre ar piquou

PA

il eſt paſſable, ne c'huitquet
vn paſſant, vn tremeniat
ſe paſſer de pain, dioueri ba-
　ra, en em tremen eus &c.
paſſer du laiĉt, ſizla lez
paſſe temps, ebat, diuerra-
　mant, pe tremen amſer,
paſſereau, golven.
vne paſſion, vr frouden
paſte, toas.　*paſté*, paſté,
paſticier, paſtiſſer.
paſteur v. berger
pate, pau.　　　　　[teren.
vn grain de patenoſtre, vr pa-
　paūent item.
patienter, patientat, queme-
　rer patientet.
patrimoine, heritaich
Patron du nauire Maeſtr al
　leſtr, loman.
paué, paué
pauer, paua.
pauillon de maiſon item.
pauillon, petite logette, tinel *Ihel-Tinelle*
S. Paul de Leon, Caſtel Paul
paume de la main, palvv an
　dorn.
ieu de paume, c'hoari bolot.
paupiere, maluennou
pauure, paour, p. peurien,
　ezommec, didra, didavez
pauureté v. diſette

PE

pauot, heleſtr

Payen, Paian

peau, croc'hen *p.* crec'hin.

peché, pec'het, fazi, offancç, faut

pecheur, pec'her

pechereſſe, pec'herès

pecher, pec'hi, offanci

peigner, cribat

peigne, crib

peindre, peinta

peintre, peinter

peinture, peintadurez

peine poan *p.* iou.

mettre peine, laquat poan, laquat e boan, *ou* boellat *ou* ſtudi, ſtudia

peler peliat, dibluſqua, pluſqua, dicoc'henna.

pelerin, pirc'hirin, pelerin

pelerinage v. voiagé.

peliſſe, peliſſen, foutinen.

peloton, pelleñ

vieux penart coz cripon

pendart, boet ar c'hrouc, lancç crouc, diſcrouguet, crougaden.

pendant ahet, epad.

pendant que i'eſtudie, an dra ſtudiân, equeit ma ſtudiâ

pendre, crouga.

demeurer en pendant, chom a

PE

diſpill, a iſtribill.

penetrer, penetri.

penible, poanius *v. difficile*

penitence pinigen

penitent, penitent

penitencier, penitancer

penſer, ſongeal *p.* ſonget, mennat.

pêſer vne playe auſa ur gouli

i'ay penſé faire cela, mennet ameus ober-ſe

i'ay penſé mourir, dare oûn bet *ou* etaill oûn bet da veruel, trede marz eo ne doûn maro.

penſée, ſonch, ſongeſon, faltaſi, opinion. pridiri peñnat, frouden.

penſion item.

penſionnaire, penſionner

pepie, pibit

pepin, ſpluſen *p.* ſplus

pepiniere, ſpluſec

percer, toulla, treuzi

percher, clugea

perche, perchen

percher des pois, percha pis.

perdre, coll, dioueret.

perdition, coll

perdrix, cluiar *p.* clugiri

perdurable, padus, hirbat.

pere, tat

PE

grand.pere, tat coz.

perfection item　　　　[fetaat

perfectionner, guellaat, par-

perfide, trahitour, disleal, disguir, fals.

perir en em coll, môt da goll

per il v. danger

perle, perlesen, perlès

permettre, permeti.

perpendiculaire, qui tombe a plomb soñ

perpetuel v. éternel

perplex, maritellus.

perplexité, maritell, pridiri.

perruque, perruquen

perriere, mengleus p. iou.

perrieur, mengleuzier

perron de la maison, an enep an ti.

pers, pers.

persecuter, tourmenti

perseuerer, perseueri, der-c'hel mat da &c.

persil, parichill

personne, personnaich

personne ne fait cela, den er bet ne ra quement-se.

venir en propre personne, dôt e vnan caer

personnellement a ben person

persuader quelqu'vn, laquat e speret vrebenac.

PE

ie me suis persuadé, lequet a meus em speret

pertuis toull

pesant ponner, poesus

pesanteur poes

pescher, pesqueta

pescherie pesquerez

pesche péchesen p. péchez.

vn pesche, ar guesen peschès

peser poesa, balanci

pesle mesle. mesq emesq, toués

peson, poès　　　　(e toués.

passeler paluiat

peste, bocen, pestilancç.

la peste a paru, didarzet eo ar vocen.

petiller, drascal p. drasquet.

petit, bihan, munut

petit a petit, a nebeut e nebeut.

petun butun

peu. nebeut, nemeut, nemat

peuple, pobl

peupler, peupli

peur v. crainte

faire peur sponta, ober aoûn ou spont da vrebenac.

depeur que, gant aoûn na.

peureux v. craintif

peut estre, martese, me-chancç, ehel beza

phiole, buren, fiolen, podic

PI

phlegme, flum̄
phlegmatique, flumatic
piafer, bragal
pie, piq p. piquet
piece de pain v. morceau.
mettre en pieces, laquât a beziou v. deschirer
le dessous du pied plāt an troat
pied, troat p. treit
piege, pech, trap
pierre, men p. mein
pierre a aiguiser igolen
là piere maladie, men grauel.
pieté v. deuotion
pieton, den voar troat
qierre ponce, polissouer.
picu peul p. iou
pigeon, coulm p. et
pignon item
piler, pilat
pilon pilouer p. ou
pilier, post, pilier
piller, pilla, voli
pilleur, pillor, volor
pillage, pillaich
pilote, loman
pileulles, pilulès
pinprenelle, primpinella
pin, guezen pin
pinceau item
pincette turquesen p. turquès
pinser, pinsat

PI

pinsée, pinsaden
pinte, pint, pintat.
pioler, scloca
piqué, pic, piquou
piquer v. poindre
piqueron, flem̄
picqueure, picadur
pirate, laer voar ar mor.
piroueter, trei
piscine viuier
pisser, stau tet, troaza
pistole, pistol
pistolet, pistoleñ
pissat ou daté, troaz
piteux, dismantet v. defiguré, maigre
pitié truez, trugarez
pitoiable, truezus, trugare-
   zus, trugarec, damantus.
piuert, casec ou buill coat
pixot v gond-
place v. lieu
grande place, tachen bras.
plaider, plaidi, breutaat
   procezi.
plaideur, breutaour
pla ne, placç caër, compesen
plainte, clem, queinvan
se plaindre de quelquun, en
   em clem eus vrebenac.
le malade se plaint, queinat
   a r a an hini clân

PL

qui plaint ſa peine , neb a glem e boan

plaintif, clemer, quiſidic

plaire a, pligeout da (geou

les plais generaux , ar breu

plaiſir, pligeadur p. pligeadurezou

faire plaiſir a quelqu'vn ober pligeadur da, obligea.

lieu de plaiſance, lec'h a pligeadur

plaiſant, agreabl

planche planquen p. plencot ou plenquin

vn plancher, ſuler

plancher vne maiſon , planchoti, ou plancheza vn ti

planette, planeden

planir, compeſi, plena

plani, plen , compès

plante du pied, plant an troat

vne plante, vr planten

planter, planta

playe, gouli p. ou

plaſtras, pès plaſtr

plaſtre, plaſtr

plaſtrer, plaſtra

plat, plat, p. plageou

plege v. caution   (leiz

plein, leun, carguet, barret,

plein l'Egliſe, leiz an Ilis

pleſſis, quenquis

PL

pleurer, gouela, dalaoui, cân vaoui, hiruoudi

pleureſie, pleureſi.

pleurs, darou.

pleuſt a Dieu qu'il fuſt venu plich gant Douë e viſedeut.

vne plie, vr lizen, leizen.

pli, pleg.

pliable, ſoubl.

plier le corps comme vn arc, en em crommi, plega e gorf, crommña.

pliſſer, pliſſā

plomb, ploum

tenir a plomb, derc'hel ſon

plonger, plouma

plongeon, poc'han

plouuoir, ober glao

il pleut, glaou a rá

pluie, glao p. glaoucïer

plumer, diblua, peliat.

plume, pluen. p. pleûn

plus, mui, guel.

ie l'ayme plus que vous , e garet a rân mui euid oc'h

au plus, pour le plus, dar muia

plus d'vne fois , guel euit vr vez.   [diuez

plus de deux fois, guel euit

ie ne l'ayme pas plus qu'vn autre nerc'harân quet, muy

euit vn all, pe muguet vn all
plusieurs., cals, meur a hini.
ny plus ni, moins, na mui na
  vihanoc'h, na mui na quet
plusieurs fois v. souuent.
poche, sac'h p. sec'hier.
pocher les yeux, dalla, tarza
  daoulagat
poesie, poësi
poete, poëtrian   (lon.
poictrine, peutrin, poul ca-
poignart, dag, poignart.
poign, meill dorn
poignet, azorn
poignée, dourhat
poil bleuen *p.* bleo.
sans poil, dibleo
oster le poil, diblevi.
poil follet, marbleo
point, quet
vn point, vr poent
point du iour, goulou deiz,
  tarz an deiz
pointiller, pointilla.
poindre, tarza, goulaoui
poindre, piquer sanca, brouda, flema, piquat
point d'aiguille, craou nadoz
pointe d'vn cousteau, bec vr
  gontell.   (rec.
pointe d'vne roche bec vr gar
pointu, beguec, quer moan
poire, peren, *p.* per

poirier, guezen pe t.
pois, pesen, pe pisen, *p.* pês,
  pe pis.
pois, poes.
poison, binim, ampoeson,
  contam.
poisson, pesq, *p.* quet
poissonnerie, marc'hat ar pesquet.
poissonnier, pesquer,
poisser, pecat.
poivre, pebr.   *poix,* pec.
police, renabl.
polir, polissa.
poltron, digalon.
pommeau, pommel
pompe, ploumen.
pomme,"aual.
pommier, guezen aual
pondre. devi, *p.* dezvet
pont, pont
pont leuis, porz quinteiz
porc, penmoc'h, *p.* moc'h vn
  oc'h.
porche, porchet
portée d'vne vache, portezat
  ar vuoc'h
porcher, moc'her, pautr ar
  moc'h.
porrette, pourren *p.* pourr.
le port d'vn homme, an taill
  vn den.
port v. havre

"Inde insula Aualonia pomorum ferax

porte de maison dor p. iou
porte de Ville, porz p. perzier
portier, porzier.
porter, douguen p. güet
se porter bien, beza gaillart.
portée d'une femme, cofat vr
   grec
porte faix, portezer.   [lot
portion, lodat, lodeñ, darn,
poser, asseza, diasseza.
homme posé, den moderet,
   tur, soleñ.
posez le cas qu'il soit vaincu,
quemerit er c'has e ve fezet.
posseder, cahout, possedi,
   iouissa.
possible, posibl.
cheval de poste, marc'h post.
poste, post.
courir la poste, redec ar post,
posteau, post, pilier.
vne poele, billic.
Posterité, an re hon goudé,
   a re a zeui voar hon lerc'h
Pot, pot, p. podou.
Potier, poder.
Poterie, po derez.
Potage, souben, quevalen
potence, v. gibet.
potiron, cabel toucec.
poudre, poultr.
poudreux, poultret
poulet, poucin, p. et.

PO

poulain, ebeuil. p. ebeulien,
poulce, bès meut.
Poule, yar, p. yer.
poule d'indes yar indés,
Poulette, énés,
poulie, pole.
Poulmon, squevent.
Poulx, laoueñ, pl. laou, sa-
   stez.
Pouilleux, laouec, carguet a
   lastez,
pouliot, saoureñ.
poupe, diadren al lestr.
poupée de lin, iaren lin.
poupine ou poupée, merc'ho-
   den.
poupin, mistr, coant, propic
pousser, cacç, rusa, bunta
pour, euit
pour cela, euit-se, dr'an abec
   se, abalamour da quemét
   se, dre-se.
pourpoint, pourpoent
pourir, breiha,
pouri, brein, pezel brein,
pouriture, breinadur.
pourmener, bale, pourmen
pourpré pourpret.
Pourpre, pourpr.
Pourpris, tro.
Poursuivre, poursuiff, redee
   voar lerc'h.

PO

pourueu que, nemet e, gant.
pouruoir, pouruei
pourquoy, perac, pe euit tra,
    perac tra ?
pourtraire, pourtrezi
pourtraict, patron, imach
pousser, *sortir de terre*, di-
    hoân, didînvi
cheual poussé, marc'h pousset
poutre, treust
pouuoir, gallout
le pouuoir ar gallout, puissãc
poyure, pebr
pratique, pratiq
pratiquer, pratiqua
pré, prat p. prageou
preceder, mont aroc
precipice, precipicç
prescher, prezec p. eguet,
precepte v. enseignement.
precieux, precius
precipité, dieuez, prim
precipitatiõ hastisdet, dieuez
precisement, iust
nos predecesseurs, hon re
    quent euidomp
predestiner, predestina
predicateur, prezegour
predire, diougani
preferer, ober mui a stat,
   preferi
prefix, ordrenet

PR

preiudice gaou, preiudicç
Prelat item
premice, prînvidi
premier, quenta
premieremeut, da guenta, da
   guenta pae
preeminences, preminançou
prendre quemeret, cregui p.
   croguet
prendre congé, quimiada v-
   rebenac
prendre a mercy, quemeret a
   drugarez
preparer quempen, prepari,
   dispos, ausa
pres, equichen, tost da
de pres, a dost
pres a pres, tost a dost
a peu pres, tost auat
present, donéson
estre present, beza présant,
   voar al lec'h *ou* placç
se presenter deuãt mont dirac
presence, presancç
preseruer quelqu'vn de miret
   vrebenac eus, dihoall p.
   dihoallet
presque, hogos, quasimant,
presser, guesquelp. goasquet,
   starda, encresi, encquat.
la presse, ar foull
prest, dare, prest

prester

PR

prester, præsta
prest, prest, dare da, etaill da
Prestre, Belec
Prestrise, Beleguiez
presumer, presumi
pretieux, precius
ie pretens estudier , me fel din studia.
pretexte, digare
preualoir, beza trec'h da
preuenir, mont aroc, dialbé.
preuoir, guelet aroc , dia-guent, euezsaat
Preuost, Prouost
prier, pidi , requeti digant , goulen oc'h
priere, peden , requet, oræ-son, mennat.
Prieur, Prior
Prieuré, Priori
Prieuré , *maison du Prieur* , Priolti.
Prince, Princç
principal pen, principal.
les principaux d'vne Ville , ar pennou Ker, are quenta.
Printemps, neuez amser.
prise, preiz
priseur, priser
prison prison
prisonnier prisonner
prix ou recompense, gobr,

PR

prix ou valeur , dalloude-guez, pris.
priser, prisout, estimout.
pris qu'on donne en achetant , pris.
au prix du Ciel escoas an ên , e resper an ên.
priuer , *appriuoiser* dounaat.
se priuer de pain dioueri bara
priuer quelqu'vn de, priua v-rebenac eus a
priuées, priueou, cambr æs.
priuilege, fauor
probable credabl
proceder, procedi
proces, item
prochain, hentez, nessa
le prochain iour ar c'héta deis
proche v. pres
les proches , querent, an apar-
procurer procuri (chét
Procureur, Procurer
prodigue, prodig, trezer
prodiguer , prodiga, distri-bua, treza, scuilla.
produire , discuez p. discue-zet , laquat e goulou , di-solo p. oet.
profane profan
profession, item
profiter , profita, gounit p. gounezet, tallout

G

PR   PR

profit, goûnit, *p.* dou , mat ,   *c'est le propre d'vn bon Escho-*
   profit.   *lier,* dleet eo da vr Scho-
profond, doûn.   lier mat.
profonder, fonti.   *prosperer,* prosperi
profondeur, dounder   *prosperité item.*
proie, preiz   *se prosterner* , en em laquat
prolonger, hirât, asteñ   voar e daoulin.
promettre en predisant, diou- *proteger,* dihoall
   gani.   *protester,* protesti
Promettre, prometti.   *prouesse,* vaillantis.
promesse, promessa   *pronoquer,* prouoqui , atta-
tenir ses promesses, derc'hel e   qui , attaina , tenna voar
   bromessaou.   *prouerbe,* dicton   [neza
prononcer, prononce.   *prouuer,* prouff *p.* prouuet.
   Promoteur item.   *proximité,* quirintiez.
promptitude, v. precipitation. *prudent,* fur, auiset mat.
propos, v. mot,   *prudence* prudancç, auis mat
bon propos, propos mat.   *prunier,* guezen prun.
proposer, propos , prometi.   *prune* prunen *p.* prun
de propos deliberé , aratos, a- *prunelles,* irinen *p.* irin
   benvez, arbarfetet, a ben   *prunelle de l'œil,* map al lagat
   questridi.   *psalme,* salm.
cela n'est a propos, andra-se   *psautier,* sautier
   so dibropos.   *publiquement* , dirac an oll
a propos, ræson eo.   dut , e drem an oll dur
a proportiõ des merites, dioc'h *publier,* publia, embã, brudi
   ar meritou.   *puer* fleria
proportionner , ober dioc'h.   *puanteur,* fler
propreté , derendiguez, coã-   *puant* flerius
   tis, honestis , nettoni ,   *puis* goude-se
   quen pendet   *puis d'eau,* puncç dour
propre, detcat, quempen,   *puiser* punça

PV

puisque, pa.　　(dus, puissant
puissant, galloudec, gallou-
pulce, c'hoen, p. c'hoenanen
pulluler, didarza, dinaoui, di
　hoan, dont.
pulueriser, poultra, laquat e
　poultr.
punir v. chastier.
pupille, v. orfelin.
pupitre, item.　　　pur v. net.
purger v. nettoier.
Purgatoire, Purgator.
pureté, purentez.　　pus, lin.
putain, gast, p. guisti, pau-
　trés, serch
putacier, gastaouer.
Pygmée, v. nain.

QV

Q Vadran au Soleil, qua-
　dran dioc'h an Heaul.
quadre de tableau, stern tau-
qualité item.　　　　　(len.
quand ie vois, pa velân.
quand sera-ce? peur e vezo?
d'icy a quand? pegueit ahan?
　pe vete peur?
quant a ce que vous dites, e-
　guement hag a liuirit
quantiesme, petvet
quantité v. beaucoup　(ment
la quantité ou grandeur, ar
quarante daouvguent.

QV

quarreau, cartesen
quarrer, carrea
quart paleuars, peuarearn,
　peuareren
quarteron cartouron
quasi, hogos, quasimant.
quatorze, peuarzec
quatre, peuar
quatrième, peuare
quel, pebez, pe
quel homme est cestuy-la, pē
　seurt den eo hennez, piou
　eo hennez?
quelque Ange, vn Æl benac.
quelqu'vn, vrebenac.
quelques vns, ure, vr rum,
　darn.
quelques sçauans qu'ils soient
peguer gouiziec benac evér.
quenouille, queiguel p. iou.
quenouillée, queigueliat.
quereller crozal v. debatre.
querelle v. debat.
querelleux v. contentieux.
querir, clasq, querc'hat,
　mont dauit.
queste quest
quester questal
questeur, questour
question item
queue lost　　　　　(lemma
queue a aiguiser, igolen da

QV

qui suis-ie? piou oûn me?

qui lequel pehini

quiconque, piou benac, quement den, nep.

quilles quillou

quinze pemzec

quitter v. abandonner

il est quitte pare eo

quittance quittancç.

quotidien pemdeziec

quóy petra ?

auoir dequoy cahout pe á dra

quoy qu'il en soit , petra benac ve.

quoy qu'il dise , petra benac a
lauar , diouſt petra ou da-
ouſt petra a lauaro.

quóy que ie vous aime , pe-
guemét benac in ho cará.

RA

R Abat colier.
Rabatre du prix, d imin-
vi, diſcar, rabati ar pris.

rabille r, auſa, taconni ; pen-
rabiné bali, ale   [celiat.

rabot item,   raboter, rabota.

rabrouer, ſcandalat

racaille livaſtret, haillon

race, gouen, lignez.

race de chiens, gouen chas

de bonne race, a ouen mat.

racheter, ſauetai p. ſaueteet,

RA

dazprena, redima

racheter au prix de l'Or, daſ-
prena e poés an aour.

racine, grizien

racler racla, raza, rinſal

raclure, raclerez, rinſadurez

raconter, daneuel, dizreuel.

racourcir berraat.

racouſtre r v. rhabiller

rabilleur pencelier

radoter, rambreall, hunvrea,
ſorhenni.

radoterie rambre , ſorheñ ;
diotaich,

radreſſer, eunna, reiza, hincha, diſaouzuni voar an hét.

rafraiſchir, freſqui, refreſqui

ragats d'eau, linvat dour.

rage, connar, diboell

raie marque, rout

raye, poiſſon, raë, rea

raier, raza, effaci

railler, farçal p. farcet, ober
goap eus, gaudiſſa p. ſſet.

raillerie farcç

en raillant, en vr farçal.

sãs railler adevvri, hep farçal

raion lagaden.

raionner luguerni v. reluire

raiſin reſinen p. reſin

raiſon ræſon, abec.

raiſon pourquoy ræſon perac,

RA

a quelle raison, perac tra , pe dar fin.

c'est la raison, ræson eo, dlect eo.

c'est outre raison, hep ræson eo, heb abec eo, enep *ou* dreift ar ræson eo.

raisonnablement heruez guir

raller, ronquellat, ronquat, roc'hat.

rallier, daftum.

rame de papier, ram paper

ramer des pois, percha pès

rameau barr, scour, branq

ramée, scourrou guez

ramer auec vn auiron, roênvat, reuiat

ramener, digacç , direñ , diftrei da

ramenteuoir, coûnhat , digacç da coûn

ramier cudon p. et

ramonner scarza

ramper rifcla, en ein ftlegea, fcrimpal.

rançon, item.

rancune cafoni.

rang, renc, vrz

rangée, rencat

ranger renca, reiza, ordreni, laquat da vrz

rape, raclouer

'orde

RA

raper rapi

rapine, volerez, rapinerez

raporter v. raconter.

se raporter a quelqu'vn , fiziout en vrebenac.

raporter ce qu'on a pris , dizouguen, rentout.

rare, dibaot

rasoir, auteñ, rafouer

raffasier, goualc'hi, raffafia.

rasteau, raftel

rat, raz p. et

la rata ar felc'h

rauc rabefen p. rabes

rauir lemel p. lamet, rauiffa, fcrapat.

rayons de miel , follen *ou* diren miel.

rays du soleil lagadé á heaul

rayon de roue an emprennou

rebarbatif v. denaturé

rebaftir baftiffa adarre

rebelle v. opiniaftre

rebeller v. contrarier

rebequer, refpont.

reboucher, moueça.

rebours, enep, controll.

a rebours , an tu enep , voar an tu enep.

receler v. cacher.

recent, neuez, frefq.

rechaut, brafouer.

RE

rechoir, affeilla.

rechente, affeill.

rechercher, clasq, enclasq.

rechigneux v. hargneux.

rechigner, beza araous, cri-
  gnous.

rec'enner, meren, mern.

reciter, daneuel.

reclamer v, prier.

reconnoistre, onaout, trugarecat.

reconnoissant, aznaoudec,

reconoissance, aznaoudeguez

recoin, corn.

se recommander, en em gour-
  c'hemen, en em erbedi
  ouz &c

recompenser, recompensi.

se reconcilier, beza a vnan,
  en em reconcilia.

reconcilier les ennemis, laquat
  an aduersourien a vnan

recouurer, caout.

lieu ou on est a recoy, lec'h
  clet donar, lec'h a chan,
  lec'h goasquet.

recueillir dastum.

reculer, arguila, reculi, mor
  voar eguis.   (scrit

rediger par escrit laquat dre

redire, lauaret adarre, alies,
  repeti.

RE

redonder, tremen dreist ar
  bord, mont dreist.

redresser v. radresser

reduire à neant, laquat da
  netra, redigea da netra

reellement & de faict, endeun

refort v. rame.

reformer, reformi.

se refrogner penbousi, moui,
  calrida, mouza, moulbenni

refuge, recours, refuch, minic'hi.

refuir v. fuir, abhorrer

refus, refus, refuser, refus.

regarder, sellet oc'h, arvest

regard, sell, sellat, lagadat

regimber v. contrarier

regle, reolen, scuezr, vrz,
  ordrenancc.

regler, reiza, reolia, renca,
  ordreni, vrza.

regner, ren.   (tra.

reluire, luguerni, brilla, lin-

renard, louarn, p. lern.

regret, cueus, glac'har.

regreter, cahout cueuz ouz.

rejallir, dilamet

Reine, Rouanez

reins, mell quein.

relascher, leusquel, p. laus-
  quet, dieren, diamarra.

rinser, rinsal, p. rinset.

les Vaup-
Cambrique
Hnog, mot qu
Schouue aussi
dans l'ouurig
Herbert Voyage
de Perse pag
562.

Religieux, Religius.
Religion, Religion.
Reliques, Relegou.
remascher v. ruminer.
rembarer, stourm, ha feza, pe trec'hi.
rambourser, ramboursi.
remede, remet.
remedier, remedia.
ramener, diren, diambrouc, dicacç
remercier, trugarecat.
remettre, laquat adarre.
remors item
remplir v. emplir.
remuer, melli,
Rennes, Roazon.   (pris
rencherir queraat, crisqui ar
rechoir en maladie, afteilla e clênvet.
recheute de maladie, affeill clênvet,
rencontre, rencontr.
rencontrer, cahout, rencontri, quigeout ouz, arruout gant.   (cor
rendre, renta, restitui, daz-
renfermer, closa, derc'hel clos.
renforcer, crenat, nerza.
rengreger, goazfaat, crisqui.
rangreger vn monitoire, en-

cresanci vn anaoue, expia vr monitor, crigea vn anaoue.
renier, dianzaout p. dianzauet, renuncia.
renom, brut mat, hano mat.
renommer, bruda, enori
renommée v. renom.
renouer coulma adarre.
renouueler refresca, neuezaat dazforc'h, refufcita, renouueli.
rempar, boulouar.
remplacer laquat en e blacç
remporter le prix, gounit ar prix.
rente, leve, rent.
renter, laquat rent.
rentrer, diftrei da, antren adarre.
renuerser, difcar, teurl a chouc e guil, difcar en e c'huen, pe a huen e gorf.
a la renuerse, a c'huen, pe voar e guill.
renuoier quelqu'vn, cacç vre benac voar e guis.
repas, pret.
repaiftre, peuri, pafturi, pafca
repandre, fcuilla, fquigna, fenna.
reparer, aufa.

RE

repli, pleg.
repaſſer, diſtremen.
ſe repentir, cahout cueus,
  glac'har, hiruout, contrition.
repentance, v. contrition
repliquer, reſpont.
repos, chan dibaoues
repoſer, chana, paoues
repoſoir, ſtation.
les beſtes ſe repoſent à midy,
ema ar ſaut en ehoaz, pe en
repouſſer, v. rembarer [aë.
reprendre, tamal, difazia.
reprendre quelqu'un doucement d'une faute, difazia
  dre gaer.
reprendre ſes forces creaat.
reprendre ſon halene, tenna e
  alen.
reprendre la Ville, recouyr ar
  Ker.
repreſenter, repreſanti.
reprimer, mouza, herzel, p.
  harzet.
reprocher, rebech.
reproche, rebech, rebechat.
repudier v. chaſſer abandoner
repugner v. s'oppoſer.
bonne reputacion v. renõmie.
requerir requeti.
requeſte, requet.

RE

requis item.
reſchaper v. eſchaper.
reſcrire, diſcriua.
reſſembler, heuelout, beza
  hênvel, pe hânval ouz,
reſſentir, ſantout.
reſſerrer, ſerra.
reſeruer, reſerui.
reſeruer pour demain, miret
  voar ben arc'hoas.
reſigner, reſina.
roſine, rouſin.
reſiouir, laouennat, en em
  reiouyſſa.
reſiſter v. contrarier.
reſolu, diſtac, groncç.
reſoudre, reſolvi
ie ſuis reſolu de faire cela, lequet emeus em pen ober-ſe.
reſonner, reſouni.
reſouuenir v. ſouuenir
reſpect, reſper,
reſpecter, reſpecti.
reſpirer, tenna e alan.
reſpondre, reſpont.
reſſemblance heuelidiguez
reſtablir, ſeuel adarre.
reſter reſtout.
reſtif v. opiniaſtre.
reſtituer rentout.
reſtraindre, ſerra, goaſca.
reſueiller v. eueiller.

RE

refuer, hunvreal *p.* hunvreet forc'henni.

refuerie, hunvre, morhet, monftre.

refufciter dazorc'h, refufcita

retaille, draillet.

retarder, dale.

retardement, dale.

retenir, derc'hel an tu diouta

retentir, fredonni.

retirer, tenna.

fe retirer à part môt à goftez en em tenna a goftez.

fe retirer des vices, diftrei diouz ar vicç, en em tenna dioc'h &c.

retomber, coueza adarre, az-coueza, affaill.

fil retors, neut troet, neudri neut tro.

retour, diftro, *p.* diftroiou.

retourner a, diftrei da, retourn.

retourner a foy retourn enna e vnan, difempla, diabaffi

retracter, difcana, diflauaret

retraicte afile, minic'hi.

retrancher, lemel, difpartia diouz, troc'ha, tenna

rets, rouet, *p.* rouegeou

fe reuenger, en em vengi, quemeret vengencç.

RE

en reuenge, a efquem, euit en em vengi.

reuendeur, ragacher.

reuenir, diftrei.

faire la reuerence ftouet, anclina ouz, difcrapat oc'h.

reuerdir, glafa.

reuerer, refpecti.

reuers de la main, quil à dorn

renuerfer, difpen, difcar, cacç, pe teurl ac'huen e gorff.

reuefche v. opiniaftre.

reuene guelet.

reünir, framma

fe reuolter, feuel oc'h &c

reuoquer reuoqui diflauaret

reüffir, cahout iffu mat.

rhabiller, repari, guellaat

ribler. ribla. *riche*, pinuidic.

richeffes, pinuidiguezou

rideau. gouèl, *p.* iou.

fe rider, criza e dal.

rides, roufen.

ridicule, vn dra lu.

rien, netra.

rigoureux, ruft, ten, rigolus tear.

rigueur, rigol, rigoliez.

rime rim.

rire, c'hoarfin *p.* c'hoarfet.

ris, c'hoars.

RO

riuage; aut, p. auchou ar vôr
riuer, linva.
riuiere, riuier, ster.
robe, sae, *(sagum)*
robe de feme, droguet p. geou
robinet, duellen.
robuste, courageus, distag, start, postec.
vne grosse roche, vr roc'h cré
rocher, carrec, p. querrer.
(Craig Pierre / Dautes in Lexic / Britain Inde / La Crac, temps / Lapidosus appe / ...)
roder, redec, p. redet
Rogations, c'hoarais bihan
roide, start, reut.
roidir, starda, reuda.
rodomont item.
roigner, crenaat
roignon, lonnec'h p. lonnezi Jounez, lounezi.
rognure, troc'h..
roitelet, laouenan.
rolle, roll.
rompre, terri, p. torret, frica p. friquet, frouesa, foeltra
ronce, drezen, p. drez
rond, cren.
rondement, cren, a gren.
rondeur, crender.
rondir, crennaat.
ronfler, roc'hat,
ronger, crignat.
rose, rosen, p. ros.
rosier, guezen ros.

RO

roseau, corsen, penduen.
rosée, gliz.
rosmarin, roumarin.
rossignol, caustic.
rostir, rosta.
rostir vn peu, suilla.
le rost, ar rost.
rostie, tosten.
roter, brengneudi.
roturier, partabl, bilen.
roue, rot, p. rodou.
rouet a filer, carr nezer.
rouelle, rouellen.
rouge, ruz.
rougealle, ruzell.
rougeur, ruz der.
rougir, ruzia.
rouir du lin, oza pe doura lin
roux, rous.
roussir, rousi.
rouiller, mercla.
rouillure, mercl.
routine v, coustume.
par routine, euit tremen.
Roy, Roue, p. Rouanet
Royne, Rouanés.
Royaume, Rouantelez.
Royal, real.
ruban, seizen, ruban.
rude, rust, ten.
rudesse, rustder.
rue herbe, ru.

RV

rue de Ville, ru Ker.

rusche, rusqueñ, coloeñ, guest guennan.

ruschée, rusquénat, coloenat

ruer, rual, p. ruet. guincal, fringal.

ruiner, coll, discar, dispen

ruisseau, goazreden, gouez, ou gouezic dour, gouuer, steric.

ruisseler, diuera.

ruminer, dasquiriat

rustaut v. rude

ruse, finesté   *rusé v. fin*

SA

S*Abat*, sabat.

sable, trez, sabr, groané

sablonniere sabrec.

sabot a iouer, corniguel

sabot de bois, botés pren, p. boutou pren.

sac, sac'h p. sec'hier.

sacager, pilla.   *Sacre*, Sacr.

sacrer, Sacri.

Sacrement, Sacramant.

Sacrifice, Sacrificç

sacrifier, sacrifia.

Sacristie, Secresteri.

safran, safroun.   *sage*, fur.

sagesse, furnez.

sage femme, amiegués

saigner, goada, diouada

SA

saillir, lammel, sailla

sain, yac'h, gaillart, mao

arriere-saison, saeson divezat

vne salle, sal, p. iou,

sale v. vilain. salir v. souiller

saloir, charnel.

santé, yec'het.

vn Sainct, vr sant p. sent.

Saint, santel. *Saincte*, sántés.

Saincteté, Santelez.

Sainctement, santellamant.

saisir, quèmeret, sesia, cregui oc'h, pega en, en em laça

voar, lammet, pe sailla oc'h.

les 4. saisans ar peuar amser.

saison amser. *salade*, saladeñ

Saumure, hili.

salaire, gobr, recompancç, commanant. *saler*, salla.

saliue halo, hal. *salpestre item*

saluer, saludi.   *salut*, salut.

Salut Eternel, siluidiguez Eternel.

Samedy, Sadorn. *sang* goat. *saturni a*

sanglant, goadet.

sanglier, moc'h gouez.

sans, hep.

sans y penser hep rat din, hep gouzout dînme.

sans cause, hep guir, abec, ræson.

sans mõ gré, hep ma grat mat

SA

ſanſuë, guelaouen p. ennou.
ſantinelles, guet, ſantinell
ſaouler v. rempli.
ſaper les fondements d'vne maiſon, difonti vn ti.
vn ſapin, guezen ſapr.
ſapin ſapr. ſarbarane, corſeñ
ſarcler, c'huennat.
ſarcueil v biere.
ſardine, ſardinen, p. inet.
ſariette, ſanturic.
Tamis — ſarpe, ſerp: ſas, tamouez.
ſaſſer, tamoueza.
ſatisfaire, ſatiſſia.
ſauate, coz botés. p. çoz boutou.
ſauatiér, coz bouteier.
ſaudre, halec, ſaueur, ſaour
ſauourer, ſaouri, tânua blaſa
ſauf, nemet.
ſauf voſtre honneur, gant enor, pe reſpet deoc'h, ſalvv oc'h enor.
ſauf voſtre grace, ſalocras
ſaune, ſalo. ſauge, ſauch.
ſaumon, pen eauc, p. eauquet ſaumon. ſaunier, holener
ſauoureux, ſaçuñ.
ſaupoudrer, ſaupoutri.
ſauciſſe, ſilſiguen, p. ſilſig
ſauon, ſaon. ſauonner, ſaôni.
ſauuage, gouez.

SA

ſaut, lam.
ſauter, lamet, ſailla.
ſauuageons, accoultrennou, gues, trenquezennou.
ſauuer, ſauetai, p. ſauet eo.
Saüueur, Saluer.
ſauue-garde, minic'hi, franquis, refuch
ſe mettre a la ſauue-garde de quelqu'vn, en em laquat e minic'hi, pe franquis vre benac, e cre vre benac.
ſcandale, goall exempl
ſcariole, ſcariolés
ſçauant, gouiziec, ſçauant
ſçauoir, gouzout, p gouezet.
le ſçauoir, gouizieguez.
ſçauoir bon gré, gouzout grat mat, pe gracç mat.
c'eſt a ſçauoir, da ouzout eo.
Sceptre, Baz Royal
ſciatique, mavi cam.
ſcie, heſqueñ.
ſcier, heſquennat.
ſcintiller v. briller.
ſcrupule, ſcrupul.
ſeant, dereat.
bien-ſeance, dereadeguez.
ſeau d'eau, ſaill dour.
ſcau, ſiell.   ſeeller, ſiella.
ſec, ſec'h.
ſecher, ſec'ha, craſa, ſcarnilla

SE

secheresse, sec'hor, craserez, scarnill.
second, an eil.
en second lieu, dan eil.
secouer, hegea, bralla, discoguella.
secourir v. assister.
secret, cuz, sioul, secret
Secretain, Sacrist.
seculier item.
seditieu x v. contentieux.
sedition v. debat.
seigle, segal.
champs de seigle, segalec
Seigneur, Autrou, p. autrou-
seigneurie, autrouniez. (nez
seigneurier, gouarn.
seillon, erven, p. irvi.
seillonner, ober irvi,
sein, ascle, poulgalon. crubuill, bruchet, querc'hen
seize, c'huezec.
sel, holen, halon.
selle, dibr. seller, dibra.
selon, heruez. diouz, eguis.
selon que ie pense v. côme &c
semaine, sizun.
semaison, marc da hada.
sembler, heuelout.
il me semble que i'oys la voix.
　auis a ra din, songeal a rân
　e cleuân ar vouez

SE

ainsi que bon vous semblera,
　euel ma querot.
faire semblant d'estudier ober
　neus studia, pe man.
il n'en fait aucun semblant,
　ne reman, pencaz, pe feçon, pe nep discuez.
semblable, hênvel, hânval
semblance hevelediguez
semelle, sol, soliou.　　*solum*
mettre des semelles dousolia.
semer, hada.　semence, hat.
semondre, v. exhorter
Seneschal, Senessal
senelles v. prunelle.
senestre, cleiz.
sangloter, huanada.
sanglot, huanat.
sensible, sensibl.
sensuel item.
sente, guenogent, carhent.
sentence setancç.
sentir, sentout.
sentir, c'huezsaat.
sentir bon cahout c'huez mat
senteur, c'huez.
les cinq sens, ar peimp squiãt
　naturel.
seoir, asseza.
separer v. departir.
sept, seiz.
septante, dec ha tri vguent

SE

Septembre, Guengolo.
Septentrion, Nort.
sepulchre, bez, p. iou
*sepulture.*enterramant
temps serain, amser caer
le serain, ar gouzien, ou gli-
    sien nos.
front serain, tal laouen
serenoer, cribat.
sergent, sergent p. et
serieux, solen.
serment, le, p. leou.
Sermon, prezeguen, sarmon
seroit-ce raison ha ræson ve
serpent, sarpant, p. et.
serpoulet, laourea.
serrer v. estraindre.
serrer v. amusser.
serre, start.
serres, griffou, squilfou.
serreurier, alc'huezer
serreure potaill.
seruice, seruich.
seruiette, seruieden.
seruir, seruicha,
se seruir de liure, en em ser-
    uicha eus vr leuur.
cela me sert beaucoup, andra-
    se a seruich din, a tallout a
    ra din ime andrase agals.
il sert d'estudier, taluout a ra
    studia,

SI

seruiteur, seruicher, meuel.
seruante, seruicheres, mates
    p. mitisien.
suseau, scao.   *seue,* seo.
seuere v. rigoureux.
seuerité v. rigueur.
seuil de la porte, treuzou.
seul, e vnan.   *seurer* dizouna
sœur, c'hoar, c'hoareset
si, ma, mar.
si son pere estoit retourné ma
    vihe distroet e dat.
si ie suis bon, mardoun mat.
si tu le fais, mar grit-se
*il est si terrible qu'il iure iour
    & nuit,* quen terribl eo
    ma tou deiz ha nos.
siecle, amser bet.
il vous siet bien a parler, de-
    reat eo deoc'h, aparchā-
    tout a ra deoc'h prezec.
si cet habit vous sied bien, ma
    ve dereat deoc'h ar guis-
    caimant man.
siege, sich, sichen,
sien, e hini, p. e re.
siffler, c'huitellat, sutal c'hui
    bannat.
sifflet, c'huitel, c'huiban.
signal, sign.
signe, sign.
signer, signa,

SO

signifier, signifia.

silence, peoc'h.

siller les yeux , bresillat an daoulagat.

similitude. comparæson.

simple, simpl.

simplicité, item.

singe, marmous, p. et.

singler sur mer , mont voar mor, nauigea.

sinon, nemet.

sitibond, sec'hidic.

situer, situi.   *six,* c'huec'h

sobre, sobr.   *sobrieté item,*

soc de charue, souc'h an arar.

sobriquet, taul gaudiss .

societé, compagnunez.

soie, seis.   *soif,* sec'het.

soin v. solicitude.

soigner, euezaat, laquat euez cahout sourci, pridiri , a-queti, beza acquetus, la-quat e studi,

soigneux, sourcius , daman-tus, aquetus.

le soir, abardahé, endervv.

soit ainsi euelhen bezet gret

ne soiez plus courroucé, na ve-zit mui faschet.

soit vray soit faux , pe en so guir, pe en so gaou, bezet guir, bezet faos.

soixante, tri-vguent

sol. douar.

soldats, soudart, p, et,

sole, garlesen

Soleil, heaul.

a soleil leuant, da seuel heaul

a soleil couchât, da cuz heaul

depuis soleil leuant iusques a soleil couchant, eus a seuel heaul bete cuz heaul.

le soleil se couche , cuza a ra, binizien a ra an heaul

solennel item.

solennité, item.

solénité de l'Eglise , lit an Ilis

solicitude v. souci.

solliciter v. exhorter.

solide, start, postec.

solitude, desert.

soliueau, sol, p iou.

solt, guennec, p. guenneïen.

sombre, teual, du, cômoulec

sommeil, couscq, hun.

somme v charge

la somme de ceut escus, ar som cant scoet.

sŏmet de la maison nein an ti

sommet de montagne barr , blinchen ar menez

haut de la tour, bec an tour

haut de l'arbre nein , pe lein, pe blinchen ar vezen.

somptueux , magniuic, brao

sonner, senhi. *sonneur*, sōner
le son, ar son. *du son*, breñ.
sonde, sout: *sonder*, sonta.
songe v. resuerie.
songer v. resuer.
en songeant, dre hun, o vo-
 redi, o cousquet, dre ma
 c'housq.
sorcier, sorcer.
sorcelerie, sorcerez.
ensorceler, sorça, archanta,
 charmi. *sortable*, dereat.
tirer au sort, téna ar billeteñ
sorte v. maniere.
telle sorte, heuelep.
sortir, sortia, mont ermes,
sortir hors de propos, cench
 ar propos.
le mal a sorty, didarzet eo an
 drouc.
sortie, mont. *sot v. fol.*
sotise v. folie
en vn soubresaut, en vr lam.
souche, scot, picos, guezen.
soucy, prediri, sourci, melconi, studi, damant.
qui est sans soucy, dibreder,
 divelconi, disourci.
se soucier, en em sourcia, cahout prediri.
soudain, souden, prest, prim
soudainement, souden, prest.
conseil soudain, cusul tom, ha

prest. *soudre*, sonta
soudure, soudur.
soufre, soufr.
souhaiter v. desirer
le cœur se souleue, donger, pe
 requet endeus ar galon.
sous, didan.
sous peine d'estre pendu, didan
 poan da beza crouguet.
sousigner, sousigna.
soulier, botes, *p.* boutou
soumettre, sugea.
soupçon, suspicion.
soupçonner, suspenta, discredi, disfiziout.
sourire, mus oarzin, scrignal
 p. scrignet.
vn souris, mushoarz.
vne souris, logoden *p.* logot
*se soustraire de l'amitié du
 Prince*, en em tenna cus ar
 garentez ar Princç
soufler, c'hueza.
soufle, c'huez.
souflet pour souffler, vr c'hqe-
 zerés, souflet.
souflet de forge meguin *p.* iou
souflet, boc'hat, iottat, iauedat, facçat.
souffrir v. endurer,
souffrance, poan.
souiller, sautra, sourbouilla,
 concheza, hacrat, dissipa,
       di-

SO

diſeçonni, coll.

ſouillure, tach.   (ſoli.

ſoulager, ſicour, frealſi, con-
ſoulas, conſolation.

ſoulager les regrets, frealſi ar
canvaou.

ſoldat, ſoudart.

Soudiacre, Soudiaer.

ſoudre vne queſtion, reſolui
vr c'heſtion.

ſouler, carga, regarga.

ſouleuer, ſeuel, p. ſauet, armi
le deſſ du ſoulier enep botés.

ſoucy herbe, roſinil, ſourci.

ſoupe, ſouben. ſouper, coania
le ſouper, coan.

en ſoupant, o coania.

ſoupeſer, empoeſa.

ſouple, ſoupl.

ſource, memen, erenen.

ſourcil abrant, p diou abrãt.

les ſourcils, an niou abrant.

ſourd bouzar. ſourt ſort. p. et
ſourdement, ſioul.

ſouriziere, ratouar.

ſouſtraire, tenna.

ſouſpir, c'huanat.

ſouſpirer, c'huanada.

ſouſtenir, harpa, herzel, p.
harzet.

ie ſouſtiens que cela eſt a moy,
ſouteni a rân &c.

ſouuent, alies, meur a vez,
mãus pet guez.

ſe ſouuenir, cahout coûn, digacç da goûn, coûnhat,

faire reſouuenir, digacç da
goûn, coûnhat, ober ca-
hout coûn.

ſouuerain remede contre la
morſure des ſerpens, remet
excellant enep ar croc ar
ſarpantet,

ſoy meſme, e vnan.

ſoye de pourceau, rú ar moc'h
ver a ſoye, prenvv ſeiz.

ſpatieux, ledan.

ſpatule, ſpatur.

ſpecial, ſpecial.

ſpecialement, e ſpecial.

ſpirituel, item.

ſquinance, ſquinancç.

ſtable, ſtart.   ſtation, item.

ſtatuë, imaich.

ſtature, ment, furm, taill.

de quelle ſtature eſt-il? pe vét
eſſe pe taill eſſe.

ſteril, difrouez, brehaign.

ſterilité, brec'hainder.

ſtyle du quadran, diſcuez. pe
an nadoz ar c'hadran.

ſuaire, ſuair. ſuaue v. doux

ſubir v. endurer.

ſubiuguer, ſugea, feza, trec'hi

ſubmerger, v. noier.

H

SV

suborner de faux tesmoins, fa-
     brica fals testou

suborner vne fille , trompla
     vr ver c'h.

substance substancç

substanter, substanti

subtil, souril

subtilité, soutildet

suc, dour *sucrer*, dena, suna

succession, heritaich

succeder, succedi, herita.

sucre, sucr.   *sucrin*, sucrin

suer, c'huesa.   *sueur*, c'huès

suffire, beza ahoalc'h

suffisant roc. *suffisãce* rogoni

suffoquer, mouga.

suggerer , lauaret , fournissa.

suie, vzel, hizil.

vn suiet , vr goas p. guizien.

suiet, occasion v. cause

suif , soa.   *suite*, heul.

tout de suite, dioc'h tü, lerc'h
     voar lerc'h.

suiure, heul p. heuliet

suiure de pres, heul a dost

superbe superb°, glorius, roc

superbe peché , superbité ,
     gloar, rogoni.

superflu, re dister, dibrofit

superieur, superior.

supleer, fournissa.

suplice, suplicç.

suplier v. prier.

sureté. surentez, minic'hi.

sur, voar dreist.

sur tout, dreist peptra.

sur le vespre , da abardãhés,
     da endervv.

sur le point, etaill da, dare da.

surdité, calet cleo,

surface de la terre , ar gorre
     an douar.

surfaire la marchandise , re
     istimout ar marc'hadourez.

surgeon, auoultrezeñ gües.

son cœur se surhausse, seuel a
     ra e galon.

surmonter, feza, trec'hi , be-
     za trec'h da &c.

surnommer, leshenyel p. les-
     hanvet.

surpelis, sourpelis.

le surplus , ar crescancç, ar
     pez so ouzpen.

surprendre, surpreni.

en sursaut, en vn lam.

surseoir, dale. *surseance*, dale
     vne affaire m'est suruenuë
     sans y penser, digoezet eo
     dînme vn affer hep rat.

suruiure, beua goude.

*susciter a quelqu'vn vn ac-
     cusateur*, seuel oc'h enep
     vre benac.

syllabe, syllaben.

TA

T Abellion v. notaire.

Tabernacle, Tabernacl

table, raul, p. iou

tablette a escrire, table ésen.

tableau, taulen,

tablier, dauancher.

tache au visage, taich.

taciturne, den sioul.

taie, croc hennic, tach.

taille v. stature.

tailler, tailla.

tailler des pierres, bena mein.

tailleur, tailler.

tailleur de pierres, bener, pe
　　piquer mein.

bois taillis, coat taill.

se taire, tevel, p. tavet.

taire quelque chose, teuel
　　voar vn dra.

taisson, broc'h.

talon, seul, p. iou.

tambour, tabourin.

tancer, scandalat, argui.

tanneur, quiuiger.

tandis que i'estudie, equeit
　　ma studian, andra studian

tanaisie, tenesi, aroaz.

tané, item.　　　taniere, toull.

tant & si fort, quement ha
　　quer cre.

tant & si long-temps, que-
　　ment, ba queit.

TA

tant seulement, hep muiqué.

tant que te peux, quement ha
　　ma hallân.

tant soit peu, vn nebeudic

tant plus qu'il mangera des
　　choux, de tant plustost sera-
　　il gueri, seul mui a gaul a
　　debro, seul quent. e vezo
　　iac'h.

tante, moëreb. p. et.

tantost, bremiia, a bresantic,
　　brema touchant, ebarz
　　nemeur.

tanue, moan, tanao.

taon, sordonen,

se tapir, soucha, plada oc'h.

tapis tapicç. tapisser, tapiçça

taquin, piz.　　tard, diuezat.

il ne tarde pas encore, ne de-
　　quet despaill c'hoaz

trop tard, re diuezat

sur le tard, voar an diuezat.

tardif, lent, gorrec, póner.

il ne tarde pas, ne dale quet.

tarder, dale, chom.

pommes tardiues, aualou di-
　　uezat,

tariere, talazr.

tarir, sec'ha, disec'ha.

tarte, tartesen, p, tartès.

tas, bernt

tascher, clasq, essea, poania,

TA

quemeret poan, pe poellat,
  en em nerza,
vne tasche, vn tass.
tasse, hanap.
taster, tanvaat, blasaat.
aller a tastons, teuta.
tastonner, tastonni, dorlota,
merat, abreguer. *tawelé*, bris
tauerne tauarn, hosteleri.
taupe, goz. p. gozet,
taupiniere, turiaden
taureau, taro p. tirui.
taxer, tassa.   *taxe*, tass.
teigne, vermisseau, hartous.
teigne, tign.   (p, et.
teigneux, tignous.
tailler, teilla diblusca.
teindre, liua.
teinture, liuerez.
teinturier, liuer.
tel, heuclep.
tel & tel, en ha en.
ie ne suis tel que vous pensez, ne doûn quet euel ma sõgit.
tellement quellement, heuclep heuclep.
il est tellement superbe qu'il messrise tous les autres, quer superbus eo ma tispris peb vn an.
temeraire, diauis.

TE

temperance, temperancẽ moderation.
temperant, temperant, moderet.
tempeste, barr amser,
Temple, Templ.
les tẽples de la teste, an iuidic
temps, amser, p. iou.
il est temps d'estudier, pret eo poent eo, cours eo studia
ie voudrois auoir mon temps de fuir, me gare cahout ma lanç da tec'het.
il a esté vn temps qu'on ieusnoit tous les Samedis, vn amser so bet ma iune an dut pep Sadorn.
long temps deuant le iour pell quent an deiz.
du temps de nos Peres, en amser hontadou
il estudie si long-temps qu'il en est estourdy, queit estudi maz eo estourdiet.
si long temps, queit-se,
en peu de temps e berr amser.
il y a long temps que ie n'ay estudié, pell so, pe poullsic so nemeus quet studiet
temporiser, treiza dioc'h an amser.
tenailles, turqués, turquesou

TE

gueuell p. ou
tenailler, turquesa
homme tenant den piz.
fort tendre, tener, blot
tendresse, tenerder,
tendrement, tener
tendre, aften, ftigna.
tendre aux oyseaux aften
   rouegeou da &c.
tendre vn arc, banta, ftigna,
   vr goarec,
tendre vn las, ftigna vr lacç.
le tout tend a cela, pep tra a
   vis, ha den da quement-fe
cela tend à nous, an dra-fe a
   den dauedoûn.
tendu & roide, ftignet a ftart
tenebres, tevaligen
tenebreux teual, du
tenir, derc'hel, p. dalc'het
se tenir au Soleil, en em he-
   aulia.
se tenir debout, herzel en e
   fao p, harzet.
terminer, termina.
tien, da hini,
il ne tient pas à moy na dalc'h
   quet ennoûn.
ie ne fçaurois me tenir que ie
   n'offence Dieu, ne hallân
   quet miret na offançan
   Doue.

TI

cela tient bien à la muraille,
   ftaguet eo an dra-fe ous
   ar moguer, pe a fo ftart
   ous ar moguer.
ie vous suis obligé, me fo endalc'het, pe obliget deoc'h
   pe dalc'het.
tente d'vne plaie, tés vr gouli
tout d'vn tenant, ftac oc'h
   ftac.   *tenter,* tempti,
tentation, tamptation.
terme, termen p iou
se ternir, goevi
terrasse, till. | *terre,* douar.
terre chaude, douar ftu
terre en friche, tirien.
terre froide, douar diftu,
   frauft.
terrasser, douara, difcar d'an
   douar, trec'hi, feza.
terreur v. crainte
terrible, terribl.
terriblement, terriblamant.
terriere, bo des pri.
terroir, douar.
tertre, crec'hen, Knec'h en,
   cre-heuzen, ros.
tesmoin, teft.   [tefteni
tesmoigner, tefteni, dougué
prendre a tesmoin, quemeret,
   pe guervel da deft. (bez.
tesmoignage, tefteni teftena-

TE

te, da. *testament*, testamant.
tester, testamanti. *teste*, peñ.
teste a teste, pen oc'h pen.
le deuant de la teste, an dia-
raocar pen.
le derrière de la teste, an diadren ar pen.
le sommet de la teste, ar gorre
pe ar mell an pen.
testu, pennec.   *teter*, deña.
tetins d'vne beste, tezou.
Theatre, chaffaut.
Theologie, Teologi.
Theologien, Teologian p. et.
thresor, tensor.
Throsne, Tron.
tiede, clouar.
se tiedir, clouaraat.
tien, da hini;   *tiens*, dal
fievre tierce, tercien peb eil
tiers, trederé, tredearn. (dez
tiercement, dan trede.
tige des herbes v. racine,
tiller, teilla;   *tiltre*; tiltr.
timide, aounic.
timon, leur ar c'har.
tinter, tinta
tintement des oreilles, bouderez an diouscoarn
tout d'vne tire, dioc'h tu
a tire d'aisles a den asquellou
tirer vne arquebuse tenna vn

TI

arquebusen
tirer tont a soy, tenna oll diouta e vnan
tirer a consequence, tenna di
gonsequance.
tirer par force sacha voar &c
tenna par força, distrapa,
diffraina.
tirer a sa fin, tenna voar e fin
*tirer quelqu'vn a quatre che-
uaux*, dispen etre peuar
marc'h.   [canap.
tirerie de chanvre, tennadec
tison, eteo, quess p quiffou
tistre. guca. *tisseran*, guiadet
le mestier du tisseran, stern ar
guiader.
toiet de la maison, toen an ti.
toile dougée, lian moan
grosse toille, lian cren
toile d'aragnée, lian quéonit
piece de toile, pez lian, guiat
toison, creon an dênvet
tombeau, bez, p, iou
tomber, coueza, asoupa
tombereau, timporell, tom-
berell, carriguell.
ton, da.   *tondre*, toysa
tondre les brebis crêvia an dé
tonneau, tonnel   (vet
tonnelles, tonell
tonnerre, curun, cudurun

coup de tonnerre, tarz *ou* talm
　curun.
torche, flamboefen, torch
torcher, fec'ha, torcha
torchon, torchouer, *p.* ou.
tordre, trei. *p.* oet.
tordre le col, terri ar gouzouc
torrent, item.
tort, gaou, dommaich.
i'ay le tort, ema ar gaou an
　tu diouzin.
a tort & a droict. a dreus hag
　ahet. a bep tu.
tortu, treuzet. *torture,* iahin
toft. preft, buhan
trop toft, re guentrat.
pluftoft que Pierre, quent euit
　Pezr.
il eft venu auffi toft que moy,
　quer quent ha me eo deut
toftée, toften.
touchant. eus e quenver
toucher v. manier.
toucher en la main, toquat,
　pe tonquat en dorn
toucher deuãt foy cacç a roza.
vous auez touché le point, ca-
　uet oc'h eus ar c'houlm
cela me touche, an dra-fe am
　zouch.
touffe de cheueux, pennat, pe
　torchat, pe hupen bleo.

touffe d'arbres, botgues.
tour, item. tourelle, tourell,
vn tour, vne fineffe, vr fineffa
fallagriez, bourt, cornardis
par tour, tour a tour, dioc'h
　renc, an eil goude eguile.
vn tour, a tourner, teurgn.
tourner auec vn tour, teurgnal
vn tour a filer, eftel.
un tour de ville, vn droguer
tourbillon, auel tro.
tourment tourmant.
tourment de tefte, drouc pen.
tourmenter tourmanti.
tourte, torz, tourtell.
tourterelle, turzunell.
tourteau de cire, coaren, torz
tourner, trei, *p.* troet. (coar.
tour, tro.
tourne fol, troheaul.
tournure, tro.
tournoier, trei, troidella
　voar dro.
tous, oll, guitibunan, pep, *òlei*
　quement bloc'h.
toufiours, bepret.
la Fefte de la Touffaints, Kal
　ar goan.
touffir, paffaat. *toux,* paff.
tout a fait, an oll, dan oll,
tout a coup, fouden.
tout au plus dar muia.

TO

toute la nuit, ahet an nos.
par tout a pep lec'h, e pep tu
tout autant, quément all.
tout autant que nous sommes,
　　quément den so a hanõp.
tout-puissant, oll galloudéc.
toute-fois, coulscoude.
toute-fois & quante que i'es-
　tudié. queliez guez　ma
　studian.　　　　*roy,* te.
toy mesme, da vnan.
tracas, reus bras, trubuil &c
tracasser, tracalli. *trace,* tout
trafic, trafic.
trafiquer, trafiqua.
trahir, trahissa, guersa.
trahison, trahitourez.
traieter, mont didreu,
traistre, trahitour disleal.
traiter bien quelqu'vn, traiti
　eruat vre benac, digue-
　meret eruat.
traiter mal quelqu'vn, goall
　aufa vre benac.
tout d'vn train. dioc'h tu
traisner, stlegea, sacha voar,
　traina.
traiter, traiti.
se traisner sur ses genoux, en
　em stlegea voar e barlo-
　chou.
vne traine, vr traënel.

TR

trame, steûn.
tramer ourdir, sten vi, steûn.
tranchée de ventre, tranche-
　son, guentr,
vne tranche, vn draillen.
trancher, troc'ha.
vn trait, v. vn tour,
traire, gozro.
vne tranche de chair, vn
　draillen quic.
tranquille v. paisible.
tranquillité, peoc'h.
transcrire v. copier,
transformer, cench, laquat
　eguis.
transgresser, terri.
transiger, transigea.
translater, trei, p. troet.
transpercer, treuzi, toulla,
　dreu, didreu,
transporter, transporti, tre-
　lati, touelli, rauissa.
trape, trap.
traquenart, tracanart.
trauail, labour.
trauailler, labourat, poania.
trauers, treus.
de trauers, a dreus.
trauerser, treuzi, dre, didre.
trauersin, treus pleunec.
trauoil, cocç.
trebucher, trebuchi.

TR

trebuchet a peser, bindedou.
*trebuchet a prendre des oy-
seaux*, ſtoquer.
treffle, melchenen p. melchē
treille, treill. p. iou
tremble, coat elo, crenerés
trembler, crenna, ſcrigea.
treme de moulin guern melin
tremper, trempa, ſouba.
trente, tregont. βιάντα
trepas, tremenvan,
trepaſſer, tremen, meruel,
decedi.
trepié, trebez.
treſaillir, trivvlia, trefremi,
ſcrigea, ſtrauilla, ſtrevia,
treſaillement, ſtrauill, ſtre-
viaden.   *tribart*, ſparl.
tres ou fort, meurb et eſton
treteau, treſteuill.
treue, tre, pe treou.
treze, trizec.
triangle, tricoign.
tribulation v. affliction
tricot, pen got, pen baz
trident, tridant,
trier, diſpartia, dibab.
Trinité, Trindet
triomphe, triomphl.
triompher, triomfla.
tripe, ſtripou.
tripot, c'hoari bolot

TR

trique de fagots, queuneudē
fagot.
trique bouſſe, trique heuſou.
triſte, triſt.
triſteſſe, melconi.
trois, tri.   *troiſiéme*, trede.
troiſiémement, dan trede.
tromper, trompla, deceuout
tromperie, tromplerez, fallagriez, abuſion.
trompette, trompill [pillat
ſonner de la trompette, trom-
tronc d'arbre tronḡé ar vezé]
tronc d'Egliſe, queff an Ilis,
p queuiou.
tronſon, vn darn, vn troc'h.
tronſonner, troc'ha, drailla
trop, re, rênner.
trophée v. triomphe
troquer, cench, ober quem
oc'h quem,
troter, trotal, redec
trou d'aiguille, craouē nados
trou, toull.
le trou ou eſt la roue du moulin
poulrot.
troubler, brella, trelati, badaoui, abaſi, ſtrauilla.
ſe troubler, abaſi.
trouer, toulla, treuzi
troupe v. bande
troupeau bagat

TR

trousser, crifa, tronffal, fevel
trousser bagage , daftum ba-
  gageou.
trouuer, caout, p. cauet
trouuer fur le fait caout voar
  an tom, voar ar fet
truelle, loa maffon p. loaiou.
truite, dluzen p. dluz
truie, guès p. guifi
tuer, laza.   tuerie, muntr
tuile, teolen p. teol.
tumeur, coenvv.
tumulte, difpac'h, fauar.
turbot, turboden p. turbot
Turc, Turq, turquianet.
tutelle, goardouniez , carg
tuteur tutor p. et, goait p. et
tuyau, canol, p, iou.
tuyau d'herbe, corfen.
Tyrant, tyrant, p. et,
tyrannie, tyranni.
tyrannifer, tyrannifa.

VA

LA chofe va bien, mat eza
  an affer, ema an affer
  e ftat vat, brao eo an affer
vacarme vacarm.
vacation mecher, condition
vache buoc'h , p. biou, pe
  bioc'hennet   (nac'h
vache fans lait buoc'h gan-
vache qui paffe vne annèe fãs

VA

veau buoc'h hanvefquen.
vache pleine buoc'h leun, pe
  emolc'het.
vaciller, horellat , doueti ,
  pencana.
vagabond reder, divroet
vague gouaguen, p. goagou
vaguer trotall, redec.
vaillant vaillant
vain dineuz.
vaincre v. furmonter.
vaiffelle veffel, p, iou.
vaiffeau leftr, p. liftri
valee traouien.
valoir tallout, p. taluezet.
il vaut autant iouer que dormir, couls eo c'hoari euel
  coufquet.
cela vaut autant que la Loy,
  an dra-fé a dal quement
  hag al lefen.
valeur talloudeguez.
il vaut mieux eftudier que
  iouer guel eo ftudia cuit
  c'hoari.
vanger vengi.
vanité vanité.
varier varia, beza fcânbenec
variable, variabl,
varieté lies fceurt.
vaffal, goaz, p, guifien.
vauneant diualo.

*Bu, ou Buch ancien mot Cambrique, qui fe
trouue dans l'Ouerin? Herbert Voyag de Perfe p. 562.

VE

veau, lue *p.* leou.

se vautrer, en em fautra.

veiller, dihuna, euezaat , beilla.   *vefue*, iutânves.

vefuage, intânvelez.

vefuier, intân *p.* vien

veine goazien *p.* goazi ou iet

velours voulo⁹. *velu* blèvec

vendange, vendaich

vente, guerfidiguez

vendre, guerza,

Vendredy, Guener   [groas.

Vendredy Sainct , Guener ar

vengeance, vegeancç

venin, binim, contam

venir, donet *ou* dont *p.* deut

Vennes, Guenet.

venir devant, dont araoc

vent, auel *p.* iou.

vent a gré, auel mat.

vent de Mdy, auel Su.

venter aueli. *venteux*, auelec

ventoufe, ventous.

ventoufer, ventofi

ventre, coff. *ventrée*, coffat.

flux de ventre, flus coat

ventru, coffec

venuë, douhediguez.

ver, prenvv *p.* prenvet

verbre, goagren.

verd, glas.   *verdir*, glafa.

verdeur, glafder.

VE

verdier, melennec.

verdure, glafen.

bout de verge, pen guial.

verge guialen *p.* guial

verger bergiez. *verglas* fclaç

verglaffer, fclacçã.

vergogne, mez, difmegancç.

vérité, guirionnez.

veritablement , veritablamãt

vermeil, ruz.

se vermoulir, prênvedi

vermine , ampreuan *p.* et , prezevan *p.* et.

verrat, tourc'h.

verolle, brec'h.

groffe verolle, naplés

verollé, clân gant an naplès.

verre, guezren.

verrerie, guezrerez.

verrier, guezrer.

verrouil, moraill.   (railla

fermer auec le verrouil , mo-

verrue, guenaen *p.* ennou.

vers la maifon, voarzu an ti, etrefe hag an ti.

verrluy, bete guenna, etrefe hag ên, etrefeguenna.

bien versé, ententet mat.

verfer, fcuilla, fenna

vertu, vertus *p.* iou.

vertueux den honeft, vertuf⁹

veruene , loufaouen ar groas

VE

veille, vigil.
veße, charoncç, bencç
veßie, c'huiſiguel
Veſpres, Gouſperou.
a la veſprée, da abardahes, da endervv.
vue, veße, vr.louidiguez fal, pautrès, charleſen, friſen
veßie ou ampoulle, c'huiſiguen, clogoren
veſtir, guiſca,
veſtement, guiſcamant,
vœu, promeſſa, vœu
faire vœu a Saint Corentin de donner vn cierge, goueſtla da Sant Caurintin rei vr pilet.
veu que vous me demandez, guelet pen a⁹ am goulénit
veu l'occaſion guelet an occaſion. *veuë*, guelet, arueſt
ie veux, me fel dîn, me deur p. teurueſet. *viande*, boet
Vicaire, Vicair p. ien.
vice, vicç.
vicieux, den fall, goal den.
Vice-Roy, Vice-Roue
Vicomte, Beſcont.
Victoire, Victor.
victorieux, trec'h da
victuaille, boet. *vie*, buhez
vidnité, intânvelez.

VI

vieil coz, ancien.
vieille grec coz, grac'h.
vieilleſſe, cozni.
vieillir, cozaat.
Vierge, Guerchés.
virginité, guerc'hdet
vif, beo. *vif argent* vif argét
vigilant dihun, beo.
vigne, guinien.
vigneron, guinienner
vigueur, courach.
vilain, vill, lous, acr, loudour, lovret, louidic
Ville, Ker.
village, villagen, ker
villageois, paiſant *p*. et.
vin, guin.
vin puiſſant, guin cre.
vin aigre guinaicr.
vin euanté, guin auelet
vin pourry, guin brein
vingt, vguent.
violent, euzic, eſtlam, eſton, terribl, teur.
violence, contraign.
violon, rebet.
violer, violi, força
violet, violet.
violette, violeten.
vipere, aèr, vibér.
virbrequin, tal azr.
virer, biſa.

VI

viruolter, trei, diſtrei, cor-
niguellat, failla, troidella
vir de preſſoir, guerſid goua-
ſcel.   *vis*, vins
vis a vis, racial, ehars, ouz
hars, rac enep.
viſcueux, pigus.
viſer, biſa, tenna.
viſible, viſibl. patant.
viſiblement, viſiblamant.
viſiter, viſita.   *viſte*, pront
viſteſſe, haſtiſdet
viſtement, promptamant.
auſſi viſtement que le cheual,
   guer buhan hag ar marc'h
vitriol, couperos.
vinier, item.
les viures, ar beuancç.
viure, beua.
viure a ſa guiſe, beua en e
faltaſi, en e roll, en e li-
berte, en e c'hoant
*IESVS iugera les viuans
& les morts*, IESVS a var-
no are veo hag a revaro.
vlcere, gouli.
vn Dieu, vn Doue.
combien auez vous d'eſcus ?
vn, pet icoet oc'heuſ-v ?
vnan.
l'vn au lieu de l'autre, an eil
e lec'h eguile.

l'vn & l'autre, an eil hag e-
guile.
l'vn ou l'autre ā eil pe eguile
ny l'vn ny l'autre, nag an eil
nag eguile.   (me
ce m'eſt tout vn vr van eo din
ils ſont tout de meſme, vr van
int, quemēt ha quemēt int
vnion, aſſemblaich, vnion
vnir, compeſi, plena, frani,
jointa.   *vniuerſel, item*
vniuerſellement, vniuerſella-
l'vniuers, ar bet man. [māt
voguer, nauiga,
voile de nauire, gouèl p iou.
voile de Religieuſes, gouèl p,
iou.
voiler, goloi, p. goloet
voire meſme, hag endeûn ſo
quen.
vuiſin, amezec p. ameſeien.
voiſinage, amezeguez
voix, mouez, p. iou.
voler, nigeal, p. niget
le vol des oyſeaux an nich ar
laboucet.
voler, voli.   *voleur*, voleur.
volage, ſçân,
volonté, youl, c'hoant, volontez, caudet, pridiri,
faltaſi, pennat.
volontiers, a youl franc, a
galon vat.

VO

volupté, pligeadur p. urezou
vomir, lança, teurl p. taulet,
　huida, vomiſſa, dazcor
vomiſſement lançadur, huelé
vouloir, fallout, faluezet,
　teuruezout, c'hoantaat,
　mennat.
ne veillez pas, ne deuruezit
　quet.
comme vous vpudrez, euel
　ma queror.
voiture, vitur.
voiturier, viturer.
voicy, chetu, chedu.
voiager, veagi, pirc'hirina.
voiage, beach, pirc'hirindet.
voüer, prometti, goeſtla,
　reſtamauti.
viuer, volſa.
voute, vols　　　　*vray* guir
vray ſemblable, guir hênvel
ſçauoir au vray, gouzout
　dar guir.
veritable, guir, guirion
voirie, laguen.
vrine, troaz
vriner, troaza, ſtautet.
vs, vſancç.　　　*vſer*, vſa.

VT

vſure, vſurerez.
vſurier, vſurer.
vſiter, vſita.
vſurper v. ſe ſeruir
vtenſile, veſſel p, iou.
vtile, taluoudic, profitabl.
vtilité, taluoudeguez, gou-
　nit, profit.
vuider goulonder p. goloet,
　ſcarza, rinſal.
vuide, goullo
le vulgaire, ar commun

YE

Y *Eux* daoulagat.
　yeux etincelans, daoula-
　gat oſteredenni.
qui a de grands yeux, daou-
　lagat diſpourbéllec
yuoire, olifant.
yuroie, yell
yurogne, méuier
yure, mezo
yurer, meui
yurognerie, mezuinti

ZE

Z *Ele*, zel, feruer
　zizanie, yell

FIN.

DICTIONAIRE
BRETON FRANCOIS

A

A, de, v. les particules.
A barfetet, a escient.
A bell, de loin.
A ben queffridi, exprés
A beb carentez Doue, pour l'amour de Dieu.
A bers Doue, de la part de D.
A bers mat, de bonne part.
A boent da boent, de poinct en poinct.
A boan cre, a grand peine.
A bresantic, tout incontinent.
A bret, de bonne heure.
A crec'h d'antraoun, de haut en bas.
a deiz deguile de iour a autre
A devvri a bon escient,
A diabell, de loin.
A didan, de dessous.
a disglao a couuert de la pluie
a dost de pres. a drên derriere
A dre idi e Ker, tandis qu'il est en Ville. A dre d'entre
A dreux de costé.
A galon de cœur.

A gostez a costé.
A gren, tout a faict.
A nebeut e nebeut peu a peu.
A neuez flam, derechef.
A oudeuez, du depuis.
A vareadou, de fois a autre.
A vihanic des que i'estois petit
A viziou, quelque fois
A zorn e dorn, de main en main,
A sert pour interroger.
a me gar Doue? aime-ie Dieu
A c'hui oc'heus canet? auez-vous chanté.
A signifie si apres vn Verbe lors qu'il est exprimé en Latin par an ou vtrum.
Ne oûn quet a c'hui so mat, ie ne sçay si vous estes bon.
Aba depuis que v. les particu.
Aba studiân, depuis que i'estudie.
Pell so aba studiân, il y a long-temps que i'estudie.
Abaoue tri mis ne studias, il y a 3. mois qu'il n'estudia

AB

A baoue ne meur, *depuis peu, il n'y a gueres.*

Abaoue goulou deiz e studian , *des le point du iour i'estudie.*

Abaff *estourdissement.*

Abaffi *estre estourdy.*

Abalamour *a cause.*

Abalamour ma prezegañ , *a cause que ie presche.*

Abardaés *au soir,*

Abat *Abbé.* Abadés *Abesse*

Abati, *Abbaie.*

Abec, *cause ou occasion.*

dre abec ma *parceque.*

Abostolp Ebestel , *Apostre.*

Abrant *sourcil.*

Anniou abrant , *les sourcils.*

Absolvv *absoudre.*

Absolven *absolution*

Achanta, *enchanter.*

Achantour *enchanteur.*

Achantouréz *enchanteresse.*

Achap *echaper.*

Acheui *achever.*

Acr, *vilain.* Adal, *depuis.*

Adal ma, *des que.*

Adarre, *derechef.*

Adiabarz, *au dedans.*

Adiavez, *au dehors.*

A dilerc'h, *derriere.*

Adori, *adorer* Adrasur *certes*

Adrên, *derriere.*

Æl, *pl.* Ælés, *Ange.*

Aël, *essieu.* Ær, *air*

Æër, *pl.* Æëret. *couleuure*

Aër, *vipere.* Æs, *facile,*

Æsa, *mettre a son aise*

Æsamant, *aise.* Aff *vn baiser*

Affet, *baiser*

Affeill clênvet, *recheute de maladie* Affo, *viste.*

Aiguilleten, *aiguillete.*

Ahañ, *d'icy.* Ahano, *dela.*

Ahet *durant.* Ahoalc'h *asses.*

Ahont, *la.* Ala, *veiller.*

A huen, *a la renuerse*

Ahuoc'h *ou* a huz, *au dessus.*

Alañ, *haleine.* Alanat *halener*

A laouret *doré.* Alesse , *dela*

Alc'huez, *clef,*

Alc'hueza *fermer.*

A liés, *souuent.*

Alli *suasion conseil,*

Allia, *inciter.*

Allumaich, *luminaire.*

Alumetés, *alumetes.*

Alusen, *aumosne.*

Alusuner, *aumosnier.*

Amañ, *icy.* Amañ, *beure.*

Amarr, *lien.* Amarra, *lier.*

Ambrouc, *conduire*

Amena *abaisser les voiles*

Amesec p. amescien, *uoisin*

Ameseguès, *uoisine*

AM

Ameleguiez *voisiné.*
Amieguez *sage femme.*
amintaich, *amitié.*
amourous, *amoureux.*
amouroufdet *amour fol.*
ampart, *corpulent.*
ampés, *ampois.*
ampefi, *ampefer.*
amlent, *defobeyffant.*
amfer, *temps.*
anaoue, *monitoire.*
anaoûn, *ames des trefpaffez*
anclin, *inclination.*
anclina, *s'encliner.*
ancou. *mort.*
ancoûnhat, *oublier.*
ancoûnhamant, *oubliance.*
andra, *tandis que.*
anduillen, *andouille.*
aner, *cornée.* aneval, *befte.*
anneu, *enclume.*
annevi, *ourdir.*
anneza, *meubler.*
annoet, *froid.*
annoedi, *auoir froid*
annoedus, *qui a froid*
anquen, *peine.*
anquenia *auoir peine,*
anferra *enclore.* ao, *meur.*
avi, *meurir.* anter. *demy*
antercant, *cinquante*
anter-nos, *minuit*

AN

daouantera, *partir,*
antronos, *le lendemain.*
an tual, *au dela.*
an tuhont, *item.*
an tu man, *au deça.*
anzaoue, *bon-heur, occafion.*
anzaout, p. anzauet, *auoter.*
aoûn, *peur.* aour, *or.*
aounic, *peureux.*
approuff *aprouuer.*
aqueti, *eftre foucieux.*
aquetus, *foucieux.*
arabadiez, *bagatelle.*
araoux *hargneux.*
arar, *charrue.* arat, *charruer.*
a ratos, *a efcient.* arc'h *coffre.*
arc'hant, *Argent.*
Arc'hel, *Archange.*
archet, *cercueil.*
Arc'hefcop, *Archeuefque.*
argadi, *agacer.*
argarza, *detefter.*
argouraoui, *doter.*
argourou, *dot.*
argudi, *fommeiller.*
arguila *reculer.* arguz *difpute*
argui, *difputer.*
arc'hena, *fe chauffer.*
armel, *armoires.*
Armoriou *Armoiries.*
aroc, pe araoc, *ci deuant.*
ar pez, *ce que.* arre, *encore.*

[marginal note, handwritten:] Inde fortaſſe *Arar,* vel potius ab *Fralenhus.* Camd

J

AR

arrés, *erre.* arruout, *arriuer.*
ar vez man, *d'icy a long-teps.*
aruest, *regarder.*
ar vor, *riuage.*　　afcle, *fein.*
afcloeden *attelle.*
afcolen, *pl.* afcol, *chardon.*
afcorn, *pl.* efquern, *os.*
afe, *la,*　　　　　afen, *afne,*
afennés, *afneffe.* afquel, *aifle.*
diou afquel, *aifles.*
afquel croc'hé. *chauue-fouris*
affaill, *affaillir,*
affain, *enfeigne.* affeza *affoir,*
affoupa *choper.* afté *amplifier*
attaina *agacer.* atis, *fuafion.*
atifa *inciter.* atoruou *attours*
attret *balieures,*　　aü, *foie.*
aual, *pomme.* aualen *pomier*
auel, *vent.*
auel quevvret *vent d'Orient*
auel tro, *tourbillon de vent.*
auela, *venter.*
aueloc, *mufart.*
a vel drem, *a veue d'œil.*
avi, *ennie..*　　　avia. *ennuier.*
Aviel, *Euangille.*
auis, *confeil.* auifa *confeiller.*
auifet mat, *prudent.*
avoultr, *adultere.*
avoultriez *adultere.*
avoultren, *fauuageon*
aufillen, *ofier.*　　aut, *riuage.*

AV

auten, *rafoir.*　　Auter *Autel.*
autren, *oétroyer.*　　　(gneur.
Autrou *pl.* Autrounez , Sei-
Autrouniez *Seigneurie.*
azcoan, *collation.*
azcoueza, *tomber de rechef*
azioc'h, *au deffus,*　　(noiftre.
aznaout, *p.* aznauczet , con-
aznaoudec, *connoiffant.*
aznaoudeguez, *connoiffance.*
aznat, *euident.*
azorn. *le poignet.*
azrec, *trifteffe.*
azreuinti, *enfeigne, marque,*
azrouant *pl.* ezreuent *diable*
azroue, *figne.*

BA

BAc'h,　　*croc.*
Badamát, *eftourdiffemét,*
badaoui, *eftre eftourdi*
Badeza, *Baptifer.*
Badezour, *Baptifte*
Badiziant *Baptefme.*
bægueliat, *Bêler,*
bagat, *bande,*　　baill, *baie*
balaen *balai.* balavé, *papillon*
balbouza, *bredouiller,*
balbouzer, *qui bredouille.*
bale, *fe pourmener,*
bali, *rabine.*
balin, *couuerture de lit.*
Baniel, *Baniere.*

1. *Badaut .*

BA

banne, pe bannec'h *goutte.*
banquegeal *banqueter.*
banuez, *banquet.*
Barnabasq, *Barnabé*
bar guinis *comble de fourmet*
bar ræsin, *grappe de raisin.*
bar ar menez, *le haut de la
montagne.*
bar clênvet, *vne maladie.*
bar lore, *branche de lorier*
ar bar, *sorte de maladie*
barra, *remplir*
bara can, *pain a chant*
bara panen, *pain sans levain.*
bara bispit *ou* guispit, *biscuit.*
bara coûn, *pain de chiens*
baraer, *boulenger,*
Barados, *Paradis.*
baraz, *barate*
barbaou, *beste dont on menace les enfans.*
barber, *barbier,*
barc, *pl.* barcaouet *barque.*
barguet, *estourdi*
barillat *bauiller.*
barleñ, *giron.* barn *iugement*
barn *iuger.*   barner *Iuge.*
baro *barbe.*   barvec *barbu.*
barren, *barre,* barz *sonneur*
bass, *vn bast.*
bastard. p besterd *bastard.*
batalm *fonde.*

¹ Bara signifie aussi du pain chez les Caffres.
Voyage de Perse de Herbert p. 24. 562.
Bard-Menestrier-Fauchet de la Poësie Fr. liu.
1. ch. 8.

BA

bauet eo ma dorn, *ma main
a grand froid.*
baz, *pl.* bizier, *baston.*
bazat *coup de baston.*
bazata, *donner des coups de
baston.*
bazoul, *batant de cloche.*
bech, *voiage.*
bec laboucç *bec d'oyseau.*
bec carrec, *pointe de rocher.*
bec contel, *pointe de couteau*
begat, *bouchée.*   bec'h *fais.*
bec'hia *charger.*
beguél *nombril.*
Belec, *pl.* beleien, *Prestre*
Beleguiez, *Prestrise.*
beler, *cresson.*
Belli *puissance,* Baillif.
bena mein *tailler des pierres.*
bener *tailleur de pierres.*
men benerés, *pierre de taille.*
Benest, *Benoist.* benni *volue*
benhuec p. biniou *instrumet*
benos *benediction.*
beo *viuant.* bepret *tousiours*
Berteleme, *Barthelemy.*
bèr, *broche.*
beriou, *des pointes de douleur*
bera, *couler.* beraden *goute.*
berr *bref.*   e berr *en bref.*
berràlan *courte halene.*
berraat, *abreger.*

BE

berder, *brieueté*.
berboellic, *volage*.
bergiez, *verger*.
bern *monceau*.
berna, *amonceler*.
bero *bouillon*. bers *defence*.
berfa, *defendre*.　　　bés *doigt*.
bés meut, *poulce*.
befcouç *Vicomte*.
befou *pl*. bezaier, *bague*.
befq, *fans queue*.
befquen *dé a coudre*.
befteaüt *begue*.　bet *monde*.
bete *iufques*.
beteg-aman, *iufques icy*.
beua *viure*. beuancç *le viure*
béven *lifiere*.
bevin *chair de bœuf*.
beuvraich, *bevrage*.
béus *buis*. beuzel *boufe*.
bez *fepulchre*,　　　bezet *foit*.
bezin *gouefmon*.
bezo *bouleau*.
Bezret *Cemetiere*.
bihan *petit*.
bihanat *appetiffer*.
da viana, *au moins*.
bigofec *qui a deux ventres*
bilen *roturier*.
bilen plom, *bale de plomb*.
bilien *pl*. biliou, *petite pierre*
　　de mer.

BI

bindedou , *balance a pefer*
　l'argent.
binizien p biniguet, *benir*.
biniguen *item*. binigal *item*
birui, p. beruet, *bouillir*.
biruiquen, *iamais*.
biquen, *item* bifcoas *iamais*
bizioul , *forte de maladie qui*
　　prend aux ioinctures des
　　doigts.
blas, *gouft*. blegeal *meugler*
bleiz, p. bleizi, *loup*.
bleizes, *louue*.
bleven, p. bleo. *poil*.
bleûnuen *pl*. bleuñ, *fleur*.
Difful ar bleûnviou, *le Di-*
　　manche des Rameaux
bleûnvia, *fleurir*.
bleut, *farine*. blific *delicat*.
blinchen, *cime*.　bloas, *an*.
bloazuez *année*. bloc'h *tout*
blonça, *meurtrir*.
blonneguen, *oint*.
blonneç *item*. blot, *tendre*.
en em boafi, *s'accouftumer*.
boas, *accouftumance*.
boáfet, *accouftumé*
bocen *pefte*. bocer, *boucher*,
bocerez, *boucherie*.
boc'h, *ioue*. divoc'h *les ioues*
boc'hat, *fouflet*.
boc'hal, *coignée*.

bochat guès *vne touffe d'ar-*
   bres.
boc'h ruz, *gorge rouge.*
boel arguez, *la moele des ar-*
boet, *viande.*   (bres.
boeta, *donner a manger,*
bolot, *balle à iouer,*
bolseñ *fente d'vn paroy.*
bolsenni, *creuacer.*
bom douar, *teule de terre.*
bot ræfin, *grape de raifin.*
bot guès, *touffe d'arbres.*
botes p. boutou, *foulier*
bodé fpern, *extremité d'fpine*
bouc'h *boui.* bouch *vn baifer*
bouchet *baifer.*
bouchic gaufr *la barbe d'vne*
   chevre.
boudal, *corner.*
bouderez *bruit des oreilles.*
boueftl, *boefte*
bouetel foen , *boteau de foin*
bouillouer, *poteau.*
troat boull, *pied rond.*
bouc'h, *chanteau, breche.*
boulc'ha, *entamer.*
bouliemini. *ocre.*
bouperic, *hupe.*
bouquin, *malotru.*
bourbounen *puftule*
bourbell , *qui a de gros yeux.*
Bourc'h, *Bourg.*
Bourc'his *pl.* Bourc'hifien,

BO

Bourgeois.   (reau
boureau. *pl* boureuien , bou-
boutec, *hotte.*
bouteccat, *hottée.*
bouzard, *fourd.*
bouzara, *eftre fourd.*
bouzellou, *boyaux.*
brabanci *brauer, fe vanter*
en em bradelli, *fe brandiller.*
bræat *briere.*   brae, *braie.*
bragal, *fe panader.*
bragaldiezou, *braueries.*
bragou, *hauts de chauffes.*
bialla *branfler.*
bran *pl.* brini, *corbeau.*
brancellat, *fe brandiller.*
branel, *tourniquel.*
brao *braue.* braueri *brauerie*
bras, *grand.*
braffaat, *deuenir grand.*
brafder, *gandeur.*
grec braffès, *femme groffe*
braffefi, *engroffir.*
brafouer, *rechaut.*
brec'h, bras *grands bras,*
an divyrec'h, *les bras.*
brehaign, *fterille.*
brechen, *brochon.*
brein, *pouri.*
breinder, *pouriture,*
breina, *pourir.*
Breiz, *Bretagne.*

'Brouillamini.

BR

Brezonnec, *langue Bretonne*
Breton, *Breton.*
brella, *brouiller.*
breman, *maintenant.*
bremafouden *tout incontin't*
brema touchant, *item.*
bremiia, *item.*   bren, *du fon*
brenc p. brencou , *ouie de*
    poiffons.
brenit, *ouuerture d'vn habit.*
breolim, *pierre a aiguifer.*
breolima, *aiguifer.*
brefel, *guerre.*
brefelecat, *faire la guerre.*
brefq *fragile.*
brefquign, *moucher.*
brefquigner, *moucheur.*
bretuguen *fumier.*
breva, *gafter.*
breugneudi, *roter.*
breur, *pl.* breudeur, *frere.*
breuriez, *confrairie.*
breutaat *plaider.*
breutaer, *plaideur.*
briat, *braffee.*
briata, *embraffer.*
Briec *Brieuc.*
brifaut, *grand mangeur.*
briguen, *gruau.*
brinbalat ar cloc'h *fonner la*
    cloche.   bris, *baie.*
broc'h *teffon.* brocha *percer.*

BR

broch, *ionc.* bron *mammelle*
divron, *mammelles.*
brona, *donner la mammelle.*
bros *cotillon.*
brouft, *bourgeon, hallier.*
broufta, *bourgeonner.*
broufquezen *arbriffeau*
brouftail, *broffaille.*
brout *braife, aiguillon.*
ludu brout, *cendre chaude.*
brouda, *aiguillonner,*
bruda *ebruter.* brutat *item*
brufcoat, *bocage,*
brufuna, *poudroier.*
brufunaden, *miete.*
bucellat, *meugler.*
en em bugadi, *fe vanter.*
buhan, *vifte.*
buhanec *courroucé.*
buhaneguez, *colere.*   (lere.
buhanecaat, *fe mettre en col-*
buguel, *pl.* bugale, *enfant.*
buguel nos, *fantofme.*
buguel ar faout, *berger*
buhez, *vie.* buhezeguez *vie*
Buill, *Bulle.*
bul buen *puron*
bulfun, *nauette.*
bunta, *heurter.*
burtul *vautour.*
burzut *miracle.*
buzuguen, *pl.* buzuc, *achée*

CA

CAbell *chaperon.*
cabell touçec, *potiron.*
Cabiten, *Capitaine.*
cacç, *ennoier.* cador *chaire.*
caer, *beau.* caerat *embellir.*
caerell, *belette.* caerell *item.*
cahout, *auoir.*
caff, *pl.* cauiou, *caue.*
cahout *p.* cauet, *trouuer.*
cahouat glao , *onde de pluie.*
cahuni, *couurir.*
caillar *crotte.* caillara *crotter.*
caillarec *crotté.* calet, *dur.*
caleta, *endurcir.*
Calizr, *Calice* calon, *cœur.*
calonnat, *creue-cœur.*
calonnec, *qui a bon cœur.*
cals, *plusieurs.*
caluez, *pl.* quiluizien, *char-*
pentier.
caluezat, *charpanter*
cam, *boiteux.*
contel cam, *jcouteau crochu.*
cama *estre boiteux.*
camet, *pl.* camegeou, *pas.*
cambr, *chambre.*
camps, *aube.* cana, *chanter.*
canaouen, *chanson.*
cañ *pleine Lune.* can *le chant*
can, *goutiere.*
canab, *chanvre.*
canabec, *champs ou on a semé*

CA

du chanure.
canaber *charderonnet.*
cancr, *ecreuice.* canel *canele.*
caneueden, *arc en ciel.*
canna, *battre.*
vn en ein ean. *vne baterie.*
canerefic an dour, *bergeron-*
cannat, *messager.* (*nette.*
canol, *p.* iou. *canal, Canon.*
cant *çent.* cãtoler *chandelier*
caouen, *chat-huant*
caougant *abondant. accoustu-*
caouleden *caille bote.* [*mé-*
caouledi, *cailler.*
lez caoulet *laict caillé.*
caoûn, *dueil.*
faë caoûn, *habit de dueil.*
cânvaoui *s'attrister.*
car, *p.* querent, *parent.*
caret, *aimer,*
carentez, *amitié, charité.*
carentezus, *charitable.*
car. *iambe.* diou gar *les iabes.*
carr, *charette.*
carrer, *charrou.*
carg, *charge.* carga, *charger.*
Carminiftr, *Carme.*
carn, *corne du pied d'vne beste*
carnec, *qui a de la corne aux*
pieds comme vne beste.
caro, *pl.* quirui, *Cerf.*
carrec, *pl.* querrec, *rocher.*

CA

casec, *pl.* quesec, *iument.*
vr pen guesec, *vne iument.*
casec coat, *piuert.*
casel, *aisselle.*
caseliat, *plein l'aisselle.*
Castel p. questel *chasteau.*
castel lestr; *la hune.*
cass, *haine.*   cassoni, *item.*
cassaat, *hayr.* casti *chastiment*
castisa, *chastier.*
castr egen, *nerf de bœuf.*
Casul, *Chasuble.* cavv, *caue.*
cavarn, *cauerne.* caua, *cauer.*
cavel, *berceau.*
cavel pesquet,   *bateau pour*
   pescher.
caulen *pl.* caul, *choux.*
caul stlech, *gros choux.*
cor, *colle.*   cauta, *coller.*
cauter, *chaudiere.*
caz *pl.* quisier, *chat.*
cazés, *chatte.* cazarc'h *gresle.*
cench, *changer.*
cencherez, *banque.*
cern, *tour.* cerna, *entourer.*
eczo, *moutarde.*
chabistr, *chapitre.*
chaden *chaine.*
chadenna, *enchainer.*
Chaïoni, *Chanoine,*
chancc, *cas fortuit.*
chatal *les bestes.*

CH

chausser, *chaußée.*
cheda, *voicy.* chelaou, *ouyr.*
chemel p. chômet *demeurer.*
cher vat, *bonne chere.*
chetu, *voicy.* chilpat, *iaper.*
chiquenauden, *chiquenaude*
choquat *mascher.* chot *ioüe.*
diou chot, *ioües.*
chotat, *souflet.*   choue, *col.*
chouc ar c'hill *le chaisnon du*
c'hain, *charogne.*   (*col.*
c'harnel, *charnier.*
c'hoauen, p. c'hoen, *puce.*
c'hoant, *desir*
c'hoantaat, *desirer.*
c'hoar, *pl.* c'hoareset, *sœur.*
C'hoarais, *Caresme.*
c'hoari *iouer.*   c'hoari, *ieu.*
c'hoarsin, *rire.* c'hoars, *ris.*
c'hoaz, *encore.*
a c'huen, *a la renuerse.*
a c'huen ma c'horff, *item.*
c'huero, *amer*
c'huervder, *amertume*
chues, *sueur.* c'huesi, *suer.*
c'huez, *senteur,*
c'huisaat, *sentir,*
c'huesa an tan, *soufler le feu.*
c'huesa, *s'enfler,*
c'huirinnat, *hannir.*
c'huisiquen, *ampoulle.*
c'huitel, *sifflet.*

c'huitellat *siffler.* cin, *cigne.*	clogoren, *bouteille d'eau,*
cincla, *ietter par force,*	clogorena, *se former en bou-*
clân, *malade.*	*teille.*
clânvvs, *maladif,*	clopen, *tais de la teste, crane,*
clân our, *ladre,*	clopennec, *grosse test,*
pen clao, *ferrement,*	closa, *clore*
clênvet, *maladie,*	closen, *beurier de bois,*
clênvel, *estre malade,*	clouar, *tiede.*
clasq, *chercher.*	clouara, *deuenir tiede,*
clasquer, *mandiant*	clouet, *barriere,*
claustr, *gage,*	clugea, *percher.*
cleiz craie, *costé gauche,*	cluiar, *pl.* clugiri, *perdrix,*
cleiziat, *gauchart,*	clugeria, *chasser aux perdrix*
cleizen, *cicatrice,*	coaill, *caille.* coan, *le souper,*
cleizenec, *plein de cicatrice,*	coania, *souper.* coât *beau ioli*
clem, *se plaindre,*	coantis, *beauté. plaisir.*
lec'h clet, *lieu paisible,*	coar *cire.* coaren *pain de cire*
cleuet, *ouir,* (*odeur.*	coat *pl.* coageou, *bois.*
cleuet vr c'huez, *sentir vne*	coazrell, *femelle.*
cleuz, *fossé,*	coênvv *enflure.*
coz cleuzen, *vieil arbre,*	coênvvi, *enfler.*
cleuziat, *fossoyer,*	cofes, *confesser,*
cleze, *pl.* clezeier, *espee,*	colen qui, *petit chien.*
clezren, *glace,* clezra *glacer,*	colier, *colet.* coll, *perdre.*
Cloarec *pl* cloer, *clerc,*	collidic, *auorton,*
Cloastr, *Cloestre,*	collidiguez *perte,*
clocen vi, *coque d'œuf,*	coloen p. colo, *paille.*
clocen pés, *gausse de poix,*	coloen guenan, *rusche de*
clocen quistin, *ebogue de cha-*	*mousches a miel.*
steigne,	coloenat, *ruschée*
cloc'h, *pl* clec'h, *cloche,*	milin com. *moulin a draps,*
clochen aman, *lesche de beurre*	comma mezer, *batre presser*

CO

le drap,

commaer, *p.* commaereſet
    commere.

commanant, *louage,*

commananta, *feruir,*

commol, *obſcurité,*

commolec, *obſcur,*

compagnun, *compagnon,*

compagnunez, *compagnie,*

côpagnunecat, *accompagner*

compariſſa, *comparoiſtre.*

compes, *vni,* compeſi *vnir,*

quendervv compes, *couſin*
    germain, comps *parler.*

condui, *conduire, mener,*

confonta, *abiſmer,*

counar rage, conniſſ *lapreau*

conſort, *compagnon.*

contam *venim,*

contami, *enuenimer,*

contel, *couteau,*

contraign, *contraindre*

dre côtraign, *par contrainte,*

controll, *contraire,*

controllia, *cont arier,*

convoc ar vilin, *piquer le*
    moulin.

corden *pl.* querdin, *corde.*

corf *corps.* corvoi, *aualler,*

corn, *p.* querniel, pe quer-
    nou, *corne,*

cornaillen, *cornille.*

CO

cornandon, *pigmée,*

cornardis *embuſche,* [liers,

cornel botés, *hauſſe de ſou*

corniguella, *chanceler,*

coroll, *danſe.* corolli *danſer*

correen, *couroie.*

corrigea, *corriger.*

corſen, *tuiau.*

pen gorſen, *roſeau.*

coſs, *trauoil.*

coſſat neut, *echeueau de fil.*

çoſtezen, pe çoſten, *coſte.*

coſſet, *coſſon,*

a goſtez dehou, *a coſté droit,*

a goſtez cleiz *a coſté gauhe*

coubl, *couple.*

coubla *accoupler,*

couez *laiſſue,*

coueza, *tomber,*

covi, *cohue.*

coulſcoude *neantmoins,*

coulm *p* coulmet *pigeon.*

coulm, *neu.* coulma *nouer.*

couldri, *colombier.*

couloardren, *courge.*

couâbren, *p.* couabr, *nuage,*

coûnabrus *plein de nuage,*

coûn ameus, *i'ay ſouuenance*

couraillou, *entrailles.*

coureter, *maquignon, corre-*
    tier. coureza, *conroier,*

coronqua, *ſe baigner.*

CO

couls eo, pidi *il est temps de prier.* [*temps.*

è couls eo deud *il est venu a*

cournéten, *tourbillon de vent*

cousquet *dormir.*

cousta *couster.* coust *coustage*

couzouc *col.* coz, *vieil.*

couzouquen, *mouchoir de col*

coza *vieillir.* cozaat, *item.*

crabanou, *griffes.*

crabanec, *qui a des griffes.*

cracq *court.*

crafnados, *point d'aiguille.*

crafat. *grater.*

crafadur *egratignure.*

crafinen *item*

craignous, *hargneux.*

crampoesen *pl.* crampoes, *crespe.* cranch *cracher*

craou nados *trou d'aiguille*

craou dênvet *estable de brebis*

craouen, *pl.* craoun, *noix.*

crapat, *ancrer,* cravat *grater*

craza bara, *rostir du pain.*

craza it, *secher du blé.*

cre, *fort.* creat, *fortifier.*

crec'h, *haut.*

oc'h crec'h, *en haut.*

crec'hen, *coline.*

cregui, *prendre.*

croc, *morsure.*

croguec, *crochu.*

CO

creiz *milieu.* creis dez *midy.*

cremen, *crasse.* cren *rond.*

a gren, *tout a fait.*

crender, *rondeur.*

crenna *arondir.*

crena, *trembler.*

crena an noaz *estre ialoux.*

cres, cresiou, *vestement.*

crestenen *creme.*

cret *plege.* crétaar *cautionner.*

creta, *oser.* creüen, *crouste.*

cri, *cri.* criaden, *item.*

criall, *crier.* crib, *peigne.*

criben ar c'har, *le deuant de la iambe.* criba, *peigner.*

cribel, *creste.*

cridi, *p.* credet, *croire.*

credabl, *croiable.*

creden, *croiance.*

cridien, *frisson.*

crifinaden *egratignure.*

crisqui, *p.* cresquet, *croistre.*

crescadur *croissance.*

christen, *p.* christenien, *Chrestien.*

cristenez, *Chrestienté.*

criminal, *criminel.*

criz, *cru, cruel.*

crousel, *croupe.*

crizder, *cruauté.*

croguen *p.* creguin *coquille.*

croum, *courbé.*

CO

crouma, *se courber.*
croua, *creur.*
crouadur, p. bugale, *enfant,*
Crouer, *Createur.*
crouezr *crible.* crubuill *sein*
crabuillat *plein son sein*
cuden neut *echeueau de fil.*
cudon *ramier,*
cuduruñ, *tonnerre.*
cueux *douleur,*
cueuzia, *estre mari,*
pautr cuill, *enfant potelé.*
cûn, *doux,*
cûnnelez, *douceur,*
curuñ, *tonnerre,*
curun *couronne*
curuni, *couronner*
cusul, *conseil,*
cusulia *conseiller,*
cutuill, *cueillir,*
cuz pe cuza, *cacher, celer,*
cuz heaul *soleil couchant*
lec'h cuz *lieu caché,*
cuziat *vne cache.*

DA

Dazorc'h, *resusciter.*
daguennic, *vne petite goute.* daladur *doloüere.*
daladuriat, *doler*
dazlaouen p. dazlou *larme.*
dazlaoui, *larmoier.*
dalc, *atendre.* dal *aueugle,*

DA

dalladiguez, *aueuglement*
dalla *aueugler.*
dalpen, *croupe.*
damant *soucy.*
damantus *soucieux,*
dan nec'h, *en haut.*
dan traoûn, *en bas.*
dant pl. dent, *dent.*
danta, *mordre.*
dantec, *qui a de grandes dents*
danvat, pl dênvet, *brebis.*
danvez, *matiere.*
daou, *deux.* daouzec *douze.*
daoulina *se mettre a genoux.*
darcreiz *le milieu du corps*
dare, *prest.* dareui, *aprester.*
dareden, p. daret, *eclair.*
darempred *hanter.*
darc'hant gant vn den, p
darc'havet *fraper vn home*
darn, *partie.*
darnaoui, *diuiser.*
darnaouet, *lassé, ennuié*
darniegeal, *bauoler.*
daspugn *amasser, assembler.*
dastum, *item.*
dauanger, *deuantier.*
me ya daueta, *ie vay a luy.*
dauiana, *a tout le moins*
dauni, *damner.*
da zouet *futur*
dasquiliat, *ruminer.*

DA

deaug, *dixme.*

deauga, *dixmer,*

debat oc'h, *disputer contre*

debron, *demargeaison*

dec, *dix.* decvet, *dixiesme*

dec'h, *hier.*

dec'h quét dec'h *deuant hier*

e defaut *manque,*

defial, *deffier,*

an tu dehou, *a main droite*

deiz *iour,*

a deis d'eguile *de iour a autre*

deziou pemdeiz *iours sur se-*
maine. Disul *Dimanche*

Dilun, *Lundy*

Demeurs, *Mardy,*

Demerc'her, *Mereredy.*

Dariaou, *Ieudy,*

Dar Guener *Vendredy,*

Dar Sadorn, *Samedy* [uail

deuez labour *iournée de tra-*

deuez querzet, *iournée qu'on*
met a marcher.

delien p. deliou, *fueille*

délia, *ietter des fueilles* [riter

dellit *merite.* dellezout *me-*

Demesell *Damoiselle*

delt *humide.* delta *humecter*

den p. tut *homme.*

dena *teter* depech *depecher*

deport, *atendre*

derc'hel p. dalc'het *tenir.*

DE

dereat, *bien seant*

derez p. dereziou ou diri,
degré. derien *fieure.*

deruen p. dero *chesne*

guezen dero *chesne*

deruoeden *dartre*

despaill *qui ne vient a temps.*

despaill a ra *il tarde*

ne dequet despaill *il ne tarde*

en despet da *en depit de.*

deuer *deuoir.* deui *brusler*

deruez out. *vouloir*

dezrou *commencement, com-*
mencer. dezrou mat *estrenes*

diabell *de loin.* diæs *difficile*

diæsamant *difficulté.*

diaguent *ci deuant.*

dialhueza *ouurir.*

diampech *desencombrer*

dianc *egarer*

dianaout *mesconnoistre*

dianzaout *desauouer*

diarbena *aller au rencontre.*

dianneza *desameubler*

diannez *qui n'est meublé*

diaoul *Diable*

diarc'hen *dechaus*

diarc'hena *dechausser*

diarm *sans armes*

diaraoc *ci deuant*

diquance *reculer*

diauis *sans conseil*

dies

DI

dibaot *rare*. dibaoues *ceſſer*
dibec'h *non coupable*
dibenna *couper la teſte*
dibluſqua *eplucher*
diboania *oſter de peine*
diboan *qui n'a de peine*
diboel *rage*. diboelli *enrager*
dibouruaë *deporueu*
dibr *ſelle*.   dibra *ſeller*
dibredet *qui n'a de ſoucy*
dibri *p*. debret *manger*
debriat *grand mangeur*
dibroſit *inutile*
dibropos *hors de propos*
diççou *dez*. dichec *ruſtique*
diction *prouerbe*.
dicuſul *qui n'a de conſeil*
didaluez *vn vaurien, faineãt*
didalloudeguez *faineantiſe*.
didan *ſous*.
didan neuor *par cœur*
didana *oſter le feu*
didanna *mettre deſſous*.
didanuez *pauure*
didarza *paroiſtre, ſortir*
didra, *pauure*
didren ar pont *an dela du põt*
treu didreu, *tranſpercer tout*
  outre. didroada *faire per-*
  dre terre. diegus *pareſſeux*
diegui *pareſſe*. diec *pareſſeux*
dien *creme*. dierẽ *deſtier*.

DI

dieuez *qui n'a aucun ſoin*
dieuſdet *negligence*
diffazia *corriger*
diffeçon *defiguré*
diffiziout *deffier*
difforc'h diouz vr crouadur
  auorter.
difframa *oſter par forſe*
diffrapa *item*. digacç *amener*
digalon *qui n'a de courage*
digant *d'auec*.
digaoui *dedommiager*
digar *cruel*. digarezi *eucuſer*
digare *excuſe, pretexte*
digentil *p*, tut gentil *Gentil-*
  homme. digoezout *echeoir*
digouſquet *eueiller*
diguech *epeler*. diegat *cruel*
dihallout *impuiſſance*
diher *ſans boir*
dihincha *ſe fouruoier*   [dre
dihoal *garder, preſeruer, defẽ*
dihoan *pouſſer cõme faıt le blé*
dihoant *qui n'a point de deſir*
dihoarna *deferrer*
dihun *eueillé*. dihuna *eueiller*
dihas vr buguel, *amuſer vn*
  enfant. dilacça *deliurer*
dilamet *reiallir*
dilauar *qui ne parle plus*
dilaurega, *abaiſſer ſon haut*
  de chauſſe. dilen *elire*.

DI

dilec'hi *disloquer*

dilignez , *qui ne ressemble a ceux de sa race*

diligneza *forligner*

dillat *habits.* diluch *deluge*

diluia *desembrouiller*

en em dimillóna *se demener.*

dimizi *fiançailles*

dimizi *fiancer.* din *digne*

dinaoui *sortir, estre cause*

diner *denier.*

dinerat *vn denier*

dinoas *qui ne nuit.* diot *sot*

diotaich *sottise.*

diotaat *estre sot*

diouar *de dessus*

tut diuoar ar mæs *paysants*

dioarben *a cause*

dioarpen ma teüas Pezr *par-ce que Pierre vint*

dioueri *se passer*

dioueri e dat *perdre son pere.*

diougani *promettre, menacer*

diouguen *raporter.* diouz *de*

dir *acier*

diredec *courir d'vn lieu a vn autre.*

direiz *sans regle, desordonné*

direizamant *dereglement*

diremet *irremediable*

dirès *atteindre*

diroesta *desembrouiller*

DI

dirolla *deregler*

disaçun *insipide.* disal *desalé*

disaour *qui n'a de saueur*

disaousan *hardy & non estõné*

discanta *oster les ecailles*

discar *abatre*

discarga *decharger*

discleria *declarer*

discolpa an diurec'h , *abatre les bras*

discourra *oster les branches*

discridi p discredeet *mecroire*

discridic *qui ne croit point*

discueus *monstrer*

discriua *descrire*

disculia *monstrer*

disec'ha *mettre a sec*

disenor *deshonneur*

disenori *deshonorer*

disesper *desespoir*

disesperi *desesperer*

diseruicha *deseruir*

disgriet *decousu*

disgrizienna *deraciner*

disheaul *hors du Soleil*

mont e disheaul *aller a l'õbre*

en em disheaulia *item*

dislauaret *dedire*

disleal *perfide*

dislealdet *perfidie*

disleber *defait, defiguré*

disleui guen *baailler.*

dislivv *pasle*

DI

disliua *oster la couleur*
dislonqua *vomir*
dislontra *item*
disinanta *disparoistre*
dismantet eo *il est tout defait*
disinegancç *impudence*
disober *defaire*
disolit *dereglé*
disolitamant *dereglemennt*
disolo *découurir*
disoucha *eueiller*
disourci, *qui n'a aucun soucy*
dispac'h, *remuement de gens ou de terre.*
dispac'hat *remuer la terre*
dispar *qui n'a de pareil*
dispartia *départir*
dispen *abatre*
dispill *qui est suspendu*
dispingn *dépendre*
displega *déploier*
displigeout *déplaire*
displigeadur *déplaisir*
discuda *défaire vne haie*
disquen *descendre*
disqui p. desquet *aprendre*
disquidic *qui aprend*
disquibl p. ien *disciple*
descadurez *nourriture, inst-ruction*
disquiant *qui n'a de iugemët*
disquiantet *item*

DI

distempra *détremper*
dister *inutile*
disteraat *deperir*
disteruez *chose de peu de consequance.* distrei *detourner*
distro *détour*
a distribill *suspendu*
en em distribilla *se brandiller*
distropa *desenfiler*
distroueza *oster les ronces*
distrugea *destruire*
Disul *Dimanche*
diuac'h *croc*
diualo *vn vaut-rien*
diuarc'ha *desregler*
diuarra *emonder,*
diuempra *disloquer*
diuera *couler.*
diueraden *goute*
diueradur *écoulement*
diuargla *derouiller,*
diuerat an amser, *passer le (temps*
diuerramant *passe-temps,*
diuergont *impudent*
diueux *léures*
diuex *qui est déhonté*
diueza *dernier,*
diuezat *tard,*
diuis *exquis*
diuisqua *dépouiller*
diuouzella *oster les boyaux,*
diuroet *despaisé*

diuus

DI

Diuis, *amuser.*
dizantet *edenté.*
dizenés *dixaine.*
dizempra *detremper.*
dizorn *sans mains.*
dizouguen, *raporter.*
dizonna *fevrer.*
dizoura *degouster.*
dizreina, *oster les ronses*
dizremen, *repasser.*
dizreuel *raconter.*
die *debte.*   dleout *deuoir.*
dleour *debteur.*
dleizen *loquet.*
dïuzen, *truite.* doan *ennuy.*
doania *estre ennuié.*
doare *nouuelles.*
ncoûndcare *ie ne sçay.*
dogan *cocu.* donæsô *present.*
donger *horreur.*
dorlota, *mignarder.*
dorossen *bosse de terre.*
douar stu, distu *terre labou-*
    rable, non labourable.
donet *pl.* deud *venir.*
dounediguez *venuë.*
donvat *appriuoiser, dompter.*
an or, *la porte.* dorn *main.*
daouarn, *mains.*
dourna, *batre.*
dournat *poignée.*
doubl *copie.* doubla *copier.*

DÖ

dougea *craindre.*
dougeancç *crainte,*
douguen *porter.*
doun, *profond.*
douna, *aprofondir.*
dour *eau.*
dour yar, *poule d'eau.*
dourqui *loutre.*
dour sec'h *eau dormante.*
doura *abreuer.*
dourguen *anse.*
dousolia *mettre des semelles.*
druilla, *decouper.*
drasq, *mauuis.*
drasqual *petiller.*
dre *par.* dreizen *cramailliere*
dre neuor, *par cœur.*
dreau *gaillard.*
dreist *par dessus.*
dret *etourneau. p.* dridi.
drezen *p* drein, *espine, ronse*
dridall *tremousser.*
drôuc *mauuais.*
drouguiez *meschaneté.*
drouc comps *mal parler.*
drouc ober, *mal faire.*
drouc pidi *maudir.*
drouc pedennou *malediction*
druzoni *graisse.*   du, *noir.*
dua *noircir.*
duffen *donnelle.*

Ancien mot Cambrig, qui se trouue dans l'Ouuert Herbert Voyage de Perse p.562

K

EL

E, *luy, son.*
E, e vnan *luy mesme.*
eauc, *saumon.*
Eaust, *Aoust.*
eausti *moissonner.*
eaustic *rossignol.*
ebarz *dedans.*   ebat *ieu.*
ebata *iouer.*   eben, *l'autre.*
ebeul, *poulein.* e biou *a costé*
Ebre, *Hebreu.* Ebrel *Auril.*
ecant *enquant.* ecens *encens.*
ecenser, *encensoir.*
ecensa, *encenser.*
ecreis *au milieu.*
effreiz *effroy.*   egen *bœuf.*
eguile *autre.* eguis *comme.*
ehan *repos.* ehana, *reposer.*
ehoaz, *le repos des bestes.*
e hoaza, *reposer.*
eill *second, l'autre.*
eiz, *huit,*
eizuet *huictiesme, octaue.*
elboet, *famine,*
elguez, *menton.*
elin, *coude.*   elinat *coudée,*
eluen tan, *bluette de feu.*
em ban *bänir, faire demäder*
embreguer, *manier, toucher.*
en em emellout, *se mesler,*
emesq, *parmy.*
emetou, *proche, enuiron.*
empreñ *rayon de roue,*

EN

en hor metou *parmy nous.*
emeza, *dit-il.* emezi *dit-elle.*
emiounme *di-je.*
emolc'h, *chasser.*
buoc'h emolc'het ,   *vache plaine,*
empresti, *emprunter,*
emzinvat, *pl.* emzinvadet, *orfelins.*
ên, *ciel, pl.* ênuou.
vn enaen, *vn tel.*
encerni *entourer.*
enclaqui *enclouer.*
enclasq *s'enquerir*
cnc. *estroit.*   encat *étrecit.*
encres *peine d'esprit*
encresi *mettre en peine*
endervv, *a l'heure de vespre*
endram *eniaueler.*
ene, *pl.* eneuou, *ame.*
enebarz *douaire d'vne vefue*
enebarzéres *douairiere.*
enep *contre.*
enep botes *empeigne*
enep ma meuo *cotre mö auis*
enesen *isle.*
engouestla, *engager*
enguenta *engendrer.*
eno, *la.*   enor, *honneur,*
enori, *honorer,* enoue *ennuy*
enoui *ennuyer.*
enquelezr *geaut.* col *huitte.*

EO

eolec'h *tremble.*

eonen *écume.*   eona *écumer*

eontr *oncle.*   epat *durant*

equeit ma *tandis que.*

equichen *auprés.* erc'h *neige*

ere *lien.*   eren p. ereét *lier.*

erés *haine.*   eresi *hayr.*

ermes *dehors.*

ermesidi *les estrangers.*

ero, pe ervv, pe erven *sillon.*

erres, aires, escuit *leger, viste*

espern, *espargner.*

esquem *échange.*

esquerb, *écharpe.*

esquet *froncle.*

esquignat *agacer.*

essea *essayer.*   estel *denidoir.*

estlam *épouuentable.*

estlami *s'estonner.*

eston *estonnement.*

Escop, p. Esqueb, *ou* Esqui-

bien *Euesque.*

Escopti *Euesché.*

estren *estranger.*

estropia *estropier.*

etaill *a guise.*   eteau *tison.*

etouez *parmy.*   etre *entre.*

eua, *boire.* euel ma *comme si*

euel pa *comme si.*

euelhen *ainsi.*

euelhont *comme cela.*

euel-se. *item.* euez *attention*

EV

lacat euez *prendre garde.*

euezsaat *prendre garde*

euit *pour.* euit-se *pour cela.*

eûn *droit.* rac eûn *tout droit*

eûnna *dresser.*

eür *heur, occasion.*

eurus *heureux.*

eurusdet *bon-heur.*

euz *horreur.*   euzic *horrible.*

ezn, p. eznet *oyseau.*

ezneta *chasser aux oyseaux.*

eznetaer *oyseleur.*

FA

F Abourg *Faubourg.*

facç *face.*

faççic laouen *beau semblant.*

faççat *soufflet.* faë *moquerie.*

dioar faë *par moquerie.*

ober faë, *se moquer.*

fagoden pl. fagot *fagot.*

falc'h, pl. filc'hier, *faux.*

falchat, *faucher.*

falc'her *faucher.*

fall, *mauuais, foible.*

fallacr, *qui ne vaut rien.*

fallaat *deuenir foible, empirer*

fallagriez, *tromperie.*

falloni, *meschanceté.*

fallentez *foiblesse, meschaceté*

fals *faux* fals p. filher *faucille*

fals varcher *forbu.*

faltasi *opinion.* fancq *fange.*

FA

fanquiguel *bourbier.*

farcç *moquerie.*

dre farcç, *en se moquant.*

farçal *se moquer.*

farda *charger, remplir, acco-*
    moder.

farvel *boufon.*

faven *pl.* fao *febue.*

guezenfao, *fonteau.*

fauta *fendre.*

feçon *façon, mine.*

feçon so *il y a apparence.*

fec'h *fi.* feiz *foy.*

felc'h *rate.* felpen *piece.*

tenna lez, *épandre du laict,*

ferm *louage.* fermi *louer.*

fero *amer.* fest *banquet.*

festou nos *nuiétée.*

fest ar moc'h *banquet qu'on*
    fait quand on a tué des porcs

feuntun *fontaine.*

feur *marché.* fibla *batre.*

ficha *parer.* fichell *ficelle.*

fiesen *pl.* fiés *figue.*

figur *figure.*

fin *cauteleux.*

finesse *finesse.* filiör *filleul.*

filiores *filleule.*

fincha *feinare.*

finval, *bouger.*

fizianç *confiance.*

fiziout *se confier.*

FI

flac'h *anille.* flaich *bouger*

flam *flamme.*

neuez flam *tout neuf.*

flamboesen *flambeau.*

flastra *ecraser.* flatra *flater.*

flatrer *flateur.*

flatrerez *flàterie.*

flem *aiguillon.* fleut *fleute.*

fleutaer *ioueur de fleute.*

floe'h *escuyer.*

flour *fleur, delicat.*

flourdelisen *fleur de lys.*

foar *foire.* foen *foin.*

foennec *pré.* follen *feille*

follen coar *rayon de miel.*

foñ *abondance.*

ar foñ muya *la plus grãd part*

ober a ra foñ *il abonde.*

fonna *abonder.*

fonnus *abondant.*

font *le fond.*

dlen font *le fond Baptismal.*

forc'h *p.* ferc'hier *fourche.*

forc'hec *fourchu.*

forz *beaucoup.*

ne rân forz *ie ne me soucie.*

fqueltr *foudre.*

foueltra *foudroier.*

fourat auel *coup de vent.*

fourm *crainte.*

fournis *rempli.*

fournissa *feminit. suppleer*

FO

fourra *remplir.*
foulinen *fourure.*
franquis *franchise.*
fraill *fleau.* frailla *casser.*
franc *franc.*
francaat *se porter mieux.*
frao *chouette.* frefq *fraus.*
fresca *rafraischir.*
fez *distinctement.*
fringal *se donner du bon têps.*
fringoli *fredonner.*
frica *mettre en piece.*
frita *fricasser.*
fron *narine.*
diou fron, *les narines.*
frouez *fruict.*
froueza *fructifier.*
frouezus *fructueux.*
frouden *fantaisie.*
fubuen *papillon.*
fulen *bluette.* fulien *item.*
fur *sage.*
furaat *deuenir sage.*
furluquin *boufon.*
furnez *sagesse.*
amser furluoc *temps orageux*
furm *forme.* furmi *former.*
fust *le manche d'vn fleau.*
fusta *batre.*

GA

GAdales *femme folle.*
Gagouill *qui bredoüille*

GA

gale *galere.*
gall p. gallaouet *François.*
gallec *langage françois.*
gallout *pouuoir.*
galloudec *puissant.*
galloudus *item.*
gaovvr pl. gueor *cheure.*
gaou pl. gueuier *mensonge.*
ober gaou oc'h vre *faire tort*
a quelqu'vn.
gaoucat *menteur.*
gardis *ioyeux.*
amser gardis *mauuais temps*
gargaden *gosier.* *gurgulio*
gargam *boiteux*
mont voar garric cam *aller à*
cloche pied.
garlatez *danses.* garlisen *plie.*
garlosten *perce oreille.*
garm *cri.* garmi *crier.*
garo *aspre.* garventer *aspreté.*
garr *iambe.*
diougar *les iambes.*
gars pe goaz pl goazi *oye.*
garz p. güirsi *iars.*
garz pl. guirzier *haie.*
gast pl. guisti *putain,*
gastaouer *putacier.*
gat pl. gadou *lievre.*
gadouna *chasser aux lievres.*
gaudissal vre benac *se mo-*
quer de quelqu'vn.

GA

gaunac'h *sterile.*

gcuer *gendre.* gctouer *geton.*

gilcam *boiteux.*

glac'hari *tristesse.*

glac'har *s'attrister.*

glan *pur.*

Speret glan *S. Esprit.*

glan dour *limon d'vne eau.*

glao *pluie.*

glaouen *p.* glaou *charbon,*

glas *verd.* glasder *verdeur*

glasa *verdoier.* glasart *lesard*

glin *genoux.*

daoulin *les genoux.*

daoulina *se mettre a genoux.*

glisien an daouarn *la goutte*
    aux mains. gloas *douleur*

gloasa *apporter douleur*

glout *gourmant,*

gloutoni *gourmandise,*

glut *glu,* gluda *gluer,*

go *leuain.* goac *mol,*

goaca *amollir.*

goacder *mollesse,*

goac'ha *crier comme de pe-*
    tits enfans,

goadiguen *boudin*

goaguen pe goagren *pl. goa-*
    gou, pe goagrou *vague.*

goalc'ha *saouler,*

ma goualc'h *tout mon saoul,*

goalen *verge, aulne*

GO

goalenat *vne aulne.*

goall *mauuais*

goall den *meschant homme*

em goall *par ma faute,*

d'ho coall *par vostre faute*

goân *l'Hyuer.*

goana *estraindr, presser,*

goao *lance.* goap *moquerie*

goapat *se moquer.*

goapaer *moqueur,*

goapaus *moqueur*

gouarn *gouuerner.*

goarec *arc.*

goarec ar glas *arc en ciel,*

goarem *garene,*

Gouarner *Gouuerneur,*

goarnissa *garnir.*

goas *p.* goaset *garçon,* hôme

goas *p.* guisien *suiet.*

goalca *estraindre*

goasquet *abri.* goasta *gaster,*

goastel *gasteau.* goat *sang.*

goada *saigner,*

diouada *saigner.*

goazien *p.* goaziet *veine.*

goaz *pire.* goassaat *empirer*

goazen mor *bras de mer,*

goazreden *ruisseau,*

godel *pochette.*

goell *leuain.* goez vif *lestrir,*

golc'het *couette*

golf mor *gouffre de mer.*

† Gar, garçon. Britenn. Gwâs.
‡ Inde Vaßus, Vaßallo. Briteur Gwâs.

‖ Casquet, Roche dans le Manche. vide
Casquet, heaume, v. p. 65.

GO

golo *couurir.* goloet *couuert*
golo *couuercle.*
golven *passereau,*
golvez *batouer.*
gopr *recompense,*
gopraat *recompenser.*
gopraour *vn iournalier.*
gor *vn froncle.*
ema an yar e gor *la poule cou-*
ue. gorec *qui va doucement.*
gorgereden *mouchoir de col.*
gorre *ce qui est au dessus*
gorren p. roet *leuer, hausser.*
gortos p. gortoet *attendre.*
gortosen *repas deuant souper*
goude *apres.* gouela *pleurer*
goueluan *pleurs.*
gouer ou gouvea *ruisseau.*
goueren *ruisseau.*
gouestla *engager, voüer.*
goucz *sauuage.*
gouezaat *deuenir sauuage.*
gouhez *bru.* gouheré *octobre*
gouïn *gaine.*
goulaouen *pl.* goulou *chan-*
delle. goulou *lumiere.*
goulaoui *luire.*
goulazen p. goulaz *late.*
goulc'her *couuercle.*
goulen *demander.*
goulen *demande.* gouli *playe*
goulia *blesser.* goulo *vuide.*

GO

goulonder *vuider.*
gounit p. gounezet, *gaigner.*
gounit *profit.*
gounidec *laboureur.*
gounideguez *profit, gain.*
goural *ambre.*
gourc'hemen *commandemēt.*
gourc'hemeñ *commander.*
gourdroux *menacer.*
gourdroux *menace.*
gouren *luitter.*
goureñ *luitte.*
gourenner *lui tteur.*
gourennou *paupieres.*
gouret *brassée.*
gouriz *ceiuture.*
gouriza *ceindre.*
gouriziat *haxni r.*
gouruez *se coucher.*
goustat *qui va doucement.*
goustadic *tout bellemēt.*
gouzân p. ânvet *endurer.*
gouzavi *auertir.*
gouzer *litiere.*
gouziza, *abbaisser.*
gouzout, *sçauoir.*
gouiziec, *sçauant.*
gouizieguez, *science.*
Gouzperou *Vespres.*
goz *taupe.*   gozro *traire.*
grac'h, *vieille femme.*
graguella *amonceler*

GR

Gramel *Grammaire.*

grat, *gré.*

grauaz daoubennec, *ciuiere.*

grauaz rodellec *brouete.*

grauel *grauelle.*

grec'h p. grec'hent *ciron.*

greffus *grief.*

greffulder *grièueté.*

greunen p. greun *grain.*

greunia *egreuner.*

gri *cousture.*   griat *coudre.*

gric *ne dites mot.*

gringonçal *grincer.*

grisillon *manotte.*

grisillona *mettre les manotes*

grill *écreuice de mer.*

grizien *racine.*

grizienna *enraciner.*

grisill *gresle.*

groès *chaleur.* grómel *anse.*

grómmellaat *grommeler.*

grouch *menton.*

grongnal *gronder.*

grondal *gronder.*

gronna *amasser.*

gruc *scorpion.* guea *tistre.*

guiat *vne piece de toile qui est sur le mestier.*

guiat gueonit *toile d'aragnée*

guiader *tisseran.*

gueauten, p. gueaut *herbe.*

gueda *gueter.* guecguin *geay.*

GV

guel *mieux, meilleur.*

guelaouen p. guelou *sansuë.*

guelc'hi *lauer.* guele *lict.*

guelet *voir.* ar guelet *la veuë*

guelien moc'h *laueures de pourceaux.*

marc'h guell *cheual bay.*

Gueltas *Gildas.*

gueltrezou *gamache.*

Guener *Vendredy.*

gueltrou *guestres.* gué *blanc.*

guenna *blanchir.*

guen p. guennou *coin.*

guennanen p. guená *verruë.*

guenel p. ganet *enfanter.*

guenneli p. guéneliet *arondelle.*

guiniuelez *enfantement.*

guengolo *Septembre.*

guennec *sol.* guenegat *vn sol.*

guenou *bouche.*

guenaouat *bouchie.*

guenaouez *qui a vne grande bouche.* guenogen *sentier.*

guentou *venter.*

guentlou *tranchées.*

guentr *douleur de nerfs.*

Guenver *Ianuier.*

gueol *gueule.* guer *mot.*

guerbl *glande.* guer *village.*

guerc'h guerc'hes *Vierge.*

guerc'hdet *virginité.*

u Penguins, testes blanches, oiseaux ainsi nom-
mez vers le cap de Bonne esperance. Herbert
Voyage de Perse, p. 16. Guen, ou gwyn ancien
mot Cambriq; qui se trouue dans d'Herbert
Herbert b. 161.

GV

guers, vr vers *chanson*
guersa *vendre.*
guersidiguez, *vente.*
gueruel p. galuet *apeller.*
galuiden *huchée,*
guerzit *fuseau.*
guersidat *fusée.*
gues p. guisi *truie.*
gueus *levre.* diueus *les levres*
gues *fois.*
vr yez, diuez, teir guez, *vne
    fois, deux fois, trois fois.*
guez all *vn autrefois.*
guezpeden *plur.* guezpet *ou*
    guezpel *guespe.*
guezen p. guez *truie.*
guezr *de couleur de verre.*
guezten *verre.*
guezrer *verrier.*
guezrerez *verrerie.*
guialen p. guial *houssine.*
guiber *ecurien.* guic *bourg*
guicat, *faire du bruit comme
    les poussins.*
guidococ *le dernier des petits
    cochons.*
guigoura *faire du bruict.*
guiliout *accouchement.*
guilioudi *accoucher.*
Guillerm *Guillaume.*
Guillou *item.* guin *vin.*
guinien *vigne.*

GV

guinflou *chevrons.*
guinizen *vn grain de blé.*
guiniz *blé.* guenta *venter.*
guir *vray.* guirion *veritable*
guirionnez *verité.*
guiri forn *chaufer le four.*
ema ma iar o c'hiri, *ma poule
    conue.*
guis *mode, coustume.*
guiscas *vestir.*
guenbunan *tous.*

HA

HA, pe hae & habasq *facilo*
habasquat *adoucir, faciliter.*
haillo *qui a de pauures habits*
hal *saline.* halec *saudre.*
halon *sel.* hân *esté.*
hanaf *coupe.*
hano *pl.* hanoiou *nom.*
hânvel *semblable.*
harnes *cuirase.*
harp, *apuy* harpa *apuyer.*
hartoux *cosson.* harz *obstacle*
harz oc'harz *l'vn contre
    l'autre.* men harz *borne.*
harzal *abaier.* hat *semence.*
hada *semer.* havrec *guerret.*
heol *Soleil.* hegacç *agacer.*
hegazus *contentieux.*
hegarat *doux.* hegea *secouer*
heiz *orge.* heizés *biche.*

Gwygh parossant de loin.
Mot ancien Breton d'ou l'Isle
de Wight a tiré son nom selon
Herbert p.j. Voyage de Perse.
1 Vicas

HE

hena *aisné.* henaour *aisné.*

henoaz *cette nuiét.*

hent p. hinchou *chemin.*

hincha *mettre au chemin.*

hênvel, hanvet *nommer.*

hênvel *semblable.*

henveltdiguez *ressemblance.*

heor *ancre du nauire.*

heori *ancrer.*

hep mar *sans doute.*

hep quet a garantez *sans charité.* hep muy quen *seulemēt*

hep quen *item.*

hersel en esao *se tenir debout*

hersel outa *tenir bon a luy.*

heruez Doue *selon Dieu.*

hesq *lesche.* hesquen *scie.*

hesquennat *scier.* (*miel.*

het guenan, *iet de mousches a*

het ahet, *depuis le commencement iusques a la fin.*

het ledan *plantain.*

a vn troadat het *large d'vn pied.*

heuelep *tellement, semblablement.*

vn heuelep ioa *vne telle ioye.*

heuelep heuelep *tel quel.*

heul *suiure.* heul *suite.*

heureuchin *herisson.*

hevlene *cette année.*

hezr *hardy.* hesrder *hardiesse*

HE

Hezre *Iuillet.* hic *le hoquet*

higolen *pierre a aiguiser*

hili *sauce.*

hilligat *chatouiller.*

hini *celuy.*

hinvis *chemise de femme.*

hir *long.* hiraat *alonger.*

hirhoazlus *qui vit long tēps.*

hiriou *auiourd'huy.*

hirvout *tristesse.*

hiruoudi *estre triste.*

hirvoudus *triste.*

hiuiziqnen *d'aresnauant.*

hoars *ris.* hoarsin *rire.*

hoarn *fer.* hoarna *ferrer.*

hoaz *encore,* hoazl *aage.*

hoazlic *qui a grand aage.*

hogan *senelle.*

hogos *presque.*

hogofic *presque.*

hoguen *mais.*

horellat *secouer.*

houat p. houidi *canart.*

houc'h *porc.*

houc'g gouez *sanglier.*

hual *antraue.*

huala *antrauer.*

huanat *souspir.*

huanada *souspirer.*

hudur *sale.* huec'h *six.*

huennat *sarcler.*

huiban *siflet.* huibanat *sifler.*

HV

huider *alouete,*
huill *escarbot.*
huill cornoc *cerf volant.*
ne huit quet *il est passable.*
huitel, huitellat *sislet, sisler.*
huiziguel *vesse.*
huiziguen *ampoule.*
hun *songe.* hûnvre *songe.*
hûnvreal *réuer.*
hupé bleo *houpe de cheueux.*
huzel pe huzil *suie.*

IA

I Ahiana *gesner.*
iala *s'attrister.*
souben iandel *soupe a l'oignõ*
iauet *machoire.*
iauedat *vn coup sur la machoi*
re. ibilen p. ibil *cheuille.*
ibouden *ante.* ibouda *anter*
iguen *hameçon.* ilin *coude.*
ilio *lierre.* Ilis *Eglise.*
impligea *emploier*
infern *enfer.* ingin *engin.*
ingrateri *ingratitude.*
ioa *ioye.* ioaus *ioyeux.*
ioausdet *ioye.* iolori *ieu.*
irinen p. irin *prunelle.*
iruinen p. iruin *naueau.*
isel *bas.* isellaat *abaisser.*
isili *membres.*
isquinat *agacer.*
issal ar c'hi *pousser le chien.*

IS

Itron *pl.* itronneset *Dame.*
iuidic *temple de la teste.*
iuin p. iuinou *ongle.*
iuinen p. iuin *if.*

LA

L Abasquennec *tasche.*
laboucç *pl.* laboucçet
oyseau. [*seaux.*
labouceta, *chercher des oy-*
labour *trauail*
labourat *trauailler.*
labourer *laboureur.*
laquat *mettre.* lacç *filet.*
laë *haut.* eus al laë *d'enhaut.*
diuoar laë *d'enhaut.*
lagat *œil,* daoulagat *yeux.*
lagadat *œillade.*
lagadé *rayon , bouteille d'eau*
lagadenni *rayonner.*
laguen *lac. fondriere,*
lam *saut.* lamet *souter*
lambrusq *lambris*
lambrusca *lambrisser.*
lampr *glissant.* lampra *glisser*
lan *du ian.* lannec *lande*
lanc *ou* lancç *oscasion*
lança *ietter*
lancç ar crouc , *qui a merité*
d'estre pendu. lander *landier*
landreant *faineant*
lanfecç, *filace,*
langour *langueur*

ὠλένη

LA	LE
langaich *langage*	leis an Ilis *plein l'Eglise*
laouen *ioyeux*	leis e goff *tout son saoul*
laouennat *se resiouir*	leis e galon *de tout son cœur.*
levenez *ioye.*	lem *aigu.* lemmaaiguiser
laouen p. laou *vn poux*	sell lem *regard affreux*
laouenan *roytelet*	len *estang.* leñ *lire.* lenvv *cri*
laouer *auge.* lard *gras*	lenva *crier.* les *hanche*
larda *engraisser* larg *liberal*	diou les *les hanches*
larguentez *liberalité*	lesel *laisser.* leseñ *loy*
largeouer *lardoere.*	leseñ *vne lisiere*
lastez *vermine.*	leshano *surnom*
lastezus *pouilleux*	leshenvvel *surnommer*
lastr *leste.* lastra *lester.*	lesirec *paresseux*
lavrec *haut de chausse*	lesireguez *paresse.*
lavvrega, *prendre son haut de chausse.* lausq *lasche.*	lesqui *brusler.*
	lesquadur *brusture.*
lausqua *lascher*	les vam *belle mere*
pe laz din me *que me chaut il*	les vap *beau fils.*
laza, *tuer.* lazarar *charrue*	les tat *beau pere.*
lazr p. lazron *larron*	lestr p. listri *nauire.*
lazres pr. lazret *dérober*	Letanant *Lieutenant*
lazronci *larcin* le, *iurement*	leter *litiere.* letern *lanterne*
ledouet *item*	letusen p. letus *laitue*
Leanes *Religieuse*	leun *plain.* leunia *remplir*
lec'h p. lec'hiou *lieu*	leur *aire.* leve *rente*
lec'h clet *lieu a l'abri*	leur an ti *la place de la maison*
ledan *large.* ledander *largeur*	leuiat *gouuerner le nauire*
ledana *élargir.*	leusquel *bercer.* levvr *liure*
lec'het *largeur*	levvran p. levvrini *levvrier*
leich *petit os de l'estomach*	lez *cour.* lez *laict.*
lein *le disner.* leina *disner*	lezaat *alaicter*
lein an ti *le feste de la maison*	lezr *cuir.* lezrou *chausses*

Pompon. Mela
Vita Plvtolnem ac
pad Costas appellat
ni scribit.

LI

liam *lien.* liama *lier*
lian *linge.* lienaic'h *lingerie*
libiſtrus *crotté.*
libiſtrinec *item*
lic *laique, lubrique*
licaouet *affriander, attirer*
licer *linceul.* licher *friand*
licherez *friandiſe*
ober liciou *ou* ligeou *faire la*
 leſſiue. liana *enſeuelir*
liez guez, *pluſieurs fois*
lies hini *pluſieurs*
lignen *ligne, niueau*
ligneſa *aiuſter a la ligne*
lignol *ligneul.*
lin *lin, ou le pis*
linec *champs de lin*
linat *ortie.* liva *teindre*
linvat *debord d'eaux*
liou, *couleur, ancre*
liſqui *p.* loſquet *bruſler*
lit an Ilis *ſolēnité d'vn Egliſe*
ober lit da vre benac *faire*
 chere a quelqu'vn,
lez livris *lait doux*
an deiz man pen lizen, pe
 pen lien, *d'auiourd'huy*
 en vn an. lizen *plie*
lizer, *lettre, miſſiue*
lizeren *vne lettre*
loa *p.* loaiou *cueillier*
loa maſſon *truelle.*

LO

Loar *Lune*
loar cornec *croiſſant*
loar neuez *nouuelle Lune*
loc'h *leuier* lom *goutte*
logoden *p.* logot *ſouris*
loman *maiſtre de nauire*
lonca *aualer.* loſt *queuë,*
loſten *cotillon,* lova *ramer;* un de forlaſſe Louier -
lot, *portion, vne partie*
loui *moiſir,* louat *niais,*
louedic *pl.* louidien *puant,*
louedi *moiſir,* lous *vilain,*
louſaouen *pl.* louſou *herbe,*
louſder *vilainie,*
louſaat *deuenir laid,*
lovr *ladre,* lovrez *ladrerie*
ludu *cendre,* luhet *eclair,*
lue *p.* leou *veau,*
luguerni *etinceler,*
luguder *niais,*
luhcdi a ra *il eſclaire,*
luia, *brouiller, meſler.*
luſquel *bercer*

MA

MA *moy,* ma hini *le miē*
 ma vnan *moy meſme*
ma iru, *ou allez vous?*
ma, *que, ou, ſi,* maë *May,*
maëron *p.* maëronneſet maraine, (*nourir*
maga pe mezur, *p.* maguet
magadurez *nourriture,*

MA

magaden *nourisson*
maguer *nourricier,*
maguerez *nourrice,*
magnivic *excellent,*
mahaina *estropier, ecraser*
maillart *canart*
majourni *mascher*
mal *malette*
mal ameus da vont *i'ay haste*
   ie suis pressé d'aller
mala *moudre.*   malan *gerbe*
malisen *male.*   malo *manne*
mallos *malediction*
malort *caquin*
maluennou *le cil des yeux.*
Mam Mere,   mamen *source*
an den man *cet homme*
ar pec'het man pec'het *tel &*
   tel peshé

ne ra man er bet , *il ne fait*
   aucun semblant
Manac'h p. Menec'h *Moine*
Manac'h ti *monastere*
manancç *menacer*
manec *gand,* mantra *outrer,*
Maner *maison de noblesse,*
mantel p. mentel, *manteau*
mao *ioyeux,* maoües *femme*
maout *pl.* meaut *mouton,*
maout tourc'h, *belier,*
map p. mibien *enfant,*
mab all lagat *prunelle de l'œil*

[marginal note: ancien mot Cambrig; qui se trouue dans l'Ameriq. Herbert Voy- age de Perse pag. 562.]

MA

mar *si,*   hep mar *sans doute,*
marr *pl.* mirri, *hoyau*
marbiquel *item,*
marra *ecobuer,*
marradec *ecobue*
marc'h *pl'*: roncet, *cheual,*
marc'hat *marché,*
marc'hata *marchander,*
Marc'hadour *marchand,*
marc'hadourez *marchandise*
mare *maree, temps,*
da bep mare *en tout temps,*
marecaour *Caualier,*
marecat *chenaucher,*
marella *bigarer,*
maritell *peine d'esprit,*
maritella *estre è peine d'esprit*
marmoux *singe,* maro *mort,*
maruel *mortel,*
maruellamant *mortellement,*
meruel p, maro *mourir,*
meruent *mortalité,*
marte-se *peut estre,*
martolot *compagnon,*
maruaill *conte, venterie,*
maruailler *faiseur de conte,*
mastoquin *cohuant,*
mat, *bon, bien,*
madelez *bonté, benefice*
mates p. mitisien, *seruante,*
Maze *Mathieu :* me *moy,*
mechancç *peut estre.*

ME

mec'hien *morueau*

mec'hiec *morueux,*

meguin *souflet d'vn Mares-*
  chal :   [*mulet,*

meill *pl:* meilli *poisson appellé*

mel *miel :* melc'henen *trefle*

melc'hueden *pl :* melc'huet
  limaçon : melconi *tristesse*

melconia *estre triste,*

melen *iaune :*

mel alcorn *moelle de l'os,*

melen vi *iaune d'œuf,*

mellennec *verdier,*

mel *milet,*   [*teste :*

mel ar pen *la fontaine de la*

mell ar c'hil *la nuque du col,*

mellezour , *ou* meillouer
  mirouer,

men *p.* mein *pierre,*

men pall *palet,*

meinec *pierreux,*

menargars *detestable,*

menaouet *alesne,*

menat paper *main de papier,*

menat *demande,*

menel *p.* manet *demeurer,*

menez *montagne,*

mengleuz *perriere,*

mengleuzier *tireur de pierre*

mehnat *penser,*

ment *grandeur, quantité,*

merat *maniere,*

mercer *mercier,*

mercerez *mercerie,*

mercgoden *poupée,*

mercl *rouilleure,*

mercla *rouiller,*

meren *collation,*   Merenda

merenna *faire collation*

merc'h *fille :*

Merc'her *Mercredy,*

merienen *pl,* merien *fourmy*

merour *metaier,*

merouri *metairie,*

Merzer *Martyr,*

merzeria *martiriser,*

mes *dehors,*

voar ar mes *au champs,*

mescle *p,* mesclet *moulle,*

mesen *pl,* mes *gland,*

mesperen *nefle,*

mesq e mesq *pesle mesle,*

messaat *garder les bestes,*

messaer, *berger,*

mevel *seruiteur,*

meuli *louer,*

meulabl *louable,*

meur *grand,*

meur a dra *plusieurs choses,*

ne oûn mat meur *ie ne sçay*
  gueres bien,

meurbét *grandement,*

Meurz *Mars,*

meus boet *mets de viande*

bez meut *ponce :* mez *honte,*

mezec *honteux :* mezus *item*

μηλινος

ME

mezell *maill.*   mezer *drap*
mezerennou *drapeaux*
Mezeven *Iuillet*
mezo *yure.*   mezui *s'enyurer*
mezvinti *yurognerie*
mibiliaich *niaiserie*
Miquel *Michel*
micher *mestier, affaire*
midi p. medet *moissonner*
mignon *ami.*   meill *moulin*
milinou *moulin*
milhuit *mauuis*
miliner *mousnier*
millizien p. iliguet , *maudire*
milligaden *malediction*
mingan *gueule torte*
minhuiquen *minhuie*
minic'hi *franchise*
douguen minic'hi *assister*
mintin *matin.*   mintr *mitre*
miret *garder.*   mirer *gardeur*
mirabl *qui se doit garder*
mis p. misiou *mois*
mis p. miseu *dépens*
mistr *propre.*   moal *chauue*
moan *gresle*
moenaat *denenir gresle*
moell carr *moyen de charette*
moguer *parois*
moguet *fumée*
moign *manchot*
monden *mondain.* mont *aler*

MO

mondien *auaricieux & glo-*
rieux.   monnez *monnoie*
Moutroullez *Morlaix*
moraill *loquet*
moralla *fermer auec le loquet*
morconiquet *sommeiller*
morouc'h *marsouin*
mother *sommeil*
mothedi *sommeiller*
divoredi *eueiller*
Morian *More*
morlargez , *caresme-prenant*
mormaout p. et *cormorant*
morsa , *ne pouuoir marcher,*
estre erné.   morle *point*
morset co *il ne peut marcher,*
il est erné
mortez *mortier pour piler*
morzoll *marteau*
moua *se fascher*
moualc'h p. moualc'hi *merle*
mouar *meure*
mouaren *meurier*
moucça *émoncer*
moucha e facç *couurir sa face*
mouden p. moudet *motte*
mouereb p. bet *tante*
moue *crin de cheual*
mouez *voix.* moustra *souiller*
mouza *se fascher*
mucella *meugler*
mudurun *gond*

inui

MV

mui *dauantage, plus*

na mui na quen , *ni plus ny moins.* mull *mule*

muloden p. mulot *mulot*

muntr *meurtre.* muntra *tuer*

muntrer *meurtrier*

munut *petit*

munudi *couper en petits morceaux.* muffa *flairer*

mut *muet* muzell *levre*

mudia *deuenir muet* (vres.

mufellec , *qui a de grandes le-*

NA

N A *ni.* nac'h *nier*

nac euit *se & pour cela*

nados *aiguille.* naoûn *faim*

naounec *qui a faim*

naoneguez *famine*

Naounet *Nantes*

nantec *dix neuf.* nao *neuf*

naouzpet dé *plufieurs hômes*

naouzpet guez *plufieurs fois.*

naturco beza iuft , *il eft naturellement iufte*

nebeut *peu.* Nedelec *Noel*

neiz *ni.* neiza *nicker*

neizour *cette nuiɛt pafſée*

nemet *ſinon, excepté*

nep *aucun.* nequet *non pas*

nepret *iamais.* nerz *force*

en em nerza *s'efforcer*

neffaat *aprocher.* netra *rien*

NI

neuez *nouueau.* neûn *nager*

neuezinti *nouuelle*

neufe *alors.* niat *venter*

nicun *aucun.* nigeal *voler*

voar nich *en volant*

nignol *ligneul.* nis *nepueu*

nilés *niepce.* niuer *nombre*

niuera *nombrer.* noaz *nu*

noazpill *item* noazout *nuire*

noblancç *nobleffe*

nos p. noziou *nuiɛt*

nofuez *nuitée.* nozelen *boutô*

noteraich *eftat de Notaire*

OA

O Alet *foier*

oan p. ein *aigneau*

oar *fur.* oariout *arriuer.*

petra a oari deoc'h, *qu'auez-veus?* oarfe *partant*

oaruezout *arriuer*

oat *aage.* oaz *ialoufie*

oazus *ialoux.* ober *faire*

oberiou *œuures*

mat oberour *bien faɛteur*

drouc oberour *mal faɛteur*

obligé *obligation*

oc'htraoun *en bas*

Offeren *Meffe*

Offerenni *dire la Meffe*

oftrancç *offrande*

ogrou *orgues.* oguet *hercç*

oguedi *hercer*

L

oignamant *onguent*
oignamanti *oindre*
olco *huile sainte*
Oliver *Oliuier.* olifant *yuoire*
oliven *oliue.*   oll *tous*
an oll dan oll *tout a fait*
ordreni *ordonner*
ordrenancç *ordonnance*
Orfevrer *Orfevre*
orguet *amourachemens*
orguedi *s'amouracher*
oriat *libertin*
oriadez *libertinage*
orz *grand maillet*
ostis *hoste.* ostises *hostesse*
pen oignon *oignon*
ouhen p. an ouhen *bœuf*
onnen *fresne.*   ouner *genisse*
ouz hars *vis a vis, tout proche*
ouzpen, *en outre, dauantage*
ozec'h p. ezec'h *home marié*

PA

PA *puisque, lors que*
  pa na vele *sans cela, n'eust*
  esté cela.   pace *naufrage*
paciant *patient*
paciantat *patianter*
padout *durer.* padelez *durée*
padelus *perdurable.*
padel *perdurable*
paëlon *poile.* paëron *parrain*
pall *pelle.* paleuarz *le quart*
pala bara *chapeler du pain*
palf an dorn *paume de la mai*

palfat mat *bon compagnon*
pallen *couuerture de lit*
palüat *pesseler.* palut *marais*
bara panen, *pain sans leuain*
paner *panier.* paoués *cesser*
panesen p. panes *panais*
paour p. pecurieu *pauure*
paurentez *pauureté*
paouraat *apauurir.* pap *Pape*
pab aour *charderonnet*
papauer *panot.* paper *papier*
par *égal.*   parat *accoupler*
paramanti *orner*
pare *guary, quitte, deliuré*
paredi *bouillir.* parés *paroiss*
parlant *parler.*
parou *les champs*
partabl *roturier.*   pass *toux*
passaat *auoir la toux*
pasen *pas, marche*
Pasq *Pasque.* pasqua *paistre*
passion *agonie.* pastez *pasté*
pastel quic, *morceau de chair*
pasturi *paistre.* patant *visible*
pateren *Pate-nostre*
Patron *Patron.* paul la *patte*
paün *paon.* paut *beaucoup*
dout paout *beaucoup d'eau*
pautr *garçon.*
pautrés *mauuaise fille.* pe ou
pe en class emoc'hu *en quelle*
  classe estes vous?
pe vern din me *que m'impor-*
pe laz di-de *que vo' eschaut il*

il? peban *d'ou*
pebez *sotoni quelle sottise*
pe, pec *poix.* pec'het *peché*
pec'hi *pecher* pec'her *pécheur*
pega *mordre, s'attacher*
pegueit *combien de temps*
peguement *combien.*
peguement benac *encore que*
pegué du eo *cobien noir est il.*
pe hano *vn ie ne sçay quoy*
vr pehano, *vn ie ne sçay quoy*
pehanvi *apeller quelque chose*
  par son nom. peinta *peindre*
peintadur *peinture*
peinter *peintre*
pelec'h *ou* pealec'h *d'ou*
pelia *peler.* pell *loin*
pellaat *eloigner*
pell queni *deuant iour*
pell bro *d'vn pays éloigné*
pelloc'h *dores nauant.*
pép *cinq.* pempet *cinquiéme*
pemdeiz *tous les iours*
pemzec *quinze.* ²pen *teste*
e pen at ru, *au bout de la rue*
pen an oll pec'hedou *la cause*
  de tous les pechez
pénou ties *les chefs des maisõs*
vr vaz a daou ben, *vn baston*
  a deux bouts.
pen redec *course*
pennat redec *item*
vr pennat endeus quemeret,
  il a pris vne opinion

pennat bleo *touffe de cheueux*
penneres *heritiere*
pence *comment.*
pence *naufrage*
pencel *piece*
penceliat *rapetacer*
pendoc *coquin, testu*
peneftr *feneftre*
penvers *testu*
peoc'h *paix.* pep *chasque.*
peb hini, *chacun,*
perac *pourquoy*
ne deusquet perac trá *il n'y a*
  pas dequoy.
perchen, *perche.*
percha, *percher.*
perc'hen, *celuy a qui la chose*
  appartient
perguen, *gentil.*
perlesen *pl.* perlés, *ou* perle-
  zennou, *perle,*
pers, *de couleur celeste.*
persillaut, *casse pierre,*
Person, *Recteur,*
peruez, *bien apris.*
pesen, pe pisen, *pl.* pès, *ou*
  pis, *pois.*
pesq. *pl.* pesquet *poisson.*
pesquer, *poissonnier.*
pesqueta, *pescher.*
pet *combien.*
petuet, *le quantiesme.*
pe taill, *comment,*
petra, *quoy, quelle chose.*

¹ πεύζε

² Pen-gwins, Testes blanches
oiseaux, vid le cap de Bonne Esperance Herbert Voyage de Perse
pag. 16.

neoûn petra ober, yi ne scay que faire. (face.	pinigen, *penitence.*
petra benaca rai, *quoy qu'il*	pint. *pinte.* pintat, *vne pinte*
peuar. *quatre.*	pinvidic, *riche.*
peuare, *quatriesme.*	pinvidiguez, *richesse.*
peuarzec, *quatorze.*	pinvidicat, *enrichir*
peuarearn, *le quart.*	piou, *qui.*
peuareren, *item.* peul, *pieu,*	piou benac, *quiconque.* (re.
peulia, *entourer de pieux.*	piquer mein, *piqueur de pier-*
peur, *quand ?*	pirc'hirin, *pelerin.*
peuracheui. *parachever.*	pirc'hirindet, *pelerinage,*
peur hada, *acheuer de semer*	pirill, *danger.*
peuri, *paistre.*	pirillus, *dangereux,*
peutrin, *poitrine*	pistic, *pointe de douleur,*
peurvan, *pastis.* pez, *piece.*	pistiga, *epoinçonner,*
pez bara, *piece de pain.*	piz, *chiche,*
peren pezell, *poire molle.*	icuba piz, *balier net,*
pezell clos, *petite ecuelle close*	chelaou piz, *entendre atten-*
pibi, p. pobet, *cuire.*	*tiuement.*
pibit *ou* piffit, *pepie.*	plac'h, *pl.* plac'het, *fille.*
pic, *pie.* pich, *piege.*	bleo plançonnennet, *che-*
pichon, *petit poulet,*	*ueux frisez.*
picol *grand.* picoux *chassieux*	planquen *pl.* plancot *planche*
pidi p. pedet *prier*	planta *planter.* plat *plat*
peden, *priere,* pig, *houë,*	plant en troat, *plante du pied*
piguesat *trauailler de la houe*	plec *pl.* plega *plier.* plen *vni*
pigueller, *qui trauaille de la*	plena *vnir,* pligeout *plaire*
houe. piler, *pilier.*	pligeadur p. ezou *plaisir*
pillou, *habits rompus,*	pligeadurez *item*
pillaouec, *qui a des habits en*	plouechamps
iambeaux. pillennec *item.*	tut dioar ploue *gens des champ*
pillic, *poile.*	plouis p. plouisien *passans*
pimpinella, *pimprenelle,*	ploumen ruiau, *pompe*
pincin, *benistier,*	plouma *plonger*
	plousen p. plous *paille*

pluen p. plûn *plume*
plûuec *plein de plumes*
plûna *plumer.* plûnvia plŏgér
plufquen *pelure*
pluftra *accouftumer*
poan *peine.* poania *peiner*
Poanius *difficile.* poaza *cuire*
Poazat *item.* pobl *peuple*
Poc'han *plongeon*
Poellat *fe peiner*
Vn den a boellat bras *vn hô-*
me qui prend peine
poent *point.* poès *pois*
poent ar maro, *l'artile de la*
mort. poent eo *il eft temps*
a boes è ben *a plein: tefte*
a boes e divvrec'h *de toute fa*
force. poefa *pefer*
poefus *pefant, grief, importāt*
poefel *boiffeau.* polot *paume*
pole *ou* poleo *poulie* [me
c'hoari polot, *iouer a la pau-*
Pompat *vanterie*
Pompadi *vanter*
ponner *pefant, important*
ponner cleo *qui entend dur*
poq, *vn baifer,*
Poquerez, *baiferie,*
Poquet, *baifer,*
Porc'hel, *pl.* perc'hel, *petit*
cochon. porchet, *porche,*
porz, *port de mer,*
porz quer, *porte de la Ville,*
porz quint, *pont leuis,*

porz raftel, *barriere denant*
vne maifon. porz, *bariere*
poft, *colomne,*
poftec, *fort, folide,*
potaill, *ferrure.* poul, *foffe.*
poul dour, *foffe pleine d'eau,*
poul dro, *eau qui tourne,*
poul fanc, *bourbier,*
poul galon, *fein,*
hoari poullic, *iouer a la foffette,*
poul pri, *foffe pleine d'argille*
poul rot, *foffe qu eft au deffo°*
de la roüe du moulin.
poultr, *poudre*
poultrigou, *atomes,*
pouten, *pl.* pour, *parée,*
pourc'hen, *miche,*
pouruei *pauruoir*
prat p. prageou *pré*
preiz *proie.* pren *bois*
boutou pren *fabots*
vr pren *vn achapt*
prena *achepter*
prena an or *fermer la porté*
prêavv p. prênuct *ver*
prênvv diflat *la teigne*
prefep *creche.* preft *viffement*
pret *vn repas.* pri *mortier.*
pret eo *il eft temps*
prezec p.güet *parler, prefcher*
prezegour *predicateur*
prezeguen *predicatiam*
pridiri *foucy, penfée*

Pryd ancien mot Cambrien qui se trouue encore aujourdhuy dans Lé... qui fignifier le temps. Herbort Voyage de Perse p. 562

priet *mary, femme*
priedelez *mariage*
prietaat *marier*
prim *prompt*
prim al loar *le croissant*
prinvidion *premices*
prisout *priser*
ne brisân quet *ie ne daigne*
profan *non sacré*
proff *offrande*
prouff p. prouuet *prouuer*
prunen p. prun *prune*
pugnés *apostume* puncc *puits*
puill *abondant.* punça *puiser*
aualou put *pommes aigres*

QV

QVÆ VA.	quæ *vne haie*
quææ *faire des haies*
quæz *miserable*
quæznez *misere*
quârrea *carrer*
quebr *che pron*
queff p. queviou *tronc*
queff vr vezen, *tronc d'arbre*
queff tan *tison*
queff an droue oberourien, *fer de criminel*
queguin *cuisine.*
queguiner *cuisinier.*
quechzlou *nouuelles*
queigea *rencontrer*
queiguel *quenouille*
queigueliat *quenouillée*
quein *dos.* queini *se plaindre*

queinvan *plainte*
queit- se *si long temps*
equeit ma veuin, *tandis que ie vinray.* queladur *dolouere*
quelastren *houssine*
quelc'h *cercle,* quelen *houx*
quelennec *lieu plein de houx*
quelen *enseigner*
quelenadurez; *enseignement*
quelienen p. quelien *mouche*
queliés *si souuent*
queliesguez e studiân, *toutefois & quantes que i'estudie*
quellida a ra â it, *le ble germe*
quelorn, *barate pour mettre du beure*
quelvezen p. quelvez *coudre*
quemen *mander, faire venir*
quemener *cousturier*
quemencrés *cousturiere*
quement *autant, tellement*
quement-se *cela*
quement all, *vne fois autant*
equement hama-hallân, *autant que ie puis*
quement a ra ouz ho caret, *il vous aime tellement*
quemesq *mesler*
quempen *accommoder*
quendoux *si doux*
ne oûn quen, *ie ne sçay autre chose.* so quen mesmemet
na muina qué *ni pl' ni moins*
ma deportit quen na dist-

roîn , *attendez moy iusques*
a ce que ie retourne.
fouetit ên qué na dihouado
fouetez-le tant que le sang
ensorte.   quenct , *beauté*
quendamouez so etrezo *il y*
a de l'emulation entre eux.
quenderv v quindirui *cousin*
quiniderv v p. *velet cousine*
quensort p et , *son semblable*
quent *deuant*
quent euit Pêzr *deuât Pierre*
quent euit mal.uaras-se deuant *qu'il dist cela*
quent pret *deuant le temps*
quent e varvo euit offanci
Doue *il mourra plustost que*
d'offancer Dieu
quenta *premier*
ar guenta *la premiere*
ar quenta guella *le plustost te*
mieux. quentel *leçon*
deud e e quentel, *il est venu a*
temps.   q ïentr *éperon*
quentis ma finis , *tout incon-*
tinent que ie me leuay
quentraoui *éperonner*
quentrat *de bonne heure*
re guentrat *trop tost*
quênver *arpent*
e pep quênver *en tout lieu*
e quêver Doue , *enuers Dieu*
quênver e quênver , *l'vna*
costé de l'autre.   quer *cher*

queraat *deuenir cher*
quer p. queriou *ville,* uillage
querc'h *auoine*
querc'hat *aller quérir*
querc'heiz *herron*
querc'hé *le sein.* quern *corns*
quere p ourien *cordonnier*
querefen p. querès *cerise*
quern ar. vilin *treme de mou-*
lin.   quernez *cherté*
quern ar pê *le sōmet de la téte*
Querne *Cornoüaille*   (aille
Quernevis , *ceux de Cornoü-*
querse eognem *ie trouue e-*
strange. querzet *cheminer*
quersidat *fusée*
querzit *fuseau*
en e guers ema, *il est a pot &*
a pain auec luy
quest *queste.* questa *quester*
questaour *questeur*
questen mel *ruche*
quevalen *soupe*
quevelec p. eguet *begace*
quevneuden *büche*
quevneut *bois*
quevvr en-partie
quevvret *ensemble*
auel quevvret *vent d'Orient*
quevvridi *message*
a ben quevvridi *expres*
qui p. chas *chien*
quiés lupr ou sautr, *chienne*
chaude.   quibell *euue*

quic *chair.*   quic *sall lard*
quicdant *gencine.*
guiga a ta ar gouli , *la chair*
   reuient a la playe
quiguer *boucher*
quigna *écorcher*
quignaden *écorchure*
quiga *tourteau.* quignen *ail*
quignés *guignes*
quill *chaisnon du col*
quildant *dent macheliere*
quiluerz *aheurté*
quilpennec *opiniastre*
quildervv *hanneton.*
quilgat *cligner les yeux*
quimiat *adieu*
quimiadi vrebenac , *dire a-*
  dieu a quelqu'vn
quinclaparer. quiniat *Châtre*
quinizien p. niguet *presenter*
quiriec *occasion, cause*
quirintiez *parenté*
it voar ho quis , *allez d'ou*
  vous venez
quisel *ciseau de charpentier*
quisidic *qui se plaint*
quistiné p quistin. *chataigne*
quistina *chercher des chatai-*
et co quitt *il s'en est allé* gnes
quiuigea *couroier*
quiuiger *couroieur*
quiuilin *coude*
quiuilinat *coudée*

R A vihot saluet *que vous*
  soyez sanué
dre rabin *par fois.*   rac *car*
rac ma zeo mat , *parce qu'il*
  est bon.   rac-se *partant*
rac cals a draou , *a cause de*
  plusieurs choses
aoûn ameus rac ar pec'het ,
  i'ay peur du peché
rac tal *tout droit deuant vous*
raclouer *rapé.* raden *fougere.*
radena *cueillir de la fougere*
raé *raye.* ragueaust *automne.*
rambrea *radoter*
rambreus *radoteur*
rambrerez *réuerie*
rampa *glisser*
ranclés *qui ne se rassase*
ran p. ranet *grenouille*
rañ *partage, partie*
ranna *partager, fendre*
raoula *enrouer.* rastel *rateau*
raouladur *enrouement*
hep rat dîn me *sans y penser*
rataill *racaille.*   raz *chaux*
ratoux p. ratouset *édenté*
rasen p. raset *rat*
razunel *ratouere*
re *trop.* real *roial.* rênuer *trop*
reo *gelée.*   rebech *reprocher*
rebechat *reproche*
rebet *violon.* rebeuté *putain*
rebeter *sonneur de violon*
recco p. recevet *receuoir.*

cahout recours ouz ar Ver-
ches *avoir recours a la Vier.*
redec p. redet *courir*
dour red *eau qui coule*
redi *contrainte*
dre nep redi *sans contrainte*
redissa *pourbouillir*
refresqui *rafraischir*
regn *regner*
reguezen p. reguez *braise*
regui p. roguet *deschirer*
rei p. roet *donner*
an dra se so reiz *cela est facile*
reiz *raisonnable*
gourc'hemenou reiz , *com-*
mandements de Dieu
reiza *mettre en ordre*
Relegou *Reliques*
rempsi *durer, regner*
ren p. reet *mener*
diren *ramener.* renabl *police*
renquout *devoir.* renc *rang*
dioc'h renc *de rang*
renca *ranger.*
renuncia *defaduouer*
reolen p. ennou *regle*
reolia *regler.* requet *requeste*
requeti *demander*
requet ameus outa, *i'ay hor-*
reur de luy
resinen p. resin *raisin*
ret eo *il faut.* retaden *course*
reün *poil de beste*
faë reün *cilice.* reux *malheur*

reufeudic *miserable*
reufeudiguez *misere*
ribla *ribler.* rigol *rigueur*
richodeu *gorge rouge*
rigolat *aller a la rigueur*
rigolus *rigoureux*
rimadel *conte.* rinçal *netoier*
riou *froid.* riua *avoir froid*
riscla *glisser.* risclus *glissant*
Roazon *Rennes*
roc'hat *ronfler*
men roc'hel , *grande pierre*
d'vn rocher. rochet *chemise*
roênvv *aviron*
roênui *avironner*
rolec'h car *marque de la cha-*
rette. roll *rolle*
ronquel *le rale.*
ronquellat *raler.*
roqueden *chemisette*
rosen p. ros *rose*
rosmoc'h *pavot*
rosec *lieu plein de roses*
rosta *rostir.* Rouanés *Reyne*
rot p. rodou *roue*
Roue p. Rouanet *Roy*
rouantelez *Royaume*
rodella *entortiller*
bleo rodellet *cheueux frisez*
rouden *vestige*
rouestl *embrouillement*
rouestla *embrouiller*
rouet p. rouegeou *rets*
rouez *tanue.* roussen *ride*

rougn gale   rougnus galeux
rouhen ampan
rouener chate peleuse
rouhenat vn ampan
roussin romsine
rout chemin , exemple
et eo en e rout il s'en est allé
e pep tout par tout.   ru rue,
rual ruer.   ruilla rouler
vr rum bras vn grand nombre
vr rum a ra quement-se
  quelques vns font cela
daou rum tut ameus gueler,
  i'ay veu 2 sortes de persines
cus a vr rum e teuont oll ,
  ils viennet to° d'vn mesme
  principe.   rusquen ecorce
rust rustique. ruzell rougeole
rustoni rusticité. ruzia rougir
ruz rouge.   SA

S Abr sable   sacr sacré
S iee'h p. sec'hier sac
dour sac'h eau dormante
sacha voar vrebenac tirer &
  traisner quelqu'vn par force
sacun sobre, propre & net
S adorn Samedy
sae voar enep robe a l'enuers
safar bruit safari faire bruit
sifronen escarbot
salla saler.   quic sall lard
s aligner saliere. salocras niny
saludi saluer. Saluer Sauueur
saluet sauué sam charge

sama charger.   san conduit
sanab morelle.   sanca piquer
sanaill lieu ou on serre le foin
Sant p. sent Sainct.
santés sainte. sâtelez sainteté
sao debout.   saour saueur
en e sao ema il est debout
saouri sauourer. saourea serpoulet. saouzani s'estonner
saouzan estonnement
disaouzan hardy
sauetai p. eet sauuer
[1] Saueo Saussonnet. Anglois
S iusnec langue Angloise
[2] Brosaux Angleterre
sautra salir   scân petite table
scabel p. squebell escabeau
scân leger.   scandal noise
scân vaat deuenir leger
scânvi estre volage
scânbennec volage
scandalat debatre de paroles,
  tancer.
scant ecaille.   scao du su
scarz eo e sx sa robe est courte
scarza vuider, nettoier
scauta echauder. scauten e-
  chaud. sclacç glace
sclacça glacer... scler clair
men sclent essencte
sclerder clarté sclerat éclairer
scleur clarté.. sclotur cloture.
sclicen éclat de bois
scloquat a ra ar poncinet les.

1 Saxo
2 Patria Saxonum, vel Britannis Saxonia.

pouſſins piolent. ſcacel apui
ſcoaz *épaule.* diou ſcoaz e-
paules. ſcobitel *volant*
e ſcoaz Pezr, *en comparaiſon*
de Pierre. ſcol *eſchole*
ſcoer p. ſcoegeou *eſcu*
ſcolaer *Eſcholier*
ſcolia *apprendre, corriger*
ſcoliet eo e gar *ſa charette eſt*
arreſtée. ſcouarn *oreille*
dio u ſcoarn *oreilles*
ſcoultr *emondre*
ſcoultra *emonder*
ſcourgez *fouet*
ſcourgeza *fouetter*
ſcourr *branche*
ſcrapa vr plac'h *enleuer vne*
fille. ſcrigea *tremouſſer*
ſcrapat an douar, *grater la*
terre ſcrit *écrit*
ſcrignal an dent, *grincer les*
dents. ſcriua *écrire*
ſcrivaguer *Eſcriuain*
ſcrivel *etrille* ſcrivella *étriller*
ſcuba *balier,* ſcubellen *balay*
ſcubien *balieure*
ſcudel p. ſcudili *écuelle*
ſcudellat *vne éſcuelee*
ſcuiz *las.* ſcuiza *être las*
ſcuilla *verſer, épendre*
ſebelia *enſeuelir.* ſec'h *ſec*
ſec'ha *torcher.* ſec'het *la ſoif*
ſec'het *ſechereſſe*
ſec'hidic *qui a ſoif*

feder *aſſeurement.* ſegal *ſegle*
ſegalec *champs de ſegle*
ſeiz *ſoie, ſept.* ſeizeñ *ruban*
ſeiziiet *le ſepſiéme*
ſeitec *dix-ſept.* ſell *regard*
ſellat *regard.* ſellet *regarder*
ſempl *foible* ſempla *euanouir*
ſeneſſal *ſenechal.* ſenni *ſoner*
ſenti *obeyr.* ſerra *clorre*
ſergonnerés *babillarde* *jargonnereſe*
ſeruich *ſeruice.* ſeſia *ſaiſir*
ſeruicha *ſeruir* ſetãcç *ſentece*
ſeruicher *ſeruiteur*
ſeruicherés *ſeruante*
ſeruieden *vne ſeruiette*
ſeuel *ſe leuer.* ſeuzl *talon*
map tzuen *vn fils qui eſt grãd*
ſeul ma tzuas *des qu'il vint*
ſeul braſſoc'h eo e boan ſeul
braſſoc'h eo e verit, *de tãt*
plus grande qu'eſt ſa peine,
plus grand eſt ſon merite
ſichen *ſiege.* ſicour *aſſiſtance*
ſicour vrebenac *aſſiſter quel-*
qu'vn. ſidan *linotte*
ſifern *reume.* ſifernet *ereumé* *enchifſevne*
ſigea *aſſieger.* ſiſtr *citre*
ſigna ar bugale, *ſoutirer les*
enfans. ſilſiguen *ſauciſſe*
ſilien p. ſiliou *anguille*
ſilien mor *congre*
ſilvidiguez *ſalut*
ſioaz din *helas*
ſioaden *cri lamentable*

ſioul ſans dire mot

den ſioull *homme patient*

ſioullic *tout bas*

ſizl couliner.   ſizla couler

ſizun ſemaine.   ſoa ſuif

ſoauon ſauon.   ſonta ſouder

ſoc ſec. ſouez *admiration*

ſouez eo guenên *ie m'eſtone*

ſouez a s'eſtanner. ſol ſemelle

ſol ſoliweau.   ſolem ſage

ſonch penſie. fongeai penſer

ſongeſon penſée

ſouc'h an arar, *ſoc de charruë*

ſorça eſſorceler. ſorcer ſorcier

ſorcerez ſorcelerie

ſorc'hen rénerie

ſorc'henni réner   ſor ſot

ſoroni ſott ſe   ſort ſourt

ſoroc'hel veſtie. ſoubé ſoupe

ſoubatr per. ſoubla adoucir

ſoucha dormir. ſoul paille

ſouzon racontinent

riſoul , *maiſon couuerte de
   paille.* ſourbouilla ſalir

ſourci ſouci ſourcia ſe ſoucier

ſourcius ſoucieux

ſourpelis ſurpelis

ſoura toindre, ſouter

ſoutil ſubtil. ſpacç eſpace

eſpacç à dri mis *durant trois
   mois.* Spaign Eſpaigne

Spaignol Eſpagnol Eſpagne

Spaignolaich, *langue d'Eſ-*

ſparf aſperſoir. ſparl tribar

ſparfell eſpreuier

ſparla barrer. ſpaz chatré

ſpaza chatrer. ſpecç eſpece

ſpazer chatreur. ſperet eſprit

ſpern épine.   ſpeur cloture

ſpezaden p. ſpezad groſell

ſpi eſperance.   ſpia épier

ſpillen p. ſpillou épingle

ſolan patent. ſplana declarer

ſpluſec pepiniere ſpluſé pepin

ſpoue liegs. ſpont épouuente

ſpontus épouuentable

ſpou, ecume ſpouma ecumer

ſquarinec , *qui a de grondes
   iambes* ſquarlec ecarlate

ſquei p. ſcoet fraper *S. p. 15. Serai?
   in Ren. 11. v. 143*

ſqueigea decouper

ſqueigeadur coupure

ſquerb echarpe

ſquevent poumon

ſpicull echelle . ſqueut ombre

ſqueulia escalader

ſqueulia a nerze diurec'h,
   monier a force de bras

ſquezr regle qui conduit

ſquezren. eclat de bois

ſquiant entendement

pemp ſquiant naturel , *les 5.
   ſens naturels*

diſquiantet insensé

ſquilfou grifes

ſquigna étendre

ema ar foen voar ſquign, *le
   foin eſt étendu*

ſtaga oc'h attachera

ſtac oc'h ſtac, attachez l'vn contre l'autre (langue

ſraguel, le filet qu'on, a a la diſtaguellet, eo il parle aiſe-ment. ſtal boutique

ſtanc eſtanc, eſpais

ſtançonnou apuiettes

ſtançonni apuier

ſtanquen valce

ſtaoûn le palais de la bouche

ſtaqual an dent claquer des dents. ſtalda étreindre

ſtart ferme. ſtat eſtat

ſtatudi ordonner. ſtaul étable

ſtautet piſſer. ſtean etain

Stefan Eſtienne.

ſtequi p. ſtoquet choquer

ſteren p. ſteret ou ſterennou eſtoille. ſtevia boucher

ſteredenni étinceler

ſteûn ourdiſſure ſtigna tendre

ſteûnvi ourdir.

ſtlapa oc'h an douar, ietter contre terre

ſtlaqua an daouarn, fraper des mains. ſtlegea trayner

caul ſtlech gros choux

ſtleuc p. iou etrieu. ſtol étolle

ſtoliquen oreille de ſoulier

ſtouet ſe mettre a genoux

ſtoufa boucher. ſtoup étoupe

ſtoupa etouper

eſtraquilc maladie de cheuaux

ſtreet petit chemin

ſtrevia eſternuer. ſtrill...

ſtrillic petite goute

ſtrinqua ietter, ſtripou tripes

ſtriz eſtroit. ſtriza eſtr...

ſtrollat vne file

a ſtrolladou attachez les vns aux autres. ſtropa enfiler

ſtrop filet pour enfiler vne cha-pele. ſtrouez eſpines

leun a ſtrouez plein d'eſpines

ſtudi eſtude. ſtudia eſtudier

ſtur gouuernail de nauire

ſugea aſſiettir ſutalſiſter

ſul dimanche ſutetez...

Sulvez vn Dimanche

ſuler plancher. ſur aſſeuremēt

ſurentez aſſeurance

T A ton. tabarlanç dais tach clou. tacha cl...

tachen grande place

taché glas place d'kerbe verte

taconni rapetacer. taill taille

taich tache. taga demurer

tailla tailler. tal front

pe tail eſſe comment eſt il

e taill d'vn aneual, comme vne beſte

e taill cma da veza crouguet il eſt en dãger d'eſtre pendu

e tall an or, vis a vis de la porte. rac tal tout droit

talec qui a vn grand front

taledé bãdeau. taigue b...deau

1 áſnp
2 eſtrangaillon

talpen *croupe.*
tallout *p.* taluezet *valoir*
talloudec *profitable*
talloudeguez *valeur*
tasllasqua *se froter comme les gueux.* tam *morceau*
tasm curun, *coup de tonnerres*
gounit e dam, *gaigner sa vie*
tamoesen *épi de bled*
tamoès *sas.* tamoesa *sasser*
tamal *reprendre.* tan *feu*
tamal al laëronci da *reietter le larcin sur &c*
tanao *tenue.* tanigen *dartre*
tantez tan *vn bon feu*
tantat S. Ian, *feu de S. Iean*
tânva *gouster.* tarazr *tariere*
targas *marcou.* tarlôca *router*
taro *p.* tirui *taureau*
tarz curun *coup de tonnerre*
tarz an deiz *le point du iour*
mentarz *casse pierre*
tarza *poindre* tassa *taxer*
tastonni *tastonner*
tarzell *p.* ou *crenean.* tat *pere*
tat coz *grand pere*
tat cûn *le bisayeul.*
tat diou *pere du bisayeul*
tatinus *contentieux*
tavantec *pauure*
tavanteguez *pauureté*
tavarchen *motte de terre*
tavargn *tauerne.* taul *coup*
a dauladou *par fois*
taul lin *poupée de lin*
taulen *p.* ennou *tableau*
te *toy.* teall *tutoier.* tean *rude*
tec'het diouz ar pec'het *fuyr le peché.* teaut *langue*
toen *toict.* tei *p.* toer *couurir*
toer *couureur.* teill *frambois*
bern teil *fumier.* teilla *fumier*
tellou *charges qu'on doit paier sur des terres.* tener *tendre*
tempti *tenter.* ten *rude*
ten *trait.* tenna *tirer*
ober tennaëc ouz e dat, *fascher son pere*
tensa *tancer.* tensor *thresor*
tensorer *thresorier*
tennadec lin *tirerie de lin*
teo *épais.* teuat *épaissir,*
teoder *épaisseur.* teolen *tuile*
terri *rompre* tescaoua *glaner*
terridiguez *maladie qui ropt les membres*
testamanti *voxer*
testeni, *tesmoigner, tesmoignage.* testenabez *témoignage*
teval *obscur.* tevaliẽ *obscurité*
tevalaat *obscurcir*
tevaligen *obscurité*
tevel *p.* taver *taire*
teurl *p.* tauler *ietter*
teurl vre en e c'hué, *rẽuerser*
teurgn *tour.* teuzi *fondre*
teurgna *tourner auec vn tour*
ti *p.* es *maisõ,* tieguez *famille*

Vide entamer

Tamis

Ancien mot Cambriq: qui se trouve dans l'Amerhsster-bert Voyage de Perse p. 562.

Telonium

tiec *pere de famille*
tiecaat *conduire vne famille*
tign *teigne.* tignous *teigneux*
tillen *ourme.* timat *viste*
tinell *vne tente*
tiquemeret *loger*
tizout *atteindre.* toas *paste*
ne difân quet, *ie n'ay de loisir*
toalec *mets ou on met la paste*
toc *chapeau.* tom *chaud*
tollennec *gros homme*
toma *chaufer.* tõ der *chaleur*
tomigen *chaleur.* toné *coene*
tonquat, *fraper dans la main*
   d'vn autre [cheueux
torchat bleo *vn floquon de*
torchat lin *paquet de lin*
torfet *crime.* torgocç *nain*
torfetour *criminel*
bleo tortiffet *cheueux frifez*
torz *tourte.* tofoanna. *agacer*
toft d'e di *pres de fa maifon*
a doft *de pres.* toften *roftie*
toftavat *enuiron*
touçec p. eguet *crapaux*
touet *iurer.* fri touign *camus*
toull *creux.* toul car *breche*
follet a dreus *regarder de tra-*
   trauers. treuft *poudre*
treufplûnec *trauerfier*
treulou *le fueil de la porte*
toulla *percer.* tourni *bruict*
tournial *faire du bruit*
touzier *nape.* tra p. *ou chofe*

trahiffa *trahir*
trahitour *traiftre*
trahitouriez *trahifon*
tranchefon *colique*
tranchouer, *coufteau de cor-*
   donnier. troill *trauoel*
traouc *vallée.* trebez *trepié*
oc'h traoûn *en bas*
crec'h ha traoûn *haut & bas*
trec'hi *furmonter*
trede *troifiefme.* treff *trefue*
trederen *lettiers*
tredearn *le tiers*
trefremi *tremouffer*
tregont *trente.* tro *tournure* διαστροφη
treip. croct *tourner*
tro p. troiou *tour*
tro Eaul *tourne-Sol*
troidella *entourer*
treill *trillis.* treizer *paffager*
treiz *paffage de mer*
treiza *paffer la mer*
trelati *eftre tranfporté*
tremen *paffage.* trene *aigre*
tremeniat p. idi *vn paffant*
tremenvan *trepas*
tremenvoe *paffage*
tret p. tridi, *tourneau*
trevat *moifon.* treugen *tronc*
treu dizreu *de part en part*
treufteuili *treifeau*
treut *maigre* treudi *amaigrir*
trez *fable.* trezou *drapeaux*
tri *trois.* trizec *treize*

tridal *tressaillir*
trincha *amadouer*
trinchen *oseille.* tripal *dæser*
Trindet *Trinité.* troas *urine*
triqueheusou *triquehouse*
troal *autrefois.* troasa *uriner*
troat *pied.*　　troc'ha *couper*
tronsal *trousser.* trotal *troter*
trous *bruit.* tropill *tropette*
trompilla *soner de la tropette*
tropia *troper.* tropler *trom-*
　　peur. tromplerez *troperie*
trousial *faire du bruiet*
trubuill *affliction*
trubuilla *affliger*
truez *misericorde* [*reur*
trusla *soutirer.* trusler *souti-*
trusierez *soutireuse*
trugarec *misericordieux*
trugarez *misericorde*
trugarecat *remercier*
trulliou *guenilles*
truillec *couuert de guenilles*
voarzu Douarnencz , *vers*
　　Douarnenez.　　tu *costé*
a bep tu *de tous costez*
dioc'h tu *de suitte*
an tu diereb *a l'opposite*
turc *p.* turquianet *turc*
turiat, *remuer la terre comme*
　　font les taupes
turqués *tenailles*
turzunel *tourterelle*

V　Æn *vain.* vengi *venget*
　　'vac *qui est empesché*
ur vanellic, *une petite vanelle*
varia *estre inconstant*
variant *inconstant.*
vestl *fiel.*　　veteiz *meshuy*
ne vern quet *il n'importe*
vsern *cheuille du pied*
vguent *vingt.*　　vhel *haut*
vhelder *hauteur*
vhelat *hausser.* iii *p.* iiiou *œuf*
vhelen c'huero *absinthe*
vil *vilain.* viltancç *vilainie*
viuergeat *vif arget.* vnan *vn*
ma vnan, da vnan, *moy mes-*
　　me, toy méme. vnec *onze*
vn oat int *ils sot de mème age*
vruan int *ils sont de mesmes*
vnuent int, *ils sont de mesme*
　　grandeur
vruan eo din me *ce m'est tout*
　　vn.　　voar *sur*
voar ben ar c'hoas, *pour de-*
　　main.　　voar gorre *sur*
voarma gorre *sur moy*
voardro *a l'entour*
voarlaë *au dessus*
voar lene *l'année passée*
mont voarpoes oc'h traoun
　　aller en bas.　　vols *voute*
voarzu Kimper *vers Kimper*
volsa *vouter.*　　Vrz *Ordre*
vrza *gronder comme les pour-*
vzell *ou* vzill *suie* (*ceaux*
　　　　FIN.

¹ *Vacuus par antiphrasim.*

DE L'ESCRITVRE ET PRONONCIATION
de la Langue Armorique.

De l'Escriture.

IL semble qu'il est a propos de changer la façon ancienne des Escriuains Bretons, pour escrire le Langage Armorique, l'escriuant comme on le prononce ; car il est
impossible aux aprentifs de cette langue, & grandement
difficile aux Originaires du païs de lire les anciens Liures
Bretons. Qui est celuy qui pourra lire ces mots escrits a
l'ancienne mode *ar Goaff*, l'Hyuer, *an Haff*, l'Esté, *da
bezaff*, *gueneff*, *an eff*, *ma Tat* ? n'est-il pas plus a propos d'escrire comme on prononce *ar goân*, *an hân*, *da veza guenén*, *an én*, *ma Zat*. Les François depuis peu ont
trouué cette façon d'escrire fort propre, escriuant comme ils prononcét. Dans le langage Breton il y a plusieurs
Consones Mutes qui se changent en diuerses occasions,
mesmes vne lettre se change en plusieurs autres, les anciés
Bretons ne mettoient point les lettres dans lesquelles ces
Mutes estoient changées, mais escriuoient tousiours le
mot comme il se trouue au Dictionnaire par Exemple,
Tat qui signifie Pere *T* apres *ma*, mon, se change en *z*,
apres *E*, son, en *D*, tellement qu'on prononce *ma Zat*,
mon pere *e dat* son pere : toutefois les anciens escriuoient
ma tat, *e tat*. Qui est celuy qui pourroit lire ce langage
s'il n'a vne connoissance parfaite de la langue? Il y a des
Mutes en Grec, par exemple les verbes qui se commen-

A

cent en *phi* au præterit parfait , changent le *phi* en *pi* comme *phrazo pephraca* ils ne mettent *phi* mais *pi*, selon qu'on le prononce.

DE LA FAC,ON DE LIRE ET PRONONCER
le Breton.

1. QVand vous trouuerez vn *n* deuant laquelle il y aura cet accent ^ ne prononcez cet *n* comme les autres auec la langue la remuant, mais du palais & vn peu du nez, exemple. *an hân*, l'esté, *ar goân*, l'hyuer, *guenen*, auec moy, *an en*, le Ciel.

2. Quand vous trouuerez vn *c'h* ou'il y aura vne apostrophe entre *c* & *h* prononcés de lagorge. Exemp. *dec'h*, hier ; *sec'het*, soif.

3. Quand il y a vn *ch* sans cette apostrophe prononcés *ch* comme on fait en françois. Exemple *tachou*, cloux, *renchou*, rentes.

4. Le *z* se prononce comme le *zeta* en Grec c'est à dire plus doucement que *s*, touchant de la langue le dessous des dents. Exemple. *beza*.

5. Quand a la fin de la diction il y à *e* auec vn *z* il ne faut prononcer cet *ez* comme vn *es* latin mais auec vn accent plus bas. Exemple. *guirionnez*, verité.

6. Quand a la fin d'vne diction il y a *es* a la fin quelquesfois il faut le prononcer comme vn *es* latin tantost auec vn accent plus bas ceux qui ont vn accent aigu sur la derniere se prononcent comme les *es* latins *maguerés*, nourice *maoués*, femme, ceux qui ont vn accent graue sur la derniere se prononcent auec vn accent plus bas. Ex *guès*, arbres *pès*, pois, *lès*, hanche.

7. Quand il y a deux voielles consecutiues marquées

de deux petits points il en faut faire vne diphtongue mais
separer la prononciation de l'vne d'auec l'autre. Exemp.
uü, foie *eur*, heur.

8. Quand vne diction eſt terminée en *n* auec vn tiltre
deſſus il faut la prononcer comme s'il y auoit deux *n*. Ex.
gourẽn, luitte.

9. Pour bien prononcer le Breton, il faut mettre vn accent aigu ſur la penultieſme. Exemple. *Anéual*, beſté
ampreuanet, beſtes venimeuſes.

ALPHABET DES ANCIENS

Bretons Armoriques tiré partie d'vn ancien Calice de l'Abbaye de Landeucnec, partie de quelques anciens baſtiments & monuments de la Bretagne.

A B C D E F G H I K L

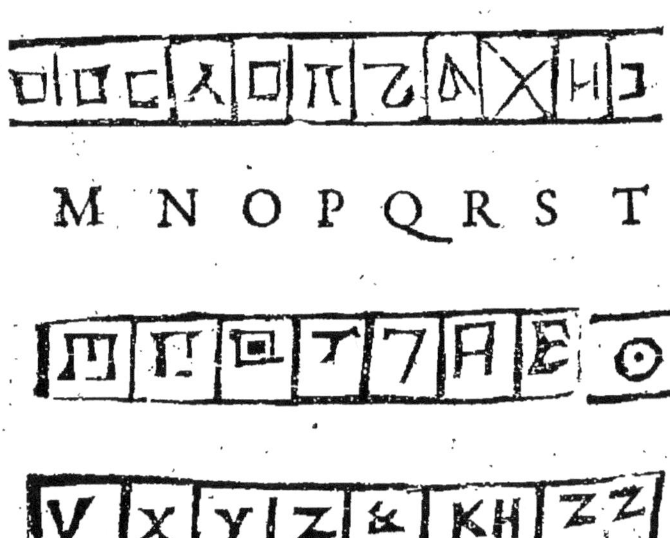

M N O P Q R S T

V X Y Z & KH ZZ

CHAPITRE PREMIER.

DES NOMS.

SECTION PREMIERE.
De l'Article an, ou, ar, le.

1. *L'article que nous auons en François deuant le Nom c'est a sçauoir le, ou, la, en Breton c'est an, ou, ar, pour tous genres & nombres, & se decline ainsi au singulier & Plurier.*

Singulier.	Plurier.
No. Ar Verc'hes, *la Vierge.*	N. ar guerc'heset, *les vierges*
G. eus ar verc'hes *de la Vier.*	Gen. eus ar guerc'heset, *des Vierges.*
D. d'ar Verc'hes, *à la Vierge*	Dat. d'ar Guerc'heset, *aux Vierges.*
Ac. ar Verc'hes, *la Vierge.*	Ac. ar Guerc'heset, *les Vierges.*
Voc. o Guerc'hes, *o Vierge.*	Voc. o guerc'heset, *o Vierges.*
Ab eus arverc'hes, *de la vier.*	Ab. eus ar guerc'heset *des Vierges.*

Nom. An aour, *l'Or.*	Gen. eus an aour, *de l'Or.*
Dat. dan Aour, *à l'Or*	Ac. an Aour, *l'Or.*
Voc. o Aour, *o Or.*	Ab. eus an Aour, *de l'Or.*

2. *Cet Article se decline au Plurier comme au Singulier.*

3. *Deuant les voielles on met tousiours* an. *Ex.* an Aut, *le Riuage de la Mer,* an Ebestel, *les Apostres,* an Isili, *les mēbres,* an oberiou mat, *les bonnes œuures,* an vi, *l'œuf.*

4. *deuant 3. Consones on met* an *c'est a sçauoir* d. n. t. Andour, *l'Eau.* An nadoz, *l'aiguille.* An Tat, *le Pere.*

5. *Deuant les autres Consones on ne se sert point d'* an *mais d'* ar, *al se met deuant* l. B. ar buhez, *la vie.* C. ar Charo, *le Cerf.*

F. ar forc'h, *la Fourche.*
G. Ar Gouèl, *la Feste.*
K. ar Ker, *la Ville.*
L. al Levvr, *le Liure.*
M. ar Vam, *la Mere.*
P. ar Pap, *le Pape.*
Q. ar c'hiſtin, *la chaſtaigne.*
R. ar Roue, *le Roy.*
S. ar ſeizen, *le ruban.*

6. *Quand il y a vn ioint a vn ſubſtantif il faut mettre* vr *ou* vn *il faut mettre* vn *deuãt les voielles & les lettres* d l n t

Vn arc'h, *vn coffre.*
Vn ene, *vne ame.*
Vn infern, *vn enfer.*
Vn Orfevvrer, *vn Orfevre.*
Vn vï, *vn œuf.*
Vn Doue, *vn Dieu.*
Vn niz, *vn nepueu.*
Vn levvr, *vn liure.*
Vn Taro, *vn Taureau.*

7. *Pour les autres conſones, on ſe ſert d'*vr.

B. Vr Barados, *vn Paradis.*
C. Vr C'hroaſhent *vn car-refour.*
F. Vr feſt, *vn banquet.*
G. vr grec, *vne femme.*
K. vr Guer, *vn logis.*
M. vr mellezour, *vn miroir.*
P. vr paour, *vn pauure.*
Q. vr c'henderf, *vn couſin.*

R. vr Roſen, *vne roſe.*
S. vr ſaë, *vne robbe.*

8 *Quand vn nom numeral eſt ſans ſubſtantif il faut dire* vnan. *Quand il eſt auec vn ſubſt. il faut dire* vn *ou* vr *Ex.* pet Doue ſo? vnan. *cõbien y a-il de Dieux.* vn. vr guennec, *vn ſolt.*

─────────────

§. 2.
Des Subſtantifs.

1. *Le Subſtantif eſt indeclinable. Tous les Cas du ſingul. ſont ſemblables au Nominat. ſingulier, tous les cas du Plur. ſont ſemblables au N o. Plur.*

2 *Le Nominatif plur. eſt different du Nomi. ſingulier. Ex.* pec'het, *peché* pec'hedou, *pechez.*

─────────────

REGLES POVR LES
Formaiſons des pluriers.

1. *Les terminaiſons ordinaires ſe font en* ou *comme il apert, par ces Exemples de nõs de toutes ſortes de terminaiſons au Nominatif ſingulier.*

TRa, traou, *choſe.*
Bara, baraou, *pain.*
Promeſſa, promeſſaou, *promeſſe.*

Benhuec ,benhuegeou , *in-*
strument.
Bec , begou , *bec , pointe.*
Toc , tocou *bonet chapeau.*
Parc , parcou, *champs.*
Viltançç viltançou, *ordure.*
Placç plaçou, *place.*
Mibiliaich mibiliaichou,
chose chetiue , niaiserie.
Tach tachou, *clou.*
Flac'h Flac'hou, *bequille.*
Cure cureou, *Cure.*
Coueff coueffou, *coueffe.*
Carg cargou, *charge.*
C'hoari c'hoariou, *ieu.*
Gouli gouliou, *plaie.*
Articl articlou, *article.*
Boc'hal boc'halou, *coignée.*
Chatal chatalou, *bestes qu'on*
garde & domestiques.
Baniel banielou , *Banniere.*
Roest roestou, *brouillerie.*
Buill buillou, *bule.*
Coail coaillou , *caille.*
Trubuil trubuillou, *afflictiō*
Arm armou, *Arme.*
Mam mamou, *Mere.*
Flein flemou , *aiguillon.*
Custum custumou, *coustume*
Pén pennou, *Teste.*
Corn cornou, *corne.*
Tauargn tauargnou, *hostel-*
lerie.

Pincin pincinou , *Benistier.*
Curun curunou , *Couronne.*
Cambr cambrou, *Chambre.*
Calizr calizrou *Calice.*
Catarr catarrou *catarre.*
Scourr scourrou, *branche.*
Aner anerou, *cornée.*
Bir birou , *trait ou Sagette.*
Amar amarou, *lien.*
Camps campsou , *Aube.*
Procés procesou , *proces.*
Hinvis hinvisou, *chemise à*
femme.
Rochet rochedou , *chemise*
à homme.
Teaud teaudou , *langue.*
Bolot bolodou, *boule.*
Pot podou, *pot.*
Aut auchou, *riuage de la mer*
Fest festou, *banquet.*
Rent rentou, *Rente,*
It idou, *Blé.*
Cret credou , *caution.*
Tat tadou , *Pere.*
Test testou , *tesmoin.*
Mat inadou, *bien.*
Poent poenc'hou, *point.*
Roênvv roènvou *auiron.*
Gouriz gourizou, *ceinture.*
Vrz vrzou , *Ordre.*

2. *Pour cette terminaison du plurier on peut trouuer quelques regles certaines.* 1. *Les diminutifs en* ic *ont leur Plur. en* igou dennic dennigou, *petit homme.* Aneualic aneualigou, *petit animal*

2. *Les feminins en* ez. pligeadurez pligeadurezou, *plaisir.* tromplerez tromplerezou, *tromperie.*

3. *Les feminins en* on oræson oræsonnou, doneson donesonnou, *present.*

4. *Les terminez en* at & et gouliat gouliadou, *danse des Festes,* dournat dournadou, *poignée.* pec'het pec'hedou, *peché.* torfet torfedou, *Crime.*

5. *Les terminez en* ant ou ent *ont le pluri. en* anchou *ou* antou ; enchou *ou* entou, tourmant tourmantou tourmanchou, *tourment.* rent rentou *ou* renchou, *rente.*

6. *Les feminins en* i gouli gouliou, *plaie.* melconi melconiou, *Tristesse.*

7. *Les terminez en* én *ou il y a un tiltre sur* ñ *final doublant n au plu.* teñ tennou, *trait.* goureñ gourennou, *luite.*

DES PLVRIERS TERMINEZ EN IOV.

1. *Les terminez en* vr, & *les deriuez en* er *ont le Plurier en* iou scriptur scripturiou, *escriture.* Daladur daladuriou, *dolouere.* tomder tomderiou, *chaleur.*

2. *Plusieurs autres se terminent en* iou *il n'y a aucune regle certaine, on les peut prendre pour une maniere d'heteroclite. En voicy quelques uns*

Armel armeliou, *Armoire.*	Brezel brezeliou, *guerre.*
Banvez bāveziou, *basquet.*	Bro broiou, *pais.*
Bez beziou, *sepulchre.*	Cador cadoriou, *chaire.*
Biscoul biscouliou, *un certain mal de doigts.*	Canoliou, *Canon.*
	Casul casuliou, *Chasuble.*
Bloaz bloaziou, *an.*	Cavv cavviou, *caue.*
Bloasvez bloazveziou, *ānée.*	Crauaz crauaziou, *cimiere.*
Bouc'h bouc'hiou, *bouc.*	Croaz croaziou, *Croix.*

Cusul cusuliou, *conseil.*	morzol morsoliou, *marteau*
Deiz *ou* dé deziou, *iour.*	Nadoz nadoziou, *aiguille.*
Deuez deueziou, *iournée.*	Nec'h nec'hiou, *tristesse.*
Dor doriou, *porte.*	Nos nosiou, *nuit.*
Dour douriou, *eau.*	Nosuez nozuesiou, *nuitée.*
Encrès encresiou *affliction.*	Oeuur œuffriou, *œuure.*
Enor enoriou, *honneur.*	Peul peuliou, *épieu.*
Foar foariou, *foire.*	Paner paneriou, *panier.*
Frouez froueziou, *fruit.*	Poah poaniou, *peine.*
Funtun funtuniou, *fontaine*	Porz porziou, *havre*
gregnol gregnoliou, *grenier*	Quiguel, liou, *quenoüille.*
Groès groesiou, *chaleur.*	Quelc'h quelc'hiou, *cercle.*
Guer gueriou, *parolle ou,*	Sæz sæziou, *sagette.*
maison ou village.	Sal saliou, *salle.*
Guers guersiou, *chanson.*	Schol scholiou, *eschole.*
Histor historiou, *Histoire.*	Seuzl seuzliou, *talon.*
K. Keriou, *Ville.*	Squeul squeuliou, *eschelle.*
Levvr, levvriou, *liure.*	Tan taniou, *feu.*
Licer liceriou, *linceul.*	Taul tauliou · *coup.*
Loa loaiou, *cuiller.*	Torz torziou, *tourte.*
Maner maneriou, *Manoir*	Tour touriou, *clocher, tour.*
Menez meneziou *Monta-*	Tro troiou, *tour.*
gne campagne.	Trouz trouziou, *bruit.*
Mis misiou, *mois.*	Vertuz vertuziou, *Vertu.*
Moguer mogueriou, *parois.*	

DES TERMINAISONS *en et.*

1. *Les masculins en* or *ont leur plurier en* et, *lors que ces masculins se rapportent a quelque homme.* Ex. Doctor & toret *Docteur.* Minor, minoret *Mineur.*

2. *Les feminins en* és, maguerés, magueresset, *Nourice.* amiegués, amieguesset, *Sage femme.* affronterés, affronteresset *Trompeuse.*

3. *Plusieurs noms masculins qui remarquent l'estat ou qualité d'vn homme bonne ou mauuaise.*

Person personner, *Recteur.* Aduocat, Aduocadet, *Aduocat.*
Medecin Medecin, *Medecin.* Chirurgian chirurgianet, *Chirurgien.*
Païan païanet, *Paien.*
Hæretic Hæretiquet, *Hæretique.* Ianseniſt Ianseniſtet, *Ianseniſte.*
Capucin capucinet *Capucin*
Ieſuiſt Ieſuiſtet, *Ieſuitte.*
Theologian theologianet, *Theologien.*
Pandart pendardet, *pendart.*
Maſtoquin, inet, *truant,*
Fripon fripounet, *fripon.*
Paillard paillardet, *paillard.*
Innoçant innoçantet, *petit enfant.* Gall gallaoüet, *françois.* Spagnol ſpagnolet, *Eſpagnol.*
Sauzou ſauzounet, *Anglois*
Turc turquianet, *Turc.*
Alemant alemandet, *Allemant.* Cherubin cherubinet, *Cherubin.* (phin
Seraphin ſeraphinet, *Seraphin*
Compaer côpaeret, *compere*
Paeron paeronnet, *parrain.*
Patron patronnet, *Patron.*

Eontr eontret, *oncle.*
Niz nizet, *nepueu.*
Pautr pautret, *garçõ, enfant*
Plusieurs noms de beſtes, inſectes, oyſeaux, poiſſons ont leur pl. en et.

Beſtes

L'On lonet, *beſte.* Ancual aneualet, *animal.*
Leon leonet, *lyon.* (mal.
Tygr tygret, *Tygre.*
Goz gozet, *taupe*
Leopard leopardet, *leopart.*

Inſectes

Dracon draconet, *dragon*
Prênvv prênvet, *ver.*
Sarpant ſarpantet, *ſerpant*
Amprevan amprevanet, *beſte venimeuſe.*
Aer aeret, *couleuvre.*
Sort ſortet, *ſourt.*
Toucec touceguet, *crapaux.*
Melc'hueden melc'huet, *limaçon.*
Ran ranet, *grenoüille d'eau.*
Gleſquer gleſqueret, *grenoüille de haye.*

Poiſſons.

Morouc'h moruc'het, *marſouin.*
Merlucg merlucet, *merlu.*

Leonec leoneguet, *lieu*
Sardinen sardinet, *sardine*
Saumon saumonet, *saumon.*
Dauphin, inet, *dauphin*

Oyseaux.

Laboueç laboucet, *oyseau.*
Capon caponet, *chapon*
Ezn eznet, *volaille.*
Pichon pichonet, *petit oy-*
seau. Poucin poucinet,
poulet. Queffelec quef-
feleguet, *begaffe*
Picq piquet, *Pie.* [*delle*
Guenneli guenneliet, *aron-*

Cudon , onet *ramier*
Feffant feffantet, *faifant*
Coulm coulmet, *pigeon*

De la Terminaifon ien.

Les noms mafculins terminés
en er ou en our fe raportans
a l'homme ont leur plu.

en ien

BArner barnerien, *Iuge.*
Quemener quemenerié
confturier.

Aduerfour aduerfourien ,
aduerfaire.

1. *Notés que quelques noms fubftantifs qui peuuent s'atri-*
buer a l'homme, & a la femme n'ont point de plur. au fin-
gulier on met deuant ces noms lors qu'ils n'ont aucun adie-
Etif adioint le pronom an hini *au plur.* arre *il faut que ce*
fubftantif puiffe eftre refous par cette façon de parler. Celuy
qui eft. l'Adieetif mis fans fubftantif peut eftre mis de la
forte.

Au hini dal a vel, *l'aueugle*
voit.

An hini fefiet a vale *le para-*
litique fe pourmene

An hini bouzar a gleo *le*
fourd oyt.

An hini quéta a ouel *le pre-*
mier pleure

An hini diueza a gan *le der-*
nier chante.

Arre dall a velo *les aueugles*
voiront.

Arre fefiet a valeo *les para-*
lytiques marcheront.

Arre bouzar a gleuo *les*
fourds oiront.

Arre quenta a ouelo *les pre-*
miers pleureront.

Arre diueza a gano *les der-*
niers chanteront.

2. *Notés que* tevaligen *tenebres n'a point de plurier.* Ifili
membres *point de fingul. en fa place il faut dire* au *fingul.*

membr.

De ce que deſſus il apert que les terminaiſons ordinaires des noms Bretons au plu. ſont en ou, ou iou ou et ou ien, reſte a voir les Heteroclites qui ſuiuent.

NOMS HETEROCLITES.

A

A Boſtol Ebeſtel, *Apoſtre.* Æl Ælés *ou* Ælet, *Ange:*

Ameſec ameſeien *voiſin.*

Anduillen auduill *andouille.*

Aneual aneualet *animal.*

Artichauden artichaud, *artichaud*

Aſcloeden aſcloed *eſclat de bois.* Aſcorn Eſquern *os.*

Autrou autrounez *Seignenr*

Azrouant Ezreuent *diable.*

B

Baro baruou   *barbe.*

Baſtard beſterd *baſtard.*

Bez bizier *baſton.*

Bés biziat *doigt.*

Bez beziou *ſepulchre.*

Bezou bezaïer *bague.*

Bleiz bleizi *loup.*

Blènuen bleûn *fleur.*

Bleven bleo, *cheueu.*

Botes boutou *ſoulier.*

Bourc'his bourc'hiſié *Bourgeois.* Boureo bourevien *boureau.*

Bran brini *corbeau.*

Brancquen brancq *branches*

Brec'h diurec'h *bras.*

Brezel brezili *maquereau poiſſon.* Breur breudeur *frere.* Buguel bugale *enfant.*

Buoc'h biou *ou* bioc'hennet *vache.*

C

Caluez quiluizien *charpentier.* Capiten Capitanet *Capitaine.* Car querent *parent.*

Caro quirui *cerf.*

Caſec queſeq *iument.*

Caſtel queſtel *Chaſteau*

Caulen col *chou.*

Caz quizier *chat.*

C'hoanen c'hoen *puce.*

C'hues c'huiſi *ſueur.*

Chriſten chriſtenien *Chreſtien.*

Clênuet clênuegeou *maladie.* Cleze clezeïer *eſpée.*

Cloarec cloer *clerc.*

Cloc'h clec'hier *cloche.*

Couabren couabr *nuée.*

Colen qui quelin *chas petit*

chien. Coloen colo *paille.*
Commaer commaëreſet cō-
mere. Corden querdin
corde. Corn cornoù,
corne. Coulm coulmet
pigeon. Coutel coutilli
couteau. Crampoezen crā-
poez *creſpe.* Crancq cran-
quet *eſcreuiſſe.*
Craoüen craoûn *noix.*
Cr eüencreûn *crouſte.*
Croc'hen crec'hin *peau.*
Croguen creguin *coquille.*

D

Dalaouen dalou *larme.*
Dant dent *dent.*
dânvat dênvet *brebis.*
Dareden dared *éclair du
tonnerre.*
Delien deliou *fueille d'arbre*
Demeſel demeſellet *Damoi-
ſelle.* Den tut *homme.*
Derez diri *ou* dereziou *de-
gre.* Deruen dero *cheſne.*
Digentil tut gentil *Gentil-
homme.* Diner dineret,
denier. Diſquibl diſqui-
blien *diſciple.*
Dluzen dluz *truite.*
Doubl doublet *double.*
Dret dreidi *étourneau.*

E

En ênvou *Ciel.*

Ene enevou, *ou* anaoûn
Ame. Eſcop eſqueb *ou*
Eſquibien *Eueſque.*
Euret eureugeou *nopces.*

F

Fagoden fagod *fagot.*
Falc'h filc'hier *faux.*
Fals filzier *faucille.*
Fauen fau *féuve.*
Femellé femmelleſet *femme*
Fieſen fiés *figue.*
Forc'h ferc'hier *fourche.*
Fubuen fubu *papillon.*

G

Gall gallaouet *François.*
Gaou guevier *menterie.*
Gaouffr gueor *chevre.*
Gale galeou *galeres.*
Gaſt guiſti *putain.*
Gars guirſi *iars.*
Glaouen glaou *charbon*
Goaguen gouagou *vague,
flot.* Goas goaſet, *vn
homme, garçon.*
Goas guiſien *vaſſal*
Goaz goazi *oye*
Goazien goaziet *veine.*
Goulazen goulazou *late.*
Grec groaguez *féme mariée.*
Greunen greûn *grain*
Gueauten gueaut *herbe des
champs.* Guelaouen gue-
laou *ſanſuë.*

Guenanen güenan *mouche à miel.* Guennec gueneien *folt.* Guerzid guersidi *fuseau.* Guezen gues *arbre*
Guespeden guesped *bisouit.*
Guès guisi *truie.*

H

Hano hanuou *ou* hanoïou *nom.* Hent hinchou *chemin*
Heruen hirvi *sillon.*
Histren histr *huistre.*
Hoar hoareset *sœur.*
Hostis hostisien *hoste.*

I

Ialc'h ilc'hier *bourse.*
Iár ier *poulle.* Intanvv in-tânvien *veufuier.*
Iot diou iot *ioué.*
Irinen irin *prunelle.*
Irvinen irvin *naueau.*
Isili *membres.* Ivînen îvinou *ongle.* Ivinen *Iuin.*

L

Laer laeron *larron.*
Laouen laou *poux.*
Laqués liquisien *laquais.*
Lès diou lès *hanche.*
Læstr listri *nauire.*
Letusen letus *laituë.*
Levvr levriou *liure,*
Levvran levurini *lévrier.*
Logoden logot *souris*
Louarn lern *renard.*

Louidic louidien *puant vaurien.*
Lousaouen lousou *herbe de iardin.* Lué leou *veau.*

M

Maëron maëronneset *marraine.* Mæstr mæstri *maistre*
Manac'h menec'h *Moine.*
Mantel mentel *manteau.*
Maout meot *mouton.*
Map mibien *fils.* Marbran mirbrini *corbeau.*
Marc'h roncet *cheual.*
Marr mirri *hoiau.*
Mates mitisien *seruante.*
Meill meilli *poisson appellé mulet.* Men mein *pierre.*
Melchenen melchet *treffle.*
Melchueden melchued, *limaçon.* Merc'h merc'het *fille.*
Merdeat merdeïdi *matelot.*
Merienen merien, *fourmis.*
Mesen mæs *glan.*
Mesperen mesper *neffle.*
Moalc'h moalc'hi *merle.*
Penmoc'h moc'h *pourceau.*
Moëreb moerebet *tante.*
Mouaren mouar *meurier.*
Mouden moudet *motte de terre.* Muloden mulot *mulot.*

N

Neuden neut *fil.*
Niz nizet *nepueu.*

O

Oan oanet *ou ein Aigneau.*
Oliuefen oliues *oliue.*
Ofac'h ezec'h *homme marié*

P

Palmefen palmes *palme.*
Panezen panes *panais.*
Peren per *poire.*
Pefen pès *pois.* on dit pifen
  pis. Planquen plancoet
  planche. Pligeadur pli-
  geadurezou *plaisir.*
Ploufen plous *paille.*
Plufquen plufq *marc pelure.*
Porz perzier *porte.*
Poullen poul *vne mare pro-*
  fonde. Pourren pourr
poreau. Prunen prun *prune.*

Q

Que liené quelien *mouſche.*
Quelvezen quelvez *coudre.*
Quendervv quédirvi *couſin*
Queonidé queonit *araignée*
Quere quereourié *cordonier*
Querefen querès *ceriſe.*
Quern querniel *corne.*
Qui chas *chien.*
Quilloc quilleien *coq.*
Quinidervv quinidervefet
  couſine.

quiftinen quiftin *chaſtaigne*

R

Rabefen rabés *raue.*
Refinen refin *raiſin*
Rofen ros *roſe.*
Rot rodou *roue*
Roue rouanet *Roy.*

S

Sac'h fec'hier *ſac.*
Scoarn dioufcoarn *oreille.*
Scoaz dioufcoaz *épaule.*
Scholaër fcholaërien *eſcho-*
  lier.
Scriptoriou *eſcritoire*
Silien filiou *anguille*
Silfiguen filfic *ſauciſſe*
Si vien fivi *fraiſe.*
Spezaden fpezad *groiſelle.*
Speuren fpeur *cloture.*
Spillen fpillou *épingle.*
Steren fteret *ou* fterennou
  eſtoille. Stleuc ftlêuiou
  eſtrieu.

T

Taro tirvi *toreau.*
Tartefen tartes *tarte.*
Tauarchen tauarch *motte de*
Taul tauliou *table.* (*terre.*
Teolen teol *tuile.*
Teualigen (car. pl.) *tenebres*
Tiec ticien *maiſtre de famille*
Troat treit *pied.*
Turboden turbot *turbot.*

SECTION III.
DES ADIECTIFS.

1. LE *nom adiectif est indeclinable au singul. & plurier*
den gouziec *homme sçauant* tut gouziec *hommes
sçauans.*

N. *quelques pronoms sont exceptez, quelques vns ont
le plu. different, quelques autres ont les cas du singulier &
plur. differens ce qui se verra au traité des pronoms.*

§ 4.
DES COMPARATIFS ET SVPERLATIFS

LEs *comparatifs adioustent au positif* oc'h vhel vheloc'h
haut, plus haut. bihan bihanoc'h *petit moindre.*

Le superlatif met l'article an *ou* ar *deuant & adiouste
au positif* a. humbl an humbla *humble le plus humble.*

N. *quand il y a* tres *en François on ne met le superlatif en breton mais il faut mettre pour* tres *vn aduerbe comme*
meurbet *qui signifie fort ou grandement, &* l'adiectif au
positif Ex. Vn den meurbet hardis *vn homme tres-hardy.*

EXCEPTION.

*Ces noms sont exceptez de la regle des comparatifs & super-
latifs* Mat *bon* guell *meilleur* ar guella *le meilleur* droüc
mauuais, goaz *pire,* ar goassa *le pire.*

§ 5.
DES PRONOMS.

Nom. singulier Me *moy*
Gen. ahanoûn *de moy*
Dat. dîn *a moy*
Acc. ma *ou* am *moy*
Nom. plur. Ni *nous*
Gen. ahanomp *de nous*
Dat. deomp *a nous*

Acc. hon *ou* hor *nous*
Nom. singul. Te *toy*
Gen. ahanout *de toy*
Dat. dit *a toy*
Acc. da *ou* az *toy*
Nom. plurier c'hui *vous*
Gen. ahanoc'h *de vous*
                              Datiue

Dat. deoc'h *a vous.*
Acc. ho *vous.*
Abl. comme le Gen.
Sing. Gen. eus aneza e vnán
de soy. Dat. deza *a soy.*
Acc. ên *soy.*
Sing. Nom. ên *luy.*
Gen. eus aneza *de luy.*
Dat. deza *a luy.*
Acc. ên *eu* er *le.*
Abl. comme le Genitif.
Pl. Nom. y *eux,*
Gen. eus an anezo *d'eux.*
Dat. dezo *a eux.*
Acc. y *les.*
Abl. comme le Genitif.
Hi *elle.*
Gen. eus anezi *d'elle,*
Dat. dezi *a elle.*
Acc. he *elle.*
Abl. comme le Genitif.
Celuy nep *indeclinable.,*
piou benac *quicoque ind. ils*
n'ont point de pl. An hini *a*
vn plurier, & se decline en
cette façon.
Nom. Sing. an hini *celuy.*
Gen. eus an hini *de celuy.*
Dat. dan hini *a celuy.*
Acc. an hini *celuy.*
Nom. Pl. arre *ceux.*
Gen. eus arre *de ceux.*
Dat. d'arre *a ceux.*

Acc. arre *ceux.*
Nom. Sing. heman celui *cy.*
Gen. eus a heman *de celuy cy.*
Dat. da heman *a celuy cy.*
Acc. heman *celuy cy.*
Abl. comme le Genitif.
Nom. pl. areman *ceux cy.*
Gen. eus areman *de ceux cy.*
Dat. d'areman *a ceux cy.*
Acc. areman *ceux cy.*
Abl. comme le Genitif.
Le fœm. houman celle *ey.*
Gen. eus a houman *de celle cy*
Dat. da houman *a celle ey.*
Acc. houman *celle cy.*
Abl. comme le Genitif.
Nom. pl. comme le masculin.
Nom. sing hennes celuy *là.*
Gen. eus a hennes *&c.*
Fœm. honnes celle *là &c.* côme *au masculin.*
Sin N. hennont celuy *là qui est fort éloigné: &c.*
Pl. arehont ceux *là &c.*
Fœm. honnont *&c.*
Pl. arehont *&c.*

Mon ma *indeclinable & le mesme au singulier & plurier*
Ton da *de mesme.*
Son e, *pour le fœminin* he *de mesme.* Nostre hon *de méme.*
Vostre ho *de mesme.*

B

Leur, o, de me{s}me
Lequel relatif *pehini.*
  S. nom. *pehini* lequel.
Gen. *pe eus a hini* duquel.
Dat. *pe da hini* auquel.
Acc. *pehini* lequel.
Abl. comme le Genitif.
  PL. nom. *pere* lesquels.
Gen. *pe eus are* desquels.
Dat. *pedare* ausquels.
Acc. *pere* lesquels.

Abl. comme le Genitif.
  Qui interrogatif *piou.*
  Sing. nom. *piou* qui?
Gen. *pe eus a biou* de qui?
Dat. *pe da biou* à qui?
Acc. *piou* qui?
  Pl. *pere* comme au relatif.
Vrebenac quelqu'vn indecl.
Gen. *eus a vrebenac* &c.
  Pl. *vré* par tous les cas de mesme.

Notez que quand il y a le mot *ce* ou *cette* auec vn substantif il faut mettre l'article *an* ou *ar* deuät les substantifs & apres le substatif *man* tät au singulier qu'au plurier. Ex. *an denman* cet homme, *an tut-mä* ces hömes, *ar guirionnez-man* cet te verité.

S'il y a en françois apres te substantif la particule, *la,* il faut en Breton mettre *se* apres le substantif & deuant le substantif l'article. Ex. *an tat-se* ce pere là, *an tadou-se* ces peres là.

CHAPITRE SECOND.
DES VERBES.

SECTION PREMIERE.

Du verbe sum *&* habeo, *ie suis, & i'ay.*

Comme tous les passifs se coniuguent par le verbe, *me so,* ie suis, mettant le participe passif apres, en tous les actifs, temps, & personnes immuablement. Ex. *me so accûsé* ie suis accusé. Il est à propos de sçauoir coniuguer ce verbe en perfection, & comme tous les preterits parfaicts &

plusque parfaicts de l'Indicatif, Optatif, & Subionctif de l'Actif, auec le futur du Subionctif, adioustent aprés le participe passif, le verbe me a meus i'ay, il est à propos de sçauoir coniuguer ce verbe.

Du verbe me so ie suis.

CE verbe, me so, ie suis se coniugue en 5. façons, si on cõmence la phrase il faut coniuguer par la premiere façon. Ex. me so contant ober-se ie suis content de faire cela. Si on met vn adie. ou le cas regi de sum ou vn participe pas. deuant, par oûn sans rien entre deux. Ex. tur oûn ie suis sage, caret oûn ie suis aimé. S'il y a vn que apres vn verbe ou s'il precede vn aduerbe ou quelquedemie phrase, on met immediatement deuant oûn vn e ou ez. Ex. me sonch ezoûn mat ie pense que ie suis bon, brema-touchant e vezin ho seruicher tout incontinent ie seray vostre seruiteur, pa vezo gret-se e vezin doctor quand cela sera fait ie seray docteur. La quatrieme façon lors qu'on met, beza, deuant ezoûn & beza ne se coniugue demeurant immuable & le verbe ezoûn se coniugue comme le precedent. Le verbe ainsi coniugué ne se met qu'au commencement de la phrase. Ex. beza ezoûn guir ie suis iuste. La cinquieme apres vne particule negatiue. Ex. ne doûnquet mat ie ne suis pas bon. Il est a propos de coniuguer ce verbe en ces cinq situations.

Premiere coniugaisõ du verbe me so, ie suis.	Seconde.	Troisiesme.	Quatriéme.
Ind. pr. me a so ie suis, te a so tu es, ên a so il est.	Léal oûn ie suis loial, leal out tu es loial, leal eo ou e il est loial.	Me gred e-zoûn leal ie crois que ie suis loial, e-zout, ezeo.	Ne doûn quet ie ne suis pas, ne dout quet, ne deo quet

Premiere.	*Seconde.*	*Troiſieſme.*	*Quatrieſme.*
P. ñi a ſo noꝰ ſommes, c'hui a ſo *vous eſtes* y a ſo *ils ſõt.*	Leal omp, leal oc'h leal int.	Ezomp, e-zoc'h, ezint.	ne dõp quet ne do'ch quet ne dint quet ne doã quet ne doãsquet ne doa quet ne doamp quet ne doa c'h quet ne doantquet
Imper. Me a oua i'eſtois, te a oua *tu eſtois* &c.	Leal ouan, leal ouas, leal oua. leal ouamp, leal oac'h, leal ouant.	Me gred e-zouan leal, ezouas, e-zoua, e-zouamp, e-zouac'h, e-zouant.	
Pr. par. me ſobet i'ay eſté, te ſo bet &c.	Leal oûn bet, out bet, eo bet *ou* e bet, omp bet oc'h bet, int bet.	Me gred e-zoûn bet, e-zout bet, e-zeo bet *ou* eze bet ezõp bet, ezoc'h bet, ezint bet.	Ne doûn quet bet ne dout quet bet ne deõ quet bet ne domp quet bet ne doc'h quet bet ne dĩt quet bet
Aoriſte. Me a oue *ie fus* te a oue &c.	Leal vioûn pe vis viont oue viomp vioc'h viont	Me gred e vioûn pe e viis e viout ez oue e vi-omp evioc'h e viont	Ne vioún pe ne viis ne viout ne oue ne viõp ne vioc'h ne viont
pluſque par. me aoua bet te a oua bet.	Leal oan bet i'auois eſté *loyal* oas bet oa bet oamp bet	Me gred ez oan bet ez oas bet ez oa bet ezoamp bet	Ne doan quet bet ne doaſ quet bet ne doaquet bet

Premiere.	Seconde.	Troisiesme.	Quatriéme.
	oac'h bet, oant bet.	ezoac'h bet ezoant bet.	ne dóp quet bet ne doac'h quet bet ne doát quet bet.
Fu. me a vé-zo *ie seray,* te a vezo *&c*	Leal vezîn *ie seray loïal* vezi, vezo, *Pl.* vezimp, vihot, vezint.	Me gred e-vezîn evezi evezo eve-zimp evihot evezint.	Ne vezîn quet ne vezi quet ne vezo quet ne vezíp quet ne vihot quet ne vezint quet.

Imp. Bez *sois*, bezet *qu'il soit*, bezomp soions, bezit *soiés*, bezent *qu'ils soient.* — Ne vezit quet *ne soiés pas.*

Optat.	Second	Troisiesme	quatriesme.
Premier Pres. Me a vihe *ie serois* te a vihe &c.	leal vihen *ie serois loyal* Vihés, vihe vihemp Vihec'h Vihent	Me grede vihen leal *ie croi que ie serois loyal* E vihes E vihe &c	Ne vihen Ne vihes &c
Imp. me a vise *ie fusse* Te avise	Leal visen visés, vise visemp visec'h visent	Me gred e visen e vises E visen bet	Ne visen ne vises &c. Ne visen bet
Par. me a visebet *i'eus-se esté*			

Premiere. Fut.	Seconde.	Troisiefme.	Quatriéme.
		Na bermet- tit quet evé fefet *ne per- metés pas que ie fois vaincu* e ves, e ve, e vép, e vec'h, e vent.	Pidit na ven daunet *prie que ie ne fois dauné* na ves na ve nà vép na vec'h na vent.
Sub. pr. par.		Peguement benac e ven diegus *écore que ie fois pareffeux* e ves, e vé, e vép e vec'h e vent.	Peguement benac na vé- quet bet na vefquet bet, na ve quet bet na vemp quet bet, na vec'h quet bet &c.
Fut. me a ve- zo bet *i'au- ray efté* Te a vezo bet &c.	leal vezîn bet, vezi bet vezo bèt vezimp bet vihot bet vezint bèt	Me gred e vezîn bet, &c.	Ne vezîn quet bet ne vezi quet bet ne vezo quet bet.

Infinitif Beza *eftre*, beza bet *avoir efté*, da veza, *d'eftre*, o veza en eftant, da veza *pour eftre*.

IMPERSONEL DE MESO.

eftat vat emaer pe ezoar *on eft en bon eftat*, eftat vat ezedor, *on eftoit &c.* ezoar bet *on a efté*, ezoat bet *on a nyit efté* e vihot *on fera*, le refte fe prend de Mefo.

Er guer emaoûn *ou* ezidoûn *ie suis à la maison.* Emaout, ema *ou* ezidi *ou* emedi, ema- omp, emaoc'h, emaint. Er guer ezedôn *i'estois à la* maison, ezedos, ezedo, ezedomp, ezedoc'h eze- dont.

Le reste des mœus & temps se prend de Meso.

DES VERBES ME AMEVS I'AY

CE Verbe est anomal. Et on s'en sert dans tous les præte- rits parfaits & plusque parf. des Actifs & aux futurs des subionctiss

Il se coniugue en trois façons, quand on commence la phra- se on dit me ameus, apres le cas regi, ou apres vn que entre deux verbes ou apres vn aduerbe on oste les personnes & on dit ameus ou emeus. Ex mem eus vn Doue, vn Doue e- meus, *i'ay vn Dieu*, meulet emeus, *i'ay loué*, me gred emeus vn Doue, breman ameus vr levvr.

La troisiesme façon en mettant beza deuant ameus, beza demeure dans tous les mœus nombres & personnes inuariable, & ameus se coniugue comme ameus. Cette façon de conin- guer se met tousiours au commencement de la phrase. Ex. beza emeus an amser *i'ay le temps*, voicy la façon de ces deux coniugaisons.

Ind. pr. Me ameus, *i'ay* te az eus, *tu as*, ên êdeus *il la* hi he deus, *elle a*, Ni hon eus *nous auons* c'hui oc'h eus *vous auez*, y o deus *ils ont*, vr levvr ameus *i'ay vn liure* az eus, endeus, he deus, hon eus, oc'h eus, odeus,

Imp. Me amboa *i'auois* Te a foa, ên endeuoa, Hi e deuoa, Ni hor boa, C'hui ho poa, Y o deuoa, Vr levvr amboa, *i'auois vn liure*, A foa, Endevoa, he devoà, Hor boa, ho poa, o deuoa,

Prat. par. Memeus bet *i'ay eu*, Te az eus bet, en endeus bet, Ni hon eus bet, C'hui oc'h eus bet Y o deus bet.

Aor. Me am boe, *i'eus* Te a foe, En endeuoe, Ni hor boe, c'hui ho poe, Y o devoe.

Plusq. par. Me am boa bet *i'auois eu*, Te a foa bet, En, *vel* hi, endevoa bet, Ni hor boa bet, C'hui ho poa bet. Y o devoa bet,

Fut. Me am bezo, Te a sezo, En endevezo, Hi he deuezo Ni hor bezo, C'hui ho pezo, Y odevezo

Imper. Da pe, *ajé*, hor bezet *aions*, ho pet, *ayez*

Optat. pr. Me ambe *i'aurois*. Te a fe, En endeffe Hi he deffe, Ni hor be, C'hui ho pe, Y o deffe,

Me ambise, *i'euffe* Te fise, En endevise, Hi endeuise, Ni hor bize, C'hui ho pise, Y o deuise.

Me ambise bet *i'euffe eu*, cuit m'ambe *afin que i'aye*,

Sub. Peguement benac

ambe bet *encore que i'ay eu*, Vr levvr ameus bet, Az eus bet *ou* e eus bet, endeus bet, hon eus bet, Oc'h eus bet, O deus bet,

Vr levvr am boe *i'eus vn liure*.

A foe, endevoe, he devoe, Hor boe, ho poe, o devoe, Vr levvr am boa bet *i'a nois eu vn liure*. A foa bet, En dévoa bet, Hor boa bet. Ho poa bet, O devoa bet.

Vr levvr am bezo *i'au ray vn liure*, A fezo, En devezo, he deuezo, hor pezo, ho pezo, O deveza.

Vr levvr ambe *i'aurois vn liure*. A fe, Endeffe, Hor be, Ho pe, O deffe.

Vr levvr ambise, *i'euffe vn liure*. A fise, Endeuise, Hor bise, Ho pise, O devise,

Vr levvr ambise bet *Fut.* P'am bezo bet *quant i'anray eu.*

Affe bet, Endeffe bet, ⎧ Affezo bet, Endevezo bet,
Hor be bet, Ho pe bet, ⎨ Hor bezo bet, Ho pezo bet
O deffe bet. ⎩ O devezo bet,

Beza bet *auoir eu* da gahout *d'auoir* o cahout, pe *en* vr c'haout *ayant* da gahout *pour auoir.*

DES VERBES ACTIFS.

Il y a quarte sortes de coniugaisons des Verbes actifs, La premiere exprime les personnes du Singul. & du Plur. Ex. Me a gar *i'ayme,* te a gar *tu ayme. On se sert de cette Coniugaison au commencement d'vne periode, ou de quelque phrase qui n'est precedée, que du Nominatif.*

La seconde Coniugaison est en ân *sans aucune personne exprimée. On se sert de cette façon de caniuguer apres les Aduerbes terminez en* e *ou* a, *& apres la Particule* a *deuant laquelle le Cas regi du Verbe à l'Accus. est mis Ex.* pa velân *puisque ie vois,* ne lavarân *ie ne dis,* Douè a garân *i'ayme Dieu*

La troisiesme est en ân, *& n'est point precedée de la lettre* a *mais de quelqu'autre Part. Ex.* me sonch e carân Doue, *ie pense que i'ayme Dieu.* peguement benac ma estimân ho vertuz, *encore que i'estime vostre Vertu.*

La quatriesme se coniuge par le Verbe Facio, a rân *ie fais mettant tousiours le Verbe, duquel il s'agit a l'Infinitif, & coniugant le Verbe* Facio *par tous les mœufs & temps comme les Verbes de la seconde coniugaison, Ex.* caret a rân Doue, *i'ayme Dieu, de mot a mot aymer ie fais Dieu.*

N. Qu'il faut qu'vn Verbe actif se coniugue par ces quatre coniugaisons. On se sert de cette coniugaison comme de la premiere au commencement d'vne periode ou d'vne phrase, precedée du Nominatif.

DE LA PREMIERE CONIVGAISON.

1. Notés que tous les preterits parfaits & plusque parfaits de l'Indicatif, Optatif & Subionctif se prennent du Verbe

me ameus y adioustant le participe passif au Verbe dont il
s'agist, Ex. memeus caret, *ou* caret ameus *i'ay aymé* me
amboa caret, *ou* caret amboa, *i'auois aymé* me ambise caret *i'eusse aymé*, me am bezo caret, *i'auray aymé*.

2. *Les autres temps de l'Indicatif, imperatif, Optat. &
Subionctif se forment du present, & le present du participe
passif.* leñ *lire*, lennet *leu*, me a leñ *ie lis*, me a lenne *ie
lisois*, me a lenno *ie liray*, leñ *lis*, me a lenne *ie lirois*, me
a lense *ie leusse ou i'eusse leu*.

DES FORMAISONS DES TEMPS DES
Verbes Actifs.

*La premiere chose qu'il faut regarder dans vn Verbe actif
c'est l'infinitif, de l'infinitif se forme le participe passif, qui
se termine en* et?, *comme* meuli, meulet. *Du participe
passif se forme l'indicatif ostant* et *& mettant deuant la
personne* me a *Ex.* cana *chanter* canet *chanté* me a gan *ie
chante, l'imparfait de l'indicatif se forme de l'indicatif ad-
joustant* e. *Ex.* me a gan *ie chante*, me a gane *ie chantois.*
Le Futur de l'indicatif du mesme adioustant o. *Ex.* me a gano *ie chanteray. De la premiere personne de l'ind. se forme la
premiere personne de la seconde coningaison adioustant* âñ, *&
mettant,* a, *deuant* me gar *i'ayme.* Doue a garân *i'ayme Dieu
de la mesme premiere personne se forme la troisiesme coniugaison ostant le pronom, adioustant* âñ *à la fin & mettant deuât* e. me gred *ie croy* me sóch e credân *ie pense que ie crois.*
L'imperatif comme l'ind. ostant la personne & l'a me a gan,
can *chante. Le present de l'Opt. du mesme adioustant* e. *Ex.*
me gane *ie chanterois, l'Aoriste du mesme adioustant* se me
ganse *ie chantasse.*

EXCEPTION.

Quand le participe passif est en oët *le futur de l'indicatif
est en* oi, roet, mea roi *ie donneray. Quand l'inf. est en* at
le Fut. est en aï laquat *mettre,* me laquai *ie mettray.*

DE LA FORMAISON DV PARTICIPE PASSIF.

P Visque le present des Verbes actifs se forme du participe passif il est apropos de sçauoir comme se forme le participe Passif. Qnand l'inf. est terminé en a & en i ces deux lettres se changent en et.

Cana *chanter*, canet *chanté*,
Meuli *loüer*, meulet *loüé*,
     Aat *en* eet,   (*se*
Isellaat *abaisser*, iselleet *abaiſ*
Caſſaat caſſeet *hair ie hai*,
  N. *Que le present de ces Verbes se prend ae l'Inf. oſtât* at caſſaat, *me gaſſa*, & *leur Fut. en* ai *me gaſſai ie hairay*
    En, ennet
Diſpeñ *depecer*, diſponnet
depecé,   Al et
Crial *crier*, criet *crié*,
    All allet
Tamall tamallet *tancer tãcé*,
    Ei oet
Rei *donner*, roet *donné*,
    Et et
Caret *aymer*, caret *aymé*,
    El et
Leſel *laiſſer*, leſet *laiſſé*,
  La pluſpart des autres verbes adiouſtent et *apres l'infin. pour en former leur participe Paſſif voicy des exemples.*
    Approuff *approuuer*,
approuuet *approuué*,
  Cacç *ennoyer*, cacçet *ennoyé*,

Chom *demeurer*, chommet *demeuré*, Daſpugn *amaſſer* daſpugnet *amaſſé*,
Daſtum *amaſſer*, daſtumet *amaſſé*. Dibab *élire*, dibabet *eſleu*, Diguech *epeler*, diguechet *épelé*,
Dirés *aprocher*, direſet *aproché*, Diſcueuz *monſtrer*, diſcueuzet *monſtré*,
Stourm *combatre*, ſtourmet *combatu*, Tizout *ateindre*, tizet *atteint*.

VERBES ANOMAVX.

Anáout *connoiſtre*, anavezet *connu*, Arruout arru, *arriuer arriué*
Autren autréet *octroyer*,
Binizië *benir*, biniguet *beny*
Birvi *boüillir*, beruet *boüilli*,
Caout *trouuer*, cavet *trouué*, me guevv *ie trouue*,
Chemel *demeurer*, chômet *demeuré*,
C'hoarzin *rire*, c'hoarſet *ri*,
Coffes *confeſſer*, cofeſſeet *confeſſé*.
Cregui *prêdre*, croguet *pris*.

Cridi *croire*, credet *creu*,
criſqui *croiſtre*, creſquet *creu*
Dale *tarder*, daleét *tardé*,
Danevel *raconter*, danevelet *raconté*.
Darempret *frequenter*,
Darempreder *frequenté*,
Darc'haut *fraper*, Darc'havet *frapé*,
Dênvi *pondre*, dônvet *põnu*,
Derc'hel *tenir*, dalc'het *tins*
Dibri *manger*, debret *mãgé*,
Diffre *depeſcher* diſtréet *depeſché*, Dimizi *marier*, demezet *marié*, Diſolo *découurir*, diſoloet *decouuert*
Diſqui *apredre*, deſquet *apris*
Dont *ou* donet *venir*, deud *ou* deuet *venu*,
Douguen *porter*, douguet *porté*, Eren *lier*, Erćet *lié*, Fallout *vouloir*, faluezet *voulu* Gallout *pouuoir* gallet *peu*, Glibia *mouiller*,
Me ſo gleb *ie ſuis mouillé*,
Golo *couurir*, goloet *couuert*
Gorren *hauſſer*, Gorroet *hauſſé*, Gortos *attendre*, gortoet *attendu*,
Goullonder *vuider*, gouloet *vuidé*, me houllo *ie vuide*.
Gounit *gaigner*, gounezet *gaigné*, Gouzânvy *endurer*,

gouzânvet *enduré*,
Gouzout *ſçauoir*, gouezet *ſceu*, Gozro *traire*, gozroet *trait*, Güenel *enfanter*, ganet *enfanté*,
Gueruel *apeller*, galuet *apellé*
Guiri *chauffer*, *meurir*, gorret *chaufé meuri*.
Henvel *nommer*, hanvet *nommé*. Herzel *s'arreſter* demeurer, harzet *arreſté*,
Heul *ſuiure*, heuliet *ſuiui*,
Laërés *derober*, laëret *derobé*
Laquat *mettre*, lequet *ou* laquet *mis*.
Lemel *oſter*, lamet *oſté*.
Liſqui *bruſler*, loſquet *brûlé*
Leuſquel *laſcher*, lauſquet *laſché*.
Mervel *mourir*, maro *mort*.
Mevi *s'enyurer*, mevet *enyuré*, Midi *moiſſonner*, medet *moiſſonné*,
Mont *aller*, et, *allé*.
Oaruezout *arriuer*, oaryezet *arriué*.
Ober *faire*, gret *fait*,
Pibi *cuire*, pobet *cuit*,
Pligeout *plaire*, pliget *pleu*,
Prezec *parler*, prezeguet *parlé*, Quinizien *preſenter*, quiniguet *preſenté*,
Receo *recewoir*, receuet *receu*

Redec *courir*, redet *couru*,	talvezet *valu*,
Regui *deschirer*, roguet *dé-chiré*,	Terri *rompre*, torret *rõpu*,
Senni *sonner*, sonnet *sonné*,	Tevel *taire*, tauet *teu*, me dao. *Imp.* tao.
Sevel *se leuer*, sauet *leué*,	Teurl taulet,
Stequi *choquer*, stoquet *cho-qué*, Tallout *valloit*,	Teurvezout *vouloir*, teur-vezet *vouloir*.

Exemple des quatre Coniugaisons de chaque Verbe actif.

Premiere cõiugaison. Ind. pr.	Seconde	Troisiesme.	Quatriéme.
Me a leñ *ie lis*	Ma c'hentel a lennán *ie lis ma leçõ.*	Me sonch e lennan *ie pë-se que ie lis.*	Leñ a rân
te a leñ *tu lis*	A lennes,	E lennès	Leñ a rès
ên a leñ *il lit*	A leñ,	E leñ	Leñ a ra
hi a leñ *elle lit*, Ni a leñ *nous lisons.*	A lennomp.	E lennomp	Leñ a reomp
C'hui a leñ *vous lisez.*	A lennit.	E lennit	Leñ a rit
Y a leñ *ils li-sent.*	A lennont	E lennont	Leñ a reont

Premiere. Imp.	Seconde.	Troisiesme	Quatriesme
Me a lenne *ie lisois.*	A lennen	E lennen	Leñ a ten
Te a lenne *tu lisois.*	A lennès	E lennès	Leñ a rès
En a lenne *il lisoit.*	A lenne	E lenne	Leñ a re
Hi a lenne *elle lisoit.*	A lennemp	E lennemp	Leñ a remp
	A lenne	E lennec'h	Leñ a rec'h
	A lennent.	E lennent	Leñ a rent

Premiere	Seconde	Troisiesme	Quatriesme
Ni a lenne *nous lisions.* C'hui a léne *vous lisie* Y a lenne *ils lisoient.*			

Premiere.	Seconde.	Troisiesme.	Quatriesme
Pr. par. Me meus lennet *i'ay leu*, te a eus lennet *tu as leu*, ên en deus lénet *il a leu*, hi ede⁹ lennet *elle a leu*, ni honneus lennet *nous auons lû* c'hui oc'he⁹ lénet *vous aués leu*, y ode lennet *ils ont leu.*	Ameus lennet. A eus lennet En deus lennet. Hon eus lennet, oc'h eus lennet. O deus lennet..	comme la Seconde.	

Premiere.	Seconde.	Troisiesme.	Quatriesme.
Aoriste			
Me a lennas *ie leus*	A lennis,	E lennis &c.	Len a ris,
Te a lennas *tu leus*	A lensout,		Len a resout
En a lennas *il leut,*	A lennas,		Len aeure,
	A lensomp,		Len a resôp,
	A lensoc'h,		len a resoc'h
	A lensont.		Len a resont

Premiere.	Seconde.	Troisiesme.	Quatriéme.
Hi a lennas *elle leut.*			
Ni a lennas *nous leumes*			
c'hui a lénas *vous leustes.*			
Y a lennas *lls leurent.*			
Plusque par. Me amboa lennet *i'a-nois leu.*	Amboa len-net,	Am boa lé-net. *comme la Se-conde.*	
Te a foa len-net *tu auois leu,*	Afoa lennet,		
Endeuoa lé-net *il auoit leu.*	En devoa lennet,		
Ni hor boa lennet *nous auions leu.*	Hor boa lé-net,		
C'hui ho poa lennet *vo⁹ aués leu.*	Ho poa len-net,		
Y o devoa lennet *ils a-uoient leu.*	Odevoa len-net.		
Fut. Me a lenno *ie lirai*	A lennin	E lennin *comme la Se-conde.*	
Te a lenno	A lenni		Leñ a rin Leñ a ri

Premiere.	*Seconde.*	*Troisiesme.*	*Quatriesme.*
tu liras.	A lenno		Len a rai
En a lenno	A lennimp		Len a raimp
il lira.	A lennot		Len a reot
Ni a lenno	A lennint.		Len a raint.
nous lirons.			
C'hui a léno			
vous lirez.			
Y a lenno *ils*			
liront.			

Imper. Len *lis*, lennet *qu'il lise*, lennomp *lisons*, lennit *lisez*, lennent *qu'ils lisent.*

Premiere.	*Seconde.*	*Troisiesme.*	*Quatriesme.*
_Opt. pr. &	A lennen	E lennen cõ-	Len a rahen
imp. Me léne	A lennés	me la Secõde.	Len a rahes
ie lirois.	A lenne;		Len a rahe,
Te lenne *tu*	A lennemp,		Lé a rahemp
lirois.	A lennec'h,		Lé arahec'h
En lenne *il*	A lennent.		Len a rahen
liroit.			
Ni lenne			
nous lirions.			
C'hui lenne			
vous liriez.			
Y lenne *ils*			Len a rasen,
liront.	A lensen		Len a rasés;
Im. Me lense	A lenses		Len a rase,
ie l'eusse.	A lense	E lensen cõme	Lé a rasemp
Te a lense *tu*	A lensemp	la Seconde.	Lé a rasec'h,
leusse.	A lensec'h		Len a rasent.
En a lense *il*	A lensent		
leust.			
Ni a lense *no⁹*			

Premiere.	*Seconde.*	*Troisiesme.*	*Quatriesme*
leuſſions. C'hui a lenſe *vous leuſſies.* Y a lenſe *ils leuſſent.* Par. & pluſ. Me ambiſe lennet *i'euſſe leu,* Te a liſe lénet *tu euſſe leu,* En endeviſe lennet *il euſt leu,* Ni horbiſe lennet *no us euſſios leu,* C'hui ho piſe lénet *vo° euſſiés leu* y o deuiſe lénet *ils euſſent leu.*	Ambiſe léne A fiſe lennet, Endeviſe lénet, Horbiſe lennet, Ho piſe lennet, O deviſe lénet.	comme la Seconde.	

Pour le futur de l'optatif on ſe ſert du futur de l'ind. Ex. roit dîn ar c'hraçç ma lénîn ma c'hétel *faites moy la grace que ie liſe ma leçon.*

Pour le preſent du Subjonctif on ſe ſert du preſent de l'ind. Ex. Peguement benac ma lauarân ar guirionez *encore que ie diſe la verité.*

Imp. cŏme à l'Optatif. *Pr.* par.		comme la Seconde.	
	Peguement benac ambe		Ϛ

Premiere. {   Seconde. { Troisiesme { Quatriesme

{ lennet encore
{ que i'aye leu,
{ A se lennet,   } comme la Se-
{ é deffe lénet,   } conde.
{ Horbe lénet
{ Ho pe lénct.
{ o deffe lénet

Pr. par. cõme { à l'Opt.

Eut.
{ Pa ambezo
{ lennet quand
{ i'auray leu, A
{ fezo lennet,   } comme la Se-
{ endevezo lé-   } conde.
{ net, Hor bezo
{ lennet, Ho
{ pezo lennet,
{ o deuezo lé-
{ net.

Inf. Len *lire*, beza lennet *auoir leu*, da leñ *de lire*, o leñ *ce lisant*, da leñ *pour lire*, me y a da leñ *ie vay lire*, da veza lennet *d'estre leu*, o leñ *lisant*, ncb a lenno *qui lira*.

IMPERSONEL.

Premiere.   {   Seconde: {   Troisiesme.

Ind. pr. Ar guentel a lenner *on list la leçon.* { Me gred e lenner *ie crois qu'on list.* { Lé a rer ar guérel

Imp. Lennet oa ar guentel *on lisoit la leçon.* { Ezoa lennet.

Premiere.   *Seconde.*   *Troisiesme.*

Par. Lénet eo bet *on a leu*. { Ezéo bet lennet. {

Aor. lennet oue *on leut* { Ez oue lennet. {

Plusq. parf. lénet oa bet *on auoit leu* { Ez oa bet lennet. {

Fut. a lenner, *ou* a vezo lennet, *on lira* { E lenner. { Lên a reor.

Opt. pre. Ma vihe lennet, *si on liroit*. { E viher lennet. {

Aor. ma vise lennet, *si on eust leu*. { E vise lennet. {

Sub. par. pa vezo bet lennet, *quand on aura leu*. { E vezo bet lennet {

Coniugaisons de certains verbes anomaux non seulement en leurs participe passifs mais aussi en leurs autres temps.

O ber faire.

Premiere. { *Seconde* { *Troisiesme.* { *Quatriéme.*

Ind. pr. Me a ra *ie fais*, Te a ra &c. { Me sonch e rân *ie pense que ie fais*, E rés, E ra, E reomp, E rit, E reont. { Vr levvr a râ *ie fais vn liure côme dess⁹* { Ober a ran *comme dessus.*

Imp Me a re *ie faisois* Te a re &c. { E ren, E rés, E re, E remp, E rec'h, E rét {

Premiere	Seconde.	Troisiesme	Quatriesme.
	Ameus gret		
P. Me meus gret *ou* gret eme⁹ *i'ay fait* &c.	A eus gret *ou* E eus gret En deus gret hó eus gret.	A meus gret &c.	Ober ameus gret. *comme deuant.*
Aor. Me eure *ie fis.*	E ris, E re-fout.	Aris. *Comme deuãt*	Ober a ris *comme deuãt*
Te eure *tu fis.* &c			
Plusq. Me amboa gret *vel* gret amboa *i'auois fait.*	E eure, è re-fomp, E re-foc'h, E re-font.	Amboa gret &c.	
Fut. Mé-rai, *ie feray.* Te rai, *tu fe-ras.*	Erîn, E ri, E rai, Erimp E reor E raint.	A Rîn. &c.	Ober rîn, &c.

Imp. Gra *fais*, gret *qu'il fasse*, greomp *faisons*, grit *faites*, grent *qu'ils fassent.*

Optat. pref. Me rahe, *ie ferais* Te rahe, &c.	Erahen, Era-hés, E rahe, E rahemp, E rahec'h, E rahent.	A rahen, A rahés, &c.	Ober a ra-hen, *comme deuãt*
Imp. Me rafe *ie fisse ou i'eusse fait.* Te rafe, &c.	Erasé, era-fés E rafe E rafemp, E rafec'h, E rafent.	A rafen, &c.	Ober a rafen *comme deuãt*

Par. & plu. Me ambise gret. i'eusse fait, &c.	Ambise gret / A fise gret en devise gret, / hor bise gret / ho pise gret / o devise gret	Ambise gret / *comme denât*
Sub. par. Me ambe gret, i'aye fait.	Ambe gret / Affe gret / en detfe gret / ambezo gret	Ambe gret. / *comme denât*
Fut. Me ambezo gret, i'aurai fait.	A fezo gret, / En deuezo gret, &c.	ambezo gret / *comme denât*

Inf. Ober *faire,* beza gret *auoir fait,* oc'h ober, pe en vn ober *en faisant,* da ober *pour faire.*

Premiere	Seconde,	Troisiesme.
Ind. pr. Me ya, *ie vais.* Te ya *tu vas.* &c.	Dar guer ezân *ie vais à la maisõ.* Me gred ezân, *ie croy que ie vais.* Ez ès eza ezeomp ez it, ezcont.	Ne dân quer, *ie ne vais.* Ne dèsquet Ne da quet, Ne dcomp quet Ne dit quet, Ne deont quer.
Imp. Me a ye *i'allois.* Te a ye *tu allois.* &c.	Ez en, ez és, ez e, ez emp, ez ec'h, ez ent.	Ne den quet. Ne dès quet. &c.
Pr. par. Me só *et ia suis allé.* Te so et, *Tu és allé,* &c.	Ez oûn et, ez out et, ez eo et, ez omp et, ez oc'h et, ez int et.	Ne doûn quet et, Ne dout quet et, Ne deo quet et Ne domp quet et Ne doc'h quet et Ne dint quet et.

Premiere.	Seconde.	Troisiesme.
Aorifte.	Ez is, Ez efout,	Ne dis, ne defout
Me yas *i'allay*	Ez eas, ez efomp	Ne deas , Ne de-
Te yas *tu allay.*	Ez ezoc'h , Ez	fomp , ne defoc'h
&c.	efont.	Ne defont.
Plufq. Me oa et,	Ezoân et, Ezoas	Ne ouán quet et,
Te oa et, &c.	et, ezoa et, &c.	Ne ouas quet et,
		Ne oua quet et.
Fut. Me yello,	Ezaîn, Ezai, *Ezai*	Ne daîn quet,
i'iray.	Ezaimp, Ezeot,	Ne dai quet,
Te yello, *Tu iras*	Eaint.	Ne dai quet,
&c.		Ne daimp quet,
Imper. Quæ *va*		Ne deot quet,
eat *qu'il aille,*		Ne daint quet.
deomp *allons,* it,		
allez, cant *qu'ils*		
aillent.		
Optat. pr. Me	Ezaën , Ezaés ,	Ne daen ,
yae, *i'irois.*	Ezae. Ezaëmp,	Ne daés.
	Ezaëc'h, Ezaent.	
Imp. Me yafe	Ezafien, ez afiés	Ne dafien,
ie fuffe allé.	Ez afie, Ez afiép,	Ne dafies.
Te yafe *tu fuffe*	Ez aficc'h,	
allé, &c.	Ez afient.	
Parf. Me a vife	E vifen et,	Ne vifen quet et,
et *i'euffe efté.*	E vifés et, &c.	Ne vifés quet et.
Te a vife et, *su*		&c.
euffe efté. &c.		
Subionctif.	E ven et, E vés	Ne ven quet et,
Pr. par. Me a ve	et, &c.	Ne vés quet et.
et , *ie fois efté.*		&c.
Fut. Me a vezo	Me fonch e vezîn	Ne vezîn quet
et, *i'auray efté. &c*	et, E vezi et, &c.	et, ne vezi quet et

Inf. Mont *óu* monet *aller,* beza et *eſtre allé,* o vont *allât,* da vont *pour aller.*

Premiere.	*Seconde.*

Dont *Venir.* — Me gred e tuân, *ie penſe*

Ind pr. Me a zeu *ie viens.* — que *ie viens.* E teus, e teu,
Te a zeu *tu viens.* — e teuomp, e teut, e teuont.

Imp Me a zeúe *ie venois.* — E tuen, E tués, &c.
Te a zeue *tu venois.* — E oûn deud, E oc'h

Parf. Me ſo deud *ie ſuis* — deud, &c.
venu. Te ſo deud &c. — E teuis, e teuſout, e teuas,

Aor. Me a zeuas *ie vins.* — E teuſomp, e teuſoc'h,
Te a zeuas, *tu vins.* — E teuſont.

Pluſ. Me oua deud *i'eſtois* — Eouân deud, eouas deud,
venu. Te oua deud &c. — &c.

Fut. Me a zeui, *ie vien-* — Eteuîn, eteui, eteui,
dray. — eteuimp, eteuot, eteuint.

Imp. Deus *viens,* deuet *qu'il vienne,* deuóp *venons,* deud *venés,* deuent *qu'ils viennent.*

Opt. pr. Me a zeuffe *ie vié-* — E teuffen, e teuffés &c.
drois, Te a zeuffé &c.

Imp. Me a zeuzie *ie uinſe,* — E teuſien, e teuſiés, &c.
Te a zeuſie, &c.

Par. & pl. Me a viſé deud, — E viſen deud &c.
ie fuſſe venu, Te a viſe deud
&c.

Sub par. Me a ve deud *ie* — E ven deud &c.
ſois venu, Te a ve deud &c.

Fut. Me a vezo deud, Te — E vezîn deut &c.
a vezo deud &c.

Inf. dont *venir,* beza deut *eſtre venu,* o tont *en venant,* da zont *pour venir.*

Ana out *connoiſtre*, Anavezet *connu*.

Premiere	*Seconde*	*Troiſieſme*
Ind. pr. Me ene, *ie connois.*, &c.	Doue a anavan, a anauès, a ene, a anavezomp, a anauezit, a anauezont.	Me gred e anauan &c.
Imp. Me anavie, &c.	A anavien, anauiés, &c.	
Meme' anavezet	Ameus anauezet, &c.	
Aor. Me ananezas, &c.	A anavezis, a anevezſout, a anavezas, a anauezſomp, a anavezſoc'h, a anaveſont.	E anavezis.
Pluſq. par. Me amboa anavezet, &c. Me a anavezo *ie connoiſtray.*	Amboa anavezet, &c. a anavezîn, a anavezi, a anavezo, a anavezimp, a anavihot, a anavezint.	Comme deuant.

Imp. anao *connois.* anavezet *qu'ils connoiſſe*, anavezomp *connoiſſons*, anavezit *connoiſſez*, anauezent *qu'ils con—noiſſent.*

| *Opt. pr.* Me anaſſe *ie connoiſtrois.* &c. | A anaffen, és, e, &c. | E anaffen, com—me deuant |
| *Imp.* Me anaviſe *i'euſſe connu ou ie* | A anaviſen, és, e, | E anaviſen &c. |

Premiere.	Seconde.	Troisiesme.
connusse.		
Plusq. Me ambi-se anavezet, *i'eusse connu.*	Ambise anavezet &c.	*comme deuant.*
Sub. pr. Me ambe anauezet &c.	Ambe anavezet, &c.	
Fut. Me ambezo anauezet, &c.	Ambezo anave-zet, &c.	

Inf. anaout *connoistre,* beza anavezet *auoir connu,* oc'h ou ouz anaout *en connoissant;* da ánaout *pour connoistre.*

Gouzout *sçauoir,* Gouezet *sceu.*

Premiere.	Seconde.	Troisiesme.
Ind. pr. Me oar *ie sçay.*	Doue a oûn , *ie* sçay Dieu. A ous a ouar, a ouzóp a ouzoc'h a ouzót.	Ne oûn quet *ie ne* sçay &c.
Imp. Me ouie *ie* sçauois &c.	Aouien és &c.	Ne ouien &c.
Par. Me me'goue-set *i'ay sceu* &c.	Ameus gouezet.	
Aor. Me a ouezas *ie sceus,*	A ouezis, a oue-zout, a ouezas, a ouesóp a ouesoc'h a ouesont.	Ne ouezis &c.
Plusq. Me amboa gouezet *i'auois sceu* &c.	Amboa gouezet.	
Fut. Me a ouezo *ie sçauray* &c.	A ouezi, a ouezi, a ouezo, a ouezíp a ouiot, a ouezint.	Ne ouezin &c.

Imp. gouez *sçache,* gouezet *qu'il sçache,* gouezomp *sça-*chons, gouezit *sçachez,* gouezent *qu'ils sçachent.*

Premiere. | Seconde. | Troisiesme.

Opt. pr. Me ouffe ie sçaurois &c. } A ouffen és &c. } E o affen &c.

Imp. Me ouise ie sçeusse &c. } A ouisen és &c. } E ouisen &c.

Pr. par. Me ãbise gouezet i'eusse sçeu &c. } Ambise gouezet. }

Sub. par. Meãbe gouezet i'aie sceû. } Ambe gouezet. }

F. me ambezo gouezet i'aurai sceû. } Ambezo gouezet }

Inf. gouzout *ou* gout *sçauoir*, beza gouezet *auoir sçeu,* o ouzout *ou* out *en sçachat,* da ouzout *ou* out *pour sçauoir.*
Gallout *pouuoir,* galllet *peu.*

Premiere Coniu- | Seconde. | Troisiesme

Ind pr. Me hell ie peux. Le hell, &c. } Vn draic a hallân *ie peux quelque peu.* A hellès, a hell, a hellomp *ou* hallomp, a illit a hallont *ou* hellont. } Me gred e hallân &c. *comme cy dessus.*

Imp. Me halle *ie pouuois.* } A allen, a allés, &c. } E hallan, e hallés &c.

Pr. Memeus gallet *i'ay peu.* } Ameus gallet,

Aor. Me hallas *ie peus.* } A hillis, a helsout a hallas, a hel-somp, a helsoc'h, } E illis *comme la* Seconde.

Fut. Me hallo *ie pourray.* } a halsót, *ou* helsót A hillîn. } E hillîn, &c.

Premiere.	Seconde.	Troisiesme.
	A hilli, a hallo, a hallimp a hellot	
Opt Me ouffe *ie pourois.*	A ouffen, és, e, &c.	E'ouffen, &c.
Aor. Me halfe, &c. *ie peuffe.*	A halfen, és, e, &c.	E halfen, &c.

Fallout *vouloir.*

Premiere.	Seconde.	Troisiesme.
Ind. pr. Me fel dîn *ie veux.*	Vn dra a fel dîn,	Te a gred e fel dî, dit, *tu penfe que ie veux.*
Te a fel dit, En a fel deza, Hi a fel dezi, Ni a fel deomp, C'hui a fel deoc'h, Y a fel dezo.	Vn dra a fel dit &c. *Comme à la premiere coniugaifon.*	
Imp. Me falle dîn, *ie voulois.* Te falle dit, &c.	A falle dîn, &c.	E falle dîn, &c.
Aor. Me fallas dîn *ie voulus.* Te fallas dit, &c.	A fallas dîn, &c.	E fallas dîn &c
Fut. Me garo *ie voudray.* Te garo, &c. *voyez le Futur de caret.*	A guirin, &c.	E quirîn, &c.
Opt. pr. Me fal-fe dîn, Te falfe dit *ie voudrois.*	A falfe dîn, dit, deza, &c.	E falfe dîn, &c.
Pr. me falvife dîn *i'euffe voulu.* Te a falvife dit.	A falvife dîn, dit, deza, &c.	E falvife dîn &c.

Caret *Aymer.*

Premiere.	Seconde.	Troisiesme.
Ind. pr. Me gar i'aime.	Doue a garân i'aime Dieu, a garès, a garomp, a guirit, a garont.	Me gred e carân ie peſe que i'aime,
Im. Me gare i'aimois.	A garen és &c.	E caren &c.
Par, Memeus caret ou caret aime' i'ay aimé.	Ameus caret,	Emeus caret,
Ao. Me garas &c.	A guiris, a garſout, a garas, a garſomp, a garſoc'h, a garſont.	Me ſôch e quiris.
Fut. Me a garo.	A guirîn, a guiri, a garo, a garimp, a garot, a garint.	E quirîn &c.
Opt. pr. Me gare i'aimerois ie voudrois.	A garen és &c.	E caren.
Imp Me garſe i'aimaſſe, i'euſſe aimé, i'euſſe voulu.	A garſen és &c.	E carſen.

Cahour *Trouuer,* Cauet *trouué.*

Premiere.	Seconde.	Troisiesme.
Ind. Me gueſſ te trouue.	Agauân, agauès, a gueſſ, a gauomp a guiuit, a ga- uònt.	Me ſôch e cauân, e cauès, e gueſſ, e cauomp, e quiuit, e cauont.

Premiere.	Seconde.	Troisiesme.
Imp. Me gaue.	A gauen és &c.	E cauen.
P. Meme⁹ cauet.	Ameus cauet.	Emeus cauet.
Aor. Me a gauas *ie trouuay.*	A quiuis, a quef-fout, a cauas, a queffõp, a queff-foç'h, a quefffot.	E quiuis &c.
Fut. Me à gauo *ie trouueray.*	A guiuin, aguiui, a gauo, a gauimp a gueffot, a gaf-fint.	E quiuin, e quiul e cauo, e cauimp, e queffot, e caf-fint. &c.
Opt pr. Me gaffe *ie trouuerois.*	A gaffen, és, e,	E caffen, &c.
Aor. Me gaff-se *ie trouuasse i'eusse trouué.*	A gaff-sen, és, e.	E caf-sen, &c.

Laquat *Mettre*, Laquet *mis.*

Ind. pr. Me laqua *ie mets.*	Vn diner a laquã A laquès, a laca, a lequeomp, a li-quit, a lequcont.	me gred e laquân &c.
Imp. Me leque *ou* laque.	A lequen és &c.	E lequen &c.
Par. Memeus le-quet *i'ay mis.*	Ameus lequet. A liquis, a leque-fout, a laquas, a lequesõp, a leque-foc'h, a lequesõt	
Ao. Me a laquas *ie mis.*		E liquis, it, &c.
Fut. Me laquaï *ie mettray.*	A liqîn, a li-qui, a lacai, a la-caimp, a lequeot	E liquîn, it,
Op. pr. Me laquae		

Premiere.	*Seconde.*	*Troisiesme.*
ie mettrois.	A lacainr.	E lacaen.
Imp. Me laquaſe	A lacaen és &c.	E lacaſen.
i'euſſe mis.	A laquaſé és &c.	

Meruel *mourir*, Maro *mort.*

Premiere.	*Seconde.*
Ind. pr. Me varvv *te meure.*	E varvân &c.
Imp. Me marv *ie mourrois.*	E varven &c.
Pa. Meſo bet maro *ie ſuis mort ou* maro oûn bet	Ezoân bet maro &c.
Aor. Me a varvas *ie mourus*	E viruis &c.
Fut. Me varvo *ie mourray*	E varvin &c.
Imp. Marv *meurs*, marvet *qu'il meure*, maruomp *mouruons*, maruit. maruent	
Op. pr. Me varte *ie mourrois*	E varſen és &c.
Par. Me varite *ie mournſſe ou ie fuſſe mort.*	E varſſen és &c.

Redeo *il faut*, redoa *il, falloit*, redeo bet, *il a fallu,* redoue *il fallut*, red oa bet, *il auoit fallu,* ret vezo *il faudra*, ret vihe *il faudroit*, ret viſe *il fallust, ou il euſt fallu*, pa ve ret *quand il faut.*

2. *Conrugaiſon* me ſonch ezeo ret, *ie penſe qu'il faut*, ezoa ret *qu'il falloit,* ezeobet ret *qu'il a fallu*, e oue ret *qu'il fallut*, e vezo ret *qu'il faudra*, e vihe ret *qu'il faudroit*, e viſe ret *qu'il euſt fallu.*

Cleuet *Ouyr*, Cleuet *Ouy.*

Premiere.	*Seconde.*	*Troisiesme.*
Ind. pr. Me a gleo, *i'oys*, &c.	A gleván,	E clevân. *comme deuant*
Me a gleue *i'oyois*	A gleuen.	
Me gleuas *t'ouys.*	A gleuis,	

Premiere.	Seconde.	Troisiesme.
Me gleuo, i'oyray.		
Imp. Cleo oys,		
clevet *qu'il oye,*		E cleven, e cle-
cleuomp *oyons,*		vis, e clevin &c.
clevit *oyez.*		
cleuent *qu'il oyẽt*	Agleviñ, &c.	
Opt. Me a gleffe	A gleffen &c.	
i'oirois.		E cleffen &c.
Me a gleff-fe	A glef-fen &c.	
i'ouyffe, ou i'euffe		E clef-fen, &c.
ouy.		
Cofefs	Cofeffet *confeffé,*	E cofeffân.
confeffer.	A gofeffân. &c.	E cofeffaîn.
Ind. pr. Me	Agofeffaìn, a gofe	
goffés *ie confeffe.*	ffai, a gofeffaimp,	
Fut. Me gotef-	a gofeffeot, a go-	
fai *ie confefferay.*	feffaint.	
Opt. Me gofef-	A gofeffaën.	E cofeffaën,
fae *ie confefferois.*	&c.	&c.
Me gofeffafe	A gofeffafen.	E cofeffafen.
i'euffe confeffé.	&c.	&c.
Ind. pr. Me dal	A dallan,	E tallan,
ie vaus.	A dalés.	E tallès.
Imp. Me dalie	A dallien.	E talien.
ie valois.		
Aor. Me dal-	*Aor.* A daluez-	E taluezis.
uez as *ie valus.*	zis..	
Fut. me dalve-	A daluezo.	A daluezin,
zo *ie vaudray.*		
Opt. pr. Me dalfe	A dalfen a dal-	E talfen, e tal-
ie vaudrois.	fés, &c.	fés; &c.
Me dalvife i'euffe	A dalvifen.	E talvifen.
alu.		

Dleout *Deuoir*.

Me a dle, *ie dois*, me a dleïe, *ie deuois*, me a dleffe, *ie devrois*, me a dlevife *ie deuffe ou i'euffe deu*.

2. *Coniugaifon*. Adleân, adlès, adle, *ie dois*, *tu dois*,
il doit, a dleien *ie deuois*, a dleffen *ie devrois*, a dlevifen,
i'euffe deu, ou ie deuffe.   2.   *Coniugaifon*.

E tlean, E tleien, E tleffen, E tlevifen.

Oaruezout *arriuer, ou efcheoir*, oaruezet *arriué*.

Me oarfe *i'arriuerois* me hoarvife *i'arriuaffe, ou ie fuffe
arriué*.   2.   *Coniugaifon*.

A oarfen, A oaruifen.   3.   *Caniugaifon*.

E oarfen E oaruifen.

Heul *Suiure*. Heuliet *Suiui*.

Me heul *ie fuis*, me heulie *ie fuiuois*, me heulias *ie fuiuis*,
me heulio *ie fuiuray*, heul *fuis*, heuliet *qu'il fuiue*, heu-
liomp *fuiuons*, heuliit *fuiuez*, heulient *qu'ils fuiuent*,
me heulie *ie fuiuerois*, me heulle *ie fuiuiffe, ou i'euffe fuiui*.

Glibia *mouiller* glibiet *mouille* gleb oûn *ie fuis mouillé*.
Arruout *arriuer* arru eo *il eft arriué*.

DV PARTICIPE.

¶ *Il n'y a point de participe Actif quand il fe peut tourner au
Geronaif, ou bien par la particule* pa, *lors que*.

Pezr o ftudia a blich da Doue *Pierre eftudiät plaift à Dieu*
on peut dire auffi ba ve Pezr o studia e plich da Zoue
Me gar ar Scholaer o studia eruat *ou* pehini a studi eruat
*i'ayme l'Efcholier eftudiant bien.   Le participe paffif fe ter-
mine en* et. Ex. crial *crier* criet *crié*.

DE L'ADVERBE.

*Les comparatifs & fuperlatifs aduerbes ne different point
des noms comparatifs & fuperlatifs.* Ex. furoc'h euit Pezr
plus fagement que Pierre, guel euit Guillerm *mieux que*
Guillaume, ar fura oll *le plus fagement de tous*, ar guella
oll *le mieux de tous*.

PREPOSITIONS.

A Balamour da Pezr *A cause de Pierre.* Abalamour din me, *a cause de moy.* dide, deza, dezi, deomp, deoc'h, dezo. Adall *depuis.* Adall ar peñ bete an treit, *depuis la teste iusques aux pieds* A diabars an ti, *au dedans de la maison.* A diabars ahanoûn, *au dededans de moy.* A hanout *de toy.* Aneza, anezi, a hanôp, a hanoc'h, anezo. Adrên dar guer, *derriere la maison.* A drên dîn me, *derriere moy.* Dide, deza, dezi, deomp, deoc'h, dezo. An tuhont dar feunteun, *au dela de la fontaine.* An tuhont dîn, *de moy.* dit, deza, dezi, deomp, deoc'h, dezo An tuman dar guer, *au deça de la maison.* An tuman dîn, *au deça de moy.* dit, deza, dezi, deomb, deoc'h, dezo. Aroc Pezr, *devant Pierre.* Arozîn, *devant moy.* arozit, aroza, arozi, arozomp, a-rozoc'h, arozo.

B Ete *iusques.* Bete Keimper, *iusques à Quimper* Beteguénoûn *iusques a moy* ennout, enna, ennt, ennôp ennoc'h, enno.

D Idan *sous.* Didan ar Mor, *dessous la Mer.* Didannoûn *au desso° de moy* Didannout, didanna, didani, didanomp, didannoc'h, didanno. Digant, *d'avec.* Dious *ou* dioc'h, diouzîn, diouzit, diouta i. v, peil dioc'h. Dirac *devant.* Dirac Pezr, *devant Pierre.* Dirazoûn, *devant moy,* dirazout. diraza, dirazi, dirazomp, dira-zoc'h, dirazo. Dre *par.* dre ho feiz *par vostre foy.* Dreizoûn, *par moy.* Dreizout, dreiza, dreizi, dreizomp dreizoc'h, dreizo Dreist *au dessus.* dreist an oll *au dessus de tous.* dreistoûn *de moy.* dreistout, dreista, dreisti dreistôp, dreistoc'h, dreisto,

E Er, *en dans* en zo eti, *Chez eti,* Eti Pezr

Chez Pierre. Emzi, *chez moy.* en da di, en e di, en he zi, en hó ti, en ho ti, en o zi.

Ebars *dedans.* Ebars an ti, *dedans la maison.* ebars ennoûn, ennout, enna, enni, ennomp, ennoc'h, enno.

Ecreiz *au milieu.*

Em creis *au milieu de moy.* en e creis, en he c'hreis, en hor c'hreis, en ho creis, en o c'hreis.

E cuz *en cachette.* E cuz da Ian *en cachette de Iean.* dîn me, dide, deza, dezi, deomp, deoc'h, dezo.

Emesq *parmy.*

Ehars, *tout proche.*

En andret *enuers.*

En andret da Zoue, *A l'endroit de Dieu,* En andret dîn me, dide, deza, dezi, deóp, deoc'h, dezo.

Enep *contre.*

Enep Doue *contre Dieu.*

Am enep *contre moy.* Da enep, en enep, he enep, hon enep, oc'h enep, o enep.

Equênuer *vis a vis.*

E quênuer *a l'endroit.*

Em c'hênver *a l'endroit de moy.* En e guenver, en he c'henver, en hor c'henver, en ho quenver, en o c'henver.

E quichen *proche.*

E quichen Doue *prés de Dieu.* em c'hichen *prés de moy.* en da guichen, en e guichen, en he c'hichen, en hor c'hichen, en ho quichen, en o c'hichen.

E tall *vis a vis.*

Etouez *parmy.*

Etouez ar Popl, *parmy le peuple.* En hon touez *parmy nous.* En ho touez, en o zouez.

Etreóp *entre nous,* etreoc'h *entre vous,* etrezo *entre eux.*

Etre Doue ha me, *entre Dieu & moy.* Etre Doue ha c'hui *entre Dieu & vous.*

Etre me ha te, ên hag hi, ni ha c'hui, hag y.

Euit *pour.*

Euit Doue, *pour Dieu.*

Euidoûn *pour moy.* euidout, euita, euiti, euidomp, euidoc'h, euito.

Gant *Auec.*

Gant Doue *auec Dieu.*

Guenén *auec moy,* vel gueneme, guenet vel guenete, ganta, ganti, guenecomp, gueneoc'h, ganto.

HEp *sans*.
H Hep Doue *sans Dieu*, hep doûn-me *sans moy*, dou-de, deza, dezi, domni, doc'hu, dezo. *Autrement* hep quet ahanoûn me, a hanou-de, aneza, anezi, ahanomp, ahanoc'h, anezo.

N Emet *excepté, sinon*. Nemet Pezr *sinon Pierre*, nemedoûn *excepté moy*, nemedout, nemera, nemeti, nemedôp, nemedoc'h, nemeto

P Ell diouz *ou* dioc'h an Ilis *loin de l'Eglise*. Pell diouzin *loin de moy*, diouzit, diouta, diouti, di-diouzôp, diouzoc'h, diouto

T Ost dar guer *pres de la maison*.

V Oar *sur*. Voar an tour *sur le clocher*, voar noûn *sur moy*, nout, neza, nezi, nôp, noc'h, nezo
Voar dro *alentour*.
Voar dro ar bet *a lentour du monde*, voar ma zro *aletour de moy*, da dro, e dro, he dro, hontro, ho tro, o zro,
Voar gorre *au dessus*.
Voar ma gorre *au dessus de*

moy, dahorre, e horre, he horre, horgorre, ho corre, o gorre.
Voar lerc'h *apres*.
voar lerc'h Pezr *apres Pierre* voar ma lerc'h *apres moy*, da lerc'h, e lerc'h, he lerc'h, hô lerc'h, ho lerc'h, o lerc'h.

PARTICVLES QVI sont Aduerbes, Prepositions, ou Conionctios pour la pluspart.

A

A Galon *de cœur*.
A galon vat *de bõ cœur*
A oueliou displeguet *à voiles desployés*.
A oudeuez *du depuis*.
A di da di *de maisõ en maisõ*
A deiz e deiz *de iour en iour*
A nebeut e nebeut *peu à peu*
A dreux hag a het *a tort & a trauers*
Sellet a dreux *ou* a gorn *regarder de trauers*.
A devvri *abon escient*.
A zorn e dorn *de main en main*.
A brefantic *tout incontinãt, biẽ tost*.
A disglao *à couuert de la pluie*.

A ben queffridi *tout expres.*
A viziou *quelque fois.*
A varcadou *ou* a goursadou *item.*
A viziou ezeo trist *quelque fois il est triste.*
A neuez *nagueres.*
A boan cre e vihot saluet *à grande peine serez vous sauué.*
Cette particule est en vsage lors que immediatement apres vn verbe il y a si lequel on tourne en Latin vtrum; *& le verbe d'apres se coniugue par la premiere coniugaison. Exemples.*
Ne oûnquet a me a gar Doue *ie ne sçay si i'aime Dieu.*
Sellit hag ên so mat *regardés s'il est bon*
Sellit ha Pezr so diegus *regardés si Pierre est paresseux.*
On se sert de la mesme particule aux interrogations, & se met au commencement, & le verbe d'apres se peut coninguer selon la premiere, troisiesme, & quatriesme coniugaison. Exemples
A c'hui studi ho quentel *estudiez-vous vostre leçon?*

Hag ho quentel a studi tu?
Ha studia a ritu ho quentel.
A studia a rân me, a res te, a ra ên, a reompni, a ritu, a reont y.
A mat oûn me *suis-ie bon,* oude, effe, ompni, oc'hui, ynt y.
A mat effi *est-elle bonne.*
A guir eo e vihot diegus *est il vray que vous serez paresseux.*
A ne guiritu quet Doue? *n'aymez-vous pas Dieu?*
A noc'h eusuquet laeret? *n'auez-vous pas derobé?*
An deux den a guement a pedo Doue? A den so, a nicun so a bedo Doue? *y a il persone qui priera Dieu*
Hag en oua den *y auoit-il personne?*
Hag en so bet *y a-il eu?*
Hag e oue *y eut-il?*
Hag en a vezo *y aura-il?*
Hag en so netra a blic'h de oc'h *y a il rien qui vos plaist*

Aba.

Aba gommencis da studia *dés que ie commençay d'estudier.*
Aba oue dec bloas e studiã *il y a dix ans que i'estudie.*

Pell ſo aba ſtudian
il y a long-temps que i'eſtudie.
Pegueit ſo aba oc'heus cofeſſet, *depuis quand auez*
vous confeſſé.
Aba oue nemeur, *depuis peu*
Aba oue neuſe, *deſlors.*
Aba oue goulou deiz bete
cuz Heaul, *depuis le point du*
iour iuſques a ſoleil couché.
Pell ſo nemeux ſtudiet
il y a long-temps que ie n'ay
eſtudié.

Adal *depuis*

Adal ar peñ bete an troat,
depuis la teſte iuſques aux
pieds.
Adal an eil peñ bete eguile.
depuis vn bout iuſqu'a l'autre
Adal ma velis Pezr
des que tout incontinent
que ie vis Pierre

Ahuz

A huz ma facç, *au deſſus de*
ma face
A huz din *au deſſus de moy.*

All

Quand il y a plus de deux il
faut mettre all.
Vn all *vn autre*
Areall *les autres*
Me ſo vn all, na oan neuſe,
ie ſuis vn autre que ie n'eſ-
tois alors

Andra *pendant que, tandis*
que
Andra ſtudiân *pendant*
que i'eſtudie
Andra vevin *tandis que ie*
viuray
Andra illin *tãt que ie pouray*
Andra emaoûn o pidi *tandis*
que ie ſuis a prier.

Bete

Bete Ker *iuſques a la Ville.*
Betegaman *iuſques icy*
Deport arîn bete ma reot-ſe,
i'attendray iuſques a ce que
vous faciez cela
Biſcoas ne hoarzes, biruiquen ne hoarzo. *Not. que*
ces aduerbes ont grace de-
uant le verbe
Iamais il n'a rit, iamais il ne
rira.
Notés que biſcoas *eſt pour le*
paſſé, & biruiquen *pour*
le futur.
Nepret *fait abſtraction.*
Neſtudiân nepret, na bedân
Doue. *iamais ie n'eſtudie,*
que ie ne prie Dieu,

Controll

Ober a ra ar c'hontroll d'at
pez a ſongen *il fait au-*
trement que ie ne penſois
Ar c'hontroll *au contraire.*
Couls *auſſi bien*

Ne ſtudiquet quercouls ha
Pezr, couls e ſtudi ha nicú
　il eſtudie auſſi bié qu'aucnn
Couls eo confquer ha dibri
　il vaut autant dormir que
　manger.
quercouls ha quercouls int
　ils font auſſi bons l'vn que
　l'autre.

D

　Dá viana *au moins.*
Deud dan deiz ordrenet
　venez au iour ordonné
Dar muia　*au plus*
Deud dan abardaés　*venez*
　au ſoir.
Daouzout eo *c'eſt a ſçauoir*
Da lauaret eo,　*c'eſt a dire.*
An oll dan oll *tout a fait*
Dan diueza *enfin.*
Deud dan nos, *venés la nuit*
da ſenel heaul *a Soleil leuant*
da guz heaul, *a ſoleil conchit*
da guenta, da guéta pe, da
　guenta oll *en premier lieu*
An deiz man penlian
　d'au iourd'huy en vn an
dar mate ar rouegeou *entre*
　chien & loup.
Voar'ene daguivin an deiz
　man e prezeguis
　l'année paſſee vn tel iour
　qu'au iourd'huy ie preſchay

H

Hiriou da ben ſizun e ſtu-
　diñ *d'aujourd'huy i'eſtu-*
　diray d'icy a 8. iours.
Dioar *de deſſus.*
Dioarlac *d'enhaut*
gounit a ra e vuhez diuoar
　poes e diuurec'h *il gaigne*
　ſa vie a la peine de ſes bras.
Dioar ben ma lauaras ſe
　accaufe qu'il diſt cela
Beua diouar an aluſen
　viure d'aumoſne.

Dre

Dre auis mar *prudemment*
Dae rigol *feuerement*
Dre ſoutildn *& finement*
Dre vr pennat *opiniaſtremet*
Dre lае　*par en haut*
Dre ma goall *par ma faute.*
Dre ſe *a caufe de cela*

Dreift

Dreiſt a re all *entre tous les*
　autres
Dreiſt ar guir *eontre raiſon*
Dreiſt pep tra *par deſſus tou-*
　tes choſes

E

Er mis, Guenuer, Feuurer,
Meurs, *au mois de Ianuier,*
　Feurier, Mars.
Ebrel, Maë, Mezeuen,
Auril, May, Iuin,

Ere, Eauſt , Guengolo , Iuillet, Aouſt , Septembre , Gouere, mis du, mis querzu Octobre , Nouembre, Decembre.

Er goân *en hiuer*, en hân *en eſté*, en neuez amſer *au printemp*, , e ragueauſt *à l'autône*

En deſpit dîn *en deſpit de moy.*

E general, *generalement*, E ſpecial *ſpecialement.*

En e brofit *à ſon profit.*

En ho volôté e leſâ pep tra *ie laiſſe tout à voſtre volonté*

En ho commodité *à voſtre commodité.*

E facç an oll dut *à la face de tout le monde.*

Beza en e ſao *eſtre de bout.*

E Ker ema *il eſt en ville.*

Elec'h ſtudia e c'hoarit *au lieü d'eſtudier vous ioués.*

E faos *fauſſement.*

En vn lauaret *en diſant.*

Em mis propr , em diſpign *à mes deſpens.*

E leal *en verité.*

E guirionnez *certes.*

E cuz *en cachette.*

En amſer-ſe *en ce temps là.*

A amſer e amſer *de temps en temps.*

En enor da S Caurintin *à l'honneur de S. Corentin.*

Eber *en bref.*

En vr guer *en vn mot.*

E commançamant e oue doucç *au commencement il fut doux.*

Em goall *par ma faute.*

Enep lec'h, enep tu *en aucũ lieu,*

En vr meſmes amſer *en vn meſme temps.*

E gouelet ma c'halon ame° ſcriuet Doue *i'ay eſcrit Dieu au fond de mon cœur.*

Eſcoaz ar Sent , ne domp netra *en comparaiſon des Ss. nous ne ſommes rien,*

E reſpect ar Sent *item.*

Ebars.

Ebars ên oûn *dedans moy.*

Ebars en ti *dedans la maiſon*

Ebars ſeuel deuât qʒ *ſe leuer*

Ebars ma ſauân *deuant que ie me leue.*

Ecreis.

Em creis *au milieu de moy.*

Ecreis ma c'halon *au milieu de mon cœur.*

Ecreis Ker *au milieu de la*

Eguis.

Eguis ar Gallaouet *comme les François.*

Eguis ma lauarân *comme ie dis.*

Eil & eguile.

Daou Scholaet ame⁹ cauet an eil a hoarie, eguile a studie *l'ay trouué deux es-choliers, l'vn iouoit, l'autre estudioit.*

Me sôch penaus en em scã-dalont an eil eguile *ie pense qu'ils s'entre querellent l'vn l'autre.*

Enẽ, caret an eil eguile *s'en-traimer l'vn l'autre.*

Diou magueres ameus ca-uet an eil a scãdalle ebeŋ *i'ay trouue 2. nourrices l'une querelloit l'autre.*

Euel.

Comps a ra euel vn Turc *il parle comme vn Turc.*

Euel ma lauarân *côme ie dis.*

Crial a rit euel pa vech vn diaoul *vous criez comme si vous estiez vn diable.*

Euel ma sau an Heaul e sa-uan *dès que le soleil se leue ie me leue.*

Euit.

Euit-se *à cause de cela.*

Euit beza bras ne dequet da lauaret e vec'h sur en-*core que vous soiez grant, ce n'est pas a dire que vous soiez sage.*

Arc'hant a ran deoc'h euit ma studiot *ie vous dône de l'argent pour estudier.*

Notez que apres euit ma au lieu du present du Sub. on met le Fut. de l'Ind.

Euit an nemourant *au reste.*

F.

Faé

Faé eo gneme e cleuet *ie ne me soucie pas de l'entendre.*

G

Gant.

Meruel gant naoûn, riou, nec'h *mourir de faim, de froid, de tristesse.*

Studiit gant aoûn na vihot foettet *estudiez depeur q̃ vous ne soiez foueté.*

Gant enor deoc'h *sauf votre grace.*

Crena a ra gant aoûn *il trẽ-ble de peur.*

Goude.

Goudese *en apres, par apres.*

Goude beza sauet *apres es-tre leué.*

Goude ma liuiris ma c'hé-tel *apres que ie dis ma leçon.*

Guel.

Guel euidoc'h *mieux q; vo⁹*

Guel euit diuez *plus que deux fois.*

Guel a se *tant mieux.*

Guez *ou* guech.

Vr vech *vne fois* , diuech, ter guech, pedeir guez, pép guech, c'huec'h guech , seiz guech, eiz guech, naou guech, dec guech , vnec guech, diouzec guech, trizec guech, peuarzec guech, pemzec guech, c'huezec guech , seitec guech, trihuec'h guech , nântec guech.

Vguét guech, vr vech voar nuguét, diuech voar nuguét Tregont guech , vr vech ha tregót, diuech ha tregót &c Daouguent guech, vr vech ha daouguent, &c.

Antercant guech, &c

Triuguent guech , &c.

Dec guech ha triuguent &c

Peuaruguent guech , vr vech ha peuaruguent, &c.

Cant guech, vr vez ha cant.

Daouc'hant, tri c'hant , peuar c'hant &c.

Mill guech, vr vech ha mil. Daou mil guez , tri mil guech &c.

H

Hep.

Hep rat *sans y penser.*

Hep gouzout *sans sçauoir , à l'improuiste*

Hep guir *sans raison.*

Hep ma grat *sàs ma voloté.*

Hep mui quen *seulement.*

Hep quen *seulement.*

Hep mar er bet *sans aucun doute.*

Nedeux mar er bet *item.*

Heuelep,

Heuelep heuelep *tel quel.*

Ne damp quet heuelep tut *nous ne sómes pas de telles gens.*

Gant vn heuelep nerz e gourennas, ma discaras e aduersour *il luitta auec vne telle sorte qu'il abatit son aduersaire.*

Man.

An den man *cet homme.*

An dut man *ces hommes.*

An den-se *cet homme là.*

An dut-se *ces hommes là.*

Nera man er bet beza eus a Normandi *Il ne fait aucũ semblãt d'estre de Normandie.*

Ma *ou* mar.

Na rit mar *ne doutés.*

Mar carân Doue *si i'aime Dieu.*

Ma ouffen *si ie pouuois.*

Mar dan dauedoc'h *si ie vais à vous.*

Mar doûn ho preur *si ie suis vostre frere.*

Marbe vrebenac *s'il y a quelqu'vn.*

Ma ve vrebenac *item*

Ma vec'h ma *si vo' estiez bŏ* Mui.

Ner grîn mui *ie ne le feray plus.*

Studia a rân mui euidoc'h *i'estue ie plus que vous.*

Mui oc'h mui *de plus eu pl°.*

Na mui na bihanoc'h *ni pl° ni moins.*

Na mui na quen *item.*

Ma *ou* mar.

1. Ma *signifiant si deuant les voielles* mar *deuant les consones,*

2. Notés qu'au lieu de l'Imparfaict il veut auoir apres soy le present de l'Opt.

Ma na vise hŏ saluer ezoãp collet *n'eust esté N. S. nous estions perdus.*

En racontant a l'Aoriste on met deuant ma. Ex. Ma cã-nas e vreur *il batit son frere.*

Not. Apres les questions de *vbi., quò, vnde. de temps, lors qu'il y a où on met* ma.

Guelit an ti ma idi ma zat *voiés la maisõ ou est mõ pere.*

Elec'h ma idi ar Roue eme-di ar Princet *où est le Roy là sont les Princes*

Ar bloaz quenta ma studiis *la premiere année que i'estu-diay.*

Vn deiz a oue ma vi is goal cannet *vn certain iour ie fus bien battu.*

Lors qu'au françois il y a *si, ou tellement & que par apres pour que on met* ma

Quen diualo ma coll an Offeren *il est si vauneant qu'il perd la Messe.*

N

Na *ou* nac.

Ne velân na douar, nagên *ie ne vois ui terre ni ciel.*

Nac enit se petra reotu *pour tout cela que ferez vous?*

Nacã eil nag eguile *ni l'vn ni l'autre.*

Notez que deuant l'Imp., a-pres les uerbes ou on met qui-n en Latin apres les particules ou il y a vt auec vne negatiue & en François que auec vne *negatiue, on ne se sert point de* ne *mais de* Na. *tout de mesmes apres ma signifiant si.*

Na canit quet *ne chantés pas*

Ne hallân, na veulân an tut honest,

Ne hallân miret na garan ma breur, *ie ne peux me garder que ie n'aime mon frere.*

Ne ran mar er bet na viec'h fur, *ie ne doute que vons ne soyez sage.*

Aoun ameus na viec'h daunet, *ie peur que vous ne soyez danné.*

Aoun ameus na viec'h die-gus, *i'ay peur que vous ne soyez paresseux.*

Quen ingrat eo na rai netra euidoc'h *il est si ingrat qu'il ne fera rien pour vous.*

Ma na guirit Doue ezoc'h reuseudic, *si vous n'aymez Dieu vous estes miserable.*

Ne

Ne garan quet a re fall *ie n'ayme point les meschans.*

Nen deus den, ne doa den, ne vezo den, *il n'y a, il n'y auoit, il n'y aura personne.*

Ne gauet den *on ne trouue personne.*

Nebeut.

Nebeut a uin *peu de vin.*

A nebeut, e nebeut *peu a peu*

Nemeur.

N'ho tougeân nemeur *ie ne uous crains gueres.*

Nemeur a dra *peu de chose.*

Nen deus faziet nemeur na meus e tizet *il ne s'est gueres fallu que ie ne l'aye attrapé*

Nep.

Nep a ra quement-se *qui-conque fait cela.*

Nep den ne ra-se *personne ne fait cela.*

Enep feçon *ou* voar nep tro, *ou* enep moyen *nullement.*

Enep tu *en aucun lieu*

Nemet.

Ne ra nemet c'hoari *il ne fait que iouer.*

Nemet e studiot eruat *a condition que vous estudiez bien.*

Peb v nan nemedoun me *tous sinon moy.*

Nequet.

Nequet *nenny.*

Nequet hep raeson ameus ho quemenet dont *ce n'est pas sans raison que ie vous ay mandé venir.*

Nequet da lauaret e vec'h

den fall *ce n'eft pas a dire que vo⁹ foiés mechãt hõme*

Ouzpen.

Ouzpen e liuirîn deoch *da-uantage ie vous diray.*

Ouzpen ma lauaras-fe me oar cals a draou *outre qu' il dit cela ie fçay plufieurs chofes.*

Pa.

Pa ftudiân *quand i'eftudie.*

Pa eo guir *puis qu'il eft vrai*

Pa vezân o ftudia *quand ie fuis a eftudier.*

Pa ve vrebenac hac a fel de-za pec'hi *quãd il y a quel-qu'vn qui veut pecher.*

Pa na vefe *n'eftoit cela, fans cela, a moins de cela,*

Pe.

Pe en claffe moc'hu *ê quel-le claffe eftes vous.*

Tiuit pe prezeguit vhel *tai-fés vous ou parlez haut.*

Pe hano c'hu *quel nom aués vous.*

Pezr a rer abanoûn *ie m'ap-pelle Pierré.*

Pe ên fo guir, pe ên fo faux, ne rân fors *foit qu'il foit vray, foit qu'il foit faux, ie ne m'en foucie.*

Pe fort den effe *quel homme*

eft-ce.

Pegueit.

Pegueit fo aba oc'h eus cõ-feffet *combien y a-il que vous vous eftes confeffé.*

Pegueit fo noc'h eus quet touet *combien y a-il que vous n'auez point iuré.*

Peguen.

Sellit peguen doucç eo hó Autrou Doue *regardez combien eft doux N. S.*

sõgit pegué nebeut oc'heus gret euit Doue *penfés cõbien peu vo⁹ aués fa't pour Dieu*

Peguement.

Peguement e tal ar c'herc'h *combien vaut l'auoine.*

Peguement benac m₁ ftu-diân pemp deizne doûn quet furoc'h *encore que i'eftudie tous les iours ie ne fuis pas plus fage.*

Peguement benac e vec'h bras *encore que vous foyez grand.*

Pehini & piou

Quand *qui interrogatif eft tout feul & fon verbe imme-diatement apres luy mettez* piou, *s'il y a vn adiectif ou vn genitif apres mettez par* pehini.

Pioù a studio *qui estudiera?*
Pehini anezo so maro cui-domp *lequel d'iceux est mort pour nous ?*
Pere ynt y *qui font-ils*
Pehini a hanomp hô daou, a hanoc'h hô daou, anezo o daou *lequel de nous 2. de vous 2. d'eux deux sera sanué*

Peb.

Pep chriflé *chaque Chrestiē.*
Peb hini, peb vnan *chacun.*
Pemdeiz, pep nos *tous les iours, toutes les nuits.*
Pep nos ebars môt da gouf-quet *chaque soir deuant qu'aller se coucher.*
Pep bloas *tous les ans.*
Dreist pep tra *par dessus tout*

Perac.

Perac e lênvitu ? *pourquoy criez-vous?*
Ne deusquet perac-tra *il ny a pas dequoy.*
No'ch eusquet mecher da nec'hi *vous n'auez dequoy vous atrister.*
Liuirit eta on occasion pe-rac e ouelit *dites moy l'oc-casion que vous auez de pleurer.*

Pet.

Pet Doue so? *combien y a-il de Dieux?*
Pet oc'hu? *combien estes vo°?*
Pet ynt-y *combien sont-ils?*
Petuet *quantiesme*
Ar c'henta *quand le sustan-tif est de masculin.* ar guenta *Quand il est de feminin le premier, la premiere.*
An eil, *le 2.* an trede *le 3.* an peuare *le 4.* ar pempet *le 5.* an c'huec'huet *a tous les noms numeraux anioûtez vet.*
An vguent-vet *le 20.* ar c'henta voar nuguent, an eil voarnuguét, an trede
An tregont-vet *le 30.* ar quenta a tregont.
An daouguent-vet *le 40.*
An antercant-vet *le 50.*
An trivguent-vet *le 60.*
Ar peuar vguent-vet *le 80.*
Ar Cant-vet *le Centiesme.*

Petra.

Petra liuiritu? *que dites vo°?*
Pe da dra e quiniguitu oc'h enc *a quoy presentez vostre ame.*
Ne oûn quet petra emeus da ober *ie ne sçay ce que i'ay a faire.*
Ne deusquet pe a dra *il n'a*

¶ *dequoy.*

Petra eo qu'y a-il.

Peur.

Peur e teuotu da Kemper *quand viendrez vous à*
¶ *Kimper.*

Voarbé peur e teuotu *quãd viendrez-vous.*

Pe bete peur e reotu goab oc'h hon Autrou Doue *iufques a quand vous mequerés vous de Dieu.*

Penaus.

Penaus e pidilu Doue *comment priez vous Dieu.*

Quand il y a vn que apres vn verbe on peut mettre ce que par penaux,

Me gred penaux ezeo mat *ie crois qu'il eft bon.*

Penaus e care e dat ne gar quet mefmes e vreur *tat s'en faut qu'il aime fon pere qu'il n'aime pas fon frere.*

Queit.

Queit e ftudiân ma emeus drouc em pen *i'eftudie fi long temps que i ay mal à la tefte.*

Perac e ftuditu queitfe *pour quoy eftudiez-vous fi long temps.*

Equeit ma veu ìn *tandis qu' ie viuray.*

Quement.

E quement ha ma hallân *autant que ie puis.*

Quement a boan endeus quemeret maz eo clân *il a pris tant de peine qu'il eft malade.*

Quement endeus ftudiet ma zeo Docter *il a tellement eftudié qu'il eft Docteur.*

A quement hag an Drindet *pour ce qui touche la Trinité.*

A guemēt hag a liuirit *pour ce qui touche ce que vous dites.*

Quement a ra o ftudia ma zeo deud clân *il eftmais tellemext qu'il eft denenu malade.*

Quement a ftat a ra ahanoc'h ma prezec ahanoc'h beprèt *il fait tant d'eftat de vous qu'il parle toufiours de vous.*

Quement ha quement int *ils font egaux.*

Quement all a roin deoc'h *ie vous donneray vne fois autant.*

Quement vhan ſo ahanōp *tous tant que nous ſommes*

Ho caret a ran quement ha ma breur *ie vous ayme autant que mon frere.*

Quen *ou* quer.

Quen na vezo arhoas *iuſques a demain.*

Quen doucç eo ha mel *il eſt auſſi doux que miel.*

Deportit qué na vezo deut *attendez qu'il ſoit venu.*

Quen ingrat eo na gar den *il eſt ſi ingrat qu'il n'ayme perſonne.*

Ne oulennan quen *ie ne demande autre choſe.*

E ganna e eure qué na couezas *il le batit tellement qu'il tomba.*

Quen doucç eo deut da veza *il eſt deuenu ſi doux.*

Caret a ran quen a re pinuidic, quen are dizra *i'aime tant les riches que les pauures.*

Quer couls eo ar map hag an tat ou euel an tat *le fils eſt auſſi bon que le pere.*

Quen na vezo ar quenta guelet *tuſques a la premiere venë.*

Quent.

Me ſo deud quét euit Alan *ie ſuis veun plutoſt qu'Alain.*

Quent euit ma ſauo Pezr ni a bedo Doue *deuant que Pierre ſe leue vous prieros Dieu.*

Quent euit ma canas ar c'hilloc Pezr a diāzauas Doue *deuant que le coq chantaſt Pierre renia Dieu*

Me ſo deud querquent ha c'hui *ie ſuis venu auſſi toſt que vous.*

Quent eñezîn diſpennet euit offanci Doue *ie ſeray pluſtoſt depecé que d'offencer Dieu.*

Quen fur eo ha me *il eſt ſi ſage que moy* ,ha te , hag ên, hac hi,ha ni,ha c'hui hag y.

quent euit an amſer *pluſtoſt qu'il ne faut,*

Re guentrat *item.*

Repret *item.*

Rac-se *pourtant.*

Cueus ameus racbeza ōffācet Doue *i'ay douleur d'auoir offancé Dieu.*

Aoûn cnd us rac ar māroil *a peur de la mort.*

Rac tall *vis à vis.*
Rac ên *item.*

Seul.

Seul braſſoc'h eo ar poan
  ſeul braſſoc'h e vezo ar
  recompancç *tant plus*
  grande eſt la peine de tant
  plus grande ſera la recom-
  penſe.

Tu.

It dan tu dehou pe dan tu
cleiz *allez a droit ou a gauche*
Au tu man hac an tuhout ça
& la.
Enep tu *en aucun lieu.*
An tu all *en autre part.*
A bép tu *de tous coſtez.*
An tu erep *ou* an tu enep *a*
rebours.   Eus an tual
d'autre part.   Dioc'h tu
de ſuitte.   An eil tu hag e-
guile *de coſte & d'autre.*

Voar.

Mont voar ti oat *aller à pied*
Mont voar garric cam *aller*
a cloche pied.   Meſo voar
iun *ie ſuis a ieun.*   Voa zu
Kimper *vers kimper.*
Voar an diuezat *ſur le tard.*
An deiz voar lerch *le iour*
ſuiuant.   Mont a ran voar
ma c'his *ie retourne. d'eu ie*
uiens, quæ voar da guis, *et*

voar e guis, deóp voar hèr
c'his, it voar quis, cant voar
o c'his.   Voarlaë *en haut*
It voar nich *allez viſte.*
Voar an toin emeus e gue-
meret *ie l'ay pris ſur le fait*
Voar digarè bez a deuot *fai*
ſant ſemblant d'eſtre deuot.

Vnan.

Cals a dut aineus guelet v-
nan a ouele, vn all a hoarſe,
darn a bede Doue, darn a
lenne, vr rum a gouſque, vr
rum all a eue, vre a valée, a
re al a e hane, *i'ay veu pluſ-*
eurs hommes l'un pleuroit,
l'autre rioit, parti prioit D.
partie liſoit, une autre bâde
beuuoit, quelques'vns se pour
menoiet les autres ſe repoſoit

Vrebenac.

Vre a lauaro din me *quel-*
ques uns me diront.
N. lors qu'il y a auec quel-
ques au plurier il faut mettre
le ſeul Subſt ſans article.
Tut ameus guelet *i'ay veu*
quelques hommes,
Vr ſcholaer benac *quelque*
Eſcholier.
Vr vez benac *quelque fois.*

FIN.

SYNTAXE

SYNTAXE
ARMORIQVE.

MObile cum fixo &c.
L'adieét. est toufiours
mis apres fon substantif accordant en nombre Ex. Den
honest honneste homme.

Exception

1. Les pronös ma mon, da ton,
e & he sa & son, hon ou hor
nostre, ho vostre, o leur.

2. les nös numeraux & quéta premier, eil second.

3. Quelques autres comme
guir vray, nep nul, pe ou pebez quel pet combien.

4. Oll tout, qui se mettent
deuant ou apres Ex.

Ma Doue mon Dieu.
Da dat ton pere,
E vreur son frere.
He mam sa mere.
Hor Roue nostre Roy.
Hoc'h Æl vostre Ange.
O patron leur patron.

Daou Abostol 2. Apostres,
Diou santes aeux Sainctes.
Tri sant trois Saints.
Teir Guer'hes 3. Vierges.
Peuar merzer 4. Martirs.
Pedeir merzeres 4. Mar.
Pemp confesser 5 Confess.
Ar c'héta den le 1. homme.
An eil maoues la 2. femme
An trede chapistr le 3. ch.
Guir Doue vray Dieu.
Nep den nul homme.
pe ledouet ochusu lauaret
quel iurement auez vo° dit
Pebez sotoni quelle sotise.
Vr certé dé vn certain hö-
me.
An oll dutou an dut oll.
tous les hommes.

N. les pronoms citez cy-
desfus adioustent apres leur
sub. ces particules.

Ma zat-me mon pere.

Da dat-te *ton pere.*
E dat eus aneza *son pere.*
Hon tat-ni *voftre pere.*
Ho tat-u *voftre pere.*
O zat eus anezo *leur pere.*

II. Exception.
Les noms numeraux ont leur
subst. an sing. Daou den 2.
hommes.

1. *Notez que le pronom quel-*
que, estant auec son subst. se
tourne en Breton mettant vr
deuät le subst. & benac *apres.*

Au pl. se met le subst. tout
seul sans article. Exemples.
Vr marc'h benac *quelque*
cheual. Roncet so aman
il y a quélques cheuaux icy.
2. *N. quand il y a vn subst, ou*
vn adject. qui peuuent se re-
soudre par ces façôs de parler
celui qui est, celle qui est, au
sing. on met an hini *deuät le*
subst sing. deuant le plu, are.
An hini dall a vel *l'aueugle*
voit, are dall a vel *les aueu-*
gles voient. An hini quéta a
b rezego *le premier parlera,*
arre quenta a lênuo *les pre-*
miers crieront.

P One relatiuum &c.
　　Pehini *lequel,e ou hc*
ou hi son, sont relat. & s'accor

dent en gëre & en nôbre auec
leurs subst. pehini & piou *au*
sing. & plur. est indecli. & de
tout genre. chetu Pezr pehini a gar Doue *voicy Pierre*
qui aime Dieu. me gar Doué
pehini ar madelez eus aneza so bras *i'ayme Dieu dont*
la bonté est grande.
N. pour le Genit. de pehini,
on met pehini *au Nom. le*
verbe suiuant doit estre de la
2. *Cóiug. le subst. regi du ver*
be apres, puiz le Genit. de ên
luy, ou hi elle, c'est a dire, eus
aneza *ou* anezi. Caromp ar
Vert'hes pehini a garan ar
Map eus anezi *aymons la*
Vierge dont i'ayme le Fils.
Guellit ar Roue pe da hini
ameus roet ma levvr *voiez*
le Roy a qui i'ay donné mon
liure.
N. lors que pehini *ou* pere
sôt au nom. ou a l'ac. on peut
les obmettre. Vn den ameus
a gar Doue *i'ay vn home qui*
aime Dieu.
Chetuvr vertus a desirân
voila vne vertu que i'aime.
2. *N. quand* pehini *se rap-*
porte a vne troisiesme perso-
ne en son lieu on peut mettre

hag. Ex. Chetu vr vertus
hag a so dies *voici vne vertu
qui est difficile.* Me gar
Pezr hag e dat *i'ayme pierre
& son Pere.* Desquit-e,
aprenez-le, desquit-hi *aprenez la,* desquit-y *aprenes les*

COnsimiles &c.
Ha &, na, ni, se met-
tent deuant les consones, hag
& nag denant les voielles.
Doue hag ar Verc'hes, ha s.
Pezr, *Dieu,* & la Vier. & S.
Pierre Na Doue na diaoul
ni Dieu ni diable.

QVærens &c.
*Pour l'interrogatif,
quand il y a qui sans subst. &
que le verbe le suit immediatement on se sert de* piou, *autrement de* pehini.
Piou so ase? *qui est là?*
Pe gant piou e vihot-u desquet? *de qui serez-vous enseigné.* Pere int-y *qui sont
ils?* Pehini anezo o zri eo
ar brassa? *qui d'eux 3. est le
plus grand* Pet Doue so?
combien y a-il de Dieux?

ANte capit rectum &c
N. me, te, en, ou hi,

ni, c'huy, y *sont les personnes
qui se mettent deuat les verbes qui ont 3. perjonnnes & 2
nombres das la premiere con-
ug. seulemet.* me a gar Doue,
Doue a garâu *i'aime Dieu.*
1. N. dans la 3. & 4. conjug.
le Nomin. subst. est apres son
verbe. Me gred, e car Pezr
ar vertus *ie croy que Pierre
aime la vertu.*
Das cette situation & das ces
2 coniug le subst. mis apres so
verbe au pluri. le verbe doit
estre mis au sing. Me sonch e
resquo an tut vn dra *ie pensé
que les hommes apprenderont
quelque chose.*

---

*CEVX--CI N'ONT
point de Nominatif.*
Pa lauarer ou pa ve lauaret
quand on dit.
Grisil a ra *il gresle.*
Glao a ra *il pleut.*
Erc'h a ra *il neige.*
Curun a ra *il tonne.*
Deiz eo anezi *il est iour.*
Nos eo anezi *il est nuit.*
Diuezat a ra *il fait tard.*

DE L'ACCORD DES NOMINATIFS AVEC
leurs verbes en nombre.

1. A La 1. côing. les nombres & perſones ſôt ſemblables. An dê a gar Doue, an tut a gar Doue *l'home ayme Dieu, les homes aiment D,*

2. A la 2. côing. on ne met que res de nom. ſub. de la 3. perſ. a cauſe que le ſens ſeroit ambigu quand on met le cas regi deuant. Doue a gar ar ſcholaerien. cette phraſe a 2 ſens *Dieu ayme les Eſch. ou les Eſch. ayment Dieu.*

N, quand y a un nom. ſub de la 3. perſ. on peut côiuguer le verbe ſuiuât par la 1. ou 4. côing. ou châger l'act. en paſſ. Ar ſcholaerien a gar Doue, Caret a ra ar ſcholaerien, Doue, Doue a ſo caret gant ar ſcolaerien. 3. A la 3. & 4. côing. le nom. ſub. doit eſtre apres le verbe, & ſi le nom. eſt ſing. le verbe ſera a la 3 perſ. me gred e teui pezr *ie croy que Pierre viendra.*

I. Exception.

Si apres le nom. plu. ſuit vn verbe auec la part. negatiue le verbe ſera a la 3. perſ du pl. ſi le nom. ſuit le verbe au ſing. An dut ne reôt quet ar pez a lauaiân *les hommes ne font pas ce que ie dis.* Ne raquet an dut ar pez a lauarân.

II. Exception.

Si le nom. ſub. pl eſt ſous entidu par le mot de, ils, ou elles en François il faut mettre le verb au pl. ce qui ſe doit garder aux noms numeraux qui eſtans au pl. ont leur ſub. au ſing. Rouanet ameus cauet me gred ezint mat *i'ay trouué des Rois ie crois qu'ils ſont bons.* Diou vertus a meus caret, me ſouch e pligeont da Zoue, *i'ay aimé deux vertus ie crois qu'elles plaiſent à Dieu.*

C Vm ſuſtante vocâs &c Quand ſum ſignifie qu'on eſt en quelque lieu, ou qu'on eſt occupé a quelque choſe on ſe ſert de emaoûn, ou idoûn. e Ker emaoûn *ie ſuis en Ville.* Brema ema o studia *il eſt a eſtudier, il eſtudie.* Notez qu'en cette derniere façon de parler le verbe qui fuit doit eftre mis au gerondif comme deffus.

Me fo mat, mad oûn, beza ezoûn mat *ie fuis bon.*

Dont a ra clan *il deuient malade.* Pe hanoc'hu? *comment vous appellez vous?*

Euzen a rer a hanoûn *ie m'apelle Yues*

Auis a ra din ezoûn mat *il me femble que ie fuis bon.*

S I duo continue &c. Quand il y a deux noms fuftantifs immediats, s'il y a au dernier, du, de, ou des, il faut fe feruir de l'article s'l y a de, on peut le mettre fans article, ou au datif avec l'article.

Ar c'henet eus ar vertu *la beauté de la vertu.*

Ar fillidiguez eus an dut *la foibleffe des hommes.*

Map Doue ou map da Doue *fils de Dieu.*

Q Vœuis proprietas &c. Le nom de proprieté apres vn fubftantif veut auoir la particule, a, devant foy.
Vn den à galon vat *vn homme de bon cœur*

Mam a druez *mere de pitié*

P Ofcit opus fextum &c. Memeus czom, pe affer eus vr levvr *i'ay affaire d'vn livre.*

Cals a draou a récôp *nous auôs affaire de plufieurs chofes.*

A Finis fimilis, &c. Car dar Princ *parent du Prince.*

Hênuel ouz vn den, *femblable a vn homme.*

Coupablous vr pec'het *coupable d'vn peché*

Amefec dar Velli *voifin du Baillif.*

Mignon dar Roue *amy du Roy.*

Leal da Doue *fidele a Dieu.*

P Artitiua volunt &c. Pehini ar cloer endeus gret-fe? *lequel des efcholers a fait cela?*

R Es fimilis generis &c. Le que apres le nom au l'aduerbe comparatif fe tourne par euit. Furoc'h cuit ar maeftr *plus fage que le maiftre,*

EN; ecce, hem, &c.   Sioas dîn *malheur a moy,*
Malloz Doue dit *malediction de Dieu fur toy.*
Benos Doue deoc'h *Dieu vous beniffe,*   Doue r'ham
dougo, thaz dougo, r'hen dougo, r'h'on dougo, r'ho tou-
go, r'o dougo, *Dieu m'emporte, t'emporte, l'emporte, nous
emporte, vous emporte les emporte.*   O me reufudic *o moy
miferable.*

TEmporis atque loci &c.   Re a labour *trop de
trauail.*   Nemeur a vin *gueres de vin,*   Ne labour nemeur *il ne trauaille gueres.*   Cals a dut, ou tut
paut, ou lies hini, ou meur â hini *plufieurs hommes.*   Cals
a dour ou dour paut *affez d'eau,*   Guin ahoalc'h *affez
de vin.*   Madou ahoalc'h *affez de biens.*   Ner grîn
mui ie *ne le feray plus.*   Labourat a rân mui euidoch ie
trauaille plus que vous, Caquettet endeus guel euit dinez,
il la caufe plus de 2. fois.   Ouzpen tri bloaz fo *il y a plus
de 3. ans.* Deud oûn quêt euita, *ie fuis venu plutoft que luy*

QVantum fit fpatium &c   Roazon fo pell a
han daou deuez *il y a d'icy a Rennes 2. ion mies
de chemin.*

NAtura faciens &c.   *La caufe efficiente fe tourne par*
Gant ou dre ou euz.   Ruzia gant coler *rougir de
colere.*   Dre auis mat endeus gret fe *il a fait cela par
prudence.* Ioiremus euz e vadou *ie me refiouis de fes biens*
A deugarez doue *graces a Dieu.*   Gant gracç Doue *Dieu
aidant.*

MAteries ex qua &c.
Pot pri *pot de terre.*   Bilic cucuvt
baffin *d'airain.*

Materies circa quam &c. Curunet gant bleûn *couronné de fleurs.* Dioueri e dat *estre pri-né de son pere.* Redeo dioueri quemen t-se *il faut se pas-ser de cela.* Deuant l'Inf. *pour ce qui est des pronoms on met* ma, da, he, o.

Ma.

Ma c'haret a ra *il m'aime.*
Da garet a ra *il t'aime,*
He c'haret a ra *il l'ayme,*
O c'haret a ra *il les ayme.*
N. les act. par facio gardent cette regle.

Ma badeza a ra *il me bap-tise,* Da vazeda a rân *ie te baptise,* He babeza a rân *ie la baptise,* O badeza a rân *ie les baptise.*
Ma c'haret a ra *il m'ayme.*
Ma derc'hel a ra *il me tient.*
Ma gueruel a ra *il m'appelle*
Ma miret a ra *il me garde.*
Ma fresãti a ra *il me pres te*
Ma c'hinizien a ra *il m'offre*
Ma zenna a ra *il me tire.*

Da.

Da garet a ra *il t'aime.*
Da derc'hel a ra *il te tient.*
Da c'heruell a ra *il t'appelle.*
Da viret a ra *il te garde,*
Da bresanti a ra *il te presëte*
Da guinizien a ra *il t'offre.*
Da denna a ra *il te tire.*
He *comme* ma.

He c'haret, he derc'hel, he gueruel a ra &c.

O.

O badeza, o c'haret, o der-c'hel a ra &c.

N. s'il y a da *deuant l'Inf. il faut dire* d'ã c'haret *pour m'aymer,* d'az garet *pour t'aymer,* d'he c'haret *pour l'aymer,* d'o c'haret *pour les aymer.*

REGLES POVR SÇA-uoir quand il faut met-tre e, ou, er.

1. *Deuant l'Iuf. il faut met-tre deuãt toutes sortes de let-tres* e, *& garder la* 1 *regle des Mutes.*
E anaout *le connoistre.*
E vadeza *le baptiser.*
E garet *l'aymer.*
E c'heruel *l'appeller.*
E viret *le garder.*
E bidi *le prier.*
E guinizien *le presenter.*
E drei *le tourner.*
Deuant tous pret. parf.

e par tout & aucune lettre en
ces mœufs ne se change,
Memeus e caret ie l'ay aimé

Aux pres. imp. & fut. de
2. mœufs finis c'est à sçauoir
de l'Ind. & Opt. deuant les
voielles on met en. Me en e-
ne ie le connois.

Deuant d l n t on met en, deuant les autres er.

Me en dalc'ho ie le tiendray

Me gred en ho lamo ie crois
qu'il vous ostera.

Memeus esper en niuero
i'espere qu'il le contera.

Auis a ra dîn-me en teñîn
il me semble que ie le tireray.
cridit er badezîn, er c'harin
&c. croiez que ie le baptise-
ray, ie l'aymeray &c.

Des Questions de Lieu.

Vbi pelec'h ou ma.

Me gred ema, emedi ou e-
ezedi ma zat er Barados ie
crois que mon pere est en Paradis, er c'hraou, en dour,
e Francç, er foennec, &c.

N. A la question de villes, &
de grauds lieux on met e. Ex
e Kemper, e Paris, e Franç,
Ema voar ar mes il est aux
champs. Ema aman, a-
se, ahont il est icy, la, la bien
loin. Eno la encore pl' loin

N. aux noms appell. a la
question d'ubi on met e ou er
ou en. Deuant les voielles,
d, n, t, on met en, autremet er.
Ema en aut, en ên, &c. il est
au riuage, au ciel &c. comme
dessus. Not. qu'on se sert de
pelec'h quad on interroge, de
ma lors qu'il y a ou, signifiant,
quelque lieu, on, s'en peus seruir aussi en interrogeant.
Pelec'h ema ho tat ou est votre pere. Ma idi ho tat ou est
vostre pere.

Ar Rouãtelez ma idi ar Sét
le royaume ou sont les Saints.
Elec'h ma idi ar marc'hat la
ou est le marché.

Quò men.

Aux nõs de villes & de grãd.
lieu on met e aux autres dar.
Mont a rân e Ker, e Francç
&c. ie vay a la ville, en Frãce
&c.   Me y a dan aut, dar
foar &c. ie vay au riuage, a
la foire, &c. Vnde pealec'h
ou peban. On respond, eus a
ou eus ar pealec'h e teutu?
eus a Roazon, a Franç, &c.
d'on venez vous de Rennes,
de France, &c?
Ahan, ahano, eus an tuhót,
d'icy. de la. de la loin.

Qua pe dre, &c.
on respond à la question
de pe dre, *par* dre. Pedre
e tremenotu, *par ou passerés*
vous. Dre Roason, dre ar
Francç, dre ar Mor, *par Rē-*
nes, par la France par la mer.

ACquisitiuè si ponas.
Roit dîn bara *donnez*
moy du pain.

QVam poscédo diu &c.
Teir heur emeus stu-
diet, *i'ay estudié* 3. *heures.*
Pe oat oc'heusu *quel aage a-*
vez vous. Peguer coz oc'hu
item. Me so vguent bloas
i'ay 20. *ans.* Croguet eo en
e seis bloas *il a commencé ses*
7 *ans.* Pidi diouz ar mintin
ha dious an nos *prier le ma-*
tin & le soir. Deud da creiz
de, da anternos, da pep mi-
re, *venez à midy, a minuit,*
a toute-heures.

Materies circa.
Enori gant carentez bras,
honorer d'une grāde charité.
Drouc ameus em peñ *i'ay*
mal a ma teste. Gleb eo gant
e oat *il est mouillé de son sang*
Beua gant meuleudi *viure*
de louige. En em pôpadi eus
e vadou *se vāter de ses biens.*

Abusi eus ar madelezou hô
Autrou Douc *abuser des be-*
nefices de Dieu. En em seruicha eus vr levvr *se seruir*
d'vn liure.

FOrma modus, &c.
A la question quòmodo
on respond par gât *ou* dre *ou*
par la particule a, Gret'en
deus quement-se gant vr
furnez bras *il a fait cela*
d'vne grande prudence Dre
humilite bras *d'vne grande*
humilité. Gant vr mesmes
mouez *d'vne mesme voix.*
A galon vat *de bon cœur,*

INstrumenta dabis, &c.
l'Instrument se met auec
gant. Laza gant vr c'hleze
tuer d'vne espée.

EXCEPTION.

Exceptez les noms de ieus,
lesquels se mettent sans prepo-
sition. Hoari cattou, diççou
quillou, bolot, *iouer aux*
cartes, dez, quilles, a la boule.

PAssiuis, &c. *Apres le*
passif on met la prepositiō
Gant. Me so caret gant
Doue *ie suis aimé de Dieu.*

ACcipiens sicdo, &c.
Quemeret arc'hant di
gant Pezr *prendre de l'argēt*
de Pierre. Disqui, cleuet,

empresti digant vre apprē-
dre, ouyr, emprunter de quelques vns.   Diffaranci a re
vat dioc'h a re fall, distinguer les bons des mauuais.
Diffarant eo diouta *il est*
different de luy, &c.

A Bsque regente, &c.
L'ablatif absolut des
Latins se tourne en Breton
par la particule pa lors que,
Pa edo ar Roue o vresle-
cat, deud oün aman *le Roy*
faisant la guerre, ie suis venu icy.

FIN.

I L y a 9. lettres mutes chez les Bretons Armoriques, c'est à
sçauoir B. C. D. G. K. M. P. Q T. K & Q peuuent
estre pris pour vne mesme lettre, car elles ont les mesmes regles. Ces mutes se changent en diuerses lettre selon les di-
uerse dispositions, ou elles se trouuent au commencement
d'vne diction apres des mots terminez en a, e, i, o, ou.
1. Apres les mots terminez en a, e, ou. Les mutes se changent à la façon, qu'il est marqué au chifre   1
2. Apres les conionctions, apres e, signifiant, en, apres ha et,
na, ni, y, eux, ces lettres mutes ne se changent. Voyez les Ex.
au chiffre 2.   3.   Apres les particules e, ou ma, qu'on
met deuant les verbes de la seconde coniugaison des actifs, les
Mutes ont vne regle particuliere voyez le chiffre 3.
4. Apres ces pronoms poss. ma mon, da ton, e son, he sa,
hon nostre, ho vostre, o leur, il y a vne regle particuliere. V.
le chif. 4.   5. Apres les acc. de ces pronoms. am, ou ma me,
& les autres il y a regle particuliere V. le ch. 5.   6. O de-
uāt vn inf. donnāt la signification d'vn Gerondif a vne regle
particuliere V. le chif. 6.   7. Les mut. apres tri, teir trois,
ont des reg particulieres. V. le chif. 7.   8. Apres ên ou er
sign. en, en Fr. & in, en Lat. les mut. ont des reg. diuerses.
V. le chif 8.   9 Ho vostre ou vous deuant vne voi. adiouste la guttur. c'h. V. le chif. 9.   B. apres les art. ac

ou vr se change en v consf   Beol cuue vr veol. *Excep. ceux cy*
ar Barados *le Paradis*, ar barr *vne sorte de maladie*, ar bec
la pointe .vr bec h *vn fais*, ar bèr *la broche*, vr bern *vn*
monceau, vr bès *vn doigt*, ar bet *le monde*, vr bloas *vn an*,
vr bocer *vn boucher*, ar boet *le manger*, vr born *vn borgne*
vr bouc'h *vn bouc*, vr bourc'his *le bourgeois*, ar breur *le*
frere, ar bugale *les enfans*.

C. *Apres* vr *ou* ar *se change en* c'h *guturalle* caro *cerf*, vr
c'haro *vn cerf*.

Ceux-cy sont exceptez & changent c *en* g cador *chaire*, vr
gador, carentez *charité*, vr garantez, carnel *lieu ou on met*
les ossemens des morts, ar garnel. casec, *jument* vr gasec, Ca
sul *Chasuble*, vr gasul. Cauter *chaudiere*, vr gauter. Contel, *couteau*, vr gontel. Corsen *roseau*, vr gorsen. Cozni
vieillesse, at gozni. Crib *peigne* vr grib. Cudon *ramier*, vr
gudon. Curun *couronne*, vr gurun.

D. *apres* vr *ou* an *ne se change*, *excepté cetui-cy*
dor, *la porte*, an or *la porte*.

M. *apres* vr *ou* ar *ne se change excepté* mam *mere* ar vam
la mere.

T. Final *deuant vne voielle se change en* d liuirid oll *dites*
tous.

Digarraid en vieux Cambriq; désert. Herbert Voyage de Perse p. 537.
Maur-giniles : Isle plus grasse. Herbert p. 538.
Plusieurs mots de la langue Cambriq; vers l'Orient. Herb. p. 538. et au Mexiq; p. 560.
Le mesme pag. 562. rapporte ces mots :

Isles de Corrhaso, nom d'Un des caps de Brotagne.
Gwyn Dowr, eau blanche.
Bara, pain.
Mam, mere.
Tata, pore.
Dowr, de l'eau.
Pryd, le temps.
Bu, ou Buch, vache.
Clugar, Un cocq de bruyere.
Llinop, Un renard.
Wy, Un oeuf.
Calaf, Une plume.
Trwyn, le nez.
Nef, le ciel.

Brin montagne. mot Cambriq; et Indien. Herbert p. 472.

www.ingramcontent.com/pod-product-compliance
Lightning Source LLC
LaVergne TN
LVHW050251060726
842525LV00002B/282